Virgilio Vercelloni

Europäische Stadtutopien

Ein historischer Atlas

Aus dem Italienischen
von Heli Tortora

DIEDERICHS

Die Originalausgabe erscheint unter dem Titel
Atlante storico dell'idea europea della città ideale
bei Jaca Book, Milano

Lektorat: Matthias Wolf
Umschlaggestaltung: Zembsch' Werkstatt, München
Satz: Uhl + Massopust, Aalen
Reproduktion: CSC SNC, Mailand
Druck und Bindung: G. Canale & C. S.p.A. - Borgaro T.se - TORINO
Printed in Italy

ISBN 3-424-01206-8

Inhalt

Einleitung

Dieses Buch ist keine Abhandlung über die Geschichte der Urbanistik und auch kein Beitrag zur europäischen Architekturgeschichte. Ebensowenig kann es als Werk über die Geschichte der (europäischen) Utopie oder als Anthologie klassifiziert werden. Es läßt sich in keinen einzelnen dieser Bereiche eingrenzen. Absicht des Verfassers war es, innerhalb der Ideengeschichte einer spezifisch europäischen Geschichte auf die Spur zu kommen, nämlich der Geschichte der Idee von der Idealstadt. Architektur, Urbanistik und Utopie gehören zum notwendigen Material für eine solche Untersuchung, die nicht in die Grenzen festgesetzter Disziplinen gezwungen ist.

Città (Stadt) stammt vom lateinischen Wort *civitas*, das zugleich der etymologische Ursprung von *civiltà* (Zivilisation / Kultur) ist. Das griechische Wort *polis* bezeichnet eine politische und religiöse Gemeinschaft (Stadt und Land): Seine Bedeutung bezieht sich »nicht auf die Steine, sondern auf die Menschen« (Roberto Lopez). In den Steinen dagegen liegen die Bedeutungen der Wörter, deren etymologische Wurzeln nicht indoeuropäischer Herkunft sind und die auf die Idee der Einfriedung verweisen, also auf Mauern: *urbs-urbis, town*.

Das Adjektiv »ideal« bezeichnet in der europäischen Geschichte der Anthropologie und Kultur einen Zustand der Vollkommenheit, ein vorzügliches, makelloses, erhabenes, nützliches und vorteilhaftes Modell, nach dem der Mensch strebt. Die Idee der idealen Stadt gehört also zur Geschichte der Ideen des Menschen, sie äußert sich in jedem Zeitalter mit verschiedener Intensität, unterschiedlichen Mitteln und Mitteilungsformen, auch wenn die berühmteste Idealstadt immer noch diejenige des italienischen Humanismus ist.

Alle diese Begriffe sind polysemantisch und folglich zweideutig: Es sind Behälter, die sich mit der Zeit verändern, wobei sie die alten Bedeutungen jedoch nicht durch neue ersetzen, sondern vielmehr eine semantische Häufung erfahren und somit, historisch betrachtet, zu einer spezifischen Ausdrucksform der Kultur des Komplexen werden.

Das Geburtsdatum des Wortes *Utopie* (von griechisch *eu-tópos*, Glücksheim, oder von *ou-tópos*, Nirgendheim, oder von beiden?) ist uns bekannt: Es ist das Jahr 1516, in dem Thomas Mores *Utopia* in lateinischer Sprache erschien. Diesem Wort ordnete man eine ganze Reihe von Bedeutungen zu, es wurde gleichsam zu einem Behälter für die Geschichte der Ideen: In der *Encyclopédie méthodique* (*Economie politique et diplomatique*, IV, 1784) sind utopische Texte als politische Romane klassifiziert. Dazu gehören *L'an deux mille quatre cent quarante, rêve s'il en fut jamais,* 1771 von Louis-Sébastien Mercier veröffentlicht, der erste utopische Roman, der die

Idealstadt nicht an einem phantastischen oder exotischen Ort ansiedelt, sondern in der Zukunft. Es handelt sich dabei um *Ucronia*, die in vielen literarischen Werken großen Erfolg haben sollte. Friedrich Engels führte den Begriff in eindeutig innovativer Absicht in den Titel eines seiner Werke ein: *Die Entwicklung des Sozialismus von der Utopie zur Wissenschaft* (eine Kürzung seines *Antidühring* von 1818, das in zahlreichen Ausgaben und Übersetzungen erschien).

Karl Marx und Friedrich Engels schlugen 1845 vor, Tommaso Campanellas *Sonnenstaat* aufgrund der darin enthaltenen kommunistischen Ideen in eine ideale Bibliothek der sozialistischen Schriftsteller aufzunehmen, während sie im *Kommunistischen Manifest* (1848) die positiven Aussagen über die Gesellschaft der Zukunft hervorhoben, wie sie von den modernen Utopisten und Kapitalismuskritikern – Owen, Saint-Simon, Fourier – formuliert wurden. Owen propagierte seine eigene neue Stadt in Großbritannien und den Vereinigten Staaten: eine außergewöhnliche Versuchsstätte der Utopie/ Realität, deren Wurzeln in Europa liegen und die Teil der europäischen Kultur sind. Daher erklärt sich auch die große Zahl der in diesem Buch enthaltenen Beispiele aus Nordamerika.

Die europäische (und Welt-) Geschichte von der Idee der idealen Stadt ist eine lange Geschichte, die alle Wechselfälle des menschlichen Lebens begleitet hat und weiter begleiten wird. Sie ist Bestandteil der kulturellen Anthropologie, wenn wir mit dieser Definition die bewußten und unbewußten Bedeutungen der Ideen und der Symbole, der Ereignisse und ihrer Vektoren entschlüsseln wollen. Es handelt sich offensichtlich um einen spezifischen Teil der globalen Geschichte (in der Deutung, die ihr die *Annales*-Historiker geben, das heißt um eine wirtschaftliche, demographische, soziale Geschichte, eine Geschichte der materiellen Kultur und der Mentalitäten), der sich vor allem innerhalb der Ideengeschichte ausdrückt, in der von Arthur O. Lovejoy diesem Forschungsgebiet zugeschriebenen und allgemein akzeptierten Bedeutung. Unsere Aufmerksamkeit wendet sich einem Kontext zu, der als ökologisches Umfeld des Ursprungs und der Existenz der Idee der Idealstadt definiert werden kann.

In dieser Geschichte von der (europäischen) Idee der idealen Stadt sind andere spezifische Geschichten über Präfiguration (oder Vorzeichen) einer idealen Gesellschaft enthalten, in der auch Bezugnahmen auf mögliche Idealstädte erscheinen.

Dieses Buch ist ein erster Entwurf zu einer Geschichte der europäischen Idee der idealen Stadt, es kann somit dem Leser keinen Katalog aller utopischen, literarischen oder politischen, soziologischen oder urbanistischen Vorstellungen bieten. Für eine solche Analyse verweisen wir auf die verschiedenen im Buchhandel erhältlichen Textsammlungen mit entsprechenden Informationen über Theopompus von Chios, Aristophanes, Evemerus von Messenia, Iambulus, Plotin, Gioacchino da Fiore, Antonio de Guevara, Francesco Patrizi, Ludovico Agostini, Rabelais, Montaigne, Swift, Voltaire, Rousseau, Sade, Restif de la Bretonne, Casanova, Goethe, Berlioz, Dostojewski, Butler, Bellamy, Abbott, France, Chambless, Wells, Miguel de Unamuno, Ferris, Gloeden, Perry, Majakovskij, Shaw, Zamjatin, Huxley, Orwell, Taut, Godard, Borges, Alex Raimond, Xenakis.

Die (europäische) Geschichte der Idee von der Idealstadt verläuft sinusartig; sie kann auf vielfältige Art gelesen und interpretiert werden, und zwar nicht nur bei Veränderung der ökologischen Gegebenheiten, die ihr Entstehen bewirkt haben.

Die Vorschläge von Le Corbusier und der Entwurf von Kenzo Tange für Tokyo aus dem Jahre 1960 waren in unserem Jahrhundert wohl das letzte organische und vollendete Modell einer Idealstadt: Auch die Architekten scheinen – angesichts des Unterganges so vieler Ideologien – die Idealstadt in der Enge eines geschlossenen Systems für undenkbar zu halten, denn sie sind sich bewußt, daß sie in einer Kultur des Komplexen leben. So wie die reale Stadt mit biologischem Wachstum nicht mehr von einem auf der euklidischen Geometrie basierenden, mit Lineal und Zirkel ausgeführten Entwurf bestimmt werden kann, sondern auf der fraktalen Geometrie des Benoît B. Mandelbrot und seinen Instrumenten (leistungsstarke Graphik-Computer) beruhen muß.

Aber natürlich können weder Realität noch Traum rein mechanistisch ausgerichtet sein. Das zeigt sich an einigen architektonischen Werken, die im letzten Teil des Buches dokumentiert sind und die ein wertvolles entwicklungsgeschichtliches Projekt für die Idealstadt der nahen Zukunft enthalten; in ihrer Aussage bestätigen sie deutlich, daß die Geschichte unter uns ist.

Die 192 Tafeln, aus denen das Buch besteht, zeigen Abbildungen, die als organische Ergänzung zum Text ausgewählt wurden: In ihren spezifischen Darstellungen nimmt die Idee von der Idealstadt konkrete Gestalt an.

An der Suche nach vorbereitendem Material waren Federica Barbiero und Filippo Beltrami Gadola beteiligt, zusammen mit Paola Gallo, die für die redaktionelle Bearbeitung und die endgültige Gestaltung des Buches verantwortlich ist.

Tafeln

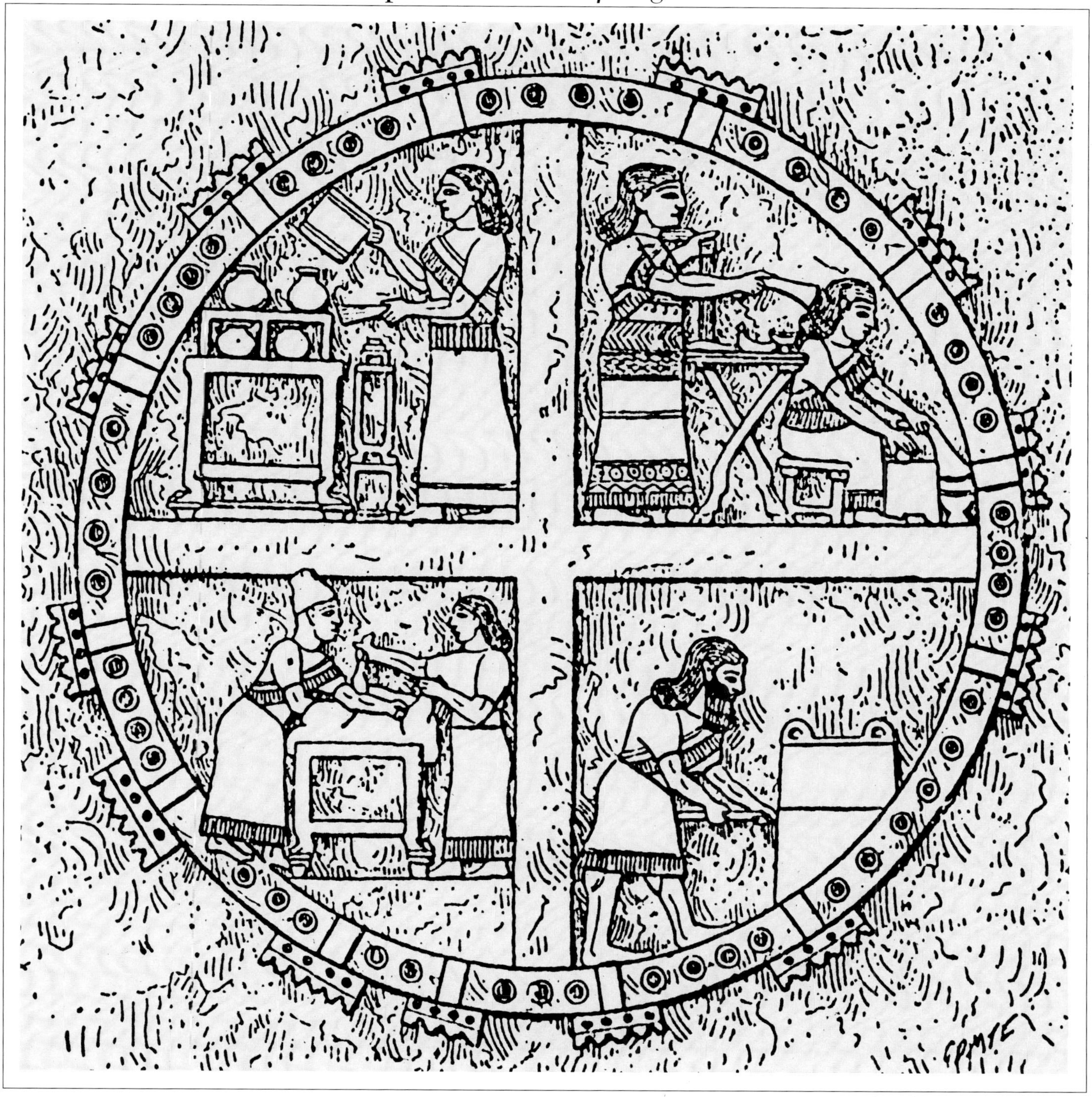

Ein bei den Ausgrabungen von Nimrod gefundenes assyrisches Basrelief zeigt das Schema einer kreisförmigen orientalischen Stadt. Die ägyptische Hieroglyphe für »Stadt« stellt einen Kreis dar (die Mauern), der durch zwei sich rechtwinklig kreuzende Straßen in vier Felder unterteilt wird. Die frühen Siedlungskulturen des Vorderen Orients und die auf sie folgenden ägyptischen Städte existierten bereits seit Jahrtausenden, ehe die ersten Städte in Europa gebaut wurden.

Die Idee von der Stadt gründete in Europa gerade auf jenen legendären, außereuropäischen Städten. Diese Verbindung wird verständlich, wenn man vom eurozentrischen Gesichtspunkt abrückt und Europa auch auf den Mittelmeerraum und seine verschiedenen Kulturen ausdehnt, die im ständigen Dialog und Austausch miteinander standen. Das Basrelief und die ägyptische Hieroglyphe sind der symbolische Ausdruck nicht einer bestimmten Stadt, sondern der Stadt schlechthin. Ein Symbol verdeutlicht die synthetische Idee einer Tatsache oder eines Begriffs, in diesem Fall belegt es den Begriff »Stadt« am Beginn der städtischen Zivilisation. Das ist ungewöhnlich, da hiermit die Existenz einer Lebensform vorausgesetzt wird, die sich von der Lebensform der meisten Menschen unterscheidet. Die biblischen Mauern von Jericho z. B. kündeten in der verschlüsselten Geschichte des jüdischen Volkes vom Mythos der alten orientalischen Städte, die den Hirten, Bauern oder Viehzüchtern in ihrem mühevollen Dasein als die Stätte des Wunderbaren erschienen. Die Stadt war etwas Außergewöhnliches, sie verkörperte das Andersartige in der Umwelt des Menschen, die er seit seinem ersten Auftreten auf dem Planeten Erde ständig veränderte. Die wenigen Städte in einem nur spärlich von Hirten und Ackerbauern besiedelten Gebiet bargen alle nur erdenklichen Wunder und Schrecken. Zwischen der realen Stadt und dem Mythos Stadt konnte es keine wesentlichen begrifflichen Unterschiede geben: Die Realität des Wunderbaren war die Realität des Mythos. Das Symbol wurde so zum Instrument der beredten und unmittelbaren Kommunikation, zur Darstellung der mythologischen und zugleich realen Stadt, in der der Mythos seinen Ursprung fand.

Paul Bairoch, *De Jéricho à Mexico. Villes et économie dans l'histoire*, Paris 1985; Martin Bernal, *Schwarze Athene. Die afroasiatischen Wurzeln der griechischen Antike*, München/Leipzig 1992.

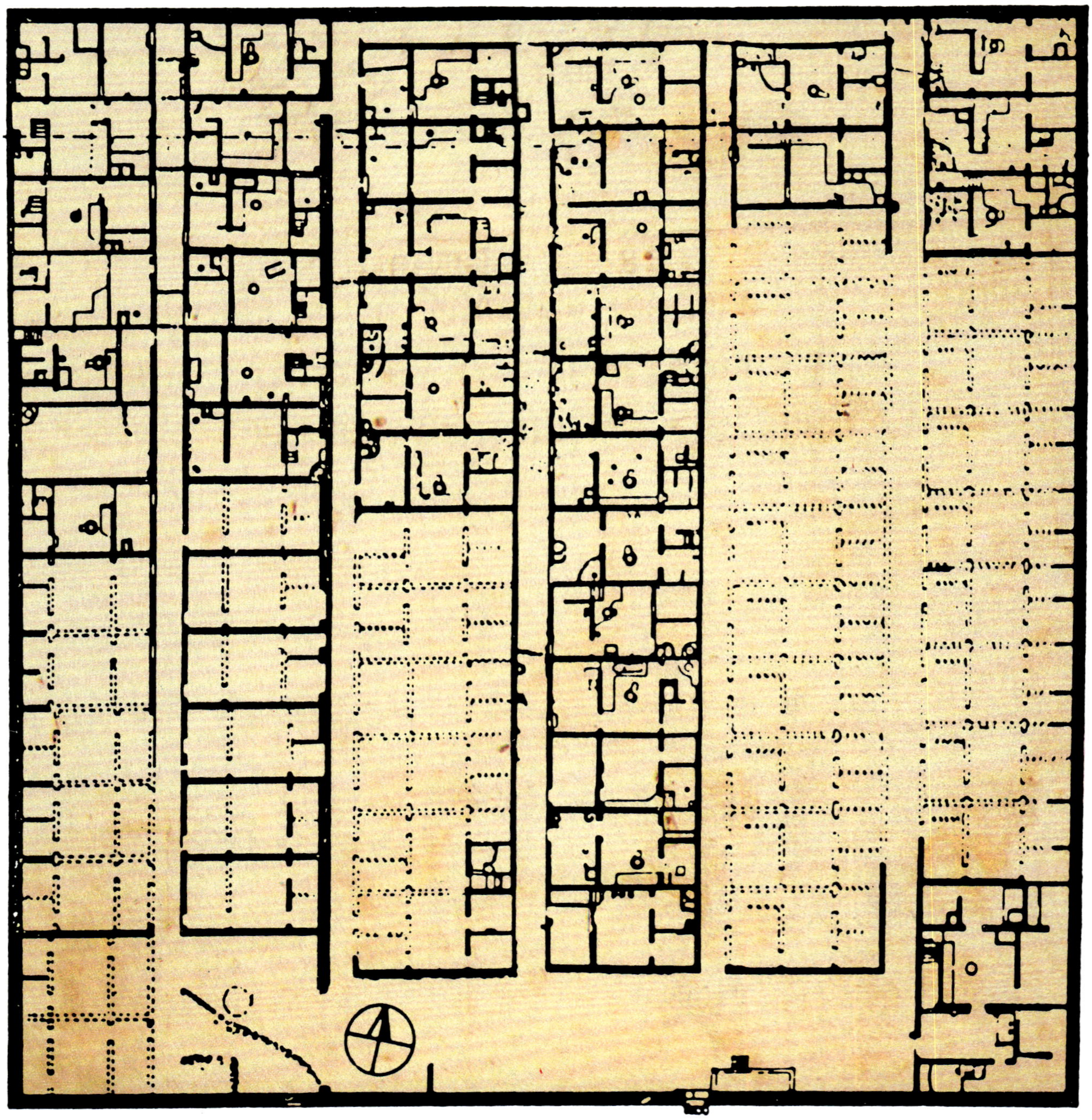

Diese archäologische Rekonstruktion des Arbeiterviertels von Tell-el-Amarna bietet das faszinierende Bild rationaler Stadtplanung. Die neue Hauptstadt Tell-el-Amarna wurde während der 18. Dynastie in der zweiten Hälfte des 14. Jh. v. Chr. errichtet, im Zuge einer umfassenden religiösen, politischen, sozialen und künstlerischen Erneuerung. Erst 900 Jahre später entwirft Hippodamos von Milet ähnliche Stadtmodelle für Griechenland.

Tell-el-Amarna war eine völlig neue Stadt, gegründet von Pharao Amenophis IV. Echnaton (»der dem Aton Wohlgefällige«), der eine unbekannte Religion mit der Sonnenscheibe als einzigem Gott eingeführt hatte. Die Stadt sollte eine Alternative zur alten Hauptstadt Theben sein, doch wurde sie nach dem Tode Amenophis' von den Pharaonen wieder verlassen, die nach Theben zurückkehrten.
Die neue Hauptstadt am westlichen Nilufer war nicht von Mauern umgeben, sondern von 14 heiligen Stelen begrenzt. Sie gilt als einzige ägyptische Stadt, die nach einem einheitlichen Städtebauplan errichtet wurde, als eine Art virtuelle Stadt, die ihre Entstehung nicht einer bereits existierenden Siedlung verdankt, sondern allein dem Willen des Herrschers, der hier vor allem die Führungskräfte seines neuen Reiches und die zu ihrem Bau benötigten Arbeiter versammeln wollte. Ihr Gefüge erhält die Stadt durch die organische Struktur der Viertel, die mit der Residenz des göttlichen Pharao und den Tempeln, dem Sitz der Verwaltung, den Häusern der Priester, Beamten und Künstler und den an der Peripherie errichteten Arbeitersiedlungen verbunden sind. In dieser in kürzester Zeit erbauten Stadt materialisiert sich die Idee von der idealen Stadt. Amenophis IV., der Gott-Pharao, erdachte sie um die Mitte des 2. Jahrtausends v. Chr., sie entstand aus seiner Kultur und Tradition, kraft seines autokratisch-göttlichen Willens, zur Stütze seiner Herrschaft und seines Reiches.

E. Peet u.a. (Hrsg.), *The City of Akhenaton*, London 1933; John Devitt Pendlebury, *Les Fouilles de Tell el Amarna*, Paris 1936; *Les lettres d'el-Amarna: correspondance diplomatique du pharaon*, Paris 1987.

5. bis 2. Jh. v. Chr. / Griechenland / *Die Bautypologie für jede Stadt der Zukunft*

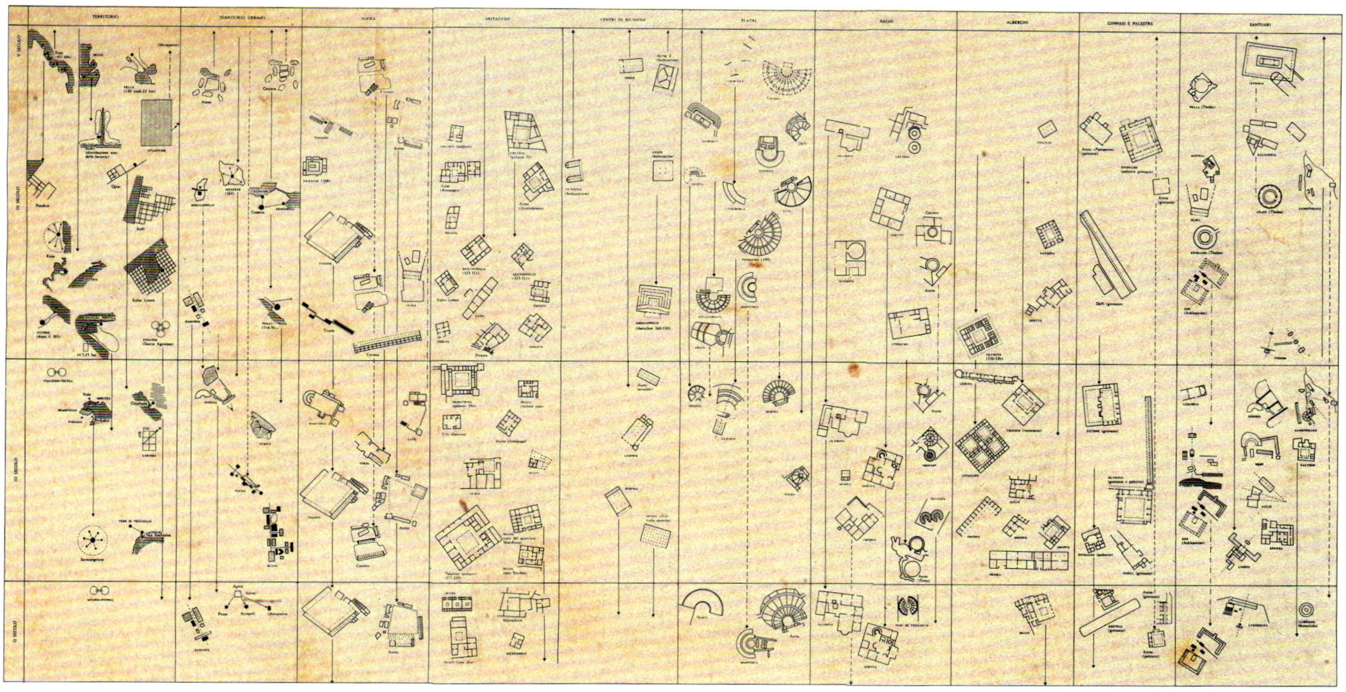

Das Gefüge der griechischen Stadt setzt sich aus einer Vielzahl typischer Bauwerke zusammen, von denen jedes einzelne eine soziale Funktion erfüllt: *Agorà*, Tempel, Versammlungszentren, Bäder, Gasthöfe, Heiligtümer, Sport- und Kultstätten sind als vorherrschende Elemente in die Wohngebiete eingebunden. Diese sozialen Kondensatoren mit ihrer großen Bedeutung für das wirtschaftliche, soziale, politische und kulturelle Leben stellen den Mittelpunkt einer jeden *Polis* dar, ja aller neuen Städte Großgriechenlands, die im Mittelmeerraum entstehen.

Diese Abbildung belegt die historische Bedeutung der wichtigsten städtebaulichen Typologien Griechenlands. Sie bildeten die Grundlage für das städtische Leben in einer demokratischen Gesellschaft, die auf Sklavenhaltung und zuweilen auch auf Tyrannei aufgebaut war. Die *Polis* ist der Mittelpunkt des wirtschaftlichen und sozialen Lebens großer landwirtschaftlicher Gebiete, von denen sie ernährt wird.

Die griechischen Kolonien im nördlichen Mittelmeerraum – spiegelbildlich zu den phönizischen und punischen Kolonien im Süden – beinhalten die gleichen architektonischen Elemente wie die Städte des Mutterlandes und erwerben im Lauf der Zeit die gleiche in sich geschlossene, autonome Einheit. Sie sind nur durch ihre dominierenden Gestaltungsmerkmale identifizierbar, die Ausdruck einer architektonisch und linguistisch sich immer mehr verfeinernden Zivilisation sind. Mit Hilfe der Ruinen, die man von griechischen Tempeln und Theatern im Mittelmeerraum noch vorfindet, läßt sich ein Bild dieses dichten Netzes von starken Gemeinwesen zeichnen, die in ihrer zeitlichen und geographischen Entwicklung wie eine Wiederholung der idealen Städte erscheinen. Die Idee von der Stadt, wie sie die griechische Kultur erarbeitet und über die Grenzen des Mutterlandes verbreitet hatte, findet hier ihren konkreten Ausdruck in einer Architektur, die fast ausschließlich der Allgemeinheit dient und in der Symbolgehalt und Funktion immer eine Einheit bilden.

Mario Coppa, *Storia dell'urbanistica. Le età ellenistiche,* Rom 1981.

In der jüdisch-christlichen Tradition wurden viele Städte des Vorderen Orients zu negativen Mythen und gingen als solche auch in die spätere eurozentrische Kultur ein. Sie waren Hochburgen der Zivilisation und zugleich Ausbeuter des jüdischen Volkes. Das bekannteste Beispiel dafür ist Babylon. Dieser Name steht – in Zusammenhang mit dem Turmbau zu Babel – für den Größenwahn der Menschheit, aber mit ihm verbinden sich auch die Erzählungen über die Wunder der Hängenden Gärten, der berühmten Mauern und einzigartigen Bauwerke.

Die großen sumerischen und babylonischen Metropolen begründen seit dem 3. Jahrtausend v. Chr. Realität und Mythos der Stadt.

Die Überlieferung errichtet und festigt Mythen, zeichnet ihr nostalgisches Bild vom auf ewig verlorenen Gut, gibt die Nachricht davon weiter an nachfolgende Epochen. Dies geschah mit den Sieben Weltwundern, die vom Goldenen Zeitalter der Menschheit berichten und, weil für immer verloren, seit jeher die Phantasie der Menschen und ihr Streben anregen (selbst Alexander der Große nahm sich vor, die Stadt Babylon, die im 6. Jh. v.Chr. nach der Eroberung durch Kyros gefallen war, wieder aufzubauen und zur Hauptstadt seines hellenistischen Weltreiches zu machen).

Die Abbildung stammt aus dem 1721 in Wien veröffentlichten Werk *Entwurf einer historischen Architektur* von Johann Bernhard Fischer von Erlach. Der große österreichische Architekt schuf hiermit eine Geschichte der Architektur, die vor allem eine Geschichte der Mythen der Vergangenheit und ihrer Bilder und Monumente ist. In der Geschichtsinterpretation Fischer von Erlachs ist die Idee von der Stadt oft den Bedürfnissen seiner Epoche unterworfen, als ob er damit sagen wollte, daß man sich – auch in seiner Zeit – auf diese Modelle der Vergangenheit beziehen sollte. So verliert der Begriff der Idealstadt jede Geschichtsbezogenheit und wird zur Anleitung für das Handeln in allen Epochen.

George Kunoth, *Die historische Architektur Fischer von Erlachs*, Düsseldorf 1956; Peter A. Clayton, Martin J. Price, *The Seven Wonders of the Ancient World*, London 1988.

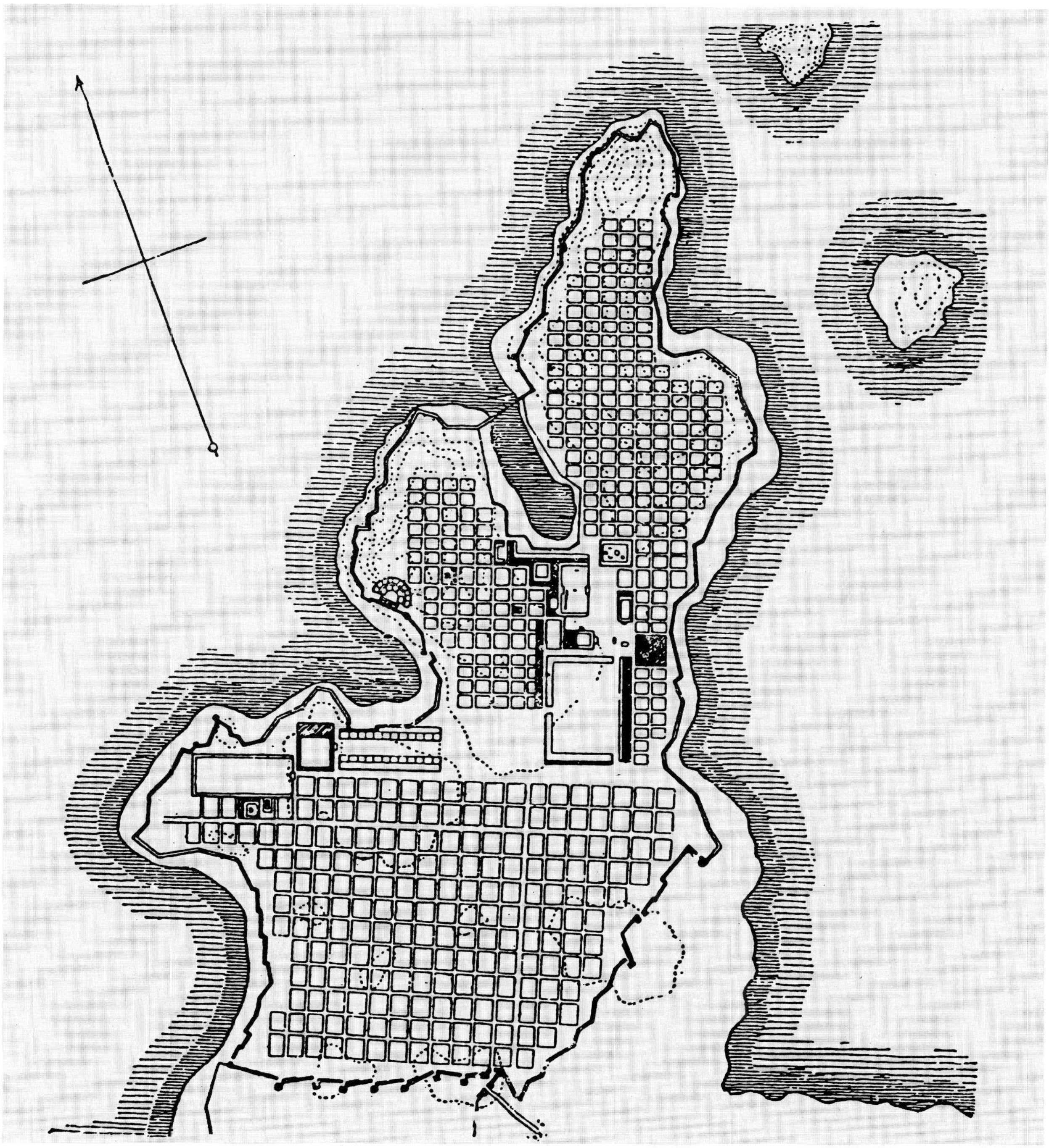

Der abgebildete Stadtplan basiert auf den Ausgrabungen der Stadt Milet, die nach einem System des Hippodamos errichtet wurde. Aristoteles nannte den berühmten Architekten den Erfinder der perfekten (*aríste politeía*), d. h. der realen, von ihm als ideal bezeichneten Stadt. In der graphischen Darstellung kommt eine enge Beziehung zwischen Mensch und Natur zum Ausdruck.

Die ionische Wissenschaft, so schreibt Pierre Lavedan, beschränkt sich auf die von Babylonien und Ägypten überkommenen Kenntnisse in Geometrie und Archäologie.
Für den Orient ist die runde Stadtform belegt, wie die assyrischen und babylonischen Basreliefs beweisen, und diese Tradition wird sich auch in den islamischen Städten fortsetzen (siehe Bagdad). Das rechtwinklige Konzept dagegen stammt vermutlich aus Ägypten (die Hieroglyphe für »Stadt« stellt einen, durch zwei sich rechtwinklig kreuzende Straßen geteilten Kreis dar). Neueste Forschungen unterstreichen diese Auffassung, sei es, weil in Platons *Staat* dieses Modell angegeben wird (bei dem es sich nach Marx nur um »eine athenische Idealisierung des ägyptischen Kastensystems« handelt), sei es, weil Aristoteles der ägyptischen Kultur verbunden war (durch die Schriften des Herodot, die Lehren des Eudoxos von Knidos, der seine naturwissenschaftlichen Kenntnisse zum großen Teil in Ägypten erwarb).
Milet ist ein klassisches Beispiel für die Beziehung zwischen Mensch und planvollem Städtebau: Hier ist die Natur intakt, die Stadt entwickelt sich in alle Richtungen, ohne die Umgebung zu verändern. Es werden keine Stadtmauern errichtet, denn die *Polis* umfaßt gleichzeitig das urbane Werk und sein landwirtschaftliches Umfeld, sie ist bestimmt durch das Prinzip der Synözie. Aristoteles schreibt: »... wann kann man sagen, daß die Polis eine Einheit ist? Sicherlich nicht aufgrund ihrer Mauern, denn man könnte den gesamten Peloponnes mit einer einzigen Mauer umgeben. Einen solchen Fall haben wir vielleicht in Babylonien.« Auch wenn Aristoteles aufgrund der Notwendigkeiten im Gegensatz zu Platon schützende Stadtmauern als nützlich und notwendig betrachtet, so schreibt er doch, daß die Bewohner sich einer von Mauern umgebenen *Polis* immer auf zweierlei Art bedienen können: »... als befestigte und als offene Stadt«.

Ferdinando Castagnoli, *Ippodamo di Mileto e l'urbanistica a pianta ortogonale*, Rom 1956; Emanuele Greco, Mario Torelli, *Storia dell'urbanistica. Il mondo greco*, Bari 1983.

Der Gedanke des großen griechischen Philosophen Platon (ca. 427- ca. 347 v.Chr.) ist auch in der europäischen Geschichte von der Idealstadt präsent. Sein Streben (*philìa*) nach Wissen (*sophìa*) führt ihn zu der Überzeugung, daß das soziale Gefüge eines Landes und die Stadt (*polis*) die einzige Form sind, um das bestmögliche Verhältnis der Menschen zueinander zu schaffen. Platon entwirft einen idealen Begriff, auf den sich Politiker und Philosophen in ihren Vorschlägen für ein harmonisches Zusammenleben der Menschen noch viele Jahrhunderte lang berufen werden.

In seiner *Politeía* entwirft Platon die Grundlagen für den bestmöglichen, den idealen Staat, der auf den vier Tugenden Weisheit, Besonnenheit, Tapferkeit und Gerechtigkeit beruht und in dem das Privateigentum abgeschafft ist. Ein solcher Staat kann zur Realität werden, wenn er von Philosophen regiert wird, von Männern also, die die Weisheit lieben, oder von Philosophen-Königen. Das sokratisch-platonische Konzept vom Staat führt Platon später noch im *Timaios* und im *Kritias* aus, einer eindrucksvollen Erzählung, in der die Insel Atlantis vor ihrem Untergang als Idealstadt beschrieben wird. Für den Philosophen geht es darum, die ferne Existenz einer *Politeía* durchzudenken, wie er sie bereits in seinem *Staat* entworfen hatte. In seinem Alterswerk *Die Gesetze* betrachtet er die Gesetzgebung als Grundlage und Rahmen für ein mögliches glückliches Zusammenleben der Menschen, wenn der Wille nach Frieden und Harmonie stark und unverrückbar ist. Zur Bewertung der für die Menschen besten Regierungsform analysiert Platon alle Regierungsformen, die es seit der Sintflut gab. Dieses Werk bietet ihm jedoch auch die Gelegenheit, das Modell der idealen Stadt wieder aufzugreifen, die er auf der Insel Kreta ansiedelt: Diese Stadt mitsamt ihren Vororten wird von 5.040 Familien bewohnt, deren Zahl nie steigen darf und denen jetzt der Besitz von Privateigentum erlaubt ist. In konzentrischen Kreisen organisiert, basiert diese Idealstadt auf der gleichberechtigten Aufteilung der Agrar- und der Wohngebiete: Jede Familie nennt ein Haus und ein Stück Grund in der Nähe der Stadt ihr Eigen, sowie ein zweites Haus und ein zweites Grundstück auf dem Land. Diese platonische Stadt hat keine Verteidigungsmauern.

In den Werken *Die Politik* und *Die Staatsverfassung der Athener* des Aristoteles (384-322 v.Chr.) entsteht eine neue Vorstellung von der idealen Stadt, die, realistischer als bei Platon, nicht nur die wünschens- oder erstrebenswerte, sondern auch die mögliche Stadt (*Polis*) und der mögliche Staat (*Politeía*) ist: *euchoméne politeía, melloûsa pólis*. Aristoteles schreibt: »Es hat wenig Sinn, über die Institutionen der idealen Polis im einzelnen zu diskutieren, denn diesbezüglich liegt die Schwierigkeit nicht so sehr in der Konzeption, als vielmehr in der praktischen Umsetzung«.

Die perfekte Stadt (*aríste politeía*) des Aristoteles, seine mögliche Idealstadt, ist also keine utopische Vorstellung, sie ist vielmehr in politischer Logik begründet, um einen dialektischen Bezug zur Realität herzustellen. Ein Dokument der utopische Abstraktion ist vielmehr die Komödie des Aristophanes *Die Vögel*: Hier wird der Architekt Meton als phantasievoller, theoretischer Begründer einer Stadt geschildert, als ironischer Zerrspiegel der Werkstätte, in der die perfekte Stadt gebaut werden soll. Die *Neopolis* liegt deshalb im Bereich des Möglichen. Die Praxis ist das Beispiel, an dem man sich bei der Errichtung des Gemeinwesens ständig orientieren muß. Die Idealstadt des Aristoteles kann nicht in einer Flucht vor der Realität gefunden werden, im Traum oder der literarischen Fiktion, die das Existierende kritisiert, sondern in der Bereitschaft, die Gegenwart rational zu verändern. Aristoteles schreibt: »Wie in anderen Bereichen der Wissenschaft können wir auch bei dieser, die sich mit der Polis befaßt, unsere Studien nach unterschiedlichen Gesichtspunkten betreiben: Wir können die Polis beschreiben, die ideal im absoluten Sinn ist, dann die den Umständen entsprechende bestmögliche Polis und, zum Schluß, die realisierbare Polis, die aber nichtsdestoweniger als gute Ordnung betrachtet werden kann«.

»Die Polis und ihre wirtschaftlichen Strukturen« (*oikonomía*) ist der Titel des ersten Buches der *Politik*, in dem es heißt, die »... Polis, geboren zum Zweck des Überlebens, existiert (d.h. wächst und entwickelt sich) zum Zweck des guten Lebens. Deshalb ist jede Polis eine natürliche Erscheinung«.

Diese Statue ist die römische Marmorkopie eines griechischen Originals aus dem 3. Jh. v.Chr. Sie stellt die *Tyche* (*Fortuna*) aus Antiochien dar, die von Eutychides kurz nach der Gründung der Stadt geschaffene Schutzgöttin. Die Statue gilt als eine der ersten anthropomorphen Darstellungen einer Stadt. In ihrer Form nimmt sie bereits die später übliche Repräsentation der mit Türmen bewehrten Stadt voraus, ein Bild, das später auch zum Symbol von Nationen werden soll. Die weibliche Figur versinnbildlicht zudem die Tugenden der Stadt, die sie vertritt.

Es handelt sich um die kleinformatige, weniger als einen Meter große Marmorkopie eines bronzenen Originals, das riesig gewesen sein muß. Die symbolische Darstellung einer Stadt ist eine der wichtigsten Formen der Kommunikation in der Geschichte der Ideen, der Idee von der Stadt, ihres Mythos und ihrer systematischen Idealisierung. Jede reale Stadt stellt sich ihren Bewohnern in ihrer tatsächlichen oder erstrebten Macht auch als ideale Stadt dar, denn ideal ist das Bild, das sie von sich geben will. Die mit Türmen bewehrte Stadt zeigt ihre Geschichte als Ausdruck lebendiger und beredter Tradition. Jedem einzelnen garantiert sie seine gegenwärtige und zukünftige Existenz im Bewußtsein, Bürger einer Stadt zu sein, in deren Sinnbild er die Stadt und sich selbst wiedererkennt. So verdeutlicht die Stadt mit ihrem Symbol die Vergangenheit, aber auch die Gewißheit einer ruhmreichen Zukunft; das Symbol ist gleichzeitig die unvermeidliche Idealisierung ihrer Existenz und ihrer Möglichkeiten.

Wenn in einer Stadt die Interpretation der Geschichte, die Beurteilung der Gegenwart und die Aussichten für die Zukunft für die Herrschenden und das Volk unterschiedlich ausfallen, dann muß das Modell der idealen Stadt entgegengesetzt zur real existierenden Stadt geschaffen werden, d. h. als Modell für eine neu ersehnte Stadt, die sich wohl an einige Elemente der Vergangenheit anlehnen kann, jedoch nicht an alle, da sie mit der Gegenwart oft unvereinbar sind.

Dieses Mosaik aus einem römischen Fußboden befand sich in der Villa des Diomedes in Pompeji. Es enthält die Darstellung zweier topischer Figuren der Klassik: Stadt und Labyrinth. Die Stadtmauern, die das Labyrinth eingrenzen und beschützen, sind zugleich auch Metapher für die *Urbs*. Das rationale Äußere der Stadt hebt sich ab von ihrer natürlichen Umgebung, innerhalb ihrer Mauern verbirgt sich jedoch die ganze Komplexität der Stadt bzw. des Labyrinths.

Interessant ist hier der idealisierte Symbolgehalt der durchaus realistischen Darstellung. Die Stadt ist mehr aus sakralen denn aus defensiven Gründen durch einen Mauergürtel vom Umland getrennt: Ihre Fläche wird nach den von den Priestern und Gründern einer jeden Stadt gezogenen Linien bestimmt. Wenn nötig, muß sich die Stadt gegen die Angriffe ihrer Feinde verteidigen können, aber durch die zum Umland hin geöffneten Tore muß auch ein Teil der Bauern, die die Stadt ernähren und in Friedenszeiten mit ihr in fruchtbarem Austausch leben, in die Stadt gelangen können und dort Schutz finden. Die *Urbs* ist innerhalb der *Civitas* (Stadtstaat) die wirtschaftliche und soziale Organisation des römischen *Munizipium*. In diesem Mosaik wird die Stadt in ihrem realen Aussehen wiedergegeben, so, wie man sie wahrnimmt, wenn man sich ihr aus den verschiedenen Richtungen nähert.

Der zinnenbewehrte Mauerring, die gleichmäßig angeordneten Wachtürme, die vier Tore (entsprechend den Schnittpunkten von Cardo und Decumanus) sind die traditionellen urbanen Wahrzeichen. Die komplexe Stadtstruktur – gleichsam eine monumentale, die Landschaft sprengende Architektur – bietet sich dem Betrachter hier wie eine figurative Einheit dar, konkret und gleichzeitig symbolhaft, denn sie zeugt von der Existenz dieser bestimmten Stadt, aber auch von der Existenz einer Idee von der Stadt, wie sie zu jener Zeit empfunden wurde.

William Henry Matthews, *Mazes and Labyrinths: A General Account of Their History and Development*, London 1922; Paolo Santarcangeli, *Il libro dei labirinti*, Florenz 1967; Janet Bord, Jean-Clarence Lambert, *Mazes and Labyrinths of the World*, London 1976; Hermann Kern, *Labyrinthe. Erscheinungsformen und Deutungen. 5000 Jahre Gegenwart eines Urbilds*, München 1981.

Die Abbildung stammt aus einem Fußbodenmosaik in der St. Georgs-Kirche in Madaba in Jordanien. Sie ist Teil einer komplexen Kartographie mit Darstellungen aus dem Vorderen Orient, eine der ältesten und aufschlußreichsten Quellen in der Geschichte der abendländischen Kartographie. Der Ausschnitt zeigt die Stadt Jerusalem in einem mit zahlreichen Beschriftungen versehenen Gebiet. Wie jede Kartographie ist auch dieses Mosaik in vielerlei Hinsicht nützlich.

Die Stadt weist, wie alle kartographischen Darstellungen, eine idealisierte, aber nicht ausschließlich symbolische Form auf.

Hier wird die reale, konkret in das Umland eingebundene Stadt noch durch die sogenannte Technik der umgekehrten Perspektive wiedergegeben, von der man aber bald ablassen wird.

Das Stadtbild wird vor allem durch die bestimmenden Elemente geprägt. Auf nahezu kubistische Art werden diese Elemente in einer genauen Rangordnung und gemäß ihrer urbanen Bedeutung zu einem Ganzen gefügt: die Mauern und das System der Wachtürme, die Stadttore, die Hauptstraßen mit ihren Laubengängen, die Wohngebiete und die herausragenden Bauwerke. Ungewöhnlich für die griechische, römische und byzantinische Kunst ist die gleichzeitige Beschreibung zeitlich und räumlich versetzter Tatsachen, die im Kontrast steht zur eher realistischen Wiedergabe. Mit dem Reduktionismus, der in der Darstellung einen einzigen Ansichtspunkt bevorzugt gemäß den Gesetzen der wissenschaftlichen Perspektive und ohne Berücksichtigung der Einwirkungen durch die Zeit, wird es später unmöglich sein, eine Stadt auf ähnliche Weise in ihrer räumlichen und zeitlichen Entwicklung zu beschreiben.

Michael Avi-Yonah, *The Madaba Mosaic Map*, Jerusalem 1954; Nicoletta Misler (Hrsg.), *Pavel Florenskij. La prospettiva rovesciata e altri scritti*, Rom 1983.

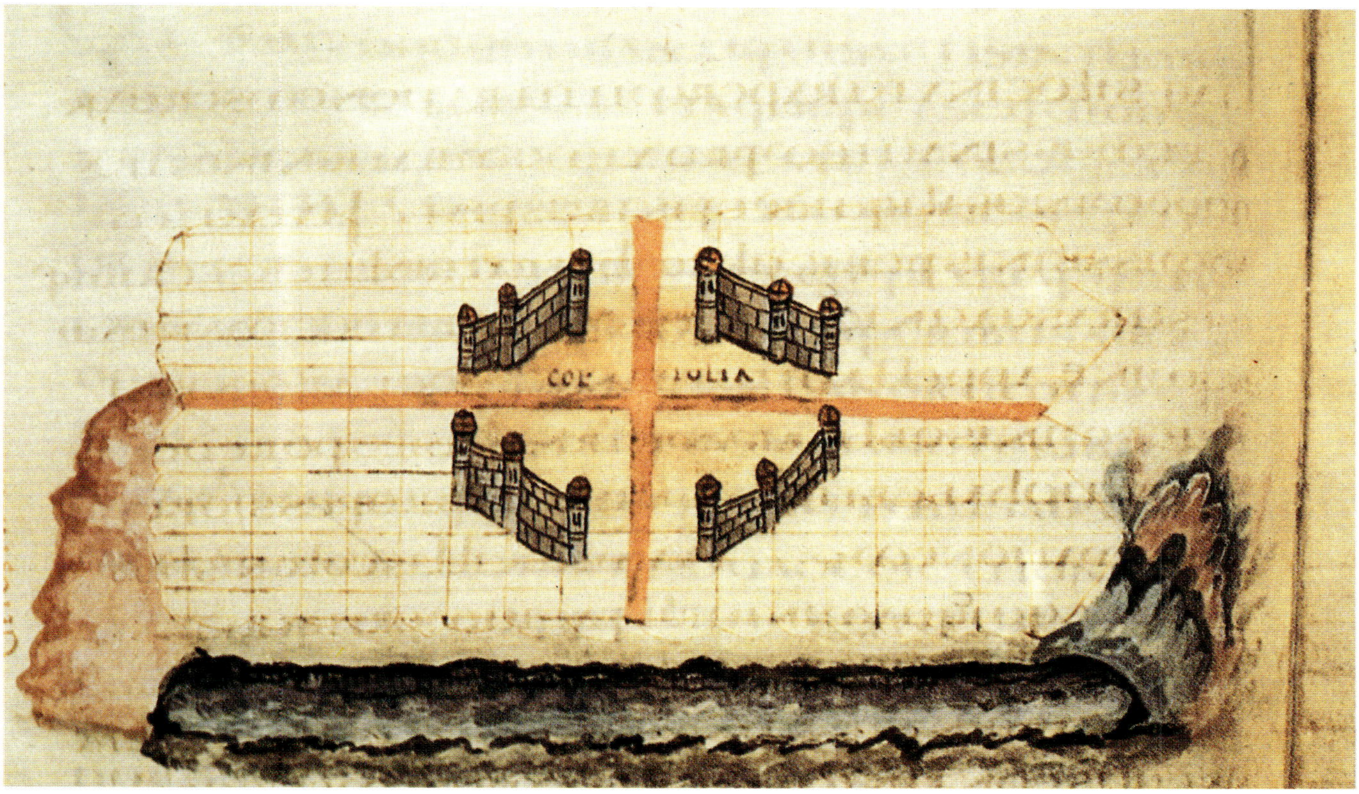

Der Prozeß der Kolonialisierung und Romanisierung der von Rom eroberten Gebiete und somit der ganzen damals bekannten Welt basierte auf einem besonderen Konzept von der idealen Stadt, durch deren Existenz die römische Zivilisation begründet und gelenkt werden sollte. Der vollkommenste Ausdruck dieser Idee von der Stadt ist vielleicht in den Tafeln der Agrimensoren zu finden, die die eroberten Gebiete vermaßen und einer radikalen Veränderung den Weg ebneten.

Die abgebildete Miniatur aus einer Handschrift des 6. Jh. ist ein perfektes Beispiel dafür. Im Zentrum des Gebiets befindet sich die Stadt, die im geometrischen und philosophischen Schnittpunkt von Cardo und Decumanus gebildet wurde. Die beiden Straßen ermöglichen die Romanisierung des Landes, sie führen praktisch ins Unendliche, sind aber tatsächlich immer mit Rom verbunden. Das Gebiet ist streng in quadratische Flächen für Ackerbau und Viehzucht unterteilt, die im Zug der Landparzellierung den Veteranen übereignet wurden. Die Spuren dieser Veteranenkolonien sind heute noch in den von den Römern eroberten Gebieten zu finden. In der Abbildung, aber auch in Wirklichkeit, erstreckte sich das Schachbrett der abgesteckten Felder ins Unendliche und machte nur vor unüberwindbaren natürlichen Hindernissen wie Bergen, Seen und Flüssen halt.

Bei dieser Idee von der Stadt (und der sie ernährenden Umgebung) wurde die Natur als ein Ort betrachtet, der radikal verändert werden mußte, gemäß den besonderen Bedürfnissen der Gesellschaft. Jede zuvor existierende, in tausendjährigem Zusammenleben gewachsene Beziehung zwischen Mensch und Natur hatte diesem neuen Weltbild der Römer zu weichen. Hier mußten die von Rom aufgestellten Mengen an Gemüse und Getreide angebaut, die von Rom benötigte Zahl an Viehherden gezüchtet werden. Nie zuvor war eine Landschaft so sehr den Bedürfnissen der Menschen entsprechend verändert worden.

Oswald A.W. Dilke, *The Roman Land Surveyors: An Introduction to the Agrimensores*, New York 1971; Karl Wilhelm Weeber, *Smog über Attika*, Zürich/München 1990.

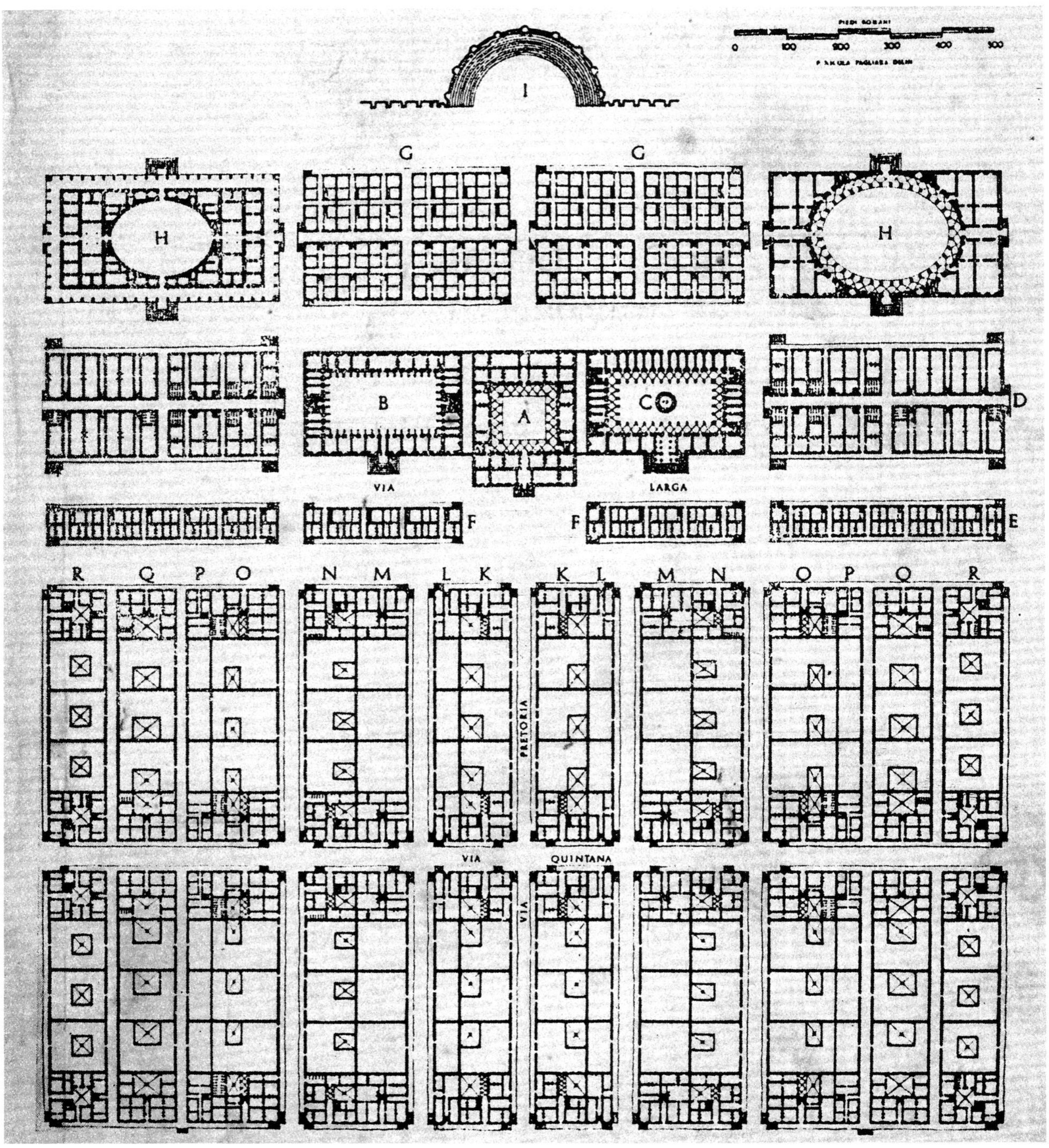

Das *Castrum Romanum* war die konkrete Antwort auf die Notwendigkeit einer funktionellen und effizienten Niederlassung für ein Heer, das die Welt erobern und zivilisieren sollte. Es kann somit nicht als einfaches Militärlager betrachtet werden, sondern als Vorposten für die umfassende Romanisierung. Es wurde als zukünftige Stadt im Zentrum des neuen Gebiets angelegt, enthielt also bereits eine genaue Idee von der Stadt.

Diesen Plan eines *Castrum Romanum* verdanken wir dem bis vor kurzem unbekannten VIII. Buch von Sebastiano Serlio über die Architektur. Es ist die antiquarische, aus der Renaissance stammende und nach römischen Quellen angefertigte Rekonstruktion eines Militärlagers. Spätere archäologische Untersuchungen bewiesen die Genauigkeit dieser Arbeit von Serlio.

Die Funktionalität dieser Anlage basiert auf der Überlegung, daß die als Militärlager konzepierte Niederlassung später eine Stadt und somit wirtschaftlicher und gesellschaftlicher Mittelpunkt, Handels- und Verwaltungszentrum des eroberten Territoriums werden sollte. Das stand zwar häufig im Gegensatz zu den Traditionen der einheimischen Bevölkerung, die Aggressivität jedoch, mit der die Römer die Kolonisierung und Festigung ihres Imperiums betrieben, ließ ihnen keine andere Wahl der Mittel.

Das *Castrum* sollte in den eroberten Territorien ein Element der Sicherheit darstellen. Der einheimischen Bevölkerung erschien es wie eine perfekt funktionierende Maschine, deren fremdartige Faszination zuweilen sogar Feindseligkeiten und Rachegelüste nach vorausgegangenen kriegerischen Auseinandersetzungen verblassen ließ. Für die Römer war das *Castrum* Teil der militärischen Organisation, für den einzelnen Soldaten aber war es zugleich auch die kleine Stadt, der vertraute Rahmen eines geordneten Lebens.

Bedeutungsmäßig ist das *Castrum Romanum* die Konkretisierung verschiedener Idealvorstellungen: Stadt für die einheimische Bevölkerung, für die darin lebenden Römer und für die Ordnungsmacht in Rom, die mit Hilfe des Systems der *Castra* die Eroberung und Romanisierung der Welt betrieb.

Paolo Marconi, *Un progetto di città militare,* in »Controspazio« Nr. 1, Juni 1969, S. 51-58 und Nr. 4-5, September-Oktober 1969, S. 53-59; Piere Gros, Mario Torelli, *Storia dell'urbanistica. Il mondo romano,* Bari 1988.

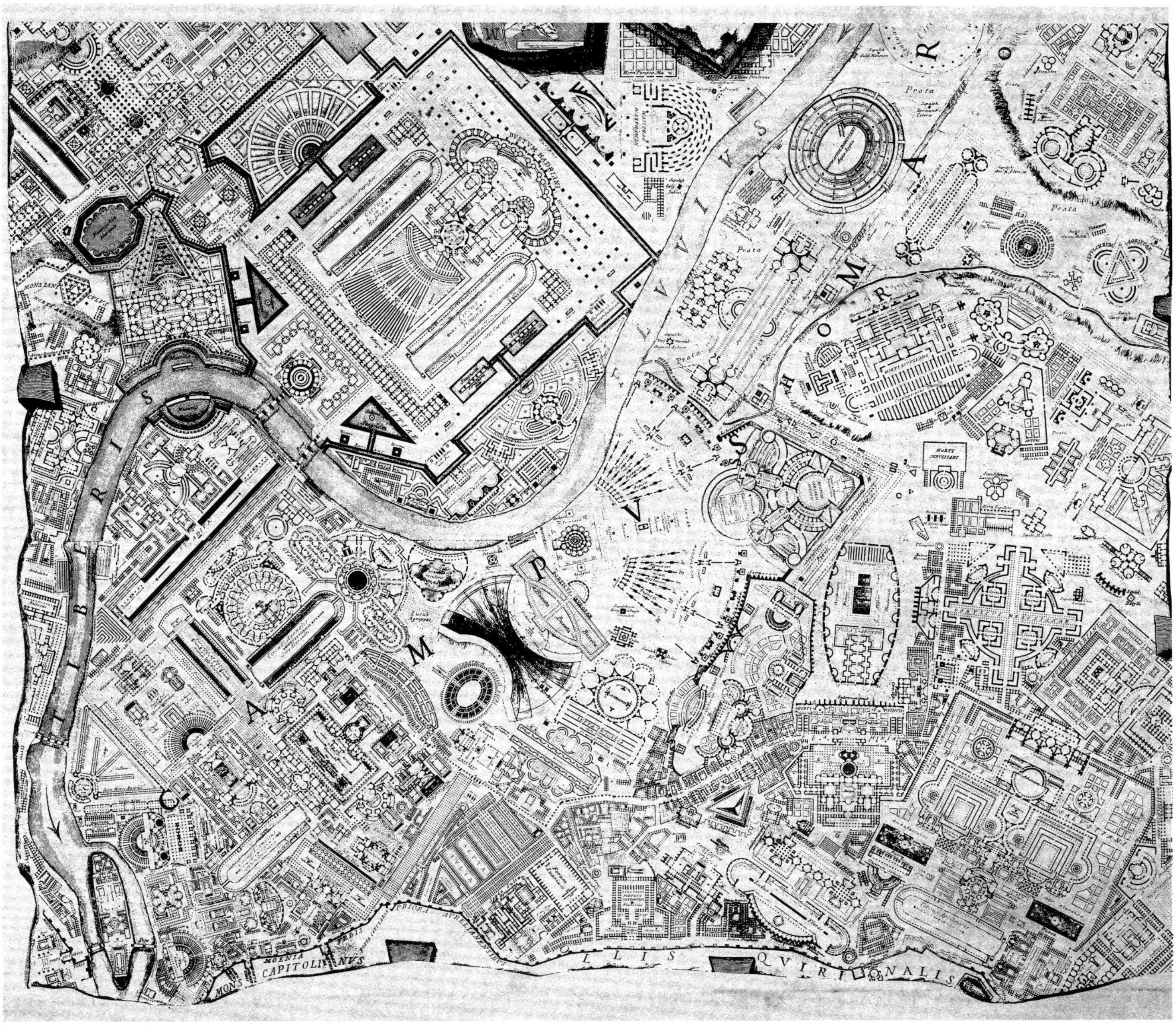

Die Abbildung zeigt einen Ausschnitt aus einem Kupferstich mit dem Plan Roms, wie ihn 1762 der Architekt Giovan Battista Piranesi unter dem Titel *Das Marsfeld im alten Rom* veröffentlichte. Es stellt nicht nur die graphische Umsetzung der damals bestehenden archäologischen Kenntnisse über Rom dar, sondern belegt vor allem die dem 18. Jh. verbundene präromantische Vorstellung von der großen antiken Stadt und ihrer Komplexität.

Das Bild, das aus dieser phantastischen Rekonstruktion entsteht, ist das Bild der Hauptstadt und Metropole eines immensen Imperiums, der Stadt als Organismus mit biologischem Wachstum. Es ist die in Stein gehauene Darstellung menschlichen Lebens, die mit geometrischer Logik erzählte Geschichte von der Beziehung zwischen dem Einzelnen und dem Ganzen.

In Piranesis Arbeit wird die Vorstellung des 18. Jh. von der idealen Stadt deutlich: kompositorische Perfektion bei den Gebäudekomplexen sowie natürliches Chaos in der Ansiedlung insgesamt. Es ist, als hätte man für die einzelnen Gebäude die euklidische Geometrie angewandt, für das Ganze jedoch die fraktale Geometrie, die einzige, mit der sich die Komplexität der Natur darstellen läßt.

Das reale Rom unterschied sich nicht wesentlich von Piranesis Rom: Seine Wunder rührten von der chaotischen Regelmäßigkeit der großartigen Bauwerke her. Es handelte sich um eine sublime Ordnung, ein Zusammenspiel von historischem Wachstum und geschickter Nutzung architektonischer und städtebaulicher Möglichkeiten.

Die tiefere Bedeutung der Idealisierung der Stadt beruht also darin, daß man die Stadt als Behälter für alle Wunder betrachtet. Unter diesem Gesichtspunkt erklärt sich auch der legendäre Ruf vieler Städte der Antike, der sumerischen, babylonischen, ägyptischen und persischen, griechischen und alexandrinischen, später auch der islamischen Städte oder Konstantinopels.

Henri Focillon, *G.B. Piranesi,* Paris 1918; Henri Focillon, *Giovanni Battista Piranesi. Essai de catalogue raisonné de son œuvre,* Paris 1918.

Ideengeschichtlich gesehen hat der Begriff der Idealstadt in der römischen Welt vielerlei Wurzeln: Die Realität der *Urbs* in dem ständig wachsenden, sich chaotisch ausbreitenden Rom, das klassische Konzept der griechischen Architektur, die neu geschaffenen Städte für die Romanisierung der Welt und der Reiz der größten und wunderbarsten Stadt des Abendlands zur Zeit der römischen Expansion: Alexandria.

Als Rom seine Beziehungen mit Alexandria anknüpfte, war die von Alexander dem Großen 332 v.Chr. gegründete Stadt bereits Hauptstadt des hellenistischen Kulturkreises und nahm, in ägyptischer Zivilisation verwurzelt, im ganzen Mittelmeerraum eine Vorrangstellung ein. Von Alexandria, seinen Museen und seiner berühmten Bibliothek aus verbreitete sich griechisches Wissen in der ganzen damals bekannten Welt. Rom bewahrte zwar seine ebenfalls in der griechischen Klassik verwurzelte Zivilisation, war jedoch beunruhigt und zugleich fasziniert von der Exotik Alexandrias. Zusammen mit den Texten griechischer Autoren (die als Übersetzung alter Schriften häufig gerade aus der Bibliothek von Alexandria kamen) gelangten auch esoterische Kulte nach Rom, in denen sich die Mythen des alten Ägypten mit den neuen der alexandrinischen Kultur mischten.

Das abgebildete Nilmosaik (dessen Ursprung zwischen dem 1. Jh. v. Chr. und dem 2. Jh. n. Chr. datiert) schmückte den Fußboden der mit einer Apsis versehenen Halle im alten Heiligtum von Palestrina. Seine wesentliche Aussage besteht in der Komplexität und der Wechselbeziehung der dargestellten Landschaften. Es handelt sich um paradiesische Landschaften, die die Römer mit ihren *Castra* und ihren parzellierten, zu Ackerbau und Viehzucht bestimmten Veteranenkolonien begrifflich nicht fassen konnten. Hier ist alles aufs feinste urbanisiert, das Nildelta erscheint organisch geplant und nicht mit der geradezu zwanghaften Regelmäßigkeit angelegt, mit welcher die Römer ihre eroberten Gebiete zu besiedeln pflegten. Es besteht keinerlei Unterschied zwischen den architektonischen Bauwerken, die hier zugleich als Metaphern der Stadt erscheinen, zwischen den im Sinne der griechischen Tradition klassischen und den antiken (d.h. der ägyptischen Tradition entstammenden). Die Bauwerke haben ihren Platz im natürlichen oder bereits domestizierten Umfeld, sie sind organischer Teil des Ganzen und beredtes Beispiel für die ideale Stadt, so wie sie sich die Römer – im Gegensatz zu ihrer realen Stadt – wahrscheinlich vorstellten.

Alan K. Bowman, *Egypt after the Pharaohs*, Berkeley 1986.

Die dem Apostel Johannes, dem Verfasser des vierten Evangeliums, zugeschriebene Apokalypse entstand gegen Ende des 1. Jh.n. Chr. auf Patmos. Sie gilt als der prophetische Teil des Neuen Testaments (das griechische Wort bedeutet Offenbarung) und enthält »Dinge, die sich in Kürze ereignen werden«, wie Johannes erklärt. Die umfangreiche jüdisch-christliche Eschatologie behandelt den unüberbrückbaren Gegensatz zwischen der Stadt des Bösen, die zerstört werden muß, und der idealen Stadt, die noch entstehen soll.

Dieser Gegensatz zwischen Gut und Böse, der symbolisch auf die Stadt übertragen wird – jedoch die Gesellschaft mit ihren Bestandteilen meint –, ist das Grundmuster, aus dem die reiche Imagination des gesamten europäischen Mittelalters ihre Bilder schöpfen wird. Die Apokalypse selbst ist auch die Schrift des frühen Christentums mit dem stärksten Gehalt an möglichen bildhaften Darstellungen. Die Stadt Babylon steht stellvertretend für Rom, sie ist die Metapher für die römische Gesellschaft, die zerstört werden muß, damit die christliche Stadt errichtet werden kann. Rom selbst muß als die im gesamten Mittelmeerraum verbreitete städtische Zivilisation betrachtet werden. Das endgültige Gericht über das Böse ist zugleich der Fluch über den Feind und seine (in der Stadt symbolisierte) Macht: »Sie ist gefallen, sie ist gefallen, Babylon, die große Stadt, und ist eine Behausung der Teufel geworden… Denn von dem Wein ihrer Hurerei haben alle Völker getrunken…« Gegen diese Stadt des Bösen aber – und damit gegen alle Städte dieser Gesellschaft, die man zerstören will – wird die neue Stadt errichtet, die neue Gesellschaft: »Und ich sah die heilige Stadt, das neue Jerusalem, von Gott aus dem Himmel herabkommen… Und ich hörte eine mächtige Stimme von dem Thron her, die sprach: Siehe, die Stätte Gottes bei den Menschen!«

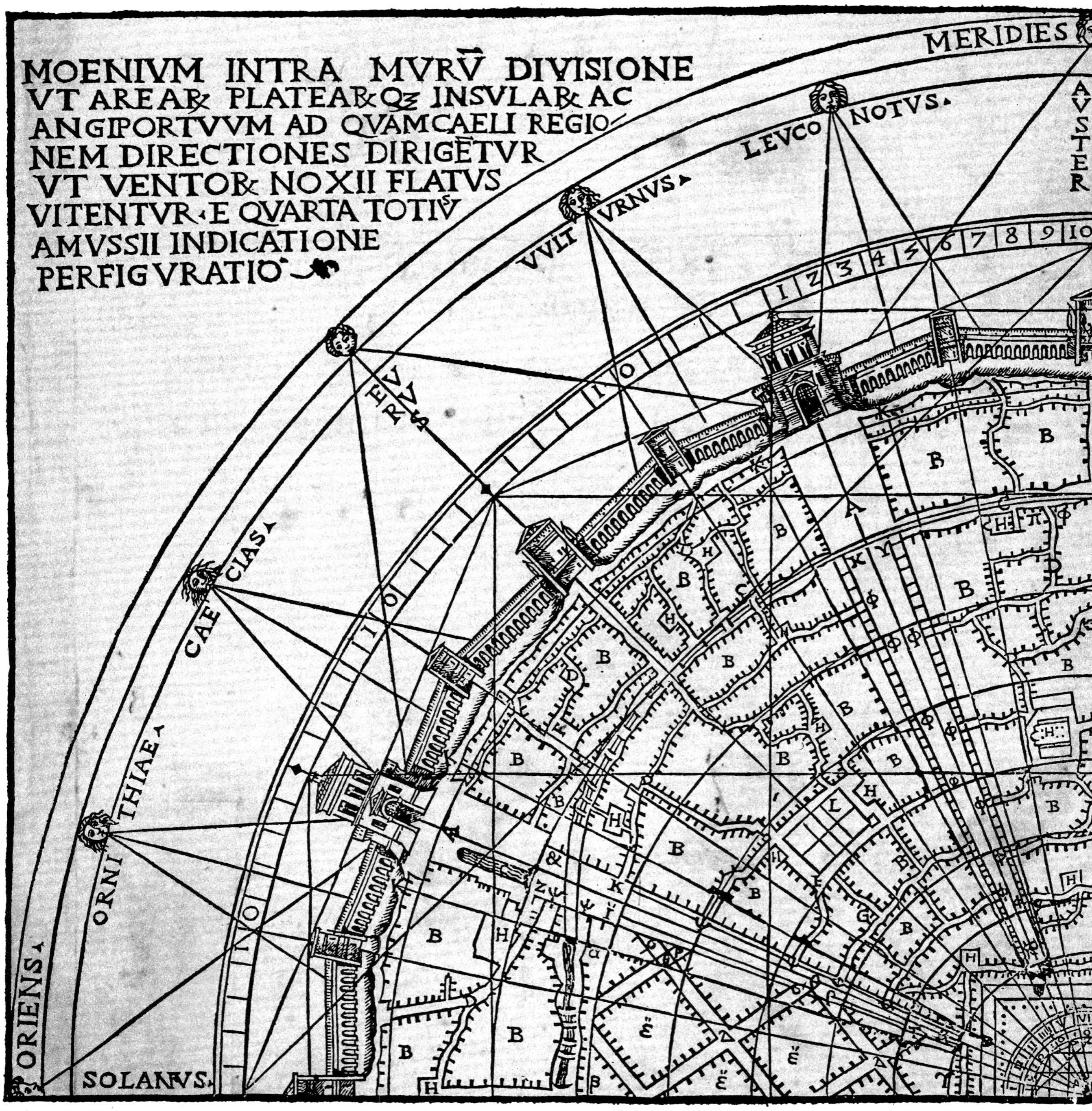

Das architekturtheoretische Werk des Vitruv ist die einzige aus dem Altertum erhaltene römische Abhandlung dieser Art. Ihre fundamentale Bedeutung zeigt sich immer dann, wenn man in Europa auf die römische Klassik als ein Modell der Perfektion blickt. Die von Vitruv entwickelte Idee der Stadt wird also, sobald diese Orientierung an Rom in der europäischen Geschichte vorherrschend ist, mit der Vorstellung von der idealen Stadt zusammenfallen.

Diese Stadt ist vektoriell ideal, ihr polygonaler Umfang erreicht nahezu die perfekte Form des Kreises. Die Mitte wird von einer weiteren perfekten Form gebildet, dem quadratischen Platz; perfekt sind auch die Radiallinien, die vom Mittelpunkt aus den Windrichtungen entsprechend zu den Stadttoren führen. Die innere Stadtstruktur weist dagegen Widersprüche auf: Die rechtwinklig angelegten Straßen rechts unten im Plan stehen im Gegensatz zur Morphologie des restlichen Teils der Stadt, die älteren Datums zu sein scheint. Vitruv ging davon aus, daß beim Bauen verschiedene Voraussetzungen erfüllt werden und daß städtebauliche Technik und architektonische Kultur übereinstimmen müssen. Technische Ausführung, praktische Funktion und ästhetische Proportionen, das sind die Themen, die der Architekt und Ingenieur Vitruv im 1. Jh. v. Chr. in seinem Traktat behandelt. Für die Geschichte der Ideen in der europäischen Kultur waren die Gedankengänge und Theorien Vitruvs immer von zentraler Bedeutung. Sein Werk wurde vermutlich in spätrömischer Zeit durch weitere Theorien ergänzt. Es ist sicher, daß die karolingische Renaissance, die das geistige Erbe der Antike zu bewahren suchte, sich auf die Abhandlungen Vitruvs berief. Aber auch nach der Romanik, zur Zeit der Hochblüte der gotischen Kunst, konnte man weiter auf das in den Klöstern bewahrte und in zahlreichen Abschriften vervielfältigte Traktat zurückgreifen (wie das Bauhüttenbuch des Villard de Honnecourt aus dem 13. Jh. belegt). Der Humanismus hat somit die Schrift des Vitruv nicht wiederentdeckt, sondern vielmehr benützt, um die neue Zivilisation zu planen. Und so wurde das Werk des Vitruv zusammen mit dem Studium der antiken Ruinen zur Grundlage einer neuen Renaissance-Architektur.

Vitruvius Pollio Marcus, *Zehn Bücher über Architektur*, übertragen u. erläutert v. Jacob Prestel, Baden-Baden 1987.

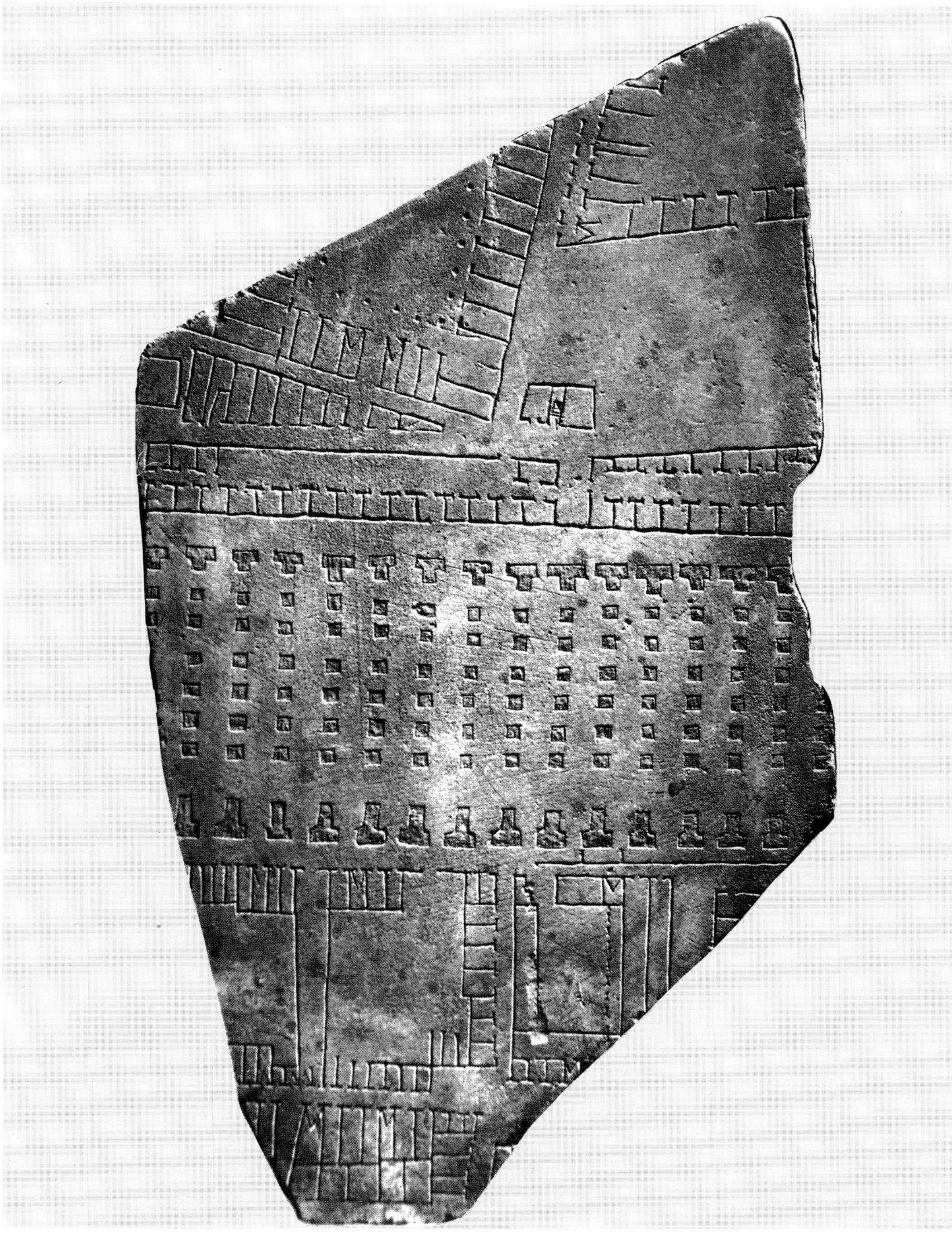

Die Zeichnung stellt ein Fragment der *Forma Urbis Romae* dar, die zu Beginn des 3. Jh. n. Chr. unter Kaiser Septimus Severus entstand. Die in Stein geritzte, maßstabgerechte Aufzeichnung aller römischen Gebäude registrierte das urbanistische Gefüge der Stadt. Um die Mitte des 1. Jh.n. Chr. arbeitete Kaiser Nero, der höchst unzufrieden war mit dem Zustand der Stadt, einen neuen, außergewöhnlichen Stadtbauplan aus, um das reale Rom in eine Idealstadt zu verwandeln.

Grundbücher und Bebauungspläne, die *Formae Urbis*, sind uns auf Steinfragmenten überliefert, die jedoch nur einen Bruchteil der damaligen Fläche Roms wiedergeben. Claudius Caesar Nero arbeitete sein Sanierungsprogramm aufgrund einer präzisen Kenntnis der Stadt aus, nachdem der große Brand (64 n. Chr.) sechs Tage lang in der Stadt gewütet hatte. Der Philosoph Seneca, unter dessen Einfluß Nero seine Regierungszeit sehr vielversprechend begann, hatte die menschenunwürdigen Lebensbedingungen in der Stadt angeprangert. Sueton und andere beschuldigten Nero, den Brand durch seine eigenen Leute gelegt zu haben, um die alte Stadt zu zerstören und ein neues Rom erbauen zu können. Sein Projekt der *Nova Urbs* ist, soweit es sich aus den noch vorhandenen Unterlagen rekonstruieren läßt, ein monumentales Dokument in der Geschichte der Vorstellung von der Idealstadt. Die auf den Resten der Getreidespeicher errichtete *Domus Aurea* ist die Metapher des erträumten Stadtmodells. Sueton zufolge schlug Nero vor, »... den neuen Gebäuden Roms eine neue Form zu geben; er wollte, daß an den Stirnseiten der Miets- und Wohnhäuser Terrassen über den Laubengängen seien ... Diese Laubengänge ließ er dann auf eigene Kosten errichten«. Weitere Vorschriften folgten: regelmäßige Straßenführung, Reduzierung der Höhe der Häuser, Verwendung von Stein statt Holz als Baumaterial, Erweiterung der Straßen, Ausbau der Kanalisation. Nichts durfte mehr willkürlich gebaut werden. Archäologische Untersuchungen beweisen, daß diese Verbesserungen in den wenigen Jahren vor dem Selbstmord Neros (68 n. Chr.) durchgeführt wurden.

Gianfilippo Carrettoni u.a. (Hrsg.), *La pianta marmorea di Roma antica. Forma Urbis Romae*, Rom 1960; Eugen Cizek, *Néron*, Paris 1982.

Die Zeit der Landparzellierung und Kolonisierung der eroberten Gebiete durch die Veteranen dauerte nicht so lange wie die darauffolgende Periode, in der Ackerbau und Viehzucht in landwirtschaftlichen Komplexen mit Hilfe der Sklaven betrieben wurden. Die Villa, ein großer Gutshof mit Stallungen, Werkstätten und angeschlossenem Wohnhaus der Besitzer, war das neue Verwaltungs- und Produktionszentrum, eine außerhalb der Stadt gelegene kleine Stadt für sich.

Die Abbildung zeigt im Modell die Rekonstruktion der römischen Villa von Settefinestre, Gegenstand der jüngsten Ausgrabungen Andrea Carandinis.
Der Komplex stellt das bestens ausgestattete Landgut eines römischen Bürgers dar. Es dient, wie später jede Villa im Zentrum eines landwirtschaftlichen Betriebs, zugleich als Aufenthaltsort für die Zeit der Ferien, während der man die Erntearbeiten leitet und kontrolliert.
Die Organisation der römischen Villa, Vorbild für die mittelalterlichen Klöster mit ähnlichen Funktionen, ähnelt einer kleinen Stadt. Sie ist ein Beispiel für rationelle und effiziente Ansiedlungen (das Wohnhaus des Besitzers mit dazugehörigem Garten, die Wohntrakte der Aufseher, Obst- und Gemüsegärten, die Werkstätten für die Verarbeitung der Produkte und die Lagerräume). Die zahlreichen Ruinen solcher Komplexe zeugen von der wirtschaftlichen Bedeutung der Villa (Funde wurden an der toskanischen, ligurischen und sardischen Küste gemacht, an der Küste Südfrankreichs sowie im Landesinnern, in Toulouse, Poitiers, Arles und Besançon). Daß diese Ansiedlungen wie kleine Städte betrachtet wurden, erkennt man an der Umfriedung, die sakralen, sinnbildlichen, kaum aber defensiven Charakter hat. Besonders die Mauer um die Gartenanlagen ist durch kleine Türme bewehrt (mit ca. 1 m Durchmesser und 3 m Höhe, vom Garten aus gemessen, sowie 6 m Höhe von außen), die an Wachtürme in richtigen Stadtmauern erinnern. Der Reisende, der sich einer solchen Ansiedlung näherte, konnte sehr wohl den Eindruck gewinnen, eine kleine, mauerumfriedete Stadt vor sich zu haben.

Andrea Carandini, Salvatore Settis, *Schiavi e padroni nell'Etruria romana. La villa di Settefinestre dallo scavo alla mostra,* Bari 1979; Andrea Carandini (Hrsg.), *Settefinestre, una villa schiavistica nell'Etruria romana*, 3 Bde., Modena 1985; Andrea Carandini, *Storie dalla terra. Manuale di scavo archeologico*, Turin 1991.

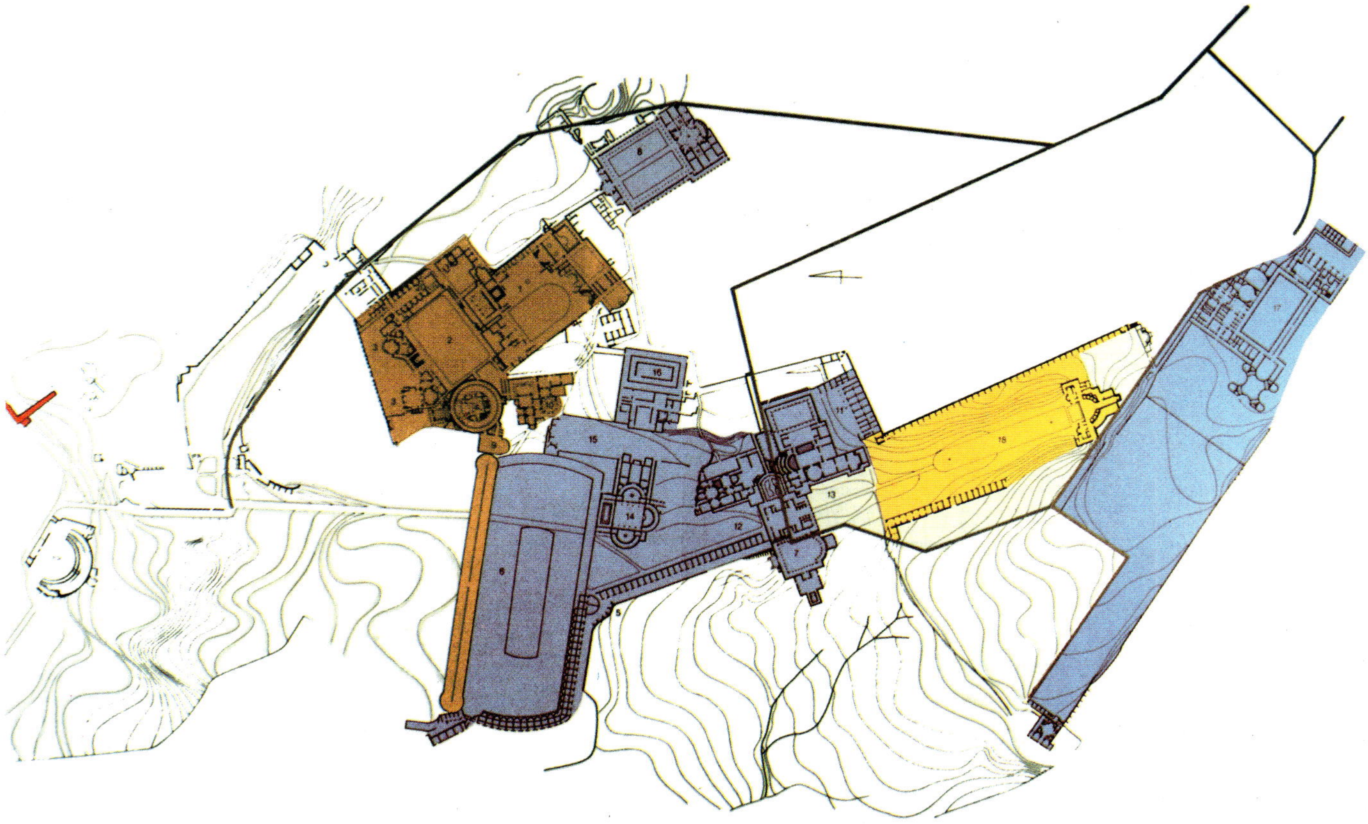

Die Villa Hadriana in Tivoli ist ein bedeutendes Dokument/Monument der römischen Gesellschaft und Kultur des 2. Jh. Sie verkörpert eine bestimmte, in der griechischen und römischen Klassik verwurzelte Vorstellung von der Idealstadt. Darüber hinaus birgt sie jedoch auch zahlreiche »exotische« Elemente, die Voraussetzung für das Entstehen der Moderne waren. In der Villa Hadriana verbinden sich die hellenistische und insbesondere alexandrinische Kultur mit der römischen Welt.

Die Villa wurde von Kaiser Hadrian nach seiner Rückkehr aus Alexandria als Residenz errichtet. Sie gilt auch als heilige Stadt, dem Antinoos gewidmet, dem Liebling Hadrians, der im Nil ertrunken war. Hadrian ließ ihn in Ägypten und Rom als neuen Gott verehren. Diese kleine Residenzstadt erscheint wie ein höchst ausgeklügeltes Labor, in dem durch Synkretismus die bedeutendsten Architekturen der Welt zusammengefügt sind: Stadt und imaginäres Museum, in dessen Innenbereich Zeit und Raum sowie jede Geographie ausgelöscht sind.

Hadrian läßt Gebäudegruppen und Gärten anlegen, schmückt sie mit Statuen, Gemälden und Mosaiken, sammelt Bücher, um eine Universalbibliothek zu begründen: Es ist seine Idealstadt. Hier gibt es keinen Unterschied zwischen dem griechischen Tempel und dem ägyptischen Canopus, zwischen der klassischen Rechtwinkligkeit der Gebäude, die praktischen Zwecken dienen, und der typisch hadrianischen schwingenden Architektur der als *Teatro Marittimo* bezeichneten Inselvilla. Die Kopien der klassischen römischen und griechischen Statuen stehen neben den Reproduktionen antiker ägyptischer Götter. Die Ägyptomanie war weit verbreitet in Rom und artikulierte sich in exotischen Kulten und der Errichtung von Monumenten (man denke an die Cestius-Pyramide aus dem 1. Jh. v.Chr.) oder der Darstellung städtischer Szenen (das Nilmosaik von Palestrina). In der Hadriansvilla jedoch diente das Exotische nicht der Befriedigung der Neugierde, es war vielmehr unentbehrlicher Teil des Ganzen, als ob die ideale Stadt – einer umfassenden Enzyklopädie des Wissens gleich – all das enthalten müßte, was der Mensch bis dahin an Erinnerungswertem geschaffen hatte.

Salvatore Aurigemma, *Villa Adriana*, Rom 1961; Royston Lambert, *Beloved and God. The Story of Hadrian and Antinous*, New York 1984.

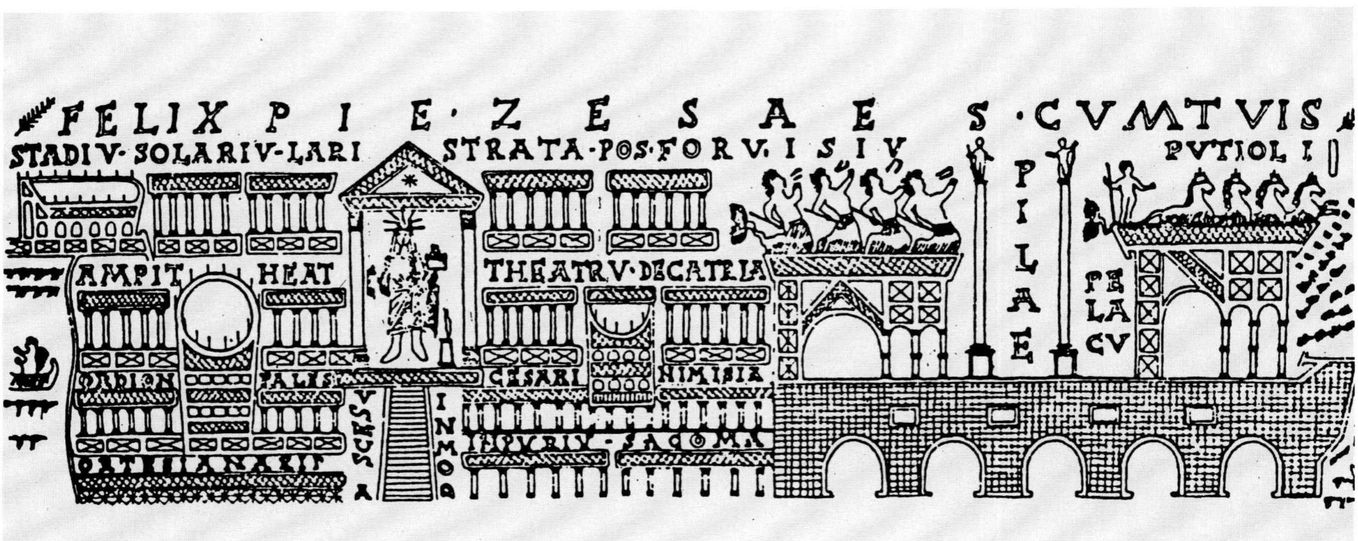

Die reale Stadt konnte für alle dort Lebenden auch eine ideale Stadt sein, wie vor allem Rom zur Zeit der Romanisierung der Welt, die griechischen Stadtstaaten während der griechischen Expansion im Mittelmeerraum oder Alexandria im Hellenismus. Im 2. Jh. entstand aus den zusammenwachsenden Städten Puteoli (heute Pozzuoli) und Baiae die erste Ferien- und Bäderstadt der antiken Welt: die ideale Stadt für Freizeit und Unterhaltung für die gesamte römische Welt.

Diese beiden Stadtansichten sind die graphische Wiedergabe von Flaschenverzierungen, die aus der Bäderstadt nördlich von Neapel stammen. Vermutlich enthielten die Flaschen kostbaren Wein oder Öl zum sakralen Gebrauch. Vollständige Exemplare und Scherben wurden außer in Italien im Gebiet der ehemaligen Tschechoslowakei gefunden, in Polen, Portugal, Deutschland, Frankreich und in Nordafrika.
Die Darstellungen sind keine technischen Beschreibungen der Forma Urbis, sondern einfache Stadtansichten, Szenen, wie sie sich jedem Besucher darboten. Nach den Gesetzen des Kollektivgedächtnisses sind diejenigen Gebäude abgebildet, die dem Betrachter am leichtesten in Erinnerung bleiben : Theater und Amphitheater, Säulen, Plätze, Thermen und Brücken, eine Gaststätte.
Beim Betrachten dieser Abbildungen kommt man zu der Erkenntnis, daß das Städtepaar Puteoli-Baiae in seinem Entstehungsprozeß ganz dem Gesamtheitsprinzip unterworfen war. Die kartesianische Rationalität der römischen Urbanistik fehlt vollkommen, biologisches Wachstum und die unterschiedlichen Bedürfnisse der Menschen, die allein zu ihrem Vergnügen in dieser Stadt weilten, wischten alle planerischen Überlegung beiseite.

Jerzy Kolendo, *Parcs à huitres et viviers à Baiae sur un flacon en verre du Musée National de Varsovie*, in »Puteoli«, I, 1977; Steven E. Ostrow, *The Topography of Puteoli and Baia on the Eight Glass Flasks*, in »Puteoli«, III, 1979.

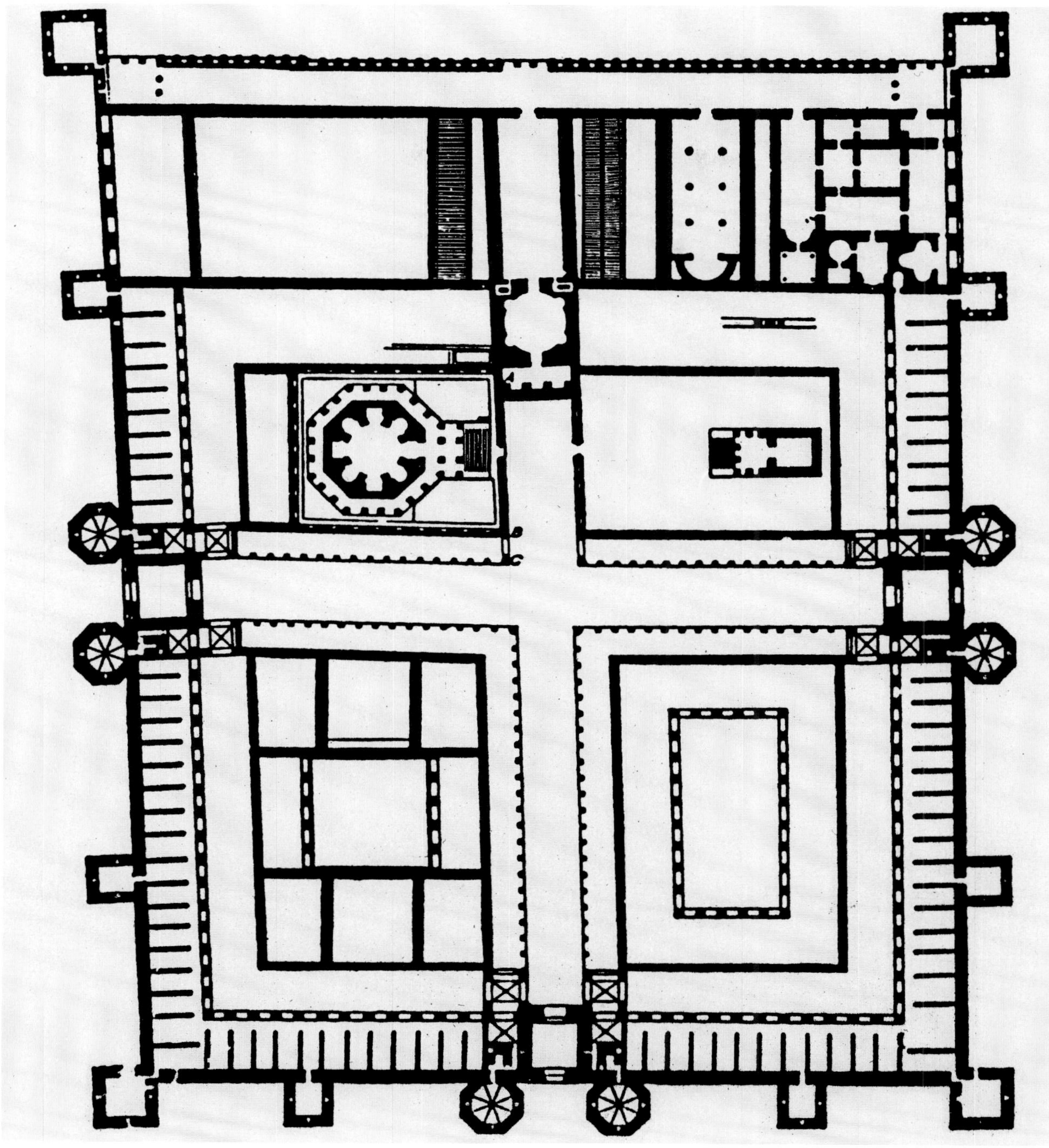

Im späten Kaiserreich wandelt sich die Form der Machtausübung vom Prinzipat mit seinen als soziale und wirtschaftliche Kondensatoren wirkenden *Municipia* oder Stadtgemeinden allmählich zum Dominat, einem absoluten Königtum nach hellenistischem Vorbild. Es tritt eine neue Ordnung ein, von der auch das klassische Konzept der Stadt nicht verschont bleibt. Der Palast des Diokletian in Split ist ein Beispiel dafür.

Für die *Municipia*, die während der Zeit des Prinzipats schnell wachsenden, mit politischer und Verwaltungsautonomie ausgestatteten Stadtgemeinden, vollzieht sich in der Zeit des Dominats eine radikale Veränderung. Das Imperium will die internen Belange der Städte selbst kontrollieren, damit die Abgaben pünktlicher nach Rom gelangen. Freiheit und Kreativität in der Arbeit werden nun durch die Abgabenpflicht eingeschränkt, denn eine höhere, militärische Ordnung beherrscht das Reich. Analog dazu verliert auch die Architektur einen Teil ihres organischen Charakters. Vergleicht man den Diokletianspalast in Split mit den kaiserlichen Gebäuden auf dem Palatin oder mit der Hadriansvilla in Tivoli, dann fällt vor allem die mathematische Regelmäßigkeit, das additive Zusammenfügen von Mauerflächen und stereometrischen Körpern in der neuen Architektur auf. Sie ist statisch: In seiner geometrischen Symmetrie, die ihm von oben bestimmt ist (wie es der neuen Regierungsform entspricht), wird sich der Palast in Split nie erweitern können, wird nie wachsen und sich verändern. Die Architektur des Diokletian trägt deutliche militärische Züge. Sie entspricht dem kriegerischen Charakter der Epoche, in der es viel wichtiger war, sich gegen das feindliche Umfeld zu verteidigen, als zusammen mit der Bevölkerung (*Civitas*: Stadtstaat) die Grundlagen für eine gemeinsame Zukunft zu errichten.

Hans Peter L'Orange, *Völker und Kulturen. Das spätantike Herrscherbild*, Stuttgart 1984.

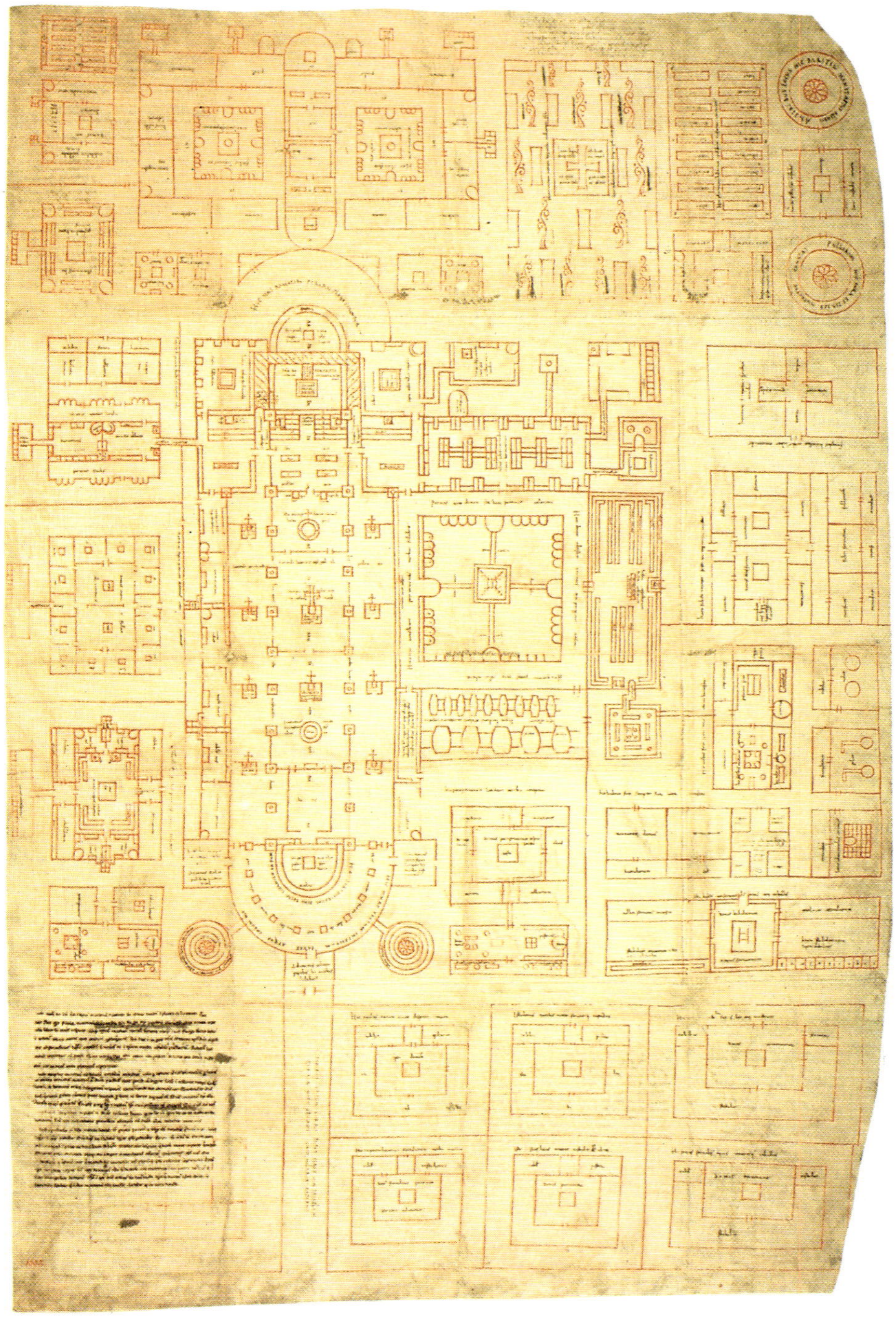

Der abgebildete Plan aus dem 9. Jh. stellt das Kloster von St. Gallen im frühen Mittelalter zur Zeit der Karolinger dar, auch wenn das Dokument selbst die Kopie einer älteren Zeichnung ist. Die Abtei erscheint wie eine kleine Stadt, ein Modell für die religiöse und wirtschaftliche Verwaltung eines Gebiets und geistiger und weltlicher Mittelpunkt der bäuerlichen Umgebung. Der Komplex ist die konkrete Antwort der kirchlichen Welt auf die organisatorischen Probleme des Gebiets.

Die traditionelle Stadt der Römer und die reale, in einer Krise steckende Stadt der karolingischen Zeit verblassen gegenüber diesem Modell einer Idealstadt, die überall dort erbaut werden kann, wo gläubige Arbeiter die Stadt Gottes errichten wollen.

Durch die Reformen von Cluny (eine vom heiligen Bernhard im Jahr 910 durchgeführte Neuregelung des Benediktinerordens) und Cîteaux (1098 begonnen und von Bernhard von Chiaravalle verbreitet) erlangen die Klöster in ganz Europa große wirtschaftliche und soziale Bedeutung. Das Netz der Klöster wird zu einem Netz der Städte, und das in einer Zeit, die sich vor allem durch den Ausbau des Handels und der Handelsbeziehungen zwischen den Städten auszeichnet. Der Idealplan für St. Gallen stellt den Versuch dar, die politischen Aufgaben eines großen karolingischen Klosters und die bestehenden Reformbestrebungen in eine architektonische Ordnung zu übertragen. Er ist das konkrete Beispiel für die Realisierung eines Ideals: das perfekte urbane Zusammenleben.

Die Ordnung geht von der Kirche aus, mit der das Abthaus und die Schlaf- und Refektoriumsräume der Mönche direkt verbunden sind. Neben der Kirche mit dem inneren Kloster, dem Kernstück der Anlage, gibt es das Spital und das Haus des Arztes, die Gebäude für die Novizen, Badehaus und Besuchsraum, Küche, Keller und Vorratsräume, Werkstätten, eine Bäckerei und eine Brauerei, Obst- und Gemüsegärten sowie die Ställe.

Lorna Price, *The Plan of St. Gall*, Berkeley/Los Angeles/London 1979.

Das Paradies, das im Hochmittelalter hauptsächlich als Paradiesgarten dargestellt wurde – in einer abstrakten, symbolischen und metaphysischen Bildsprache –, nimmt zu Beginn des 12. Jh., als Europa sich für das Phänomen der urbanen Renaissance zu interessieren beginnt, immer mehr die Form der Stadt an, wird zum irdischen Paradies wie das neue Jerusalem. Die abgebildete Miniatur aus dem *Liber Floridus* von Lambert de Saint-Omer ist ein Beweis dafür.

Hier wird, immer noch in symbolhafter Form, auf ein Phänomen hingewiesen, das in Europa eine neue wirtschaftliche und soziale Entwicklung einleiten sollte. Der aus der merkantilen Revolution geborene Handel führt in den Städten Europas zu neuem Reichtum, die mittelalterliche Stadt selbst erscheint als kostbarer Behälter für die zahlreichen Wunderdinge – *Mirabilia urbis* –, die mit dem neuen Wohlstand geschaffen werden können. In der Geschichte von der Idealstadt nimmt die Stadt der Wunder einen besonderen Stellenwert ein, sie ist eine der vielen möglichen Verkörperungen des Paradieses. In dieser Darstellung von einem Stadt-Paradies besteht, wie in vielen ähnlichen zeitgenössischen Abbildungen, das Paradies aus einer Stadt mit regelmäßigen Mauern, Türmen, großen Gebäuden und Tempeln. Im unbebauten Zentrum dieser Stadt steht der große Baum, das Sinnbild des Gartens. Eine ähnliche Miniatur im *Liber Floridus* – ebenfalls mit der symbolhaften Darstellung einer Stadt und eines zentralen Baums – repräsentiert das Himmlische Jerusalem (wie aus einer Inschrift hervorgeht). In der religiösen Gedankenwelt jener Zeit, in der die spirituelle Abstraktion des Hochmittelalters dem konkreten Denken des ausgehenden Mittelalters weichen muß, bilden diese urbanen Metaphern eine reiche Ikonographie möglicher realer Städte. Oder besser gesagt: Sie verkörpern den inzwischen allgemein verbreiteten Wunsch nach der antiken/modernen Stadt, denn nach den vielen anti-urbanen Polemiken der Vergangenheit übt die Stadtkultur wieder neue Anziehungskraft aus.

Lars Ivar Ringboom, *Graltempel und Paradies*, Stockholm 1951; Jacques Le Goff, *Die Geburt des Fegefeuers*, München 1988; William A. McClung, *The Architecture of Paradise. Survivals of Eden and Jerusalem*, Berkeley 1983; Jacques Le Goff, *Phantasie und Realität des Mittelalters*, Stuttgart 1990; Colleen Mc Dannell, Bernhard Lang, *Heaven: a History*, New Haven 1988; Jean Delumeau, *Une histoire du paradis*, Paris 1992.

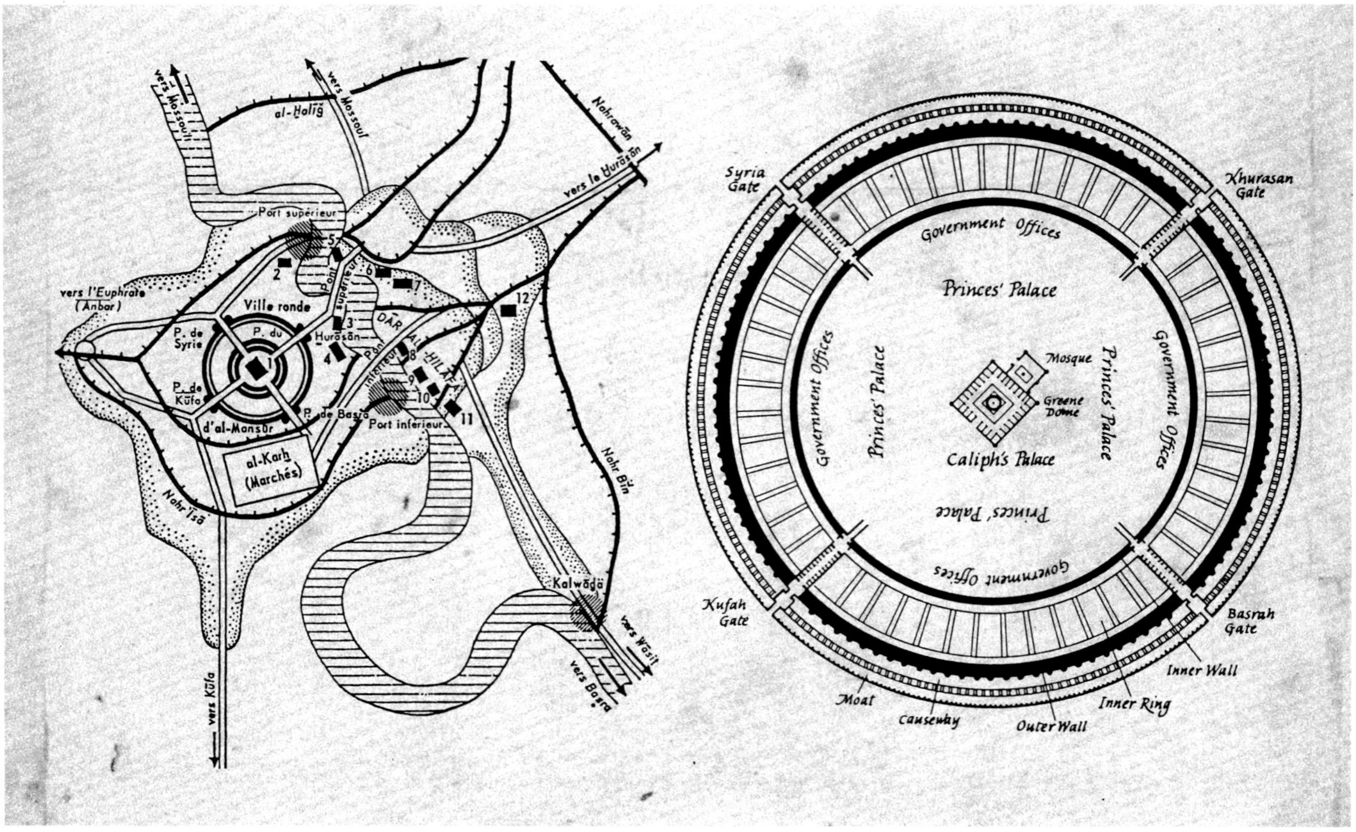

Bagdad, Mitte des 8. Jh. gegründet, ist das Musterbeispiel einer islamischen Stadt, perfekt in ihrer Geometrie und der Ausrichtung nach der Sonne. Die Vorliebe der Abbasiden für den Vorderen Orient führte zu der politisch weitreichenden Entscheidung, hier Madinat as-Salam, die Stadt des Friedens, zu gründen. Der Kalif el-Mansur machte 762 Bagdad zu seiner Residenz. Der Reiz des Andersartigen und die expandierende Macht des Islam versetzten die europäische Welt in Aufregung, sie sind aber auch Ursache für neue Vorstellungen von einer Idealstadt.

Bagdad wurde nach einem genauen städtebaulichen Plan gegründet, der auf der Perfektion des Kreises beruht. Der Kreis ist eine geometrische Form mit uralter, in der Geschichte des Vorderen Orients verwurzelter Tradition, wie die Stadtmauern von Jericho beweisen oder die hethitischen Städte Zendjiri und Kadesh, um nur einige Beispiele zu nennen. Aufgrund der Zerstörungen zwischen dem 9. und 14. Jh. ist von der alten Stadt Bagdad nicht mehr viel erhalten. Doch ihre historische und symbolische Bedeutung als *Imago mundi* und neues himmlisches Jerusalem auf Erden liegt in der Definition des Verhältnisses zwischen Islam und Christentum. Der kreisförmige Grundriß unterscheidet sich völlig von der Konzeption der griechisch-römischen Urbanistik und lehnt sich an die vorhellenischen iranisch-mesopotamischen Stadtmodelle an. Manche Historiker sehen die Wurzeln dieser Anlage in der Kultur des Orients und bezeichnen die kreisförmige Stadt als ein riesiges islamisches, in Stein gehauenes Mandala oder als ein vom buddhistischen Astrologen Naubakkht entworfenes Kosmogramm. Von den Wundern Bagdads wurde auch in Europa berichtet, die literarischen Zeugnisse jener Zeit sind reich an Beschreibungen dieser der europäischen Vorstellung so fremden Welt. Gegen Ende des 9. Jh. sind die drei tonangebenden Städte im Mittelmeerraum: Konstantinopel, Kairo (das alte ruhmreiche Alexandria hat zu diesem Zeitpunkt keinerlei Bedeutung mehr) und Bagdad. Es folgen, mit geringerer Bedeutung, die isalmischen Städte Aleppo, Damaskus und Antiochia, Kairuan und Fez und die islamisierten Städte Europas, Sevilla, Córdoba und Palermo. Im christlichen Europa gibt es zu dieser Zeit nur zwei Städte, die sich hinsichtlich der Bevölkerungszahl mit denen des Islam vergleichen lassen: Saloniki und Venedig, beides wichtige Pole innerhalb der byzantinischen Welt.

Florindo Fusaro, *La città islamica*, Bari 1984; Paolo Cuneo, *Storia dell'urbanistica. Il mondo islamico*, Bari 1986.

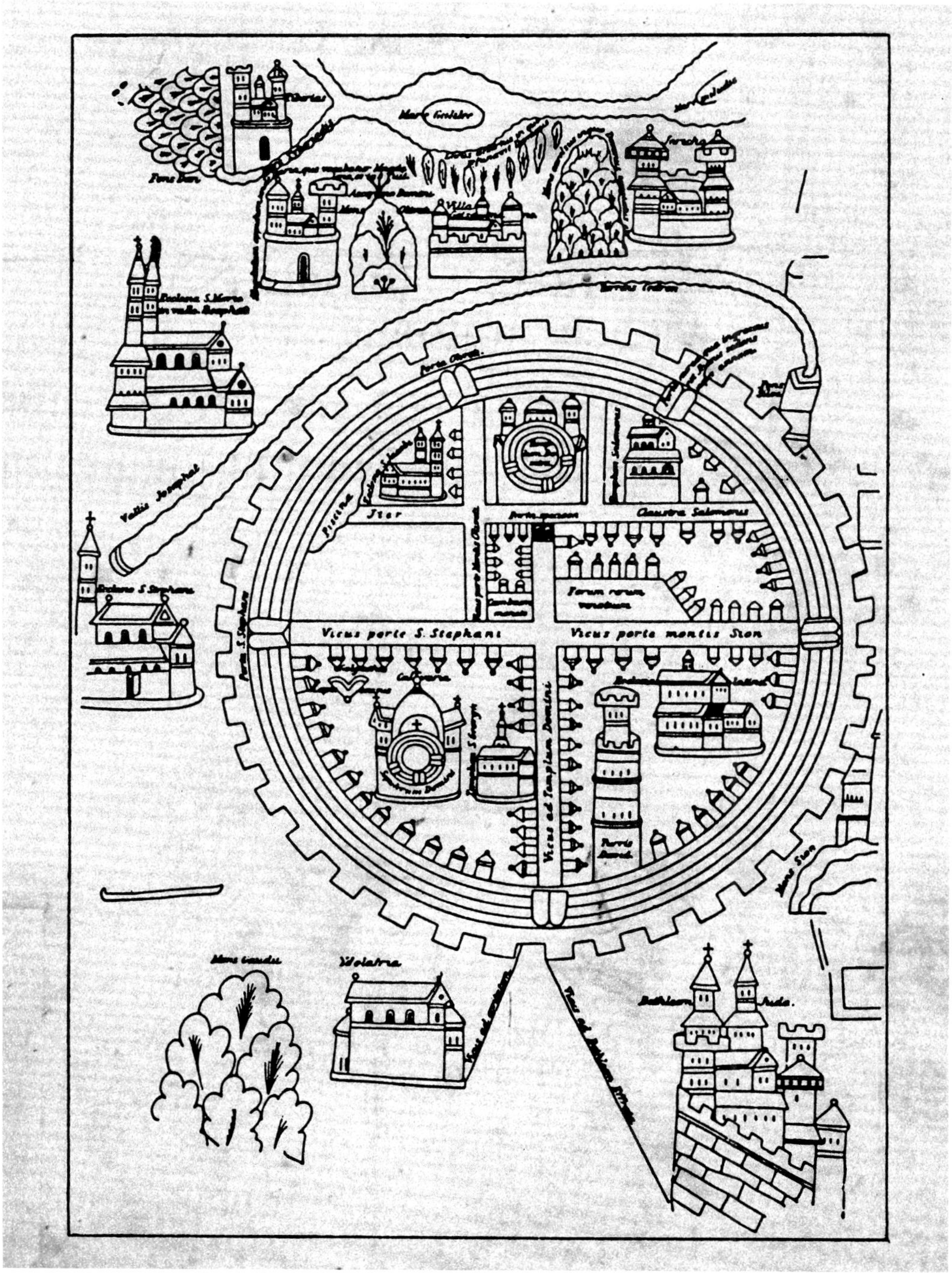

Die hier abgebildete Zeichnung aus dem 12. Jh. beschreibt die Stadt Jerusalem in der topographisch-phantastischen Form, die der Ideologie des ausgehenden Hochmittelalters entspricht. Die Idealisierung Jerusalems ist eindeutig und konsequent durchgeführt: Ein großes Kreuz kennzeichnet die interne Struktur der Stadt, der perfekte Kreis der Stadtmauern verdeutlicht die Vollkommenheit der Stadt selbst sowie aller Werte, die sie verkörpert. Die topographischen Bezeichnungen belegen die historische Wissenschaftlichkeit des Plans.

Ein solches Jerusalem, wie es von den heiligen Schriften der Juden und Christen bestätigt wird, schafft neue Mythen: Es wird zum Modell der geistigen Stadt (das Himmlische Jerusalem, die Gottesstadt) und der realen Stadt, die man sich so vollkommen wie nur möglich vorstellt, eine Art Stadt-Republik, Stadt-Gemeinde, die Verewigung einer Stadt-Legende. Jerusalem birgt jedoch noch weitere Symbole und Mythen, wie den Tempel, dessen Geheimnisse die Tempelritter des Hugo De Payns verlocken, ins Heilige Land zu ziehen, um die Pilger zu schützen, aber auch um die Reste des alten Tempels in Besitz zu nehmen. Das geschieht zu der Zeit, in der auch unsere Abbildung von Jerusalem entstanden ist, und der Tempel Salomons wird bis zum 19. Jh. eine konstante Figur in der europäischen Vorstellung von der idealen Stadt bleiben. Wenn die Literatur, die sich mit den religiösen Bedeutungen Jerusalems befaßt, organischer Teil der Erforschung des Sakralen ist, dann erscheint uns die Ikonographie Jerusalems wie der Nährboden, auf dem die Vorstellung von der Idealstadt des ausgehenden Mittelalters gedeihen konnte.

Henry Corbin, *Temple et contemplation*, Paris 1980; Lionello Puppi, *Verso Gerusalemme. Immagini e temi di urbanistica e di architettura simboliche tra il XIV e il XVIII secolo*, Rom 1982; Maria Luisa Gatti Perer (Hrsg.), *La Gerusalemme celeste. La dimora di Dio con gli uomini. Immagini della Gerusalemme celeste tra III e XIV secolo*, Mailand 1983; Rosario Assunto, *La città di Anfione e la città di Prometeo. Idea e poetiche della città*, Mailand 1984; Renato Uglione (Hrsg.), *La città ideale nella tradizione classica e biblico-cristiana*, Turin 1985; Franco Cardini, *Gerusalemme d'oro, di rame, di luce. Pellegrini, crociati, sognatori d'Oriente fra XI e XV secolo*, Mailand 1991; Titus Burckhardt, »Das Himmlische Jerusalem und das Paradies von Vaikuntha«, in: *Spiegel der Weisheit*, München 1992.

Im Jahr 1448 entwarf der Benediktinermönch Andreas Walsperger seine *Mappa mundi*. Sie stellt die damals bekannte Welt auf einer ebenen Fläche dar, die vom Himmel aus Kristall und von den Kreisen der himmlischen Sphären begrenzt wird. Diese Darstellung gibt zugleich Auskunft über das Weltbild des christlichen Europa.

In den Klöstern des Mittelalters existierten noch sorgsam archivierte Kopien früherer geographischer Weltdarstellungen: vom Weltbild des Ptolemäus (als Kopien der Kopien aus dem 13. Jh.) bis zu den in der Spätantike und der römischen Geographie verwurzelten Darstellungen wie zum Beispiel der *Peutingerschen Tafel*, die von dem Augsburger Humanisten Konrad Peutinger erworbene, wahrscheinlich aus dem 4. Jh. stammende Kopie einer noch älteren römischen Karte.
Natürlich stellt die Kartographie keine objektive Betrachtung der Realität dar. Man denke nur an die geographische Wissenschaft und die Geschichte der modernen geographischen Darstellungen der Welt: von den Gewißheiten eines Gerardus Mercator (1538) bis zu Arno Peters (1973). Daß jede geographische Darstellung eng mit der sie produzierenden geosozialen Struktur verbunden ist, wird durch einen Vergleich bewiesen, den jedermann anstellen kann: Man vergleiche die Darstellungen der auf einer Ebene nebeneinander abgebildeten Erdhalbkugeln, wie sie zu praktischen und Unterrichtszwecken in den verschiedenen Ländern Europas, in den Vereinigten Staaten, in Südamerika, Rußland, China und Japan, in den arabischen Ländern oder in Australien verwendet werden. Der Mittelpunkt der Darstellung verändert sich je nach Standort des Betrachters und dessen geopolitischer Bedeutung. Insofern ist auch diese *Mappa mundi* das Dokument einer historischen Periode und einer besonderen Weltanschauung. Wir haben es hier nicht mit einer eurozentrischen Darstellung der Welt zu tun, wie sie die Europäer bald darauf auch von anderen Teilen der Erde anfertigen werden, sondern mit einer christlich zentrierten. Im Mittelpunkt der Karte liegt Jerusalem, die große Idealstadt, die die Welt gebiert.

Adolf Erik Nordenskjöld, *Facsimile-Atlas to the Early History of Cartography with Reproductions of the Most Important Maps printed in the XV and XVI Century*, Stockholm 1889; Carmen Blacker, Michael Loewe, *Ancient Cosmologies*, London 1975.

13. Jh. / Jerusalem / *Die Stadt im Mittelpunkt der Welt*

Im mittelalterlichen Christentum ist das Himmlische Jerusalem das Ziel im Jenseits, ganz im Sinne der Apokalypse des Johannes oder auch im Sinne der Gegenüberstellung von irdischer und himmlischer Stadt, wie sie Augustinus in seinem Werk *De Civitate Dei* vornimmt. Augustinus verlangt, der himmlischen Stadt den Vortritt zu lassen gegenüber der irdischen. Das reale, irdische Jerusalem lebt spiegelbildlich zum himmlischen.

In Zusammenhang mit Kain und Abel schreibt Augustinus über die beiden Städte: »So war der erste Erbauer einer irdischen Stadt ein Brudermörder: Vom Neid zerfressen tötete er seinen Bruder, Bürger der ewigen Stadt, Pilger auf dieser Erde.« Doch diese Erde war nicht unbedingt nur eine Pilgerstätte: Aus Glauben und Frömmigkeit, in Übereinstimmung mit dem Himmlischen Jerusalem und dem Mythos vom realen antiken Jerusalem, entsteht der große Traum von der Errichtung des irdischen Jerusalem, das religiöse und soziale Erneuerung in den Beziehungen der Menschen zueinander bedeuten soll. Augustinus schreibt auch: »Deshalb finden wir in der irdischen Stadt zwei Formen vor: die eine Form, die ihre Präsenz beweist, und die andere Form, die durch eben diese Präsenz die himmlische Stadt versinnbildlicht.« Während des gesamten Mittelalters ist Jerusalem als Symbol einer Idealstadt eine Konstante der europäischen Gedankenwelt. Die Kartographie aus jener Zeit ist Beweis für diese Überzeugung. Der hier abgebildete *Mappamondo Psalter*, eine vermutlich aus dem 13. Jh. stammende Buchillustration, ist eine der vielen *Mappae mundi* des europäischen Mittelalters. Es waren geographische Beschreibungen, zugleich aber auch Ausdruck eines kosmologischen Empfindens.

Anders als die griechische Antike, in der die Erde mit der Himmelskuppel als dreidimensional empfunden wurde, geben diese O-T-Karten die Welt in zweidimensionaler Form innerhalb eines Kreises (O) wieder. Das T steht für die Beschreibung der Gewässer: in der Vertikale unten das Mittelmeer, in der Horizontale die Flüsse Don und Nil. Oben der Orient, unten links Europa, rechts Afrika. Im Mittelpunkt der Karte und des Kreises befindet sich die Stadt Jerusalem, über der als Tangente zum großen Kreis das irdische Paradies liegt.

Jean-Michel Angebert, *Les cités magiques*, Paris 1974; P.D.A. Harvey, *The History of Topographical Maps. Symbols, Pictures and Surveys*, London 1980.

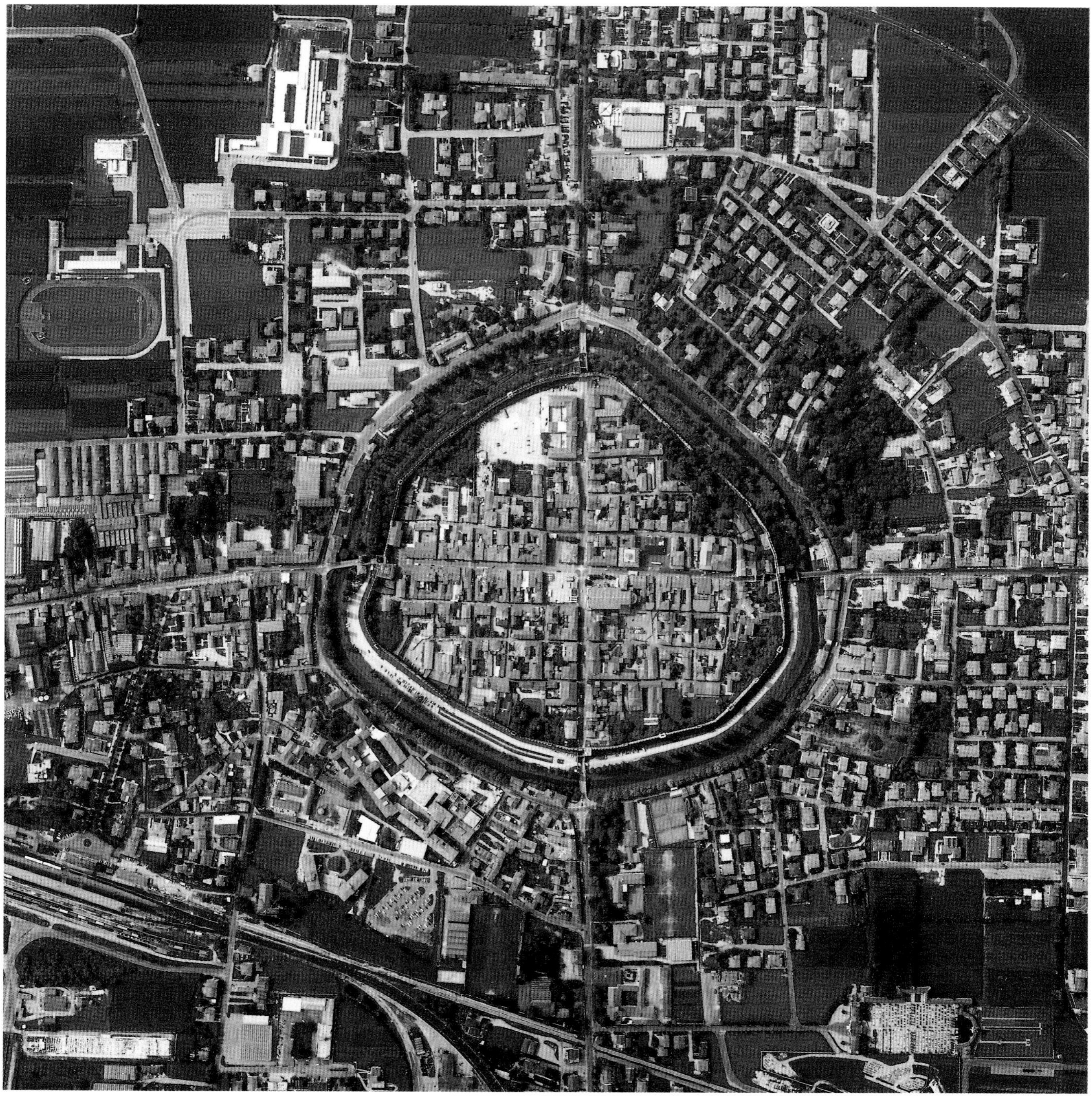

Gegen Ende des Hochmittelalters erlebt Europa ein sprunghaftes Ansteigen seiner Bevölkerung: Um die Jahrtausendwende noch auf 36 Millionen geschätzt (ebensoviel wie 200 n. Chr., während sich 600 n. Chr. die Bevölkerungszahl auf zwei Drittel reduziert hatte), wächst sie bis zum Jahr 1300 auf 79 Millionen an. Es sind dies die Jahrhunderte des neuen Handels und der urbanen Expansion. Doch nach der Schwarzen Pest, Mitte des 14. Jh., geht die Bevölkerungszahl auf 60 Millionen zurück, um erst im 16. Jh. wieder ihren früheren Stand zu erreichen.

Zwischen 1000 und 1350 werden in Europa viele neue Städte gegründet (über 200 in den letzten beiden Jahrzehnten des 14. Jh.). Die antike Stadtkultur verkümmert während der Zeit der Völkerwanderung und der Eroberung durch die »Barbaren«. Der Historiker Pirenne, so schreibt Roberto Lopez, »... stellte seine berühmte These auf, wonach die Stadt des Mittelalters im Entstehen der Märkte und der neuen Handelsbeziehungen ihren Ursprung fand«. Die Handelsrevolution ist nicht mehr aufzuhalten. Die Idee von der Stadt – der Handelsstadt, wohlgemerkt – impliziert in diesem Stadium ein Gegensatzpaar: Unzivilisiert und wild ist, wer in den Wäldern haust, zivil oder ein Bürger, wer in der Stadt lebt. Die Städte bilden das Netz, innerhalb dessen sich der Handel in Europa entwickelt, die Universitäten in den Städten sind die herausragenden Zentren des Wissens: zwei weltliche Systeme in Opposition zum überkommenen System der mittelalterlichen Klöster, das die Welt hätte beherrschen können, das aber gegenüber der Aggressivität der weltlichen Kräfte auf verlorenem Posten steht. Zur Verteidigung des Territoriums der neuen *civitas* bildet sich systematisch ein weiteres Netz kleiner urbaner Ansiedlungen und befestigter Dörfer heraus. Unsere Abbildung zeigt die »kleine Stadt« Cittadella, die 1220 von Padua aus gegründet wurde.

Roberto S. Lopez, *Naissance de l'Europe*, Paris 1962; ders., *The Commercial Revolution of the Middle Ages, 950-1350*, New York 1971; Colin McEvedy, Richard Jones, *Atlas of World Population History*, London 1978; Marino Berengo (Hrsg.), *Roberto S. Lopez. Intervista sulla città medievale*, Bari 1984.

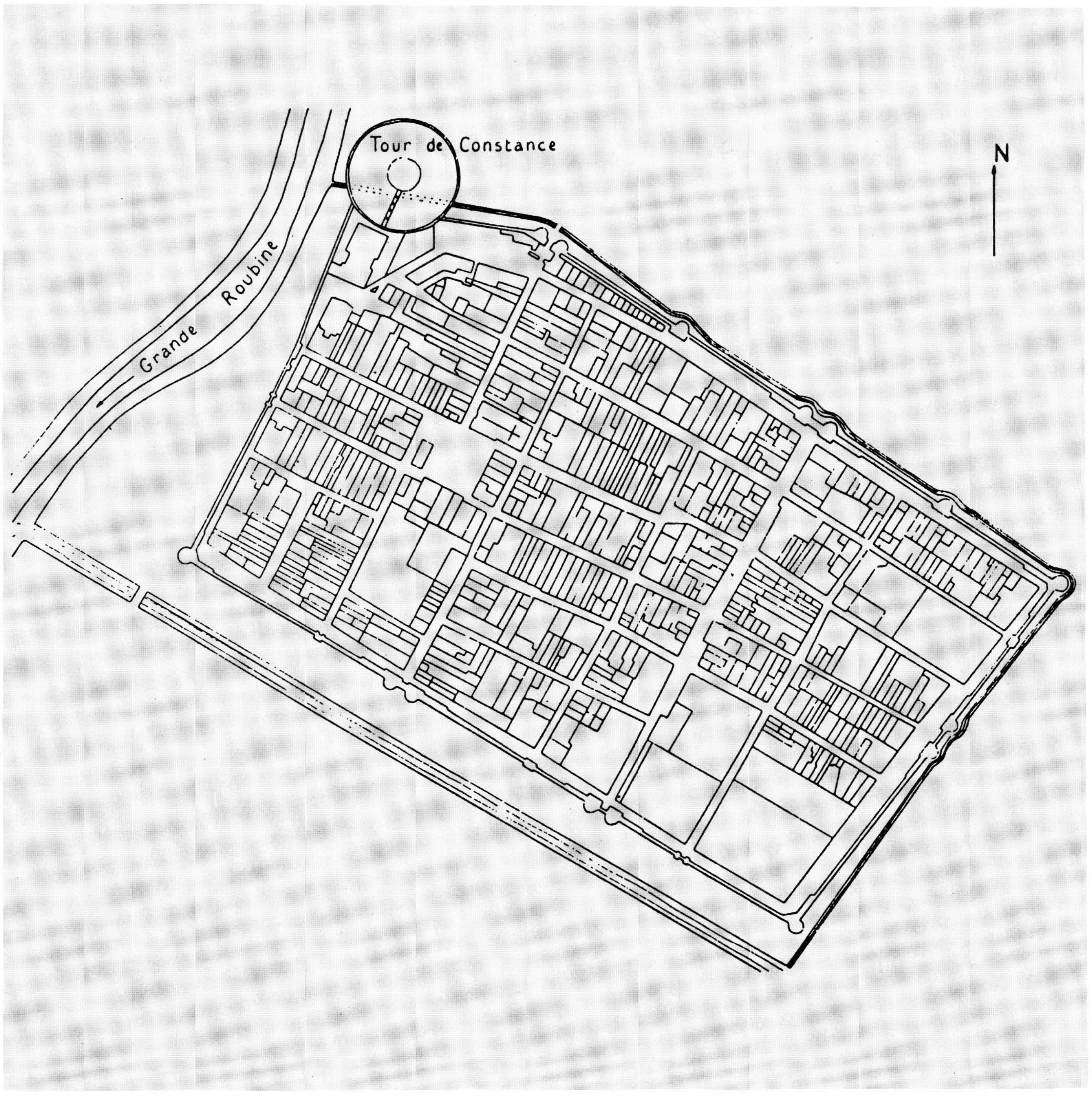

Zwischen der Vorstellung vom irdischen Paradies und dem Schlaraffenland als künstlichem Paradies steht im Mittelalter die Idealstadt, die ihrerseits als Mythos und Symbol begriffen wird. Zu den – vornehmlich religiös und christlich geprägten – Wunderdingen des Mittelalters gehört auch die Stadt, die alle Mühen und Werke des Menschen in sich birgt. Die Kirchen und Klöster, die Städte und Umland bereicherten, waren die symbolischen Wunder der mittelalterlichen Städtebauer.

Seit die Stadt nicht mehr nur Gott, sondern auch den Menschen gewidmet ist, stellt sich das Problem ihrer geistigen und physisch-geometrischen Perfektion. Ein Beispiel dafür ist Aigues-Mortes in der ehemaligen französischen Provinz Languedoc. Die Stadt wurde von Ludwig IX. im Jahr 1249 gegründet und von Philipp dem Schönen zwanzig Jahre später mit einer nahezu uneinnehmbaren Stadtmauer umgeben, wie sie den Kriterien der damaligen Befestigungsarchitektur entsprach. Europa besteht zu jener Zeit aus einer Reihe gerodeter Waldflächen mit einzelnen urbanen Ansiedlungen, doch die Herausforderung, die die Entwicklung der Städte und der Stadtkultur für das Klosterwesen darstellt, veranlaßt einen Theologen wie Wilhelm von Auvergne in der ersten Hälfte des 13. Jh., das neue urbane System als einen potentiellen wilden Wald zu betrachten. Le Goff zitiert ihn mit folgenden Worten: »Stellen wir uns eine Stadt vor, die durch das Zusammenleben so perfekter Menschen gebildet wird … Es ist offensichtlich, daß gegenüber einer so bewundernswerten Stadt der Rest der Menschheit wie ein wilder Wald ist«. Während im Hochmittelalter das Idealbild der Stadt stark durch Kirche und Adel geprägt wird und die Stadt vor allem militärische, d.h. Verteidigungsfunktionen zu erfüllen hat, wird sie im ausgehenden Mittelalter zur Bürger- und Handelsstadt, in der auch ein Sklave freier Bürger werden kann. Ihre immer weltlicheren Symbole beruhen auf vier Grundprinzipien: die scholastische Philosophie von der Stadt, die Geschichtsschreibung, der urbane Patriotismus und die verstädterte Folklore. Darauf gründet der Mythos von der Einheit der idealen und realen Stadt.

Arturo Graf, *Miti, leggende e superstizioni del Medioevo*, Turin 1892-1893; Augustin Fliche, *Aigues-Mortes et St. Gilles*, Paris 1924; Jacques Le Goff, *Histoire de la France urbaine*, Bd. II: *La ville médiévale*, Paris 1980; ders., *Phantasie und Realität des Mittelalters*, Stuttgart 1990.

Die Fresken des Ambrogio Lorenzetti aus dem 14. Jh. im Ratssaal des Palazzo Pubblico von Siena, die berühmten *Auswirkungen der Guten und der Schlechten Regierung in der Stadt und auf dem Land* verkörpern die allgemeine Vorstellung jener Zeit von der idealen Stadt im Vergleich zu ihrem Gegenstück, der realen Stadt, in der alle negativen Aspekte der Gegenwart enthalten sind. Der Titel der Fresken zeigt die organische Beziehung zwischen Stadt und Land, die geprägt ist nicht nur von gegenseitiger Abhängigkeit, sondern auch von der Ergänzung der jeweiligen Funktionen.

Dieses durch seinen stark realistischen Symbolgehalt gekennzeichnete Dokument basiert auf der Darstellung der Stadtlandschaften als feste Bestandtteile im wirtschaftlichen und sozialen Leben der Menschen; diese können die Schöpfer der möglichen idealen Stadt und der guten Regierung werden und somit auch der segenspendenden Auswirkungen, die eine gute Regierung auf Stadt und Land hat.
Die Allegorien verdeutlichen zudem die auf dem aristotelischen Prinzip des *bonum commune* beruhende Überzeugung jener Epoche, wonach das Privatinteresse dem Wohl der Gemeinschaft unterzuordnen ist. Zur Zeit der Entstehung der beiden Fresken (1338-1339) verteidigte die Bevölkerung von Siena ihre Freiheit und Unabhängigkeit gegenüber dem Adel und bewahrte dem Gemeinwesen die demokratische Grundlage. In der Darstellung der guten Regierung ist die Stadt von Handwerkern und Kaufleuten bevölkert. Die Vorstellung von der Idealstadt, wie sie die Bewohner der Handelsstädte hatten, gipfelte in der Idee von der Vollkommenheit und der unendlichen Entwicklung aller Tätigkeiten im Bereich Produktion und Handel, wodurch der Stadt eine neue wirtschaftliche und soziale Selbständigkeit erwachsen und sie sich gegen die Feudalherrschaft wehren konnte.
Das urbane Idealbild jener Zeit war die konkrete und gefestigte Fortsetzung der bestehenden Situation; denn die Realität war reicher und vollkommener als jeder in der Vergangenheit wurzelnde oder in die Zukunft projizierte Traum. So war die Szene der *Guten Regierung* die monumentale Darstellung der realen Stadt Siena.

Frederick Antal, *Florentine Painting and its Social Background*, London 1947; Millard Meiss, *Painting in Florence and Siena after the Black Death*, Princeton 1951.

Für Andrea Mantegna (1431-1506) muß jede architektonische Geschichte der klassischen Antike zur zeitgenössischen Geschichte werden. Als junger Mann beginnt er 1448 mit der Darstellung des heiligen Jakob und des heiligen Christophorus in der Kapelle der Ovetari in der Eremitenkirche von Padua (hier abgebildet: *Das Martyrium des heiligen Christophorus*). Sobald er zu den führenden Künstlern seiner Stadt gehört, beteiligt sich auch Mantegna leidenschaftlich am Studium der überlieferten Traditionen.

Im gesamten Werk des Mantegna steht die Architektur als Metapher für die imaginäre moderne Stadt, in der die klassische Architektur die Hauptrolle spielt. Diese Architektur muß durch einen allgemeinen Prozeß der Wiedergeburt, des *rinascimento*, der Vergangenheit entrissen werden. Von dieser ästhetischen Konzeption, die auch ein spezifisches kulturelles Anliegen ist, wird die gesamte Malerei Mantegnas geprägt. Die Intensität und Kontinuität dieser Prägung ist in seinen Bildern noch im einfachsten architektonischen Fragment zu entdecken , so als ob er unentwegt auf der Suche nach der neuen Architektur sei, nach der idealen Stadt. Die Vorstellungskraft des gebildeten Menschen seiner Zeit betrat diese neuen Städte, nicht auf der Suche nach der Vergangenheit, sondern vielmehr um eine mögliche notwendige und sichere Zukunft zu finden. Mantegna enwirft auch in diesem Fresko die Möglichkeit einer modernen, lebendigen Kultur. Durch die neue, von ihm in Norditalien begründete Malerei wird er Teil des Prozesses der Wiedergeburt. Die Gesamtheit der architektonischen Komposition, jedes Detail, jeder fein gemeißelte dekorative Stein sind die Elemente, aus denen seine Idealstadt besteht.

Giuseppe Fiocco, *Mantegna. La Cappella Ovetari nella Chiesa degli Eremiti*, Mailand 1947; Jane Martineau (Hrsg.), *Andrea Mantegna*, London / New York 1992.

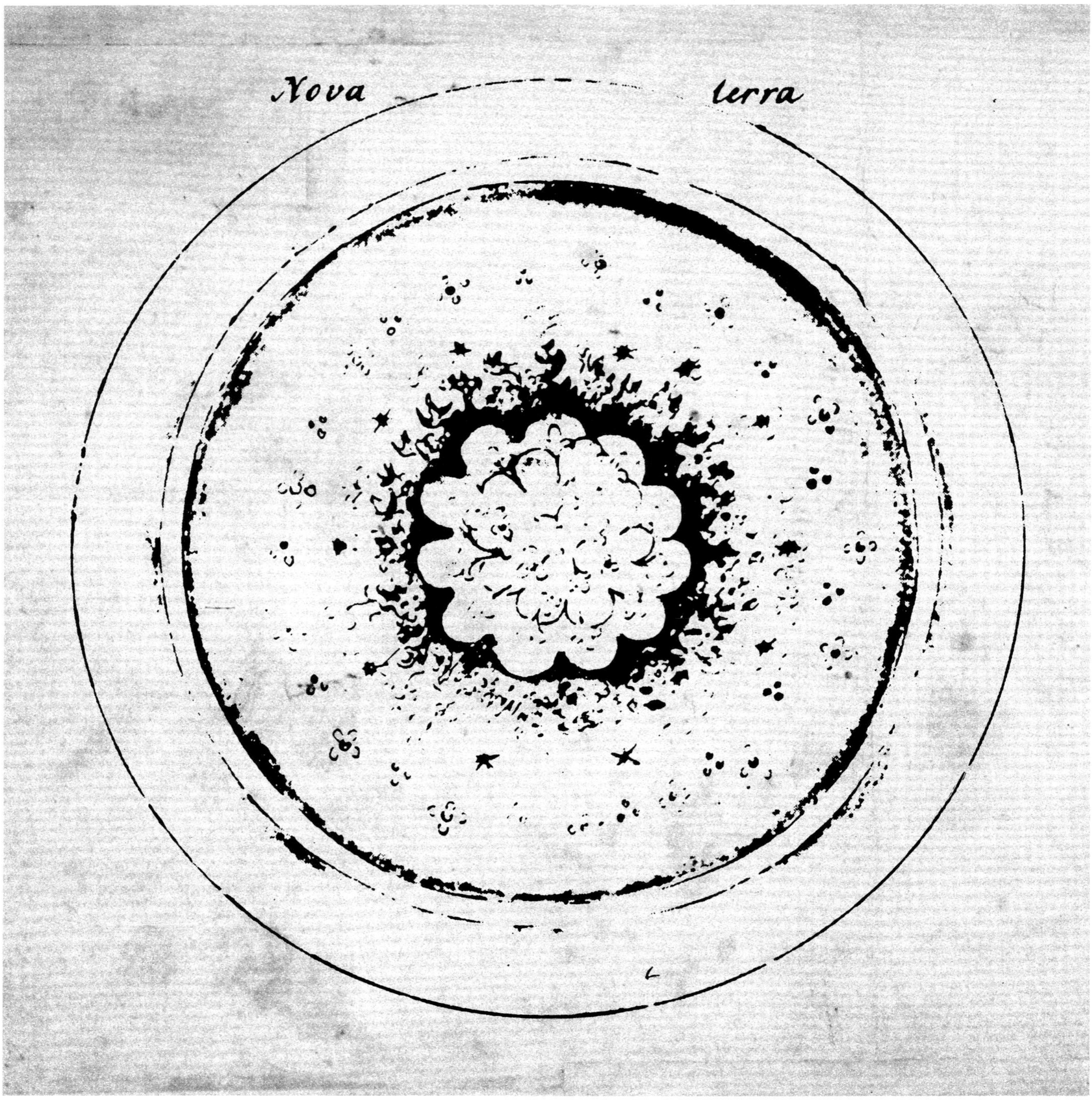

Das *Elucidarium* ist ein theologisches Handbuch, das zu Beginn des 12. Jh. in lateinischer Sprache in einem Kloster, vielleicht in Bayern, verfaßt wurde. Es genoß das ganze Mittelalter hindurch großes Ansehen und wurde in zahllosen Abschriften und Übersetzungen verbreitet. Seine theologische Botschaft besagt, daß die Welt nicht ewig der Spiegel unserer Sünden sein wird. Die neue, sündenfreie Welt, in der man glücklich leben kann, wird ein üppiger, duftender Garten sein – die alte und zugleich ewig neue Metapher vom Paradies auf Erden.

Colleen McDannell und Bernhard Lang haben nachgewiesen, daß diese Metapher ihre Wurzel in alten literarischen Traditionen hat. Im 9. Jh. schreibt der deutsche Mönch und Dichter Otfried von Weißenburg, daß das neue Paradies nach dem Jüngsten Gericht, mit dem Gott die Schuld des Sündenfalls tilgt, die Wohnstätte der Heiligen, der Märtyrer (Rosen) und der Jungfrauen (Lilien) sein wird: »Dort werden Rosen und Lilien ewig für euch blühen, voll des süßen Duftes und ohne zu verwelken; ihr Wohlgeruch verleiht der Seele ewige Glückseligkeit.« Dem *Elucidarium* zufolge »wird die Erde wie das Paradies sein; und weil sie vom Blut der Heiligen durchtränkt ist, werden ewig Blumen blühen, duftende Rosen und Lilien und Veilchen, die nie verwelken.« Im *Hortus Deliciarium*, der im *Elucidarium* zitiert wird, ist der Paradiesgarten, die Neue Erde, durch eine riesenhafte Blumenkuppel dargestellt, wenn die Erde »… auf ewig gesegnet sein wird vom Herrn. Es wird keine Mühen mehr geben und keine Pein.« Den realen Mühen der bäuerlichen Welt wird das metaphysische Bild eines Paradiesgartens gegenübergestellt. Der reale Gemüsegarten oder der Klostergarten, in dem Kräuter und Blumen gezüchtet werden, um Auge und Gaumen zu erfreuen und den Geist zu erfrischen – dieser Garten ist die Metapher für eine andere Welt. In der europäischen Geschichte ist jeder Garten konkretes Werk und zugleich Metapher einer anderen, schöneren Welt.

Rosalie Green (Hrsg.), *Herald of Hohenbourg. Hortus Deliciarum*, London 1979.

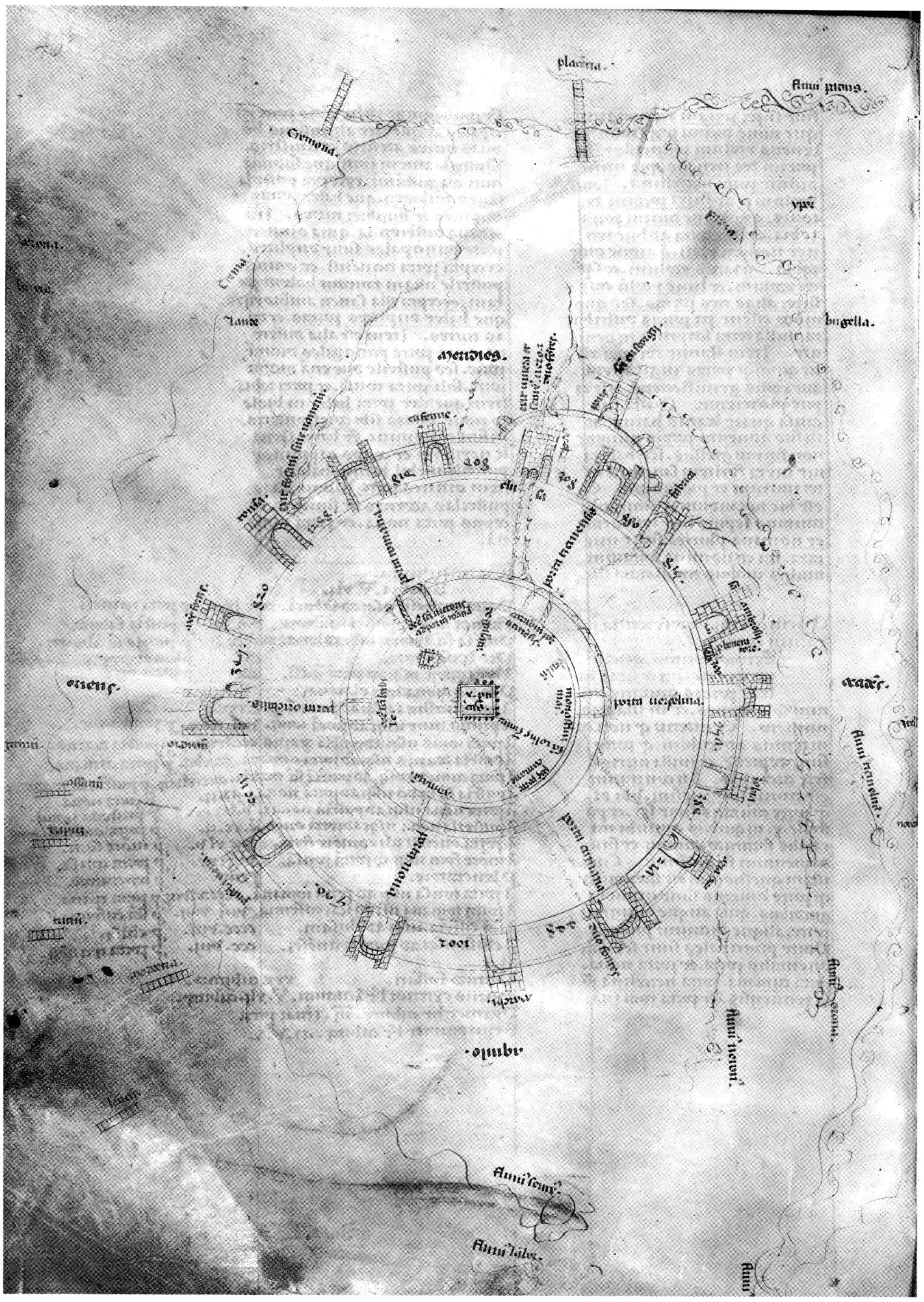

In der Blütezeit der mittelalterlichen Handelsbeziehungen erklingt in den *Laudes Civitatis* das Loblied auf die Städte, die Protagonisten dieser neuen wirtschaftlichen und sozialen Entwicklung. Tatsächlich werden die realen Städte in diesen Liedern von denjenigen, die nicht in ihnen wohnen und sich ihre Wunder deshalb nur vorstellen können, stark idealisiert. Im Falle Mailands besteht zu Beginn des 14. Jh. jedoch ein nur scheinbarer Gegensatz zwischen der schmeichelhaften literarischen Beschreibung der Stadt und ihren statistischen Realitäten.

Der Laienbruder Bonvesin de la Riva vom Orden der Demütigen Brüder beschreibt die Stadt 1288 in seinem Buch *De magnalibus Modiolani*. Mailand zählte zu jener Zeit 100.000 Einwohner und lag in Europa an fünfter Stelle nach Paris mit 200.000, dem islamischen Granada mit 150.000 und Venedig und Genua mit fast ebensovielen Einwohnern. Der Orden der Demütigen Brüder, der in der Lombardei zahlreiche Produktions- und Handelsniederlassungen für Wolle besaß, war nach einem Aufstand der Arbeiter in der Wollmanufaktur gegründet worden. Dieser Aufstand bewirkte eine Revolution auf allen Wollmärkten Europas. Das Buch Bonvesins ist eine moderne statistische Erfassung der Stadt Mailand und ihrer Umgebung, ihrer wirtschaftlichen und sozialen Aktivitäten. Es betont zwar ihre Großartigkeit, jedoch ohne in die stereotype Symbolik der *Laudes Civitatis* zu verfallen. In der zweiten Hälfte des 14. Jh. veröffentlicht Galvano Fiamma in seiner Handschrift *Chronica Extravagans* den hier abgebildeten Stadtplan von Mailand. Die Stadt ist idealisiert, in ihrer konzentrischen Perfektion erscheint sie wie eine frühe Idealstadt. Aber die perfekten Kreise der Mauern und Stadttore, der Wasserwege und wichtigsten Monumente sind keine schöne Verfälschung der Realität, sondern lediglich eine Vervollkommnung der bereits bestehenden Schönheiten. In jener Zeit bilden die Stadtmauern Mailands tatsächlich einen fast vollkommenen Kreis; die Reihe der Tore entspricht nahezu der Anordnung in der Abbildung. Die Perfektion der Darstellung ist eine erlebte Perfektion und keine symbolhaft bezeichnete wie im der Fall der *Laudes Civitatis*.

Jacopo Bellini (1396?-1470?) scheint sich in vielen seiner Handzeichnungen zunächst allein an die Antike anzulehnen. Bald jedoch erwächst in seinen Bildern ein ganzer Kosmos von Möglichkeiten, die sich einer neuen Architektur bieten, wenn sie die alten kulturellen Prozesse aktiviert und eine Erneuerung herbeiführt. Die hier abgebildete Architekturzeichnung von Venedig ist Teil eines im Louvre aufbewahrten Bandes, der in den 30er Jahren des 15. Jh. begonnen wurde und ein wichtiges Dokument für den Übergang von der Gotik zur Renaissance darstellt.

Die Technik der Zeichnung ist für Jacopo Bellini das Versuchslabor, in dem alle Instrumente einer neuen Formensprache getestet werden. Während seines Studiums in Florentiner Kreisen lernt Bellini nicht nur die älteren Meister wie Filippo Brunelleschi und Donato Donatello kennen, sondern auch seine Zeitgenossen Paolo Uccello und Masaccio. Er bringt als erster die neue perspektivische Darstellung des Humanismus nach Venedig. Sie bezieht sich auf ein und denselben Blickpunkt des Künstlers wie des Betrachters und wird die Sehgewohnheiten der folgenden Generationen grundlegend verändern. Die in der gezeigten Abbildung dargestellte Stadt ist das Venedig der Gotik. Die architektonischen Formen an den Seiten und im Vordergrund und der große Brunnen im Mittelpunkt sind Bilder der neuen Kunst, der Hintergrund ist noch durch die alte Ordnung geprägt. Auch wenn es dem Künstler nicht bewußt gewesen sein mag, verkörpert die Darstellung die ideale Stadt, die fähig ist, sich aus der alten, realen Stadt in die erhoffte neue Idealstadt zu wandeln. Die Auffassung des Jacopo Bellini wird in den Werken seines Schwiegersohnes Andrea Mantegna und seiner Söhne Gentile und Giovanni weitergeführt und gefestigt.

Bernhard Degenhart, Annegrit Schmitt, *Corpus der italienischen Zeichnungen 1300-1450*, Teil 2: *Venedig*, Stuttgart 1980.

Piero della Francesca (1415/20-1492) malt vermutlich um die Mitte des 15. Jh. die abgebildete *Geißelung Christi*. Die Raumdarstellung ist in ihrer architektonischen und urbanen Bedeutung bahnbrechend, nicht nur für die Malerei, sondern auch für die Idee von der Idealstadt. Dieses Bild war Gegenstand zahlreicher Kritiken und Auseinandersetzungen hinsichtlich der perspektivischen Verkürzungen des Raums.

Auf der Suche nach der Bedeutung dieser Darstellung wurden bis in die jüngste Zeit hinein zahlreiche Abhandlungen und Studien veröffentlicht: von Clark, Wittkower, Brandi, Gombrich, Murray, Battisti, Calvesi, Parronchi, Clough und Ginzburg. Sie alle sind ein Beweis dafür, mit welcher Leidenschaft sich Historiker und Kritiker mit dem Werk des Piero della Francesca und seiner neuen Architektur auseinandersetzen. Der Maler selbst verfaßte ebenfalls theoretische Studien über die Perspektive und zeigt vor allem in seinem Werk *De prospectiva pingendi* einen großen Vorsprung gegenüber Leon Battista Alberti; Leonardo da Vinci soll seinen Plan zu einem Buch über die Perspektive aufgegeben haben, nachdem er von den Studien Pieros gehört hatte. Diesem ging es darum, in seinen Bildern perspektivische Raumdarstellung und malerische Bildgestaltung miteinander zu verbinden. In der berühmten *Geißelung Christi* schaffen der große, mathematisch klassische Laubengang in seinen lichten Farben, der in strenger Flächigkeit dargestellte Boden trotz traditioneller Linearperspektive einen ungewöhnlichen Eindruck. Dank der neuen Luftperspektive ist es dem Maler möglich, groß gesehene Figuren in den Raum zu stellen, wodurch der Eindruck höchster Monumentalität entsteht. Der Darstellung kommt in der Geschichte der Idealstadt die Rolle eines wichtigen Parameters zu.

Giusta Nicco Fasola (Hrsg.), *Pietro di Benedetto dei Franceschi. De prospectiva pingendi*, 2 Bde., Florenz 1942; Eugenio Battisti, *Piero della Francesca*, Mailand 1971; Carlo Ginzburg, *Erkundungen über Piero. Piero della Francesca, ein Maler der frühen Renaissance*, Frankfurt a. M. 1991.

Die italienische Malerei des 14. Jh. ist eine Art Sammelbecken für alle Vorstellungen von der Idealstadt, eine Quelle neuer Parameter für die Geschichte der idealen Stadt in diesem in viele Regionen zerstückelten Land. Der abgebildete moderne Platz von Benozzo Gozzoli (1420-1497) ist ein Teil des großartigen Freskenzyklus über das Leben des heiligen Augustinus in der gleichnamigen Kirche von San Giminiano.

Die Fresken entstanden zwischen 1464 und 1465; in unserer Abbildung wird Augustinus in die Grammatikschule aufgenommen. Der Maler stellt die Szene nicht in der typisch spätantiken Stadt dar, die Augustinus in seinem Werk *De Civitate Dei* zerstören wollte, um die Stadt Gottes zu errichten. Es ist vielmehr die klassische Stadt, die von den Künstlern der Renaissance als ideales kulturelles und urbanes Modell propagiert wird, nachdem die Ereignisse der vorausgegangenen Jahrhunderte zur Zerstörung der klassischen Stadt der Spätantike geführt hatten. Die reale Stadt des 15. Jh. ist immer noch die des Mittelalters, auch wenn die Neuorientierung der Architektur, die hauptsächlich dem Willen einzelner Künstler entsprungen ist, in Italien – wenn auch noch nicht überall in Europa – bereits einige Städte in Unruhe versetzt. Wer sich aus der realen, noch mittelalterlichen Stadt nach San Giminiano begab, etwa zu Ehren des heiligen Augustinus, der konnte dort Aspekte einer echten Idealstadt vorfinden, so wie sie von der poetischen Konzeption der Renaissance-Künstler für die Zukunft entworfen wurde. Hier wehte breits der Geist der Renaissance, es gab keine Verbindung mehr zu den architektonischen oder urbanen Formen des klassischen Altertums.

Ciriaco da Ancona (Ciriaco de'Pizzicolli, 1391-1452) war Humanist und Kaufmann. Während seines Lebens führten ihn zahlreiche Reisen durch ganz Italien und Sizilien, Griechenland und die Ägäis, Dalmatien, Ägypten und nach Konstantinopel. Der leidenschaftliche Sammler von Antiquitäten unternahm seine Reisen nicht nur aus geschäftlichen Gründen, sondern auch um Objekte aus dem Mittelmeerraum aufzustöbern (oder in Zeichnungen zu reproduzieren). In der das 15. Jh. bestimmenden Rückbesinnung auf die Antike nimmt er eine zentrale Stellung ein.

Von der ungeheuren Menge an Material, das Ciriaco zusammentrug, ist vieles zerstört, aber manches blieb der Nachwelt doch erhalten: einige Originale und viele Kopien von alten Zeichnungen und Handschriften, die in den Werken einiger großer Künstler der damaligen Zeit zu finden sind, angefangen von Giovanni Marcanova (Arzt und Humanist aus Padua, der für Ciriaco archäologische Reisen mit Andrea Mantegna und Felice Feliciano organisierte) bis zu Giuliano da Sangallo.

Dieses Material gibt nicht nur Auskunft über Ciriacos Studien, es liefert in vielen Fällen neben den reinen Kenntnissen über die Werke der Antike auch Quellen und Vergleichsmöglichkeiten mit historischen Texten (z.B. der in den Schriften des Plinius beschriebene Parthenonfries). In seinem Sammlerfleiß achtete Ciriaco stets darauf, daß die Wunder der Vergangenheit dokumentiert wurden. So weiß man heute, daß Mohammed II., der Konstantinopel im Todesjahr des Ciriaco eroberte, diesem seine Kenntnisse über das Leben und die Taten Alexander des Großen verdankte; er nahm sich den griechischen König zum Vorbild und strebte ihm in allen seinen politischen und militärischen Unternehmen nach. Giovanni Marcanova verfertigte 1465 seine Zeichnungen nach den Skizzen und Aufzeichnungen Ciriacos, zu denen auch die hier abgebildete gehört.

In der Geschichte von der Idee der Stadt erhalten gerade Darstellungen dieser Art eine wichtige kommunikative Funktion. Hier ist eine kleine urbane Szene wiedergegeben. Sie könnte sich tatsächlich so zugetragen haben, könnte aber auch der Phantasie entsprungen sein: Einige Menschen betreten zögernd einen Platz in einer imaginären Stadt – es ist die ideale Stadt, entstanden aus der Leidenschaft für die Vergangenheit.

Christian Hülsen, *La Roma antica di Ciriaco d'Ancona*, Rom 1907; Fritz Saxl, *Lectures*, 2 Bde., London 1957; Edward William Bodnar, *Cyriacus of Ancona and Athens*, Brüssel 1960; Roberto Weiss, *The Renaissance Discovery of Classical Antiquity*, Oxford 1969; Stefano Borsi, *Giuliano da Sangallo. I Disegni di Architettura e dell'Antico*, Rom 1985.

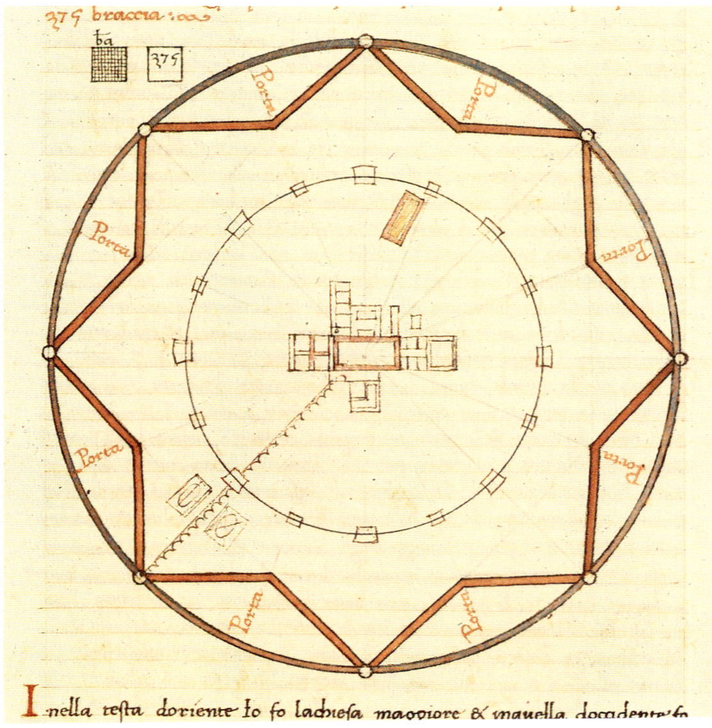

Antonio Averlino, auch Filarete genannt (1400?-1469?), Bildhauer und Baumeister im Mailand der Sforza seit 1453, entwickelt in seinem zwischen 1460 und 1464 entstehenden *Trattato dell' architettura* die Idealstadt Sforzinda. Das Traktat ist Francesco Sforza gewidmet und in Form eines Dialogs mit erläuternden Zeichnungen gehalten. Es berichtet von der Wechselbeziehung zwischen den humanistischen Modellen der idealen Stadt und den konkreten Möglichkeiten, eine solche Stadt, wenn auch nur in Teilen, zu errichten.

Die Stadt des Filarete ist symbolisch zu verstehen, ihre Gründung astrologisch determiniert. Sie spiegelt nicht die rationale Haltung eines Alberti wider, der die erste Ausgabe seines Werks bereits einige Jahre zuvor, ca. 1450, veröffentlicht hatte. Filarete entwirft eine zum Teil in autonome Viertel eingeteilte Stadt mit großartigen Gebäuden, die nicht so sehr den Bedürfnissen der Menschen gerecht werden, sondern vielmehr neue und komplexere Bedürfnisse schaffen. Die Grundfigur ist ein streng geometrischer Stern, in dessen Mittelpunkt die Symbole der kirchlichen und weltlichen Macht stehen: Dom und Fürstenschloß. Die Stadt liegt in einer Landschaft, die durch einen Wasserlauf (den legendären Fluß Indus) gespeist wird. Seine Wasser sind auch notwendig für das Leben innerhalb einer modernen Stadt, denn mit ihnen wird ein Netz von Kanälen gezogen, die zur Beförderung der in der Stadt benötigten Waren dienen.

Auf dem die Stadt umgebenden Land wird Forstwirtschaft, Ackerbau und Viehzucht betrieben, die Tätigkeiten bleiben jedoch immer der Macht des Fürsten unterworfen. Dies ist nicht mehr die *civitas* aus der römischen Ära des Prinzipats, denn die Macht liegt jetzt bei den Territorialfürsten, wie es dem neuen Feudalsystem nach der Zeit der freien Kommunen entspricht. Pracht und Prunk, auch im sozialen Bereich, entstehen durch die Großmütigkeit des Fürsten und nicht unter dem Aspekt des *bonum commune*. In dieser Konzeption sind die Bürger nurmehr Untergebene.

Antonio Averlino, genannt Filarete, *Trattato di architettura*, hrsg. von Anna Maria Finoli und Liliana Grassi, 2 Bde., Mailand 1972.

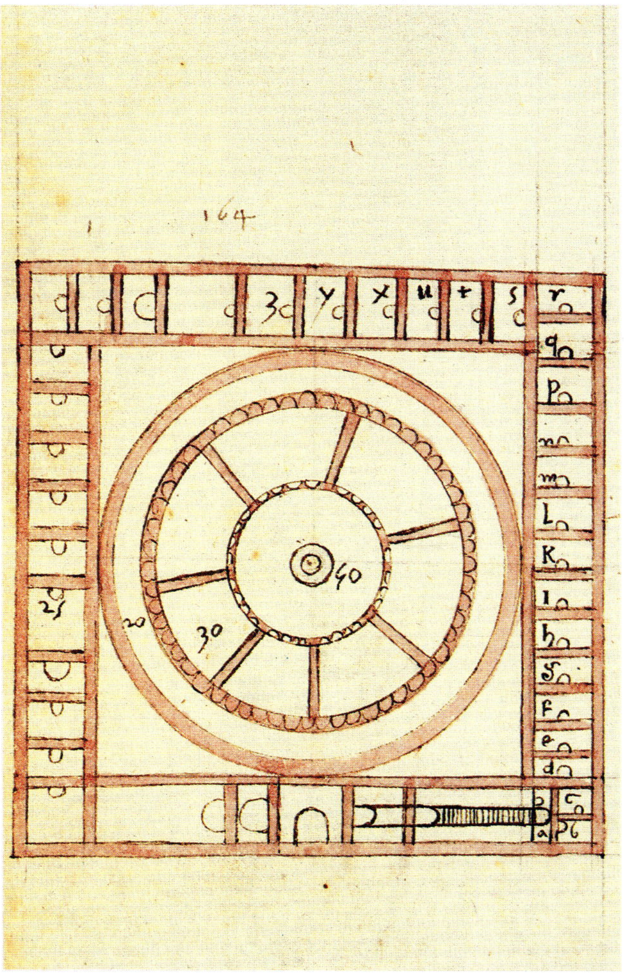

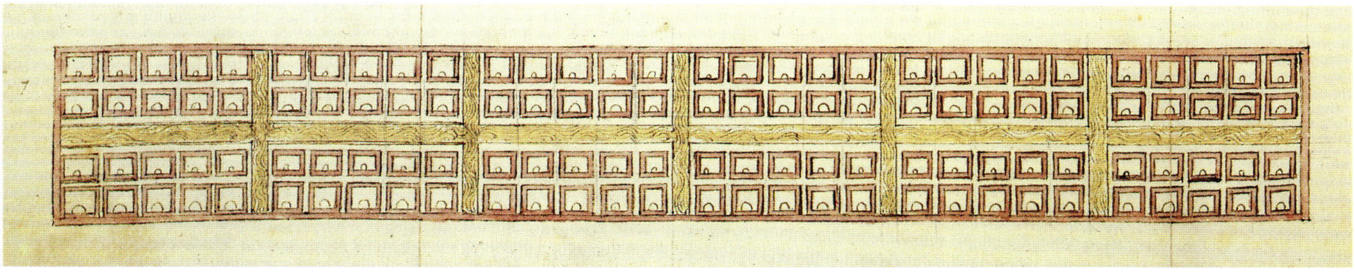

In ihren typologischen und architektonischen Einzelheiten erwirbt die Idealstadt des Filarete durchaus eine gewisse realistische Konkretheit. In seinem Traktat liefert er weniger die Bestätigung des damaligen Wissenstandes in der Kunst, sondern spricht vielmehr von phantastischen Innovationen und Möglichkeiten, mit denen die reale Utopie verwirklicht werden kann. Dies ist z. B. der Fall beim Ospedale Maggiore in Mailand, mit dessen Bau 1456 nach Filaretes Plänen begonnen wird.

Auch wenn der Krankenhauskomplex nur zur Hälfte im 15. Jh. errichtet und erst 200 Jahre später nach dem ursprünglichen Konzept zu Ende geführt wird, ist er doch eines der größten Bauwerke Mailands, und sein Ruf verbreitet sich in ganz Europa.

Die dem Traktat entnommenen Zeichnungen sind ein Beispiel für die architektonische Typologie, nach welcher die Idealstadt Filaretes verwirklicht werden sollte. Oben ist die Casa del Vizio e della Virtù (das Haus des Lasters und der Tugend) zu sehen, die zusammen mit dem Labyrinth, dem Palastgarten, dem Krankenhaus und der Casa di Sapienza (Haus des Wissens), der Chiesa Maggiore und dem Palast (im Stadtzentrum mit den Gefängnissen und den Gebäuden für die Kaufleute) die dominierenden Elemente des urbanen Makrokosmos darstellen.

Unten ist das Projekt einer neuen und faszinierenden Stadtstruktur zu erkennen: Ein geschlossener Komplex von Häusern mit Gärten und Brunnen, die durch ein Netz von Kanälen versorgt werden, ein perfekter Mikrokosmos zur – meist nur teilweisen – Realisierung einer konkreten Idealstadt. Filarete versteift sich nicht auf eine rein theoretische Aufarbeitung der Geschichte: Seine Beziehung zum Vergangenen ist nicht nostalgisch verklärt. Er will sich nicht nur daran erinnern, er will das Vergangene nutzen, um eine nahe Zukunft zu bauen, in der die Perfektion endlich näher rücken kann.

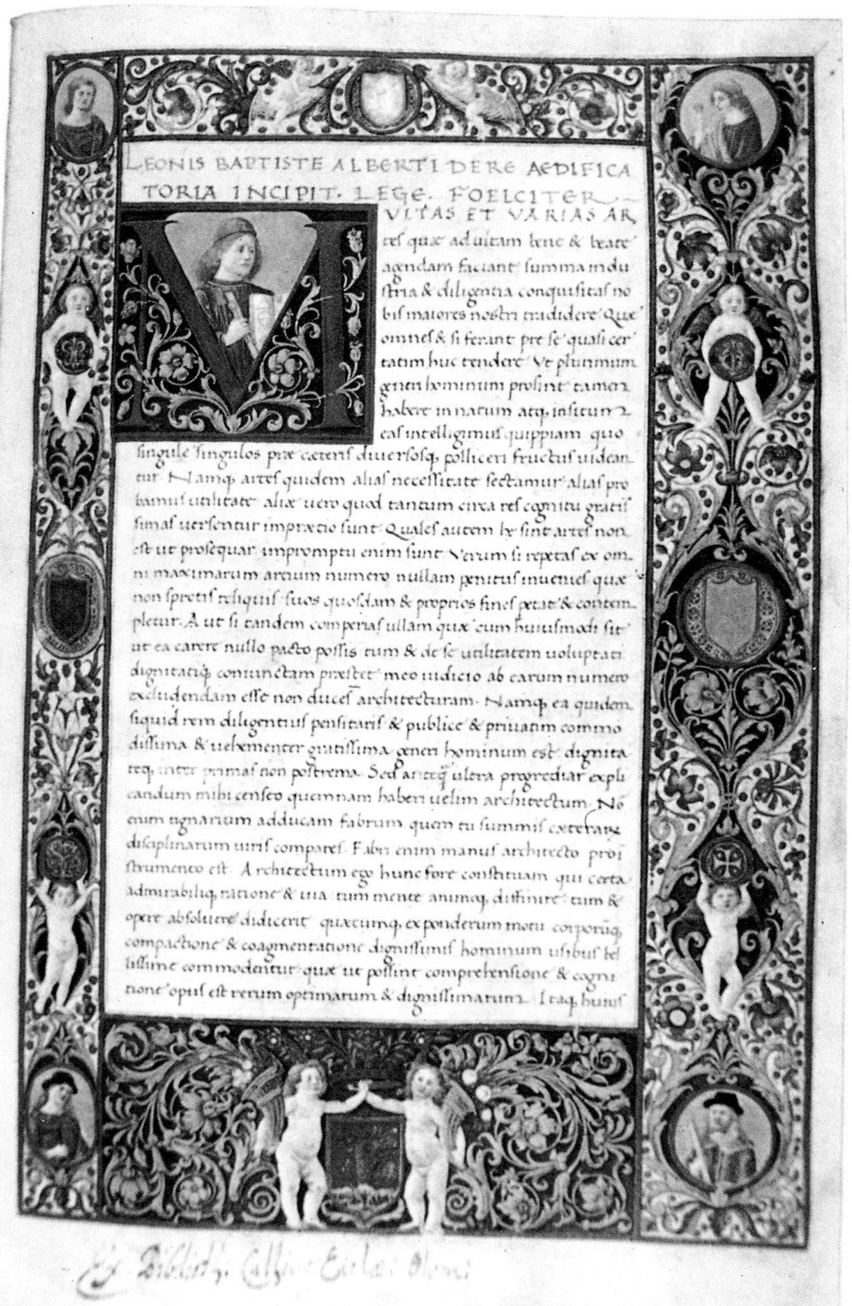

Leon Battista Alberti (1404-1472) ist der erste Architekturtheoretiker des Humanismus. Nach seiner Lehre muß das klassische Erbe als Instrument bei der Entwicklung einer neuen Formensprache für zeitgenössische Bauprogramme genutzt und gleichzeitig überwunden werden. In seinem theoretischen Werk *De re aedificatoria* (1485 erstmalig auf lateinisch erschienen, aber bereits um 1450 verfaßt) gibt Alberti eine Zusammenfassung der Gesetzmäßigkeiten der neuen Architektur.

Diese Schrift gilt während der gesamten italienischen und europäischen Renaissance als Standardwerk, wie die Ausgaben in lateinischer, italienischer, französischer, spanischer und portugiesischer Sprache im 16. Jh. beweisen.
Das fünfte seiner *Zehn Bücher über die Architektur* ist der Stadt und ihrer Beziehung zum Umland gewidmet, unter dem Gesichtspunkt, »daß Stadt, nach der Aussage der Philosophen, wie ein großes Haus ist, und das Haus wiederum wie eine kleine Stadt …«. Dieses kurze Zitat illustriert beispielhaft die kulturelle Dimension des neuen humanistischen Denkens.
Für die Humanisten und Theoretiker der Renaissance besteht ein enger Zusammenhang zwischen einer idealen Gestalt der Städte und dem vernünftigen Leben ihrer Einwohner. Der Städtebau orientiert sich an einem wissenschaftlich-theoretischen Prinzip und versucht, allgemeine humane Forderungen, ästhetischen Formalismus und kosmische Symbolik miteinander zu verbinden. »Die Straße in der Stadt soll ordentlich gepflastert und sauber gefegt sein, sie wird noch schöner, wenn die Arkaden alle in der gleichen Manier gebaut werden und die Häuserreihen schön in einer Linie stehen, wobei keines der Häuser höher sein soll als die anderen.«
Obwohl Albertis Theorien die Wiederbelebung antiker Prinzipien beinhalten, spricht er nicht von Gründungen neuer Städte, sondern von der Erneuerung der realen Städte durch architektonische Maßnahmen. Seine Idealstadt konnte somit keine imaginäre Stadt, sie sollte vielmehr die durch die Kunst der Renaissance gewandelte reale Stadt sein.

Leon Battista Alberti, *Zehn Bücher über die Baukunst. (De Re Aedificatoria)*, Nachdr., Düsseldorf 1975.

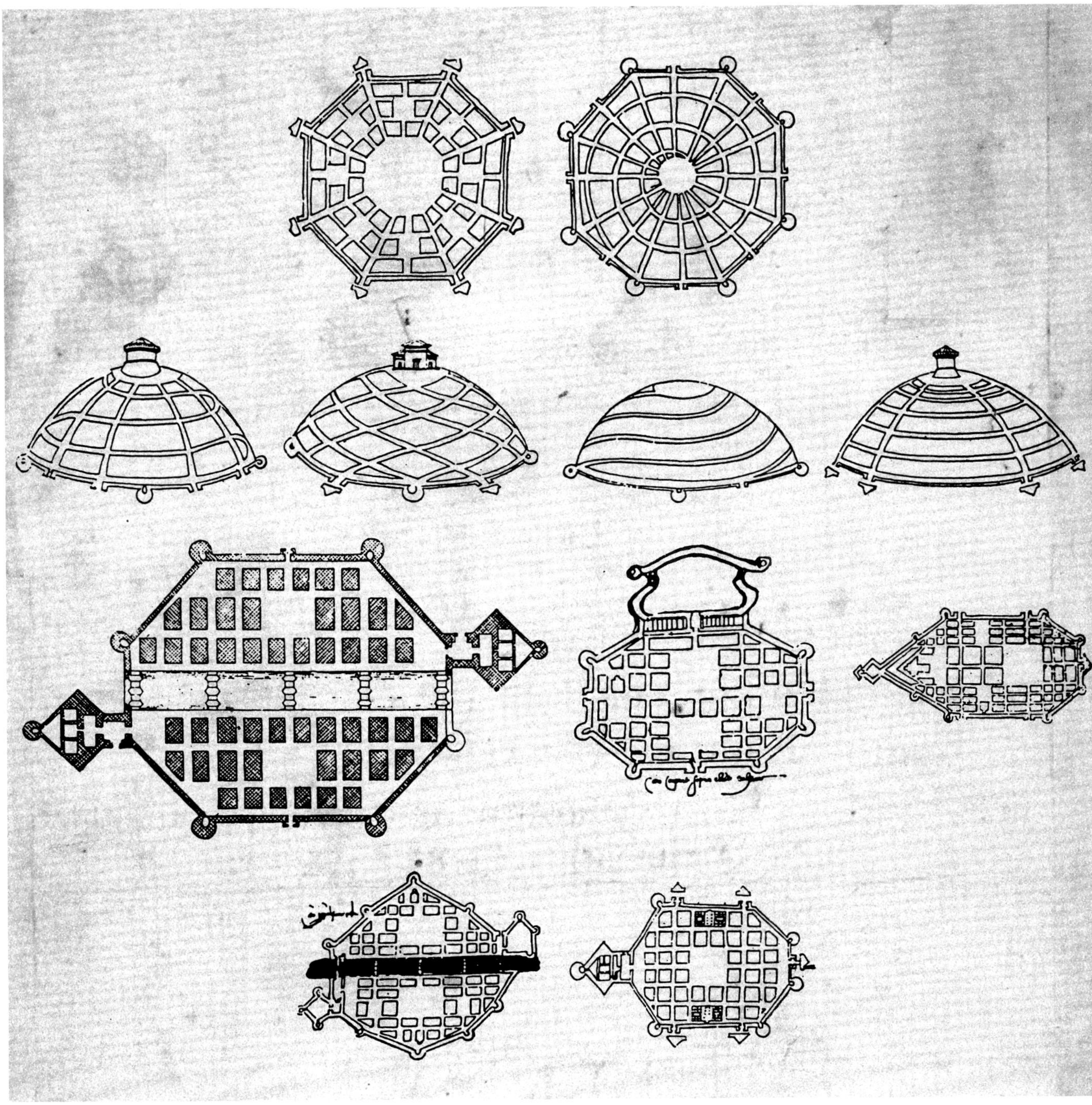

Francesco di Giorgio Martini (1439-1401) war Ingenieur, Architekt, Bildhauer und Maler. In seinem Werk *Trattato di architettura, ingegneria e arte militare*, der dritten Abhandlung der Renaissance zur Baukunst nach denjenigen von Alberti und Filarete, stellt er verschiedene Systeme zur Entwicklung neuer Stadtformen vor. Diese Systeme entsprechen der militärischen Theorie und Praxis, denn der zunehmende Einsatz von Feuerwaffen und die daraus entstehenden Notwendigkeiten der Verteidigung beeinflussen die gesamte Stadtplanung jener Zeit wie auch der Zukunft.

Die neue Art der Kriegführung mit Feuerwaffen zwingt die Baumeister, befestigte Städte mit Schanzen und Bastionen zu errichten. Beim Einsatz der neuen Systeme vergißt Francesco di Giorgio Martini jedoch nie die von ihm selbst aufgestellte Forderung, nach der eine Stadt, entsprechend den Gesichtspunkten der Harmonie, auch ein Kunstwerk sein sollte. Sein in den 70er Jahren des 15. Jh. entstandenes Traktat verfügt nicht über die umfassende Theorie eines Alberti oder den phantastischen Formenreichtum eines Filarete, sondern ist eine Zusammenfassung der Architektur-Visionen und der neuen technischen Möglichkeiten.
Die im 3. Buch vorgestellten urbanen Modelle zeigen eine Gruppe kristallinisch klarer Stadtsysteme, die in ihrer Verbindung von Kreis- und Radialstruktur die Ideale der Renaissance darstellen. Jede Stadt entsteht aus den geographischen und orographischen Gegebenheiten ihres Umlandes. Man strebt nach Ebenmäßigkeit des Ganzen und der Teile, nach einer intakten Beziehung zwischen dem symbolischen und dem tatsächlichen Mittelpunkt der Stadt – dem Platz bzw. den Plätzen – und dem Stadtgefüge. Man studiert aufmerksam die Bauformen, die erneuert und ergänzt werden können, um eine architektonisch und funktionell perfekte *forma urbis* zu erzielen.

Allen Stuart Weller, *Francesco di Giorgio 1439-1501,* Chicago 1943; Corrado Maltese (Hrsg.), *Francesco di Giorgio Martini. Trattati di architettura, ingegneria e arte militare*, 2 Bde., Mailand 1967; *Francesco di Giorgio e il Rinascimento a Siena 1450-1500* und *Francesco di Giorgio architetto*, Katalog der Ausstellung von Siena, 2 Bde., Mailand 1993.

Diese perspektivischen Ansichten des 15. Jh., auch als Ansichten von Baltimore und Urbino bezeichnet, stammen von einem der Schule des Piero della Francesca nahestehenden Künstler. Als Stadtlandschaften entworfen, bringen sie die humanistische Vorstellung von der idealen Stadt zum Ausdruck, deren Wurzeln in den Theorien des Leon Battista Alberti und seines Vorbilds Vitruv zu finden sind.

Die Studien und theoretischen Abhandlungen Filaretes, Leonardo da Vincis, Francesco di Giorgio Martinis und die perspektivischen Ansichten stellen nicht den utopischen Traum der Literatur dar, die im 16. und 17. Jh. den vollkommenen, idealen Staat beschreiben wird, sondern sie konkretisieren die Möglichkeiten der realen Stadt.
Es ist nicht die imaginäre Stadt, sondern die von den Humanisten entworfene, aus der Klassik wiedererstandene und in Zukunft einzig mögliche Stadt, so wie sie in den Gemälden und Fresken des Andrea Mantegna erscheint, bestehend aus Gebäuden und Palästen, aus neuen urbanen Raumformen, die sich an die antiken anlehnen. Die oben abgebildeten Stadtansichten sind ein beredtes Beispiel dafür.
Natürlich gibt es hier – ebensowenig wie bei Mantegna – keine Spitzbögen mehr, es soll ja die Stadt der Zukunft dargestellt werden. Die gotische Stadt, die real bestehende Stadt, gehört nicht in dieses Projekt. Diese Stadtlandschaften mit dem sakralen Zentralbau klassischer Prägung und einer Gruppe freistehender großer Baukörper verweisen explizit auf das neue geordnete Prinzip. Die Planung setzt sich den einheitlichen Gesamteindruck der Stadtlandschaft zum Ziel, den sie durch Reihung gleicher Elemente erzeugen will, unter Berücksichtigung der praktischen und individuellen Bedürfnisse. So werden verschiedene Architekten damit beauftragt, jeweils einen bestimmten Palast oder Baukörper zu errichten, der sich harmonisch mit den anderen zusammenfügt und somit die Stadtlandschaft der idealen Stadt erzeugt.

Paolo Dal Poggetto (Hrsg.), *Piero e Urbino, Piero e le Corti rinascimentali*, Venedig 1992.

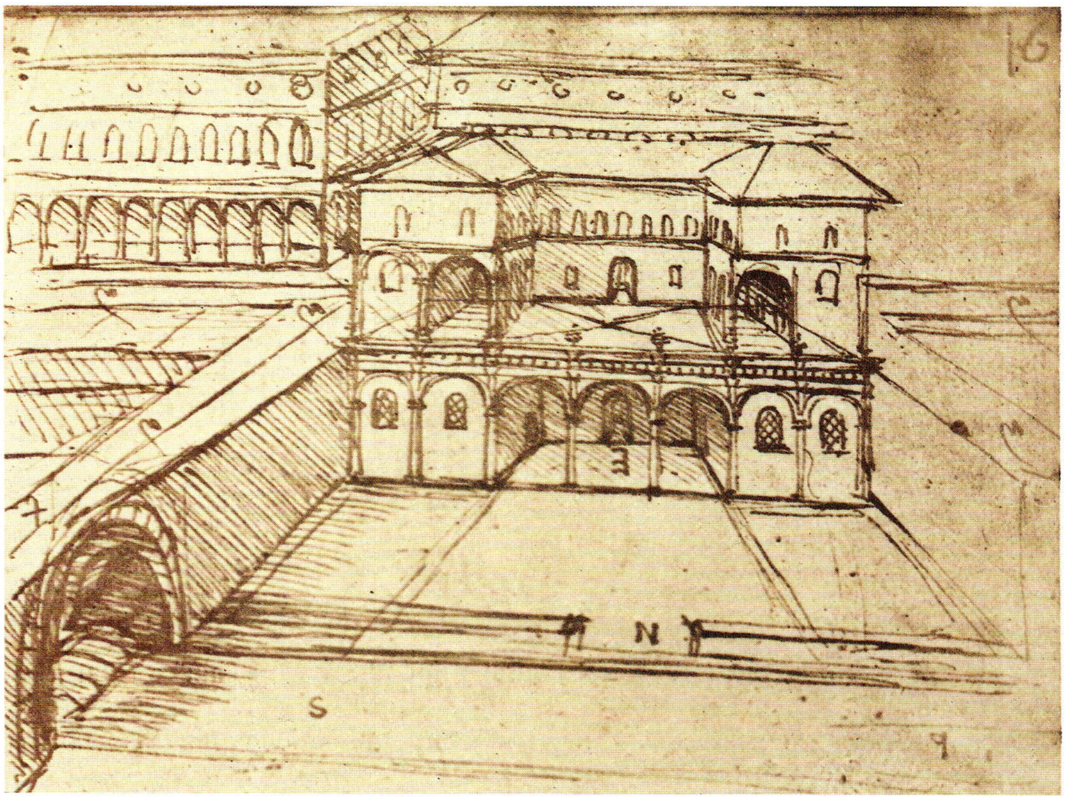

In diesen Zeichnungen Leonardo da Vincis (*Codice Atlantico*, 16r und 37v), von denen eine sich mit dem Einsatz von Wasserwegen zur Verbesserung der urbanen Organisation befaßt, dokumentiert sich eine bahnbrechende Erfindung: die Idee einer radikalen Erneuerung der Mobilität in der Stadt jener Zeit. Die obere Zeichnung bezieht sich wahrscheinlich auf Mailand und enthält ein Projekt, das wohl glaubhafter erscheint als die von Filarete fast ein halbes Jahrhundert zuvor entworfene neue Stadt Sforzinda.

Leonardo erarbeitet für die Sforza in Mailand moderne Projekte der Stadtplanung. Die oben abgebildete Zeichnung sieht Straßen auf zwei verschiedenen Verkehrsebenen vor: Die obere Straße dient dem städtischen Verkehr und ermöglicht den direkten Zugang zu den Wohngeschossen der Paläste; die untere Straße ist für den Warentransport gedacht und führt in die Höfe, Lager und Küchen der Wohnhäuser. Es ist das erste Konzept einer Zweiteilung der Verkehrswege. Der Rationalität und Modernität dieses Projekts entspricht die poetische Vernunft der architektonischen Lösung.

In der zweiten Zeichnung bezieht sich Leonardo auf das bereits von Filarete ausgearbeitete Konzept, Wasserwege in die Stadtstruktur einzufügen. Sie sollen den für die Stadt lebenswichtigen Personen- und Warenverkehr erleichtern, dienen aber auch als Möglichkeit der Abwasserentsorgung. Auch hier haben wir den Verkehr auf zwei Ebenen: Die von den Laubengängen überdachten Straßen sind dem Personen- und Fahrzeugverkehr vorbehalten, die zum Teil unter den Gebäuden hindurchführenden Kanäle dienen dem Transport zu Wasser. Diese Vorschläge für eine in ihrer Struktur noch weitgehend mittelalterliche Stadt weisen unzweifelhaft auf eine ideale Zukunft hin, die technisch ohne weiteres realisierbar gewesen wäre, hätten die Verantwortlichen die Gelegenheit wahrgenommen. Und zweifellos sind die von Leonardo vorgeschlagenen Lösungen weit entfernt von den abstrakten Visionen all derer, die eine Idealstadt beschrieben und es dabei versäumten, diese Stadt in Beziehung zu ihrem materiellen und sozioökonomischen Umfeld zu setzen.

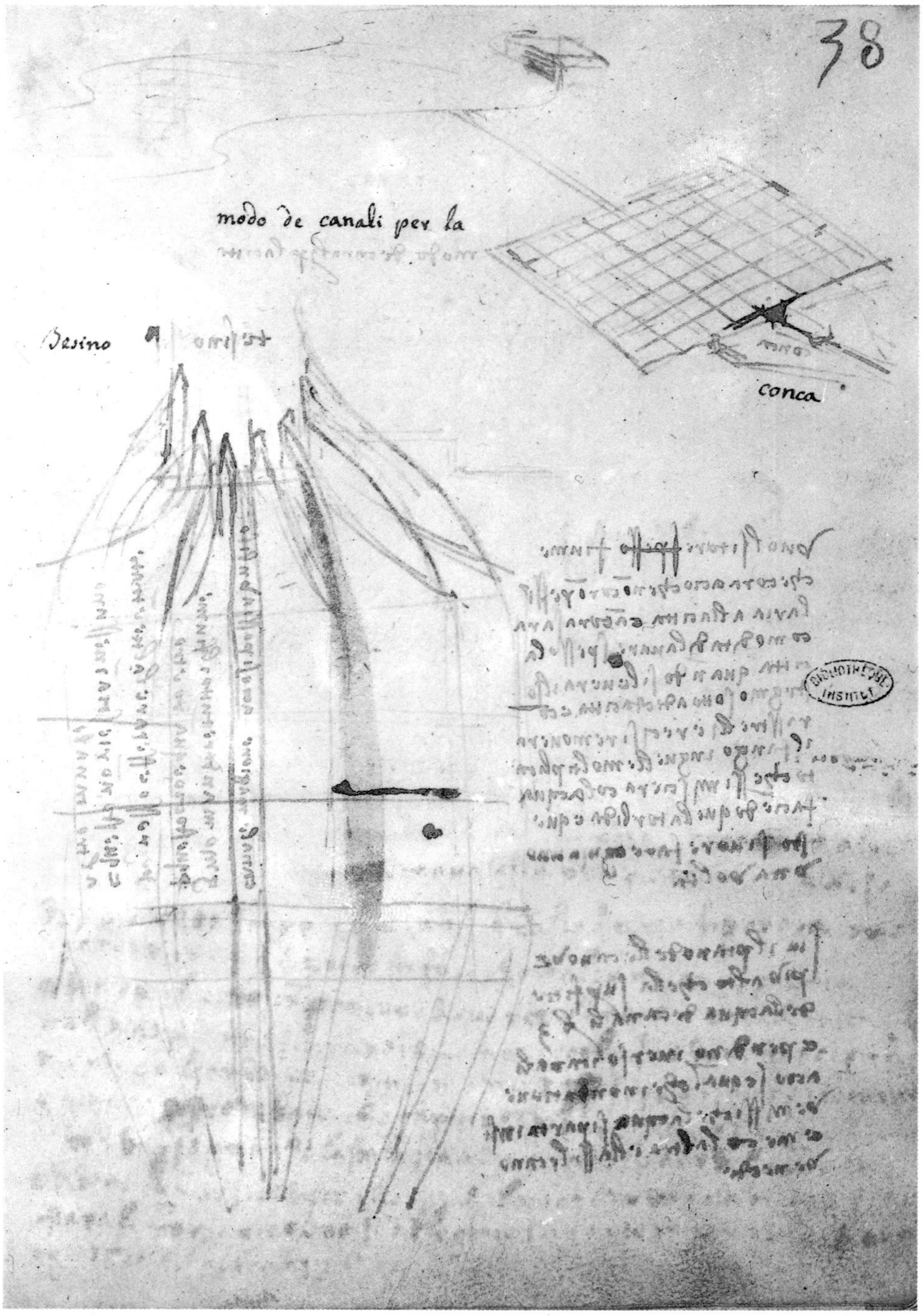

Die Genialität, die technische und künstlerische Kreativität Leonardo da Vincis (1452-1519) können nicht gleichgesetzt werden mit den theoretischen und vielfach visionären Traktaten seiner Vorgänger und Zeitgenossen. Seine Skizzen sind meisterhafte städtebauliche Entwürfe und stehen in krassem Gegensatz zu den utopischen Plänen für die traditionellen Idealstädte der Renaissance. Deshalb ist seine Stadt die wahre Idealstadt, d.h. die Darstellung einer realen, durch Erfindungsreichtum, Technik und Kunst perfektionierten Stadt.

Die abgebildete Zeichnung einer Wasserstadt (*Codice Atlantico*, B38r) ist eine Art Modell für eine Stadt, die in einer durch Flüsse begrenzten Ebene liegt.

Die große Neuheit besteht darin, daß der Fluß bei Eintritt in die Stadt kammartig in mehrere parallel verlaufende Wasserwege aufgeteilt wird, die durch die Stadt fließen und sich beim Austritt aus der Stadt wieder vereinen. Man vermutet, daß die Studie sich auf einen Abschnitt des Tessins bezieht, möglicherweise in der Nähe von Vigevano (zur Zeit Ludwig des Mohren). Die urbane Abstraktion der Stadt, dargestellt durch ein regelmäßiges Netz und somit vorstellbar in ihrer Struktur, ist durch die Rigorosität des Plans bedingt, der das Leben und die Wirtschaft einer jeden Wasserstadt tiefgreifend verändern kann. Durch die Kanalisierung des Flußlaufs lassen sich Personen und Waren in jeden Teil der Stadt befördern. Die *Laudatio Urbis* Leonardos ist immer konkret, praktikabel, den tatsächlichen Bedürfnissen der Stadt angemessen. Eine solche Stadt – deren Realisierung durch die Fürsten des Humanismus als möglich erschien, dann aber doch nicht stattfand – ist nicht die Stadt einer imaginären, sondern einer möglichen Zukunft: die wahre Idealstadt.

Eugenio Garin, *Der italienische Humanismus*, Bern 1947; Carlo Pedretti, *A Chronology of Leonardo da Vinci's Architectural Studies after 1500*, Genf 1962; Luigi Firpo (Hrsg.), *Leonardo architetto e urbanista*, Turin 1963; Eugenio Garin, *Scienza e vita civile nel Rinascimento italiano*, Bari 1965; ders., *Rinascite e rivoluzioni. Movimenti culturali dal XIV al XVIII secolo*, Bari 1975; Carlo Pedretti, *Leonardo architetto*, Mailand 1978.

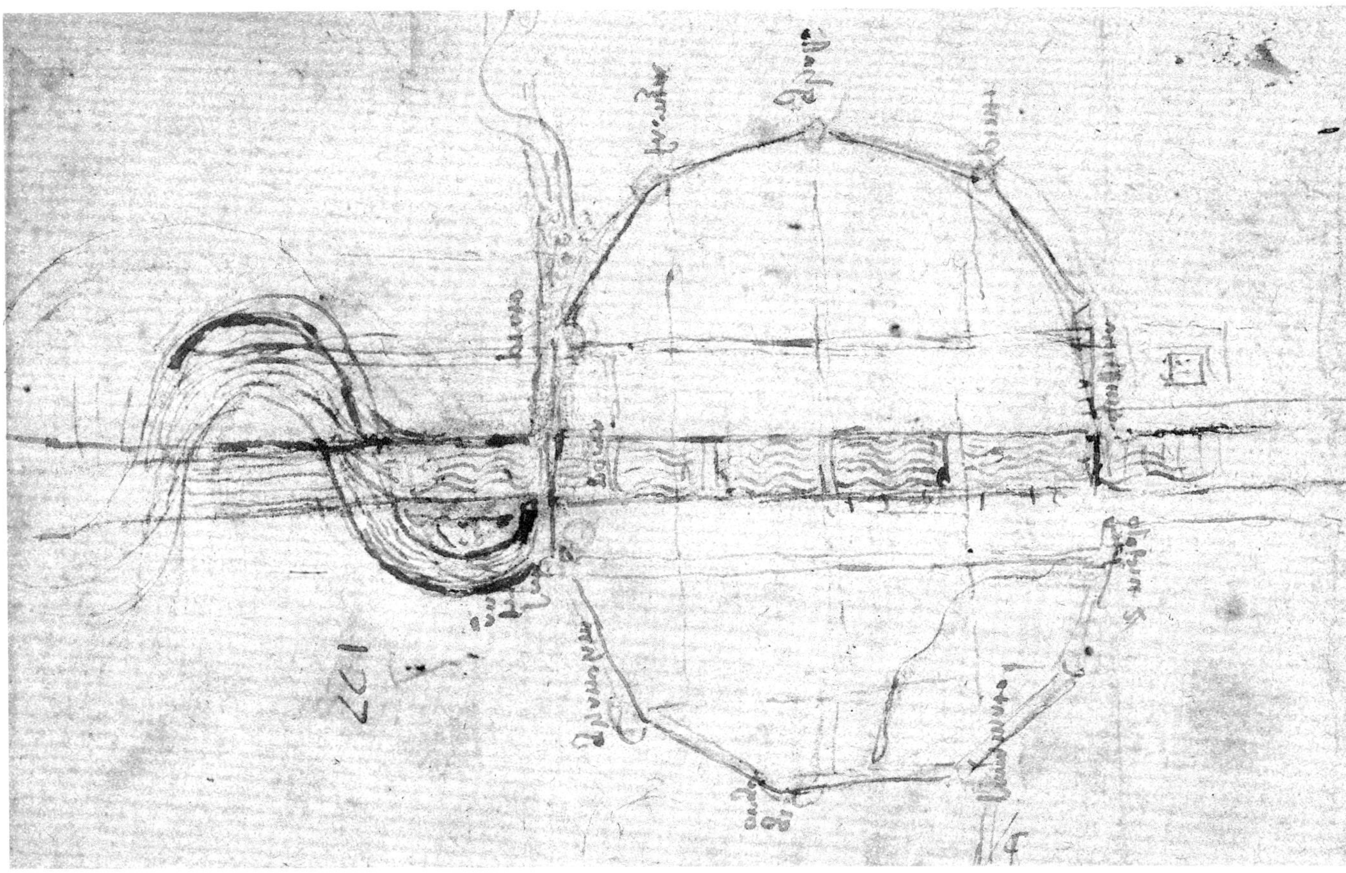

Diese Zeichnung Leonardos (Royal Library of Windsor, 12 681) ist vermutlich eine Studie für die Umgebung von Florenz, die im Rahmen einer umfassenderen Regulierung des Arno-Tals entstand. Einige Historiker betrachten die Zeichnung auch als echten städtebaulichen Entwurf, jedoch graphisch vereinfacht. Auf jeden Fall ist sie ein Dokument für die Vorstellung von der Idealstadt, wie Leonardo sie hatte.

Der wesentliche Aspekt dieser Darstellung ist das moderne Verhältnis zwischen Stadt- und Flußlandschaft. Dieses gründet auf der Überlegung, daß es dem zeitgenössischen Menschen möglich ist, mit Hilfe seines Verstands und der Technik den Lauf eines Flusses in seiner natürlichen Umgebung zu kontrollieren und zu beherrschen. Man muß der Natur nur mit humanistischem und wissenschaftlichem Geist entgegentreten, um sie den Bedürfnissen des Menschen anzupassen. Die Wissenschaft schließt Kenntnisse der Physik, Hydraulik, Mathematik, Geometrie und Mechanik ein, die neuen Möglichkeiten der technischen Errungenschaften, sowie die Ästhetik und ihre Formen des Ausdrucks und der Kommunikation. Außer der Problematik der Wasserregulierung enthält die Zeichnung auch Angaben militärischer Art: das polygonale System der Bastionen und die beiden an Ein- und Austritt des Flusses gelegenen Festungen. Tatsächlich erforderten es die immer kriegerischer werdenden Ereignisse der Zeit und die immer häufigeren Heeresbewegungen in Italien, daß Wissenschaft und Technik sich dieser Probleme annahmen.

Der Stadtentwurf stellt freilich nicht nur ein perfektes Verteidigungssystem vor, wie es der größte Teil der im 17. Jh. entstehenden Festungen und Garnisonsstädte sein wird. Die Ordnung der auf kartesianischer Regelmäßigkeit beruhenden Stadtstruktur scheint vorherrschend zu sein gegenüber dem rein defensiven Charakter der Anlage. Zweifellos enthält diese Studie eine urbane Idealvorstellung, die – gerade wegen ihres konkreten Bezugs – weder abstrakt noch utopisch ist.

Im Jahr 1492 vertreiben die Katholischen Könige von Spanien Isabella und Ferdinand mit dem letzten Mauren auch den letzten Juden von der Iberischen Halbinsel. Es ist dasselbe Jahr, in dem Christoph Kolumbus zu seiner großen Entdeckungsfahrt aufbricht. Spanien war lange Zeit Teil der islamischen Kultur gewesen, es bewahrt noch einige der monumentalsten Bauwerke aus jenen Jahrhunderten und kann sie nun der christlichen Welt zugänglich machen.

Granada wurde vermutlich auf einem arabischen Militärlager zu Beginn des 7. Jh. gegründet. Es ist die große islamische Stadt in Europa (nach Paris die zweite europäische Stadt). Auf den Hügeln entstand in vorzüglicher strategischer Lage eine erste urbane Ansiedlung, die ab dem 11. Jh. große Autonomie genoß, dank der Regierung einer Berber-Dynastie (1230-1492), die der Familie der Nasriden folgte. Die arabische Stadt, durch die Feldzüge der Reconquista verlassen und ausgeblutet, war für die spanische Gesellschaft ein ungewohnter Anblick, ein Fremdkörper. Sie war die großartige Residenz der Nasriden gewesen, eine kostbare kleine Stadt, eine Idealstadt zumindest für denjenigen, der ein Haus und einen der üppigen Gärten sein eigen nannte. Die heutige Alhambra ist ein Beweis dafür, daß die Idealstadt nie aus Gewalt und Intoleranz entstehen kann. Auch wenn die Pläne der Katholischen Könige von Spanien die Zerstörung der islamischen Stadt vorsahen, um aus den Ruinen eine spanische und christliche Stadt zu errichten, so wurde dieser Plan nie vollständig durchgeführt. Die architektonische Brutalität, mit der Karl V. seinen Palast wie ein ideologisches Markenzeichen der Eroberung in das Herz der Alhambra pflanzte, kann den Reiz dieser phantastischen islamischen Stadt in Europa gleichwohl nicht zerstören.

Oleg Grabar, *The Alhambra*, Harmondsworth 1978; Henri und Anne Stierlin, *Alhambra*, München 1993.

Santo Domingo wurde 1497 von Bartolomäus Kolumbus, dem Bruder des großen Entdeckers, gegründet. Es war die erste urbane Ansiedlung der Spanier in der Neuen Welt, und als solche hat sie sich ihren ursprünglichen Charakter bis heute bewahrt. Die Darstellung zeigt den Angriff des englischen Piraten Francis Drake im Jahr 1585. Die Plünderung traf eine Stadt, die ein genaues Modell einer Idealstadt war, in Europa konzipiert und in der Neuen Welt errichtet.

Alessandro Geraldini, der erste Bischof von Santo Domingo, beschreibt die Stadt 1520, ein Jahr nach seiner Ankunft, mit folgenden Worten: »Die hohen und schönen Gebäude sind wie in Italien erbaut, der Hafen kann sogar alle Schiffe Europas aufnehmen; die Straßen sind breit und gerade, so daß man die Straßen von Florenz keinesfalls damit vergleichen könnte.« Der Spanier Gonzalo Fernandez de Oviedo y Valdés berichtet 1527: »... die Lage [ist] viel besser als diejenige Barcelonas, denn die Straßen sind um vieles ebener und breiter und unvergleichlich gerader; die Stadt wurde zu unserer Zeit gegründet, also mit Zirkel und Kompaß entworfen, die Straßen alle nach einem Maß, was sie über alle Städte erhebt, die ich je gesehen habe.«
Diese Augenzeugenberichte sind ein Beweis für die ungewöhnliche Fähigkeit jener Männer, einer neuen Richtung in der Geschichte der europäischen Kultur zu folgen und die Grundlagen ihrer Existenz gemäß den Prinzipien der von den Humanisten in ihren Architektur-Traktaten und in ihren perspektivischen Bildern vorgestellten idealen Stadt zu gestalten. Die strenge geometrische Gesamtordnung, die Regierung des Gemeinwesens durch die Vernunft, die Freude am eigenen Können waren tief verwurzelt in der Kultur der Renaissance. Diese Elemente sprechen auch aus den Beschreibungen der beiden bedeutenden Europäer, die sich in den ersten Jahrzehnten ihres Bestehens in der Stadt aufhalten. Die Geschichte der europäischen Urbanistik muß unter Berücksichtigung des großen Abenteuers betrachtet werden, das die Errichtung neuer Städte in Amerika bedeutete. Philipp II. war sich der Bedeutung dieser neuen Städte in der Neuen Welt bewußt. 1573 erläßt er neue Bestimmungen für die Errichtung der Städte in Amerika, vielleicht die ersten modernen europäischen Normen dieser Art. Im vorliegenden Buch werden die den fremden Völkern während der Zeit der Kolonialisierung aufgezwungenen Städte nicht untersucht, denn dies ist Teil einer anderen Geschichte.

Virgilio Vercelloni, *Atlante storico della città di Santo Domingo*, Mailand 1991.

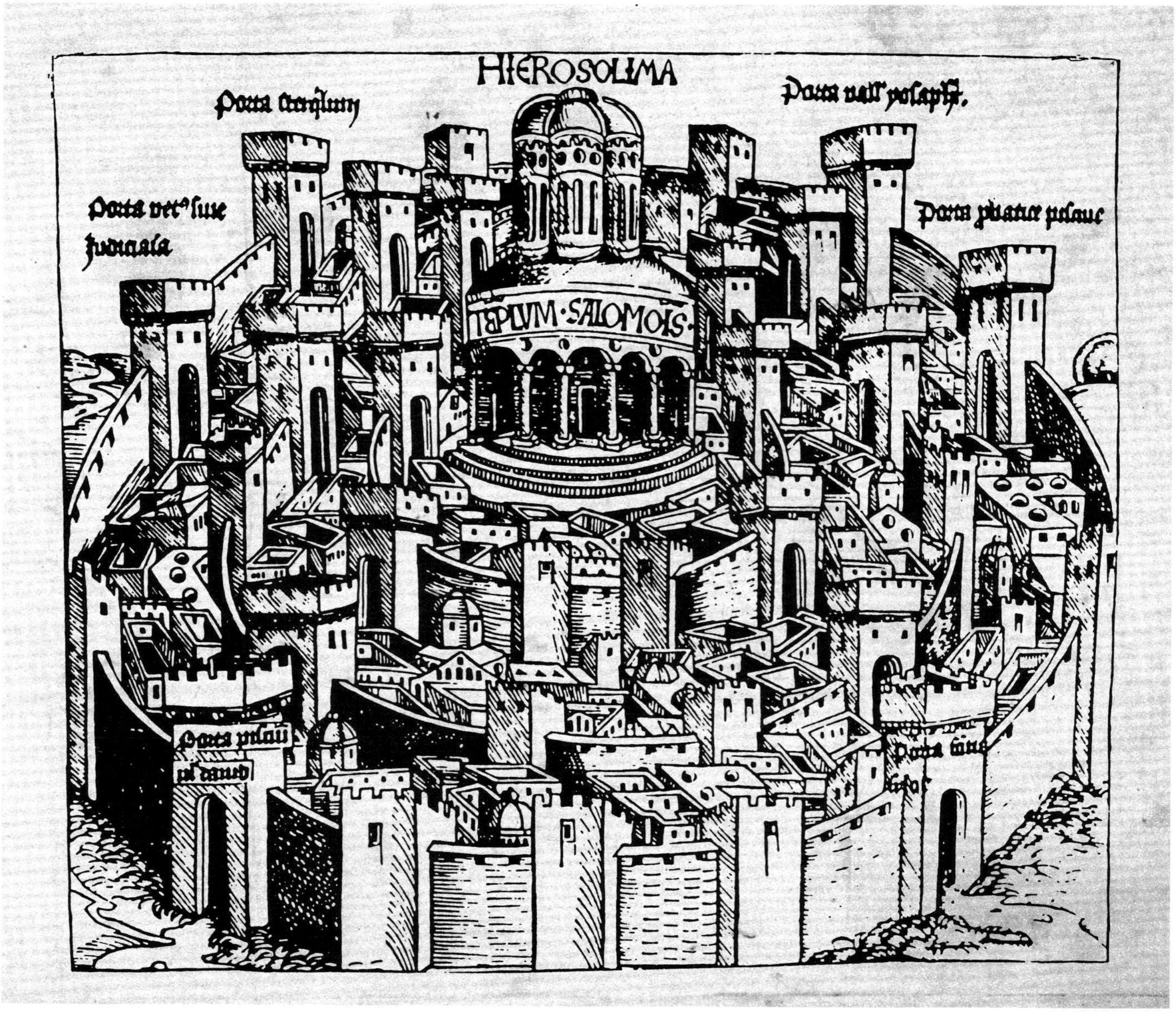

Die Idee von Jerusalem ist seit Beginn der christlichen Kultur ein einzigartiges Sammelbecken für die unterschiedlichsten Symbole. Diese Illustration entstammt der Schedelschen *Weltchronik* (*Historia aetatum mundi et descriptio urbium cum figuris ligneis pictis*), die 1493 in Nürnberg gedruckt wurde. Es ist eines der ersten, mit Lettern gedruckten und mit Holzschnitt-Illustrationen versehenen Bücher, das die enzyklopädischen Miniatur-Handschriften des Mittelalters ersetzt.

Die reich bebilderte, historische und geographische Enzyklopädie stellt die Welt und ihre Städte in Holzschnitten nach weitgehend mittelalterlichem Muster dar. Alles ist darauf ausgerichtet, Bewunderung zu erregen. Offenbar fiel niemandem auf, daß dabei häufig die gleiche Illustration für mehrere Städte verwendet wurde (der gleiche Druck einer mit Türmen bewehrten Stadt zu Füßen eines großen Berges präsentiert wahlweise Mediolanum, Damiata, Lacedemonia, Bebenna, Tyberias). In jener Kultur und in ihrer Art der Kommunikation zählte der symbolische Aspekt einer Darstellung mehr als ihr tatsächlicher Gehalt (so wie im späten Rom bei einer Münze die Krone auf dem Haupt des Kaisers mehr zählte als das ihm mehr oder weniger ähnliche Profil). Dieses historische, reale bzw. Himmlische Jerusalem war Teil der mittelalterlichen Imagination, es war – wie andere ähnliche und weitverbreitete Bilder – die Verkörperung eines Symbols durch ein Symbol. Das Himmlische Jerusalem, das seinen Teil dazu beitragen wird, im Humanismus den Mythos der Idealstadt herauszubilden, basierte sicher nicht auf stereotypen Darstellungen dieser Art. Das Himmlische Jerusalem bediente sich vielmehr der malerischen Phantasie, um eine würdige Verkörperung zu finden.

Die Stadt, die sich gemäß den Prinzipien der Renaissance selbst erneuern muß, wirbt hier mit Bildern, die die Glaubwürdigkeit einer nahen Idealstadt bestärken. Neben dem Haupttor (oben) und neben dem angrenzenden Eingang zur Unterkunft (unten) der Scuola di San Marco in Venedig entwirft Tullio Lombardo um 1490 eine Verbindung verschiedener städtebaulicher Motive, die sich aus der neuen Architektur der Renaissance herleiten, und schafft damit etwas, was im gotischen Venedig noch weitgehend unbekannt ist.

Die Lombardo, seit Generationen Architekten und Bildhauer, hatten bereits früher perspektivische Flachreliefs mit Architektur-Szenen geschaffen, wie zum Beispiel Tullio und Antonio den kleinen Tabernakel für das Heilige Blut in der Sakristei der Kirche der Frari von Venedig. Doch die beiden übereinstimmenden Ansichten an den Eingängen der Schule stellen für den sich nähernden Besucher eine neue Form der öffentlichen und urbanen Kommunikation dar, wie sie die Idealstadt der Renaissance jederzeit zu bieten hat. Die Szenen aus der Legende des heiligen Markus (die Taufe und die Heilung der heiligen Anna) sind in den Raum eines eleganten klassischen Portikus mit Flachdecke eingefügt; die beiden Löwen – Wahrzeichen des Markus – haben ihren Platz in zwei Säulenvorhallen mit Tonnengewölbe gefunden.

Die beiden Szenen, spiegelbildlich gegeneinander versetzt, schaffen eine perspektivische räumliche Illusion, die durch die Architektur der Renaissance bestätigt wird. So präsentiert die Architektur selbst mit Hilfe der Bildhauerei und mit dekorativen Elementen ihre eigene mögliche Zukunft in einer Stadt, die diese Zukunft meistern wird. Architektur und Bildhauerei werden zu einer Form der kulturellen Kommunikation.

John McAndrew, *Venetian Architecture of the Early Renaissance*, Cambridge (Mass.)/London 1980.

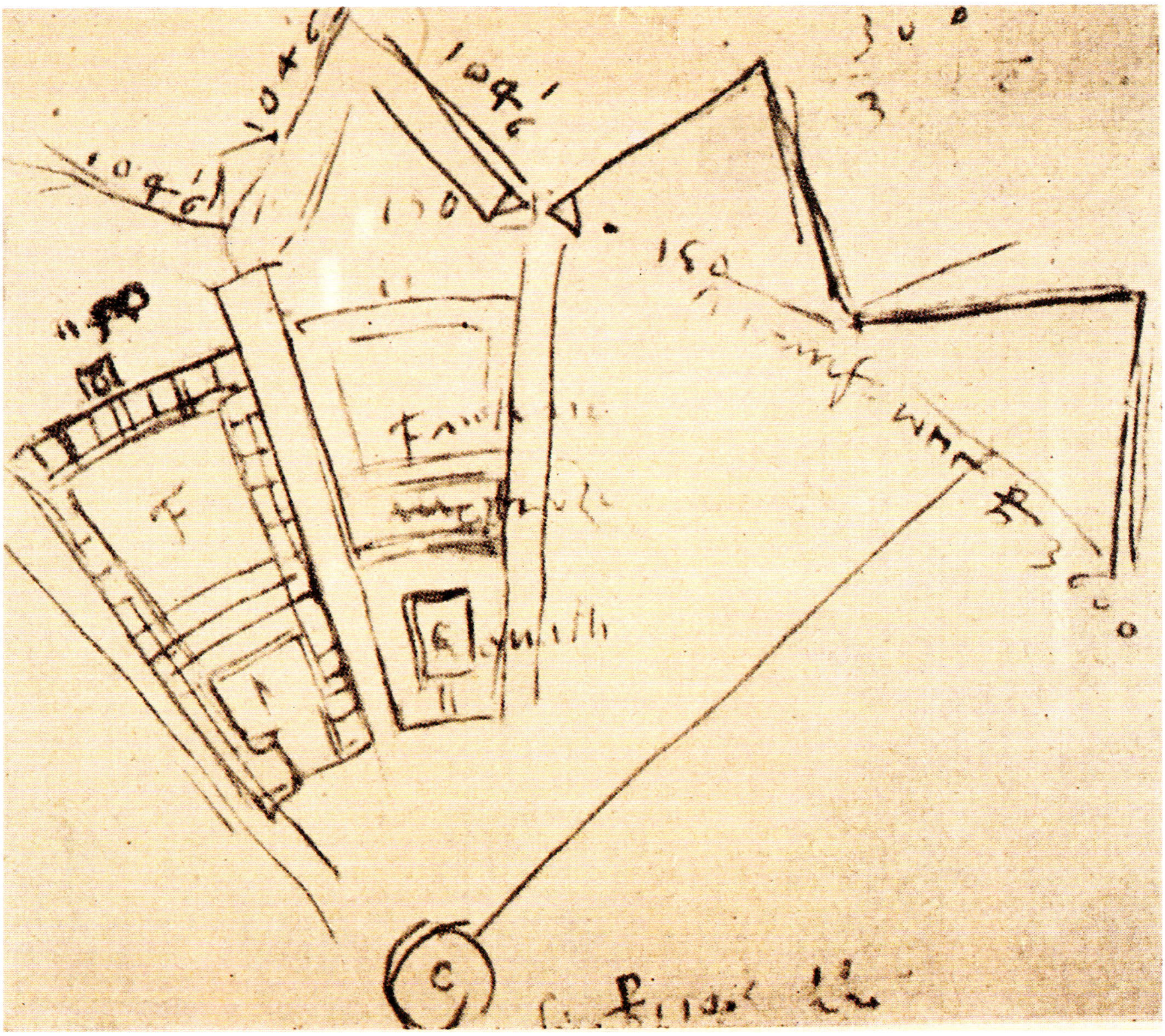

Der Architekt Antonio da Sangallo der Jüngere (1484-1546), einer der Großen der Renaissance, verband mit dem Studium der Antike auch die Suche nach dem Neuen, nach der morphologischen und typologischen Erneuerung besonders des Städtebaus. Die abgebildete Zeichnung (Uffizien, Dis. Arch. 1245), die ihm zugeschrieben wird, ist ein Beispiel dafür, welchen Beitrag die Morphologie, die Lehre von der Veränderung der Formen, zur Entwicklung einer neuen Idee von der Stadt zu leisten vermag.

Die Skizze stellt das neuartige Modell einer kreisrunden Stadt dar, deren Außenlinie – entsprechend den Plänen des Festungsbaumeisters Francesco di Giorgio Martini – von einem mächtigen Mauernsystem gebildet wird. Von diesen Mauern aus läßt sich das die Stadt umgebende Gebiet überblicken und nötigenfalls auch unter Beschuß nehmen. Die Stadt kann somit leicht gegen feindliche Angriffe verteidigt werden, eine in Zeiten der ständigen kriegerischen Auseinandersetzungen lebensnotwendige Tatsache. Stellt man sich das innerhalb dieser Mauern stattfindende städtische Leben vor, dann läßt sich in dieser Form eine mögliche Idealstadt erkennen. Das System der sternförmig angelegten Stadt beruht auf radial verlaufenden Straßen. Sie beginnen an den Punkten, in denen die im rechten Winkel zueinander stehenden Abschnitte der Stadtmauer zusammentreffen und zielen auf den Mittelpunkt der Stadt hin, den großen kreisrunden Platz. Auf den Kreissegmenten werden die für das Leben in der Stadt wichtigen Gebäude errichtet. Die planvolle Architektur, die gleichförmigen Gebäudekomplexe um einen trapezförmigen Innenhof stellen ein urbanes Konzept vor, das hier vermutlich vor allem dazu dienen sollte, Fußtruppen, Arbeitskräfte, Vorräte und Pferde aufzunehmen. Jenseits der militärischen Zweckbestimmung ließ sich eine urbane Struktur dieser Art jedoch auch für zivile Zwecke verwenden, und den innerhalb dieser Mauern wohnenden Menschen konnte sicher eine hohe Lebensqualität geboten werden.

Gustavo Giovannoni, *Antonio da Sangallo il Giovane*, 2 Bde., Rom 1959.

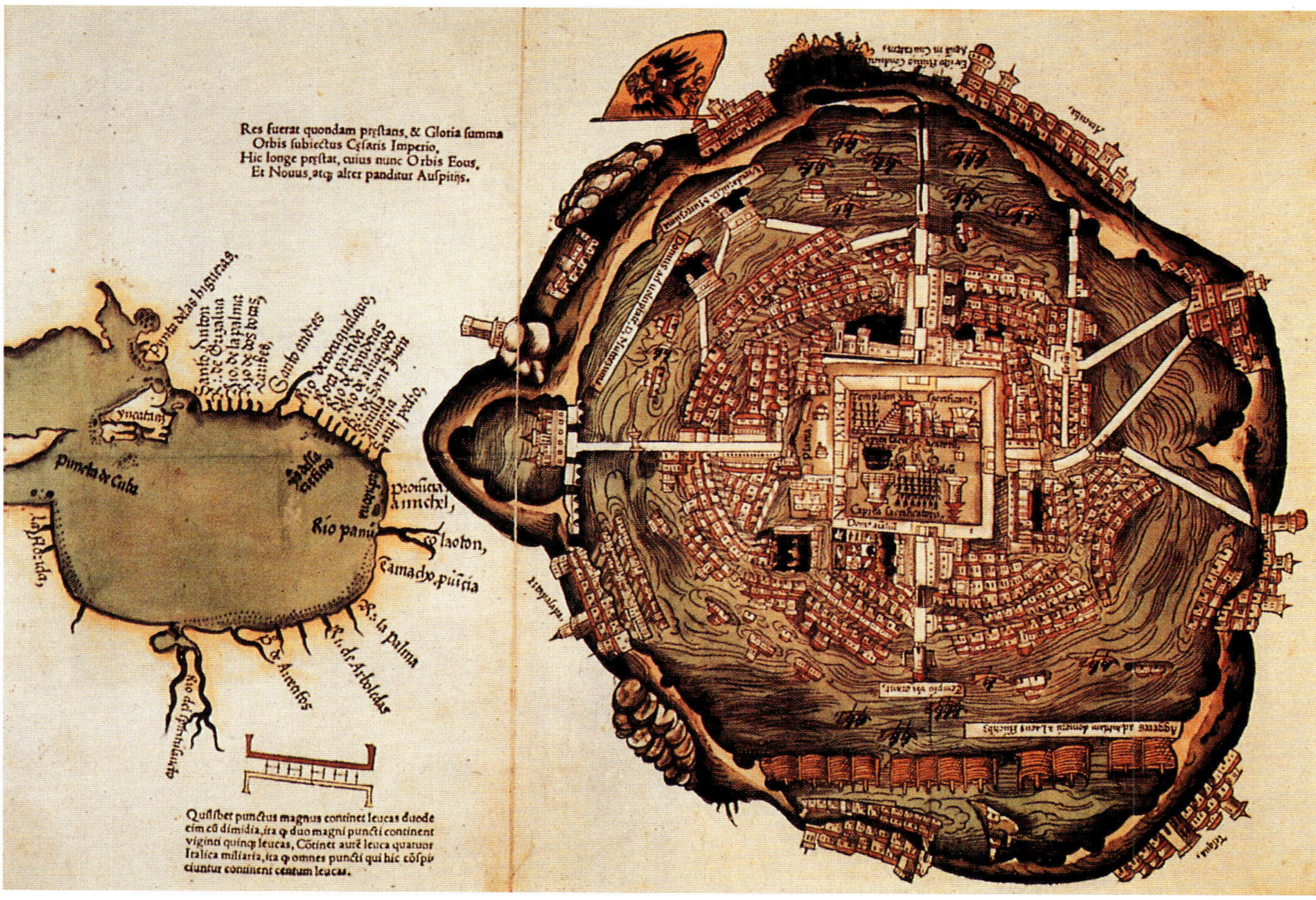

Als die Spanier ins Herz der aztekischen Kultur vordrangen, stießen sie überall an den Ufern des großen Texcoco-Sees und seiner zentralen Insel (wo 1521 die heutige Hauptstadt Mexico-Stadt gegründet wurde) auf polyzentrisch angelegte Städte. Sie waren von diesem großartigen Stadtsystem so beeindruckt, daß sie es in ihren Reisebeschreibungen und in den Holzschnitten jener Zeit als eine Art ideales Stadtmodell für Europa darstellten.

Dies ist nur ein Beispiel für die komplexe Beziehung zwischen den Spaniern und den Bewohnern Zentralamerikas. Wie bereits zuvor in Hispaniola, dem Ort der ersten Kolonisierung, folgte auch hier der Bewunderung schon bald die Gier nach Gold und Silber. Die Ureinwohner wurden als Sklaven benutzt und zur Arbeit in den Bergwerken und in der Landwirtschaft herangezogen, zum Nutzen und Gewinn der Eroberer. In Hispaniola fand ein regelrechter Völkermord statt, und auch in den anderen Gebieten der Neuen Welt kostete die Anwesenheit der Europäer einen hohen Tribut an Menschenleben. Nur wenige Europäer (wie Bartolomé de Las Casas) erhoben ihre Stimme zum Schutz der Eingeborenen, niemand sprach jedoch davon, die Pracht und geschichtliche Größe der alten, besiegten Kulturen zu bewahren, deren Untergang die Europäer herbeigeführt hatten.
Die spanischen Chroniken des 16. Jh. berichten noch von dem, was die Spanier bei ihrer Ankunft im präkolumbischen Amerika vorgefunden hatten. So wird über die Stadt Tenochtitlán geschrieben: »Die Stadt ist so groß wie Sevilla und Córdoba. Ihre Straßen sind sehr breit und gerade, einige von ihnen bestehen zur Hälfte aus Erde und zur Hälfte aus Wasser, auf welchem sie mit ihren Kanus fahren… Diese Stadt hat viele Plätze, dort finden ständig Märkte statt und es herrscht ein großer Geschäftsverkehr. Es gibt einen weiteren Platz, der zweimal so groß ist wie die Stadt Salamanca und der ganz von Laubengängen umgeben ist. Auf diesem Platz finden sich täglich mehr als sechzigtausend Menschen ein, um zu kaufen und zu verkaufen.«
Während die große Stadt zusammen mit vielen anderen zerstört wurde, verbreitete sich ihr Bild durch die phantastischen Beschreibungen und die unglaublichen Darstellungen in ganz Europa. Einige Jahrzehnte lang erschienen die während des großen Abenteuers entdeckten Städte wie sagenhafte Modelle neuer, idealer Städte für die europäische Kultur.

Benedetto Bordone, *Isolario*, Venedig 1528; Giovan Battista Ramusio, *Terzo volume delle naviagzioni et viaggi*, Venedig 1556; Bartolomé de las Casas, *Kurzgefaßter Bericht von der Verwüstung der westindischen Länder*, hrsg. von H. E. Enzensberger, Frankfurt a. M. 1981.

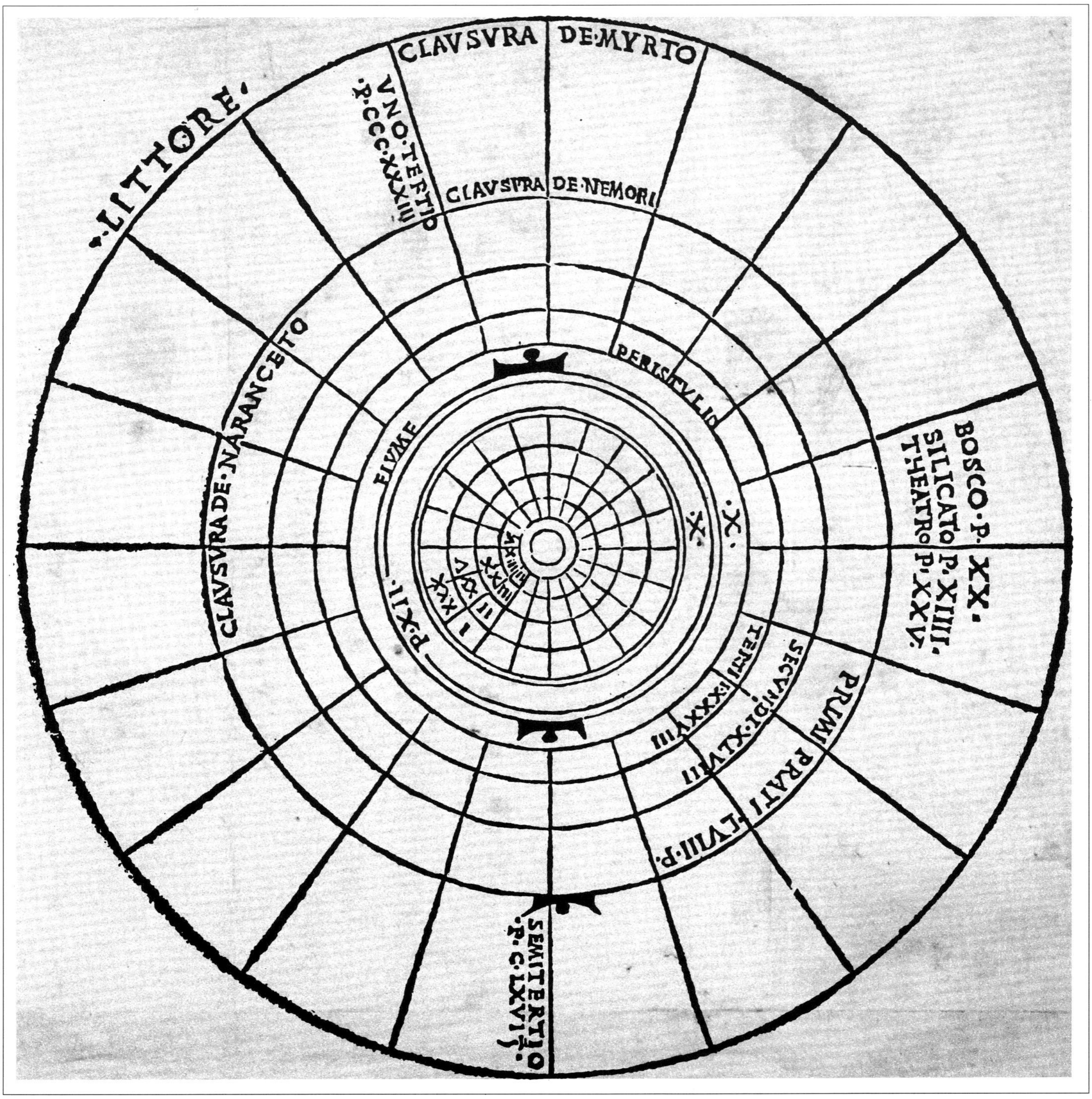

Im letzten Jahr des 15. Jh. publiziert der venezianische Humanist und Verleger Aldo Manuzio ein meisterhaftes, mit zahlreichen Holzschnitten illustriertes Werk: *Hypnerotomachia Poliphili, Poliphilos Traumliebesstreit*. Der Autor, Francesco Colonna, liefert in seinem Roman eine Reihe komplexer Mitteilungen über die neue Kultur der Renaissance.

Die Vorliebe für die Antike nicht nur als Wiederbelebung der Prinzipien des Goldenen Zeitalters, sondern auch als Studium der antiken Ruinen und ihrer Ästhetik, wird in diesem Werk mit äußerst modernen Angaben für die konkrete Nutzung antiker Modelle, insbesondere der Gärten ergänzt. Die literarische und figurative Mitteilung des Francesco Colonna bewegt sich auf einem Gebiet zwischen dem Esoterischen und dem Exoterischen und umfaßt auch die Darstellung einer idealen Stadt, der kreisrunden Insel Citeria. Diese imaginäre Stadt weist einen Durchmesser von ungefähr einer Meile auf und ist als eine Reihe von Stufen gedacht, die von einem konischen Gipfelpunkt aus zur Küste absteigen und abwechselnd mit Häusern bebaut oder mit Gärten angelegt sind. Den Rand der Stufen zieren gleichmäßige Reihen hoher Zypressen. Die klaren, die Insel Citeria umgebenden Wasser bergen die Zeugnisse antiker Zivilisationen, die an diesem Ort einst bestanden. Diese planvolle Architektur stellt eine neue Nutzung der Natur durch den Menschen dar.

Trotz all seiner Traumhaftigkeit weist der Entwurf in seiner poetischen Regelmäßigkeit der Architektur (dargestellt durch die Straßenpflaster, die Mauerbrüstungen und durch das alles krönende Amphitheater mit dem Brunnen der Venus in der Mitte) auch praktische Elemente auf, die den Bewohnern dieser Stadt ein durchaus glückliches Leben ermöglichen können.

Maria Teresa Casella, Giovanni Pozzi (Hrsg.), *Francesco Colonna. Biografia e opere*, 2 Bde., Padua 1959; Giovanni Pozzi, Lucia A. Ciapponi (Hrsg.), *Francesco Colonna. Hypnerotomachia Poliphili*, 2 Bde., Padua 1964; Emanuela Kretzulesco-Quaranta, *Les jardins du songe. Poliphile et la mystique de la Renaissance*, Rom 1976; Maurizio Calvesi, *Il sogno di Polifilo prenestino*, 2. überarbeitete Auflage, Rom 1983.

Thomas More (1477-1535), Humanist und Freund des Erasmus von Rotterdam, wurde von Heinrich VIII. enthauptet, da er sich weigerte, den König als Oberhaupt der englischen Kirche anzuerkennen. 1516 erscheint die erste Ausgabe seines Buches *Utopia*. Die Insel Utopia hat vierundfünfzig Städte, »... die alle weiträumig und prächtig angelegt sind, ... gleich ist der Grundriß, gleich überall die äußere Gestalt, soweit es die Lage erlaubt«, so erklärt der Verfasser und fügt hinzu: »Wer eine dieser Städte kennt, kennt sie alle, so völlig gleichen sie einander.«

In Form eines Dialogs präsentiert – wie Platons *Staat*, von dem Thomas More auch inspiriert wurde – ist *Utopia (Das Büchlein von der besten Verfassung des Staates und von der neuen Insel Utopia)* eine scharfe Kritik der politischen und sozialen Verhältnisse im damaligen England. Mit der Schilderung des imaginären, auf Gemeinwirtschaft beruhenden Staates der Utopier behandelt More sein Thema tiefgründig und unterhaltsam zugleich. Sein Traum von Harmonie und Glück entstand in einer Zeit der heftigsten Auseinandersetzungen zwischen dem Adel und den Bauern und den verschiedenen Gesellschaftsschichten untereinander. Das politische Engagement des Autors, der kein Architekt war, verweist die Beschreibung der neuen Stadt dieser neuen Gemeinschaft in die zweite Linie; aber gerade deshalb nimmt die Erzählung eine wichtige Stellung innerhalb der Geschichte der Ideen ein. More beschreibt nicht nur die ideale Gesellschaft, sondern errichtet auch das Umfeld dieser neuen Gesellschaft. Alle Häuser sind aus Stein gebaut und bestehen aus drei Stockwerken, sie sind von einer gepflasterten Straße aus erreichbar, eine Türe führt in einen Garten, in dem Reben, Obst, Gemüse und Blumen angebaut werden. »... zu solchem Eifer spornt sie nicht nur das reine Vergnügen an dieser Tätigkeit an, sondern auch der Ehrgeiz: Die Bewohner jedes Viertels wetteifern darum, wer von ihnen den gepflegtesten Garten hat.«

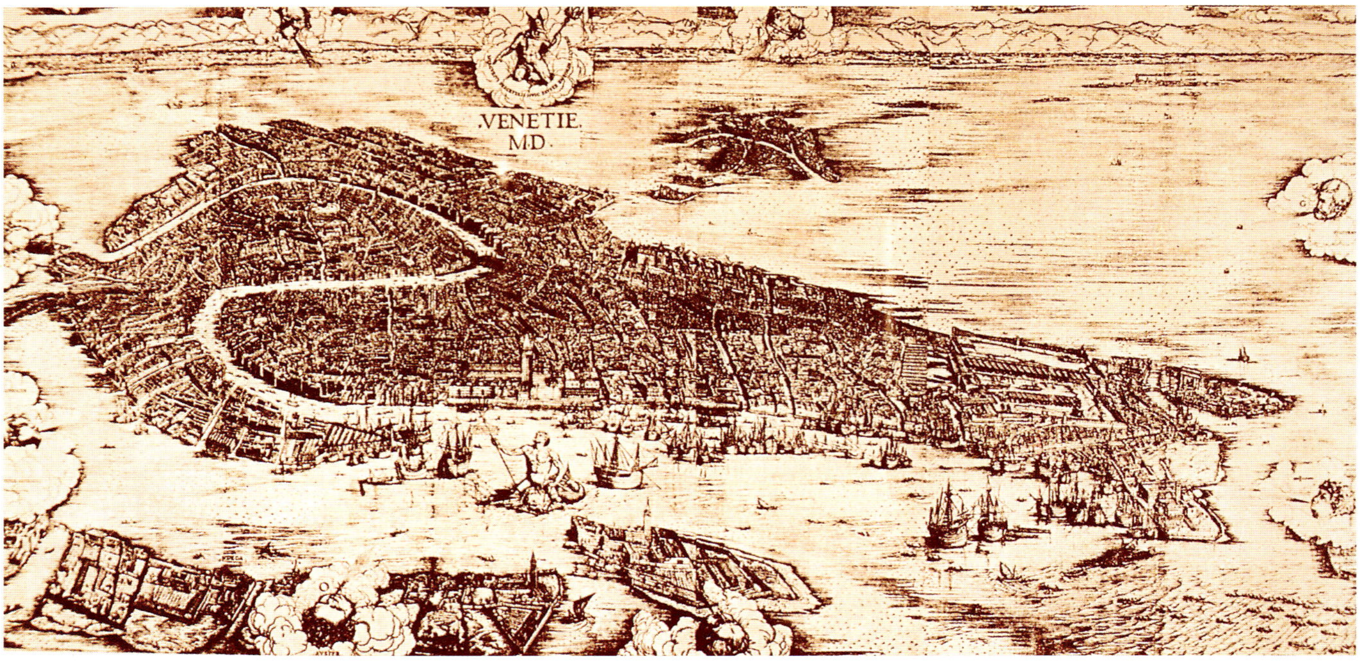

Im Jahr 1500 veröffentlicht Jacopo de' Barbari in Venedig einen großformatigen, aus sechs Blättern bestehenden Holzschnitt mit einer Vogelfluganansicht der gesamten Stadt. Es handelt sich um eine ungewöhnliche Darstellung. Denn diese künstlerisch-wissenschaftliche Wiedergabe, ein Hohelied auf Venedig und seine Größe (die vierte Stadt in Europa mit mehr als hunderttausend Einwohnern) ist zugleich auch die erste Darstellung einer Stadt aus der Vogelperspektive und basiert auf einer mehrere Jahre lang durchgeführten topographischen Vermessung.

Nach zahlreichen symbolischen Darstellungen, nach Wiedergaben Venedigs in Detailansichten, nach der hervorragenden technischen Beschreibung der Stadt Imola und ihrer Umgebung beweist diese Ansicht des Jacopo de' Barbari seine Modernität, auch und trotz all der komplexen und symbolischen Werte und Bedeutungen.

Auf diese Art wird außerdem die reale Stadt als ideale Stadt präsentiert, als konkrete Erinnerung für den, der sie besucht hat und als Anreiz für den, der sie in ihrer Realität noch nicht kennt.

Die Vogelperspektive ermöglicht eine analytische Kenntnis jeder Einzelheit, jedes Wunders, verständlich und erkennbar, wie es die visuelle Wahrnehmung wünscht, und ohne Vermittlung durch die Technik der Kartographie, die in ihrer abstrakten Darstellung eine dreidimensionale Beschreibung der Stadt nicht zu geben vermag.

Wesentlich jedoch ist der ganz der Renaissance-Kultur eigene Aspekt des Wissens, der möglichen und erstrebenswerten Kenntnis der Gesamtheit. Man konnte eine Stadt in ihrer Gesamtheit nur kennen, wenn man sie von einem erhöhten Punkt aus betrachtete. Gab es diese als Belvedere zu benützende Erhöhung in der Umgebung der Stadt nicht, konnte man sie virtuell konstruieren durch topographische Vermessung und die entsprechende perspektivische Wiedergabe, die eine Vogelfluganansicht simuliert. Mit dieser bahnbrechenden Darstellung Venedigs ließen sich völlig neue Kenntnisse über jede existierende Stadt erwerben.

Jürgen Schulz, *The Printed Plans and Panoramic Views of Venice (1486-1797)*, in »Saggi e memorie di storia dell'arte«, Venedig 1970; Giocondo Cassini, *Piante e vedute prospettiche di Venezia (1479-1855)*, Venedig 1971.

Dieses Ölbild, das der Florentiner Piero di Cosimo (1462-1521) im zweiten Jahrzehnt des 16. Jh. malte, berichtet vom Bau eines Doppelpalastes. Piero, der nicht zum engen Kreis der maßgeblichen Künstler seiner Zeit gehörte, gilt als eine außerhalb der Renaissance-Kultur stehende Persönlichkeit. Sein Bild kann als Metapher für die Errichtung der modernen Stadt betrachtet werden.

In seinen Zyklen, die den Anfängen der Menschheit gewidmet sind, schuf Piero di Cosimo neben religiösen Bildern auch mythologische Darstellungen von eigenartiger Imagination und oft seltsamer Formensprache. Vasari schreibt über ihn: »Er konnte das Jammern der Weiber nicht leiden, das Husten der Männer, das Läuten der Glocken, das Singen der Mönche; und wenn der Himmel voller Regen war, freute er sich daran, wenn es in Strömen von den Dächern floß und auf den Boden spritzte.« Das Bild ist ein Dokument für diese wenig sonnige Einstellung, die vielleicht im Florenz des Savonarola geprägt wurde. Wir haben es hier nicht mit einer optimistisch gestimmten Architektur zu tun. Das undefinierbare, klassische Bauwerk entsteht mitten auf einer nackten Fläche, ohne andere Lebewesen als die Erbauer. Dies bereits rückt das Bild ab von den herkömmlichen Darstellungen der Renaissance: Die Szene bereitet dem Betrachter ein gewisses Unbehagen. Es handelt sich hier ganz deutlich um eine Architektur des neuen Klassizismus, möglicherweise eine zeitgenössische Architektur. Ihre Ausmaße, ihre ungewöhnliche typologische Sprache führen zu der Vermutung, daß man in der Darstellung nicht auf die Errichtung eines spezifischen Gebäudes Bezug nimmt, sondern auf die Gründung einer Stadt, der idealen Stadt. Eine Stadt, die im Unterschied zu den allseits bekannten Abbildungen idealer Städte nicht von humanistischen Idealen getragen scheint, sondern von der ständigen, großen und nie siegreichen Mühe der Menschen.

Erwin Panofsky, *The Early History of Man in Two Cycles by Piero de Cosimo*, in »Studies in Iconology«, New York 1972; Federico Zeri, *Italian Paintings in the Walters Gallery*, Baltimore 1976.

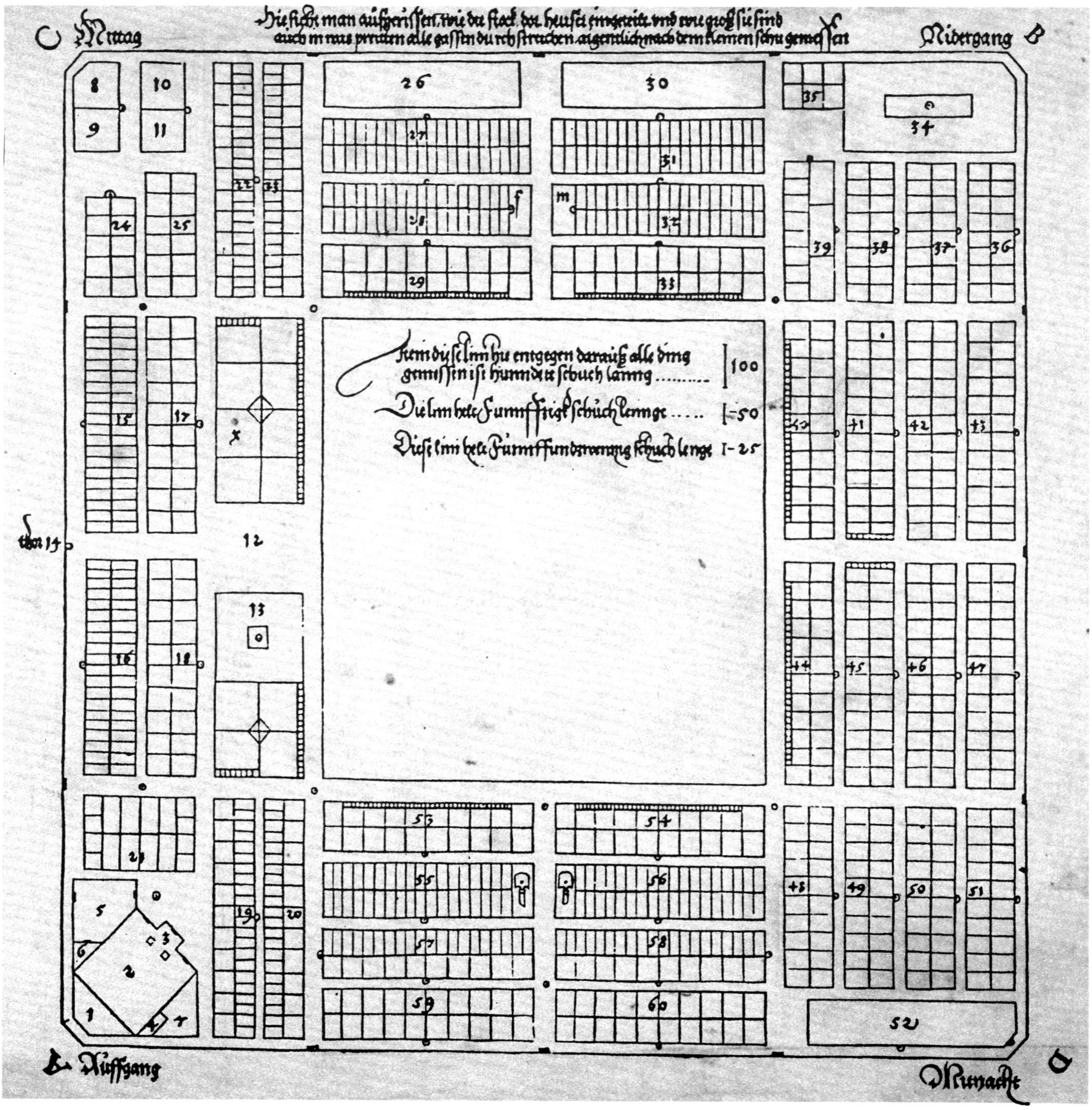

Albrecht Dürer (1471-1528) ist der geniale Künstler der deutschen Renaissance. Zwischen den Jahren 1494 und 1506 reiste und lebte er in Italien. Er war der erste deutsche Künstler, der mit der wachsenden Bewußtheit der Renaissance eine Erneuerung der Kunst durch die theoretische Erkenntnis ihrer Formengesetze erstrebte. Neben seinen künstlerischen Werken hinterließ er auch einige Schriften mit Studien über die Vermessung von Landschaften, die Befestigung von Städten und über die menschlichen Proportionen.

1527 erscheint in Nürnberg Dürers Traktat über Festungsarchitektur (*Etliche Unterricht zur Befestigung der Stett, Schloss und Flecken*). Darin wird das hier wiedergegebene Modell einer Idealstadt vorgestellt. Dürer spricht dabei zwar nicht von einer Stadt, sondern von einem auf quadratischem Grundriß mitten auf dem zentralen Platz errichteten massiven Schloß. Doch die Beziehung zwischen Schloß und Stadt gibt der Zeichnung die Bedeutung eines echten urbanen Grundrisses, wenn auch in der Größenordnung einer kleinen Stadt. Zusammen mit der regelmäßigen Anlage der Gebäude sind auch die speziellen Funktionen ihrer Bewohner rational festgelegt, wie z.B. die Schmiede neben den Gießereien. Das gesamte städtische Wesen ist ebenfalls analysiert, die Zusammensetzung der Bevölkerung genau beschrieben (»... so dürfen keine unnützen Personen dort wohnen, sondern fähige, fromme, weise Männer, ehrbar und erfahren in den Künsten, gute Handwerker«), bis hin zur Praxis des Weinvertriebs. Hier haben wir es also nicht mit einem utopischen Traum zu tun, sondern mit den pragmatischen Angaben für die – unwahrscheinliche – Errichtung eines idealen Königsschlosses. Der offensichtliche Bezug auf das *castrum romanum* wirft die Frage nach der idealen Größe der antiken Modelle auf, eine Größe, die in der Zeichnung Dürers in die Richtung der idealen Stadt geht.

Wilhelm Waetzoldt, *Dürers Befestigungslehre*, Berlin 1916; Erwin Panofsky, *The Life and Art of Albrecht Dürer*, Princeton 1955.

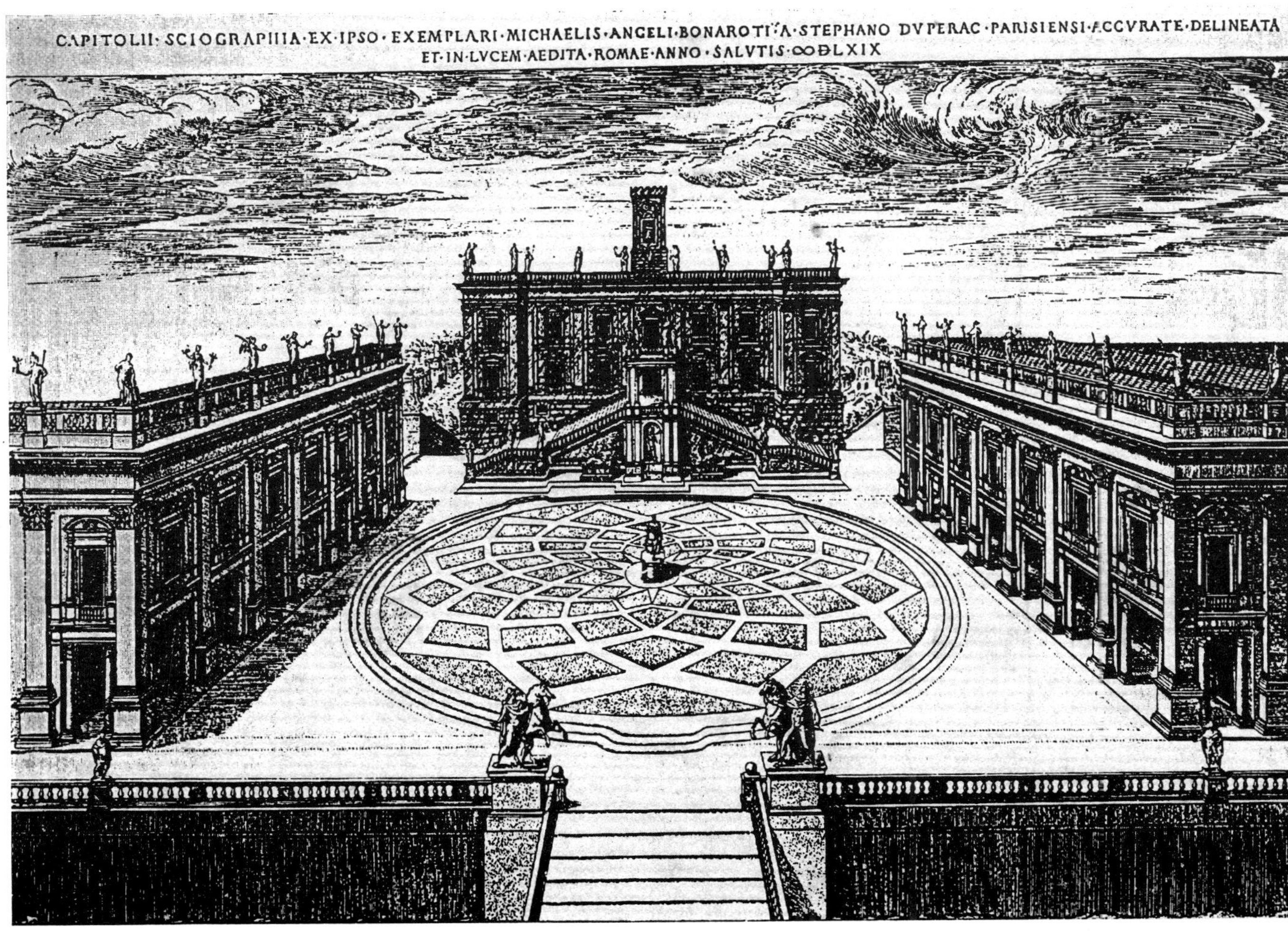

Als Michelangelo Buonarotti zwischen dem Entwurf für den Kapitolsplatz, vermutlich 1537, und dem Beginn der Bauarbeiten im Jahr 1544 an dieses Werk dachte, war ihm sicher auch klar, daß es sich in die Modellreihe der idealen Städte einfügen würde. Der trapezförmige Platz, der sich zur Stadt hin öffnet, war ein bereits in der Klassik verwendetes Modell (die *Agorà* von Assos) und hatte kurz zuvor beim Entwurf des neuen Stadtkerns von Pienza als Grundlage gedient.

In diesem außergewöhnlichen Werk eines der größten Meister der Renaissance scheint die städtische Dimension mit der architektonischen zu wetteifern, wird eine neue Konzeption für öffentliche Plätze verwirklicht; Thema des Projekts ist es, die urbane Szenerie in eine geweihte Szenerie zu verwandeln, in das, was früher das Herz der antiken Städte war (*Das Kapitol während der Renaissance: ein Symbol der kaiserlichen Idee* ist der Titel eines Essays von Fritz Saxl aus dem Jahr 1938). Die beiden spiegelbildlich angeordneten Paläste führen zum Senatoren-Palast, der in seiner neuen Gestaltung größer und mächtiger wirkt. Michelangelo ergänzt den Platz an der noch freien Stelle zur Stadt hin durch den Konservatoren-Palast. Gleiche, großformatige Gliederungen an allen Gebäudefronten mindern den Individualcharakter der Paläste zugunsten der Gesamtwirkung; der Raum ist von ein- und ausströmender Bewegung erfüllt.

Dieser zirkulierenden, nahezu kosmischen Bewegung entspricht das Pflaster mit einem zwölfzackigen Sternornament um das Reiterstandbild Marc Aurels. Mehr als der noch fehlende Mittelpunkt der Hauptstadt des Christentums ist der Kapitolsplatz das Beispiel und konkrete Modell einer zukünftigen idealen Stadt, die denkbar ist, wenn der Auftraggeber das kulturelle Niveau eines Papst Paul III. hat und der Architekt über die Genialität eines Michelangelo verfügt.

James S. Ackermann, *The Architecture of Michelangelo*, London 1961; Paolo Portoghesi, Bruno Zevi (Hrsg.), *Michelangelo architetto*, Turin 1964.

Das Bühnenbild war, historisch betrachtet, eine Art Labor für den experimentellen Städtebau, in dem mit allen Neuerungen gearbeitet werden konnte und die Ergebnisse und Erkenntnisse dem Publikum zur Beurteilung vorgestellt wurden, und natürlich in viel kürzerer Zeit, als es die Errichtung realer, neuer Stadtlandschaften erfordert hätte. In der Geschichte der Stadtidee kommt dem Bühnenbild als einer Art kultureller Kommunikation deshalb eine erhebliche Bedeutung zu; es ist eine Quelle, die Aufmerksamkeit verdient.

In der Geschichte der Ideen und insbesondere der Ideen von der Stadt sind alle Ideen präsent, sowohl diejenigen, die sich mit dem Neuen befassen (das ist der Fall beim Theater als Experimentiermöglichkeit für das Modell einer idealen Stadt), als auch die Ideen, die das Vorhandene bewahren wollen, oder diejenigen, die nur auf den dekorativen Gebrauch urbaner Strukturen abzielen, um einen bestimmten szenischen Effekt zu erzeugen und nicht mehr. Die beiden Abbildungen, eine für die tragische Bühne (»... die Häuser dieser Szene gehören großen Persönlichkeiten«), die andere für die komische Bühne (»... ihre Häuser sind für private Personen bestimmt«) entstammen dem Zweiten Buch, das sich mit der Perspektive und dem Bühnenbild befaßt und in Paris 1545 in der Reihe der *Sieben Bücher über die Baulehre* von Sebastiano Serlio (1475-1554) erschienen ist. Mit diesem architektur-theoretischen Werk, das auch durch Wiedergaben bedeutender Entwürfe seiner Zeitgenossen wichtig ist, liefert Serlio ein reiches Musterbuch antiker und neuer Baukunst und Dekoration.

Die beiden Holzschnitte stellen – neben einer dritten ländlichen Szene für ein Satyrspiel – die üblichen Szenerien für das zeitgenössische Theater dar; die Stadt wird als Stätte des Selbstverständlichen gezeigt und somit, in ihrer Art, als ideale Stadt. Das zweite Bild stellt eine urbane Szene dar, die auf einer realen, vorwiegend mittelalterlichen Stadt beruht, die erste Abbildung dagegen ist durch die antike Gestaltung geprägt und könnte auf eine mögliche und konkrete ideale Wunschstadt hindeuten.

Jean Jacquot (Hrsg.), *Le lieu théatral à la Renaissance*, Paris 1964.

Der italienische Dichter Anton Francesco Doni (1513-1574) ist eine der komplexesten und zugleich unbekanntesten Figuren der italienischen Renaissance. Da er sich seiner politischen Ohnmacht nur allzu deutlich bewußt ist, verbirgt er hinter seiner nur scheinbaren Bizzarerie eine vernunftbestimmte, mit heiterer Entschlossenheit verteidigte Weltordnung. In seiner 1552-1553 in Venedig veröffentlichten Schrift *Mondo savio e pazzo* (Weise und verrückte Welt) erläutert er seine Idealstadt: eine kreisförmige Sternstadt, deren Mittelpunkt der Tempel aller Weisheiten bildet.

1548 hatte sich Doni in Venedig für die Veröffentlichung der italienischen Übersetzung von Thomas Mores *Utopia* eingesetzt: ein Beweis für die Verbreitung der Ideen im Europa des 16. Jh. und für die Aufmerksamkeit, mit der man jede mögliche politische und soziale Neuerung verfolgte. Das Ziel war die Errichtung einer neuen und harmonischen Gesellschaft, der jedoch die wirtschaftlichen Gegebenheiten und Gesetze des alten, von Kriegen geschüttelten Kontinents entgegenstanden. Die von Doni in seinem Traktat entworfene Welt ist ziemlich grob umrissen und propagiert einen radikalen Kommunismus nicht nur in wirtschaftlicher Hinsicht, sondern auch im sozialen und sexuellen Verhalten.
Die perfekten Staaten, von perfekten Menschen bevölkert, die in perfekten Städten leben (die idealen Städte jeder Utopie) sind die Auswirkungen des Erfolgs, den Thomas Mores *Utopia* im Europa des 16. und 17. Jh. erfahren hat. Die Stadt ist ein Emblem: »... sie führten uns in eine große Stadt, die in einer perfekten Sternform errichtet war... In der Mitte erhob sich ein Tempel, vier oder sechs mal so groß wie die Kuppel von Florenz...«, so beschreibt Doni seine Stadt und so stellt sie auch der Schöpfer unserer Abbildung dar. Neben der literarischen Beschreibung eines Symbols und der graphischen Umsetzung in die Form eines Emblems taucht noch ein anderer Bezug zur Geschichte der Ideen auf. Diese Geschichte dient dem Urheber der Darstellung als Quelle, aus ihr schöpft er seine ganze Beredsamkeit, um dem Leser das Wunderbare dieser phantastischen Utopie nahezubringen.

Carlo Curcio, *Utopisti e riformatori sociali del Cinquecento. A. F. Coni, U. Foglietta, F. Patrizi da Cherso, L. Agostini*, Bologna 1941.

In der zweiten Hälfte des 16. Jh. steckt die wohlhabende Genueser Kaufmannschaft ihr Geld nicht mehr allein in den Bau von Schiffen und die Finanzierung von Handelsreisen, wie es ihre Vorfahren immer getan hatten. Jetzt heißt das Gebot der Stunde, den erworbenen Reichtum zur Schau zu stellen. In diesen Jahren wird die Neue Straße gebaut, eine Renaissance-Straße im Herzen der mittelalterlichen Stadt.

Eindrucksvolle Paläste, urbane Wunder für das zeitgenössische Europa, jeder mit großartigen Höfen und üppigen hängenden Gärten versehen, säumen die Neue Straße und belegen ebenso wie die eigentlichen Wahrzeichen der Stadt deren kollektiven Reichtum. Die Neue Straße ist hier in einer Abbildung des 16. Jh. von Lorenzo Guidotti wiedergegeben. Genua stand zu Beginn des 17. Jh. mit seinen 60 000 Bewohnern an neunter Stelle unter den Städten Europas. Der Architekt Joseph Furttenbach veröffentlicht 1627 in Ulm in seinen *Newes Itinerarium Italiae* eine ausgezeichnete Beschreibung des neuen Genua, in dem er 1619 zu Gast war und schildert die Neue Straße wie folgt: »... die nobelste Straße, die man finden kann in der Stadt..., an beiden Seiten befinden sich unvergleichliche Paläste, errichtet aus weißem, gelbem, rotem und schwarzem Marmor und in solcher Menge, wie man sie an keinem anderen Ort in Europa finden kann. In dieser Straße werden häufig Reiterspiele veranstaltet von den Angehörigen des Adels der Stadt.« Für diesen Adel stellte die Neue Straße offensichtlich eine eigene Idealstadt dar, in der man bei den Festen »... türkische, afrikanische, spanische, arabische und andere wunderbare Gewänder sah, und besonders die Reiter waren aufs herrlichste gekleidet, mit hohen Schuhen und mächtigen Federbüschen.«

Peter Paul Rubens, *Palazzi di Genova*, Antwerpen 1622; Ennio Poleggi, *Strada Nuova, una lottizzazione del Cinquecenti a Genova*, Genua 1968.

Pietro Cataneo veröffentlicht 1554 in Venedig *Die vier ersten Bücher über die Architektur*, die 1567 unter dem Titel *Die Architektur* erweitert werden und aus denen die hier abgebildeten Illustrationen stammen. Es sind keine Idealstädte nach humanistischen Vorstellungen, sondern ballistische Städte mit Festungsmauern, um den Angriffen der Artillerie zu trotzen.

Die mächtigen Erdwälle, die geneigten Mauern mit ihrer Eigenschaft, den Aufprall der Eisenkugeln zu mildern, das System der Bollwerke, durch das tote Winkel vermieden werden und die Verteidiger ihre Kanonenrohre in alle Richtungen positionieren können, das sind die grammatikalischen und syntaktischen Regeln für die Errichtung einer neuen Stadt, die ideal nur vom Standpunkt der Verteidigung aus ist. Die Perfektion der elementaren Geometrie dient kriegerischen Zwecken: Die ballistische Klarheit ist der Zweck aller Dinge. Gleichzeitig duckt sich die Stadt vollständig hinter die neuen Mauern, kein Hindernis darf der Flugbahn der Kugeln im Weg stehen, kein Baum darf dem Feind Schutz bieten. Die Verteilung der leeren und bebauten Flächen innerhalb der Stadt erinnert an die Bestrebungen der humanistischen Idealstadt, hier aber hat sie nur funktionellen Charakter.

Die Stadt war vor allem eine Festung. Man denke an das Entzücken, das man verspürt, wenn man Palmanova aus der Luft betrachtet, und an die Enttäuschung, wenn man die Stadt zu Fuß durchwandert.

Vom semantischen Gesichtspunkt aus können diese Bilder falsch gedeutet werden. Viele Autoren betrachteten die geometrische Perfektion dieser Festungsstädte als Ausdruck ästhetischer Zielsetzung, was sie veranlaßte, solche urbanen militärischen Projekte in die Reihe der Idealstädte des Humanismus oder der Renaissance mit aufzunehmen.

Pietro Cataneo, Giacomo Barozzi da Vignola, *Trattati*, Mailand 1985.

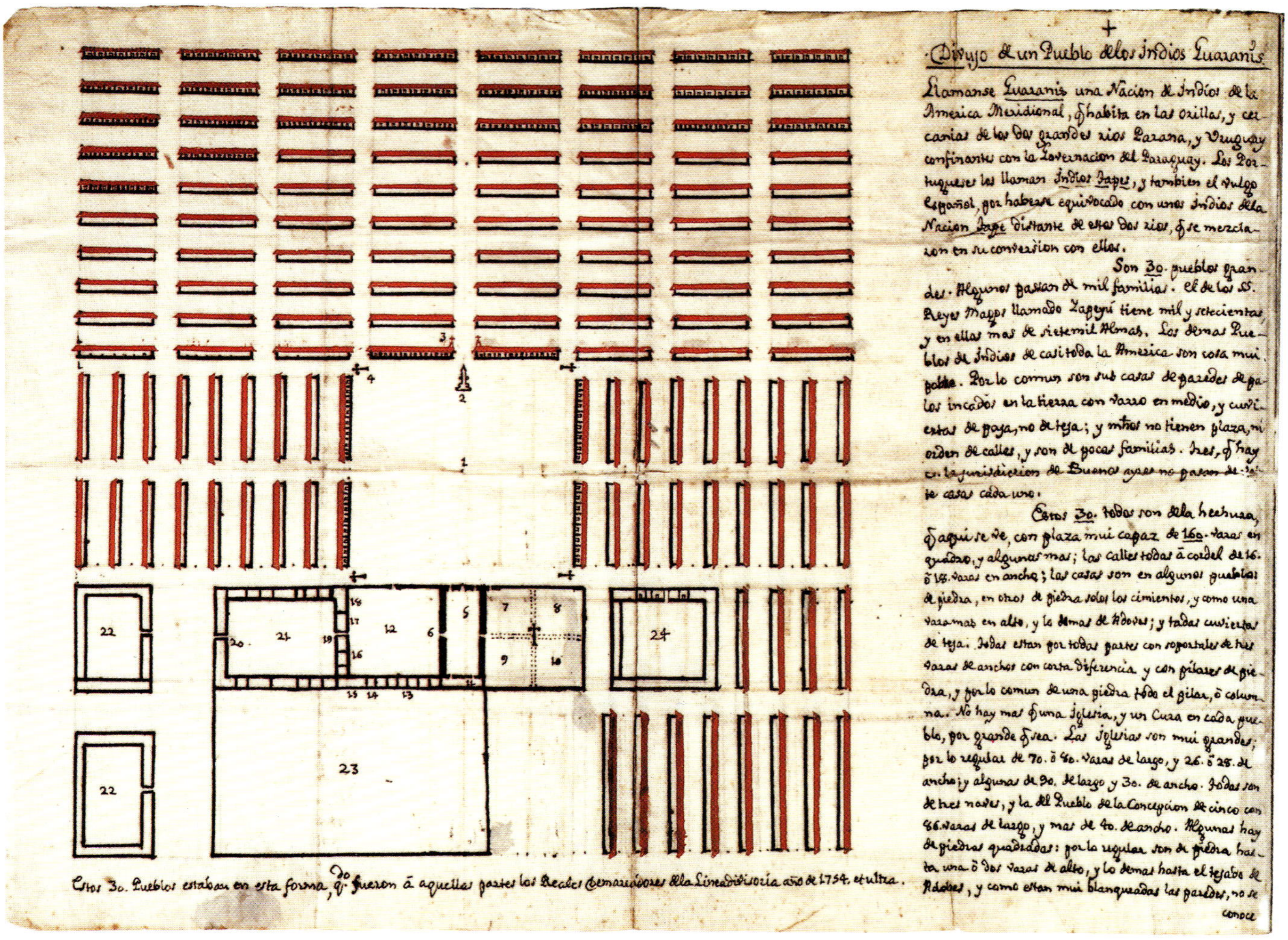

Vom 16. Jh. bis Ende des 18. versuchten die Jesuiten, China und Japan zu evangelisieren. In Südamerika dagegen experimentierten sie mit den sogenannten Indianer-Reduktionen, kleinen Idealstädten, die aus dem religiösen, europäischen Gedankengut entstanden, aber für die amerikanischen Ureinwohner konzipiert waren. Das Netz dieser Städte sollte einen Idealstaat, den Jesuitenstaat eines glücklichen Christentums bilden, im Rahmen eines der kühnsten Abenteuer, die je von der europäischen Kultur ausgegangen waren.

In diesen Reduktionen wollten die Jesuitenpatres die Indios *reducere ad Ecclesiam et vitam civilem*, zur Kirche und zu einem zivilen Leben erziehen. Die Abbildung zeigt den Grundriß einer solchen Reduktion. Durch Unterlagen und archäologische Funde können wir uns eine Vorstellung davon machen, wie diese Idealstädte aussahen. Es waren dorfähnliche Gemeinwesen mit regelmäßigen Häuserreihen für die Indios (die das umgebende Land bebauten) und einer Kirche, nach der die Häuser ausgerichtet waren und die in jeder Beziehung über der Gemeinschaft thronte. In den Gebieten der heutigen Staaten Paraguay, Brasilien und Argentinien entstanden circa 30 ideale Städte mit rund 150 000 Bewohnern, in denen das konkrete Missionierungskonzept der Jesuiten durchgeführt wurde. Rocco Gonzáles beschreibt 1613 sein Bauprojekt und sein Vorhaben, den weitläufigen Stamm der Indios in kleinere Kernfamilien zusammenzufassen, wie folgt: »... um den Gelegenheiten zur Sünde ein Ende zu bereiten, entschloß ich mich, es [das Dorf] in der Art der spanischen Dörfer zu bauen; jeder sollte ein Haus mit genau festgelegten Grenzen haben, damit der leichte Zugang von einem Haus zum anderen verhindert wird.« Das Stadtmodell war so genau, daß Chronisten, die jene Städte besuchten, über sie schrieben: »... sie glichen einander so sehr, daß man nur eine von ihnen gesehen haben mußte, um sie alle zu kennen.« Als 1767 Karl III. die Jesuiten per Dekret aus den spanischen Kolonien in Südamerika vertrieb, fünf Jahre vor der Aufhebung durch die römische Kurie, war der Kontrast zwischen den amerikanischen und den spanischen und portugiesischen Jesuiten – die in unmittelbarer Konkurrenz an den gleichen Orten die Indios als Sklaven bei der Landwirtschaft und Viehzucht einsetzten – unüberbrückbar geworden. Alle Reduktionen wurden zerstört.

Ludovico Antonio Muratori, *Il cristianesimo felice nelle missioni dei padri della Compagnia di Gesù nel Paraguai*, Venedig 1743; Guillermo Furlong, *Misiones y sus pueblos de Guaranies 1610-1813*, Buenos Aires 1962; Paul Frigs, Josef Übelmesser (Hrsg.), *Paracuaria. Die Kunstschätze des Jesuitenstaats in Paraguay*, Mainz 1982; Sandra Orienti, Alberto Terruzzi, *Città di fondazione. Le reducciones gesuitiche del Paraguay tra il XVII e il XVIII secolo*, Mailand 1982; Jean Lacouture, *Jésuites. Les conquérants*, Bd. 1, Paris 1991.

Im gesamten europäischen Christentum des Mittelalters war der Turm zu Babel Symbol und Metapher für die Auflehnung der irdischen gegen die himmlische Stadt, für die Vergeblichkeit menschlichen Mühens, wenn religiöse, ethische und moralische Wurzeln fehlen. Der babylonische Turm ist das konkrete, von der Kultur jener Zeit geschaffene Modell einer gottfeindlichen Stadt, die abzulehnen ist. Zahlreiche Darstellungen befaßten sich mit diesem Thema, hier ist das berühmte Bild Peter Bruegels d. Ä. aus dem Jahr 1563 zu sehen.

Über Babylon schrieb Augustinus wie folgt: »Und der Herr zerstreute sie über alle Länder, und sie hörten auf, die Stadt und den Turm zu bauen. Der Herr verwirrte die Sprachen der Erde, so daß ein großes Durcheinander herrschte… Weshalb diese Strafe? Wohl deshalb, weil die Macht dessen, der herrscht, in der Sprache liegt, hier wurde der Stolz bestraft, damit derjenige, der sich geweigert hatte, das Gebot Gottes zu hören, nicht verstanden würde, wenn er den Menschen befiehlt.«

Die Stadt Babylon ist somit ein negatives Symbol für den Hochmut und den Stolz des Menschen und seiner Technik. Archäologische Ausgrabungen haben die Existenz von 35 babylonischen Türmen im alten Sennaàr oder Mesopotamien bewiesen, auch wenn der einzige, der symbolisch bis zum Himmel reichen sollte, der biblische Turm zu Babel war.

In der europäischen Geschichte der Ideen ist dieser Turm der synthetische Ausdruck für die abzulehnende Stadt, das Gegenteil und negative Spiegelbild der idealen Stadt.

Diese Überzeugung, die den Hochmut und den Stolz verurteilte, mit dem die Menschen ihre Kenntnisse einsetzten, hielt sich in Europa bis zur Aufklärung, die sie zum ersten Mal in Frage stellte. In den Verfassungen der italienischen Freimaurerei von 1723 steht über den Turmbau zu Babel: »Sie führten die Arbeiten bis zu einer beträchtlichen Höhe durch, und ihre Eitelkeit veranlaßte Gott zur Verwirrung der Pläne und der Sprachen und führte zu ihrer Zerstreuung in alle Welt. Ihre Meisterschaft sollte jedoch in der Freimaurerei gewürdigt werden.«

Franz J. Delitzsch, *Babel und Bibel*, Leipzig 1903; André Parrot, *Ziggurats et Tour de Babel*, Paris 1949; Petra Eisele, *Babylon*, Bern/München 1980.

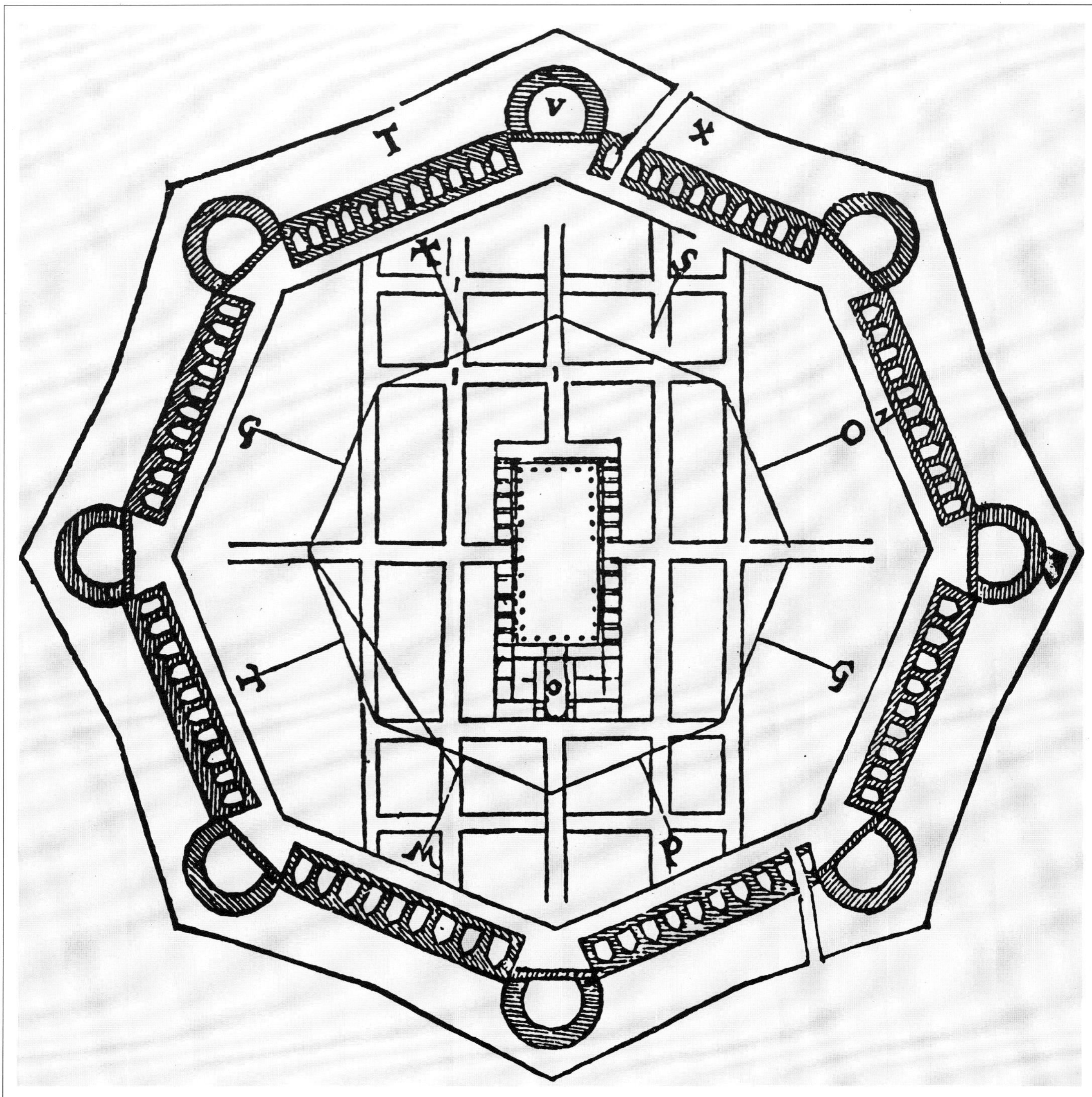

Der Venezianer Daniele Barbaro (1513-1570) gehört in der Renaissance zu den maßgeblichen Kennern und Kommentatoren Vitruvs. Seine auf der Klassik beruhende umfassende Bildung zeichnet ihn als herausragende Persönlichkeit des Humanismus aus. Grundlage für seine Schriften waren nicht Mythen und Legenden, sondern das Studium der Geschichte, und auf dieser Rationalität ist sein Ruf und sein Ansehen begründet.

Seine Schrift *Die zehn Bücher des M. Vitruvio über die Architektur*, in den Jahren 1556-1557 in Venedig veröffentlicht und mit Illustrationen von Andrea Palladio versehen, ist ein einziger Kommentar zu Vitruv, gewissermaßen eine Summe des technisch-wissenschaftlichen Wissens. Barbaros Text beruht auf gewissenhaften Studien und einem lebhaften Meinungsaustausch mit den Architekten seiner Zeit. In unserer Abbildung ist die achteckige Stadt von Mauern umgeben, aber in anderen Entwürfen durch Bollwerke befestigt: die notwendige Antwort auf die militärischen Ereignisse der Zeit. Allen Modellen eigen ist die Zweckmäßigkeit des Entwurfs und die archäologische Genauigkeit. Ein Dokument für die in der Klassik wurzelnde Präzision ist auch der von Daniele Barbaro angelegte Botanische Garten in Padua, der erste in Europa überhaupt (1545). Diese auf die Zukunft gerichtete Vergangenheitsbetrachtung steht in starkem Wettstreit zu der anderen Hauptströmung des 16. Jh., dem Manierismus mit seiner Suche nach Formen und Vergleichen und nach ständiger Erneuerung. Der akademische, vitruvianische Klassizismus wurzelt in der Geschichte, seine kulturelle Mitteilung ist konsequent. Daniele Barbaro ist kein Architekt, aber gerade deshalb hat er zur Architektur eine freie, von allen praktischen Interessen losgelöste Beziehung.

Versch. Verf., *2000 anni di Vitruvio*, in »Studi e documenti di architettura«, 8, 1978; Manfredo Tafuri, *Venezia e il Rinascimento. Religione, scienza, architettura*, Turin 1985.

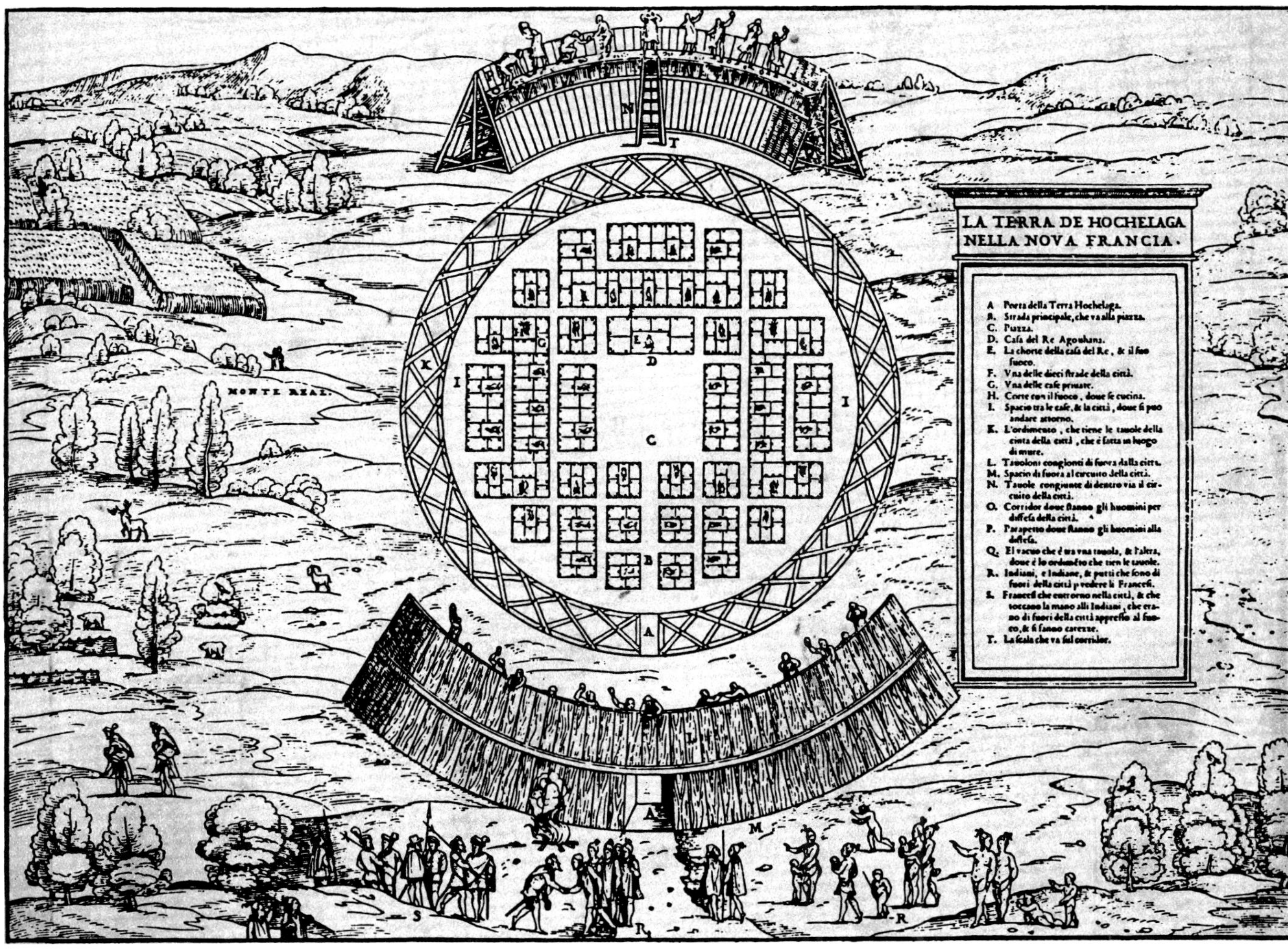

Die Stadt Hochelaga ist ein typisches Beispiel für die Einstellung Europas gegenüber der Neuen Welt. Staunend und gierig nahm man all die Wunder auf, die ein Kontinent, der als primitiv galt (was seine gewaltsame Kolonialisierung rechtfertigte), zu bieten hatte. Der Reiz des Exotischen, der auch von Tenochtitlán ausging, regte die Phantasie vieler europäischer Denker und Wissenschaftler an, die in der aztekischen Hauptstadt ein Modell für die neue europäische Stadt erblickten.

1556 wird in Venedig der dritte Band des gelungenen Werkes von Giovanni Battista Ramusio veröffentlicht: *Delle Navigationi et Viaggi.* Dieser Band enthält die Übersetzung eines von Jacques Cartier verfaßten und 1545 in Paris erschienenen Reiseberichts, *Brief récit et succincte narration de la navigation faite ès îles de Canada, Hochelage et Saguenay*... In der französischen Ausgabe wird die Stadt Hochelaga, das heutige Montreal, kurz beschrieben; im Band des Ramusio wird die Stadt in einem genauen Stich dargestellt, der hier wiedergegeben ist. Es ist in diesem Band die einzige Darstellung, die keine künstliche Vogelfluganesicht ist, sondern ein echter urbaner Grundriß in einer andeutungsweise geschilderten Landschaft.
Daß dieser Grundriß, der allgemein den kanadischen Indianern zugeschrieben wurde, im 16. Jh. in Italien und vor allem in Venedig als Argument in der polemischen Diskussion um eine Idealstadt benützt wurde, ist auf die Studien von André Corboz zurückzuführen. Corboz beweist, daß der Grundriß ein deutlicher Spiegel aller humanistischen Bestrebungen in Sachen Stadt ist, da die Errichtung der neuen Stadt den Festungsbaumeistern und ihrer Technik anvertraut wurde. Der Plan der Stadt Hochelaga scheint, so schreibt Corboz, einer Interpretation der Texte Vitruvs zu entstammen, und man muß daran erinnern, daß der Grundriß des römischen Lagers, analog zur kanadischen Verfälschung, von Serlio für sein VIII. Buch 1537 in Venedig gezeichnet wurde. Die venezianischen Humanisten mußten somit davon Kenntnis haben.

André Corboz, *Una città sognata (Daniele Barbaro, Andrea Palladio e la pianta di Hochelaga, oggi Montreal)* in: Lionello Puppi (Hrsg.), *Palladio e Venezia*, Florenz 1982.

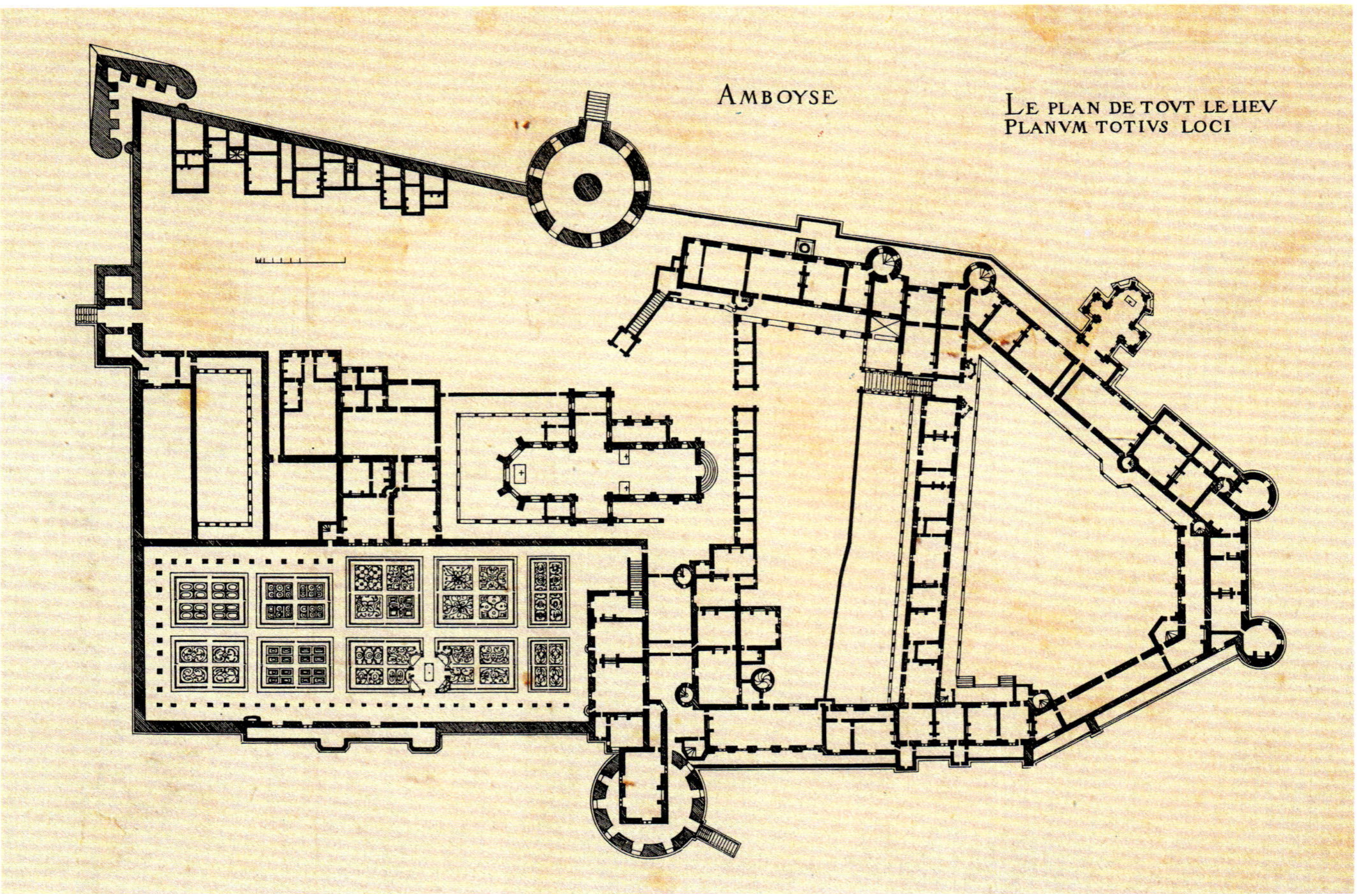

Das Schloß als derjenige Ort, an dem die politischen Entscheidungen über das umliegende Land der Bauern und Viehzüchter getroffen werden, erscheint typologisch wie das Spiegelbild der stadtähnlichen, mittelalterlichen Klosteranlage; und zusammen mit dieser bildet es einen Gegenpol zur Stadt, stellt sich als deren Alternative vor, als die mögliche Weiterentwicklung. Es hätte eigentlich der großen Städte nicht bedurft, denn das Land hätte vom Netz der vielen Klöster und Schlösser aus ebensogut verwaltet werden können.

In den Jahren 1576 bis 1579 veröffentlicht Jacques Androuet du Cerceau sein zweibändiges Werk *Les plus excellents bastiments de France*, aus dem der Stich mit dem Grundriß des Klosters von Amboise stammt. Diese Darstellung belegt deutlich die Funktion des Schlosses als kleine Stadt. Das System der Befestigungsmauern und der Wehrtürme, durch ein modernes Bollwerk ergänzt, kündet vom Vorhandensein einer besonderen Macht, die sich gegen alle Angriffe von außen wehren muß, um zu überleben. Es war keine Stadt, die allen offen stand, auch wenn bei Festen und anderen Veranstaltungen das niedere Volk der Bauern Zugang zur Stadt hatte und sie somit auch kennenlernen konnte. In dieser Stadt war alles vorhanden, was seine Bewohner zum Leben brauchten: die Residenz des Fürsten, sein Garten, die große Kirche, die Lager, Werkstätten für die Verarbeitung der landwirtschaftlichen Produkte, die Wohnungen der Amtspersonen, Krieger und Sklaven.
Als das Buch des Jacques Androuet du Cerceau veröffentlicht wurde, existierten in Italien und Europa seit mehr als einem Jahrhundert die Herrscherresidenzen und Fürstenhöfe (in seiner *Iconologia* definiert Cesare Ripa sie 1603 wie folgt: »... eine Versammlung von ehrenwerten Männern, im Dienst der bekannten, fürstlichen Persönlichkeit«). In der Zeit des neuen Lehnswesens folgt die Signoria, die Herrschaft einzelner Geschlechter, auf die Regierungsform der freien Kommunen. Auch wenn in diesen Kreisen die Idee von der idealen Stadt genährt wird und durch die Köpfe geistert, so sind diese urbanen Enklaven herrschaftlichen Lebens doch kein Beispiel für denkbare Städte, sondern vielmehr Orte, an denen das Schmarotzertum einer ganzen Klasse über die reale Stadt herrscht (die jedoch immer die Erinnerung an die verlorene Freiheit bewahrt).

Jacques Le Goff, *Das Hochmittelalter*, Frankfurt a. M. 1965; Sergio Bertelli, Franco Cardini, Elvira Garbero Zorzi, *Le corti italiane del Rinascimento*, Mailand 1985.

Die aus der Renaissance stammende Abbildung des Schlosses von Amboise auf der gegenüberliegenden Tafel stellt eine kleine Stadt dar, eine mittelalterliche Burg, eine Typologie, die ganz offensichtlich die Vorstellung von der Beherrschbarkeit der Welt impliziert. Auch die Abtei gehört in den Bereich der Typologien, von denen aus man Land und Leute regieren kann. Unser Bild zeigt das Zisterzienserkloster von Chiaravalle.

Schlösser und Klöster bildeten mit der Auflösung der Zentralgewalt ein System wichtiger, im Land verteilter Pole. Das Schloß ist vor allem ein befestigter Ort, aber auch eine kleine Stadt, in der Handwerker und Bauern ansässig sein können. Das Kloster erfüllt den gleichen Zweck, jedoch mit einem religiösen Anspruch, der auf die Vervollkommnung des irdischen Lebens abzielt. Wenn das Schloß der Mittelpunkt einer Wirtschaft im kleinen ist, so legt das Kloster ein dichtes Netz von Produktions- und Handelstätigkeiten (außer den religiösen) über den ganzen Kontinent, angefangen bei Cluny im 10. und 11. Jh. bis zu Cîteaux im 12. und 13. Jh. Die religiösen Orden stellten neben den Lebensmodellen auch eine kosmopolitische Produktions- und Handelsstruktur vor und schafften damit etwas, was wir heute mit der Bezeichnung »Multi« versehen, nämlich Unternehmen, die Investitionen für mehrere Generationen und Jahrhunderte tätigen. In der europäischen Szenerie zu Beginn des frühen Mittelalters waren Schloß und Kloster die einzigen aktiven Pole in einem Land; diese kleinen Städte stellten ein neues urbanes System dar, eine Alternative zu den urbanen Zivilisationen der Klassik. Mit Beginn der Handelsrevolution um die Jahrtausendwende entstanden neue Modelle. Die Erinnerung an die ehemaligen Möglichkeiten wird auch durch Bilder wie das obige genährt, in dem der strukturelle Reiz dieser Anlagen deutlich wird.

Jacques Le Goff, *La civilisation de l'Occident médiéval*, Paris 1964.

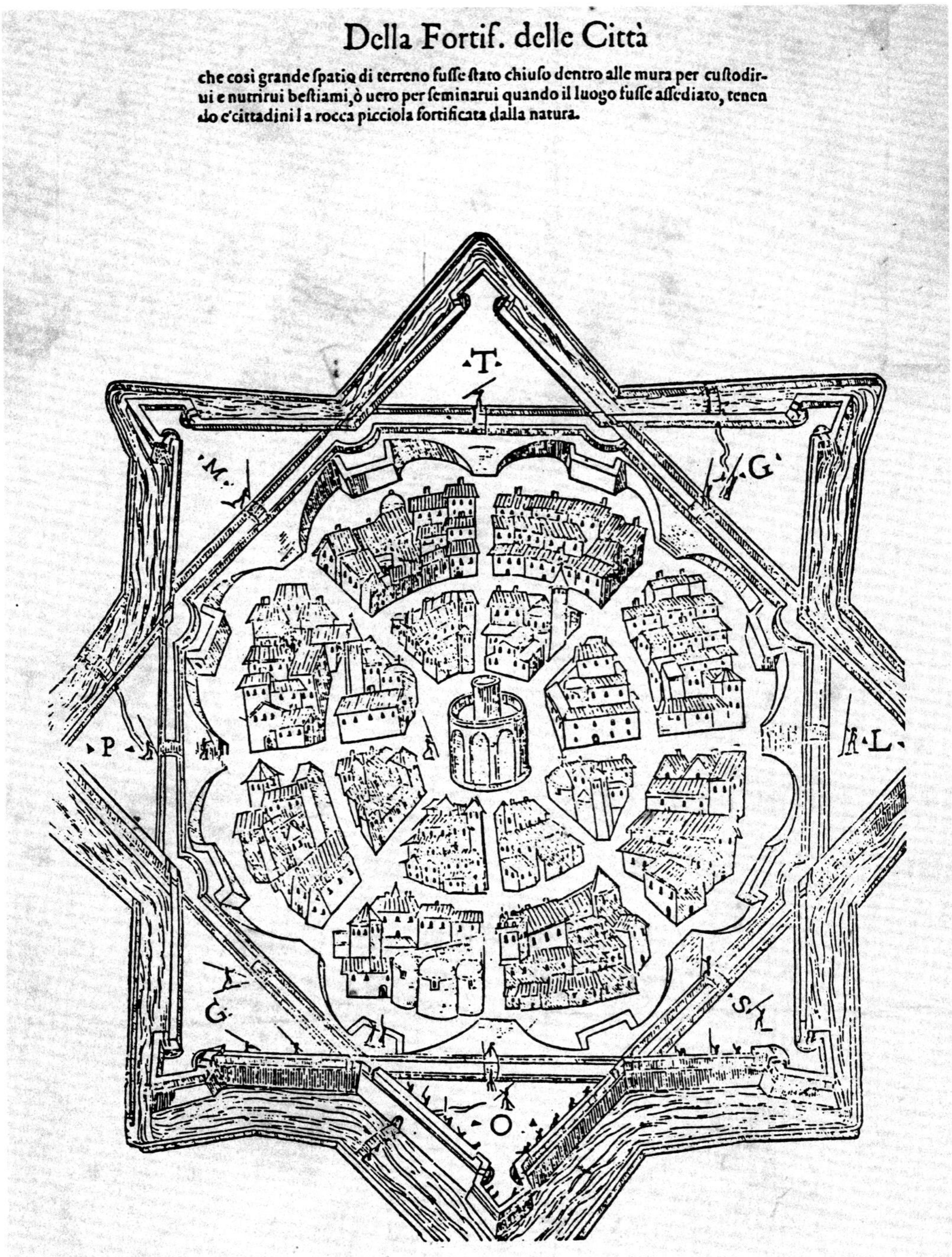

Della Fortif. delle Città

che cosi grande ſpatio di terreno fuſſe ſtato chiuſo dentro alle mura per cuſtodir-
ui e nutrirui beſtiami, ò uero per ſeminarui quando il luogo fuſſe aſſediato, tenen
do c'cittadini la rocca picciola fortificata dalla natura.

1564 wird in Venedig die Schrift *Über die Befestigung der Stadt*... veröffentlicht, das gemeinsame Werk des Kapitäns und Festungsingenieurs Giacomo Castriotto (1510-1563) und des Baumeisters und Militärtheoretikers Girolamo Maggi (1523-1572), der das Buch ein Jahr nach dem Tod des Kapitäns herausbringt. Zwischen den großen, alten architekturtheoretischen Schriften der zweiten Hälfte des 15. Jh. und den Werken des Andrea Palladio (1570) siedelt man diese dem Befestigungsbau gewidmeten Traktate an.

Nach den ersten beiden Traktaten aus dem 15. Jh. von Leon Battista Alberti und Antonio Averlino, genannt Filarete, schreibt Francesco di Giorgio Martini das dritte und ergänzt seine eigenen architektonischen Studien mit Abhandlungen über die Befestigungsarchitektur. Bereits vor Erscheinen der *Vier Bücher über die Baukunst* des Palladio hatte sich von Italien aus eine wahre Flut von Schriften über das Befestigungswesen in ganz Europa verbreitet. Sie alle verfolgten dasselbe Ziel, nämlich ein vollkommenes System von Verteidigungsmauern zu schaffen. Die perfekten, geometrischen Formen hatten keinen Bezug mehr zum Problem der realen Stadt, denn sie waren nur ideale urbane Befestigungen. In einigen Arbeiten jedoch, wie im Buch von Maggi und Castriotto, bleibt neben den geometrischen Neuerungen (hier das wunderschöne alte Bild zweier im rechten Winkel übereinandergesetzter Quadrate) doch auch eine Spur der leidenschaftlichen Suche zurück, mit der man ein Jahrhundert zuvor das urbane Ideal zu finden gehofft hatte.

Diese kleine, imaginäre und liebevoll beschriebene Stadt innerhalb der perfekten Mauern drückt vielleicht die Erinnerung an die ideale/reale Stadt aus. Ihre Kreisform, der ebenfalls kreisrunde Platz mit dem Rundtempel im Mittelpunkt der Stadt, die exakt radial verlaufenden Straßen deuten wohl eine urbane Perfektion an, während die wie zufällig errichteten Gebäude in den Kreissegmenten darauf hinweisen, daß man jene Vollkommenheit auch in der Realität antreffen kann.

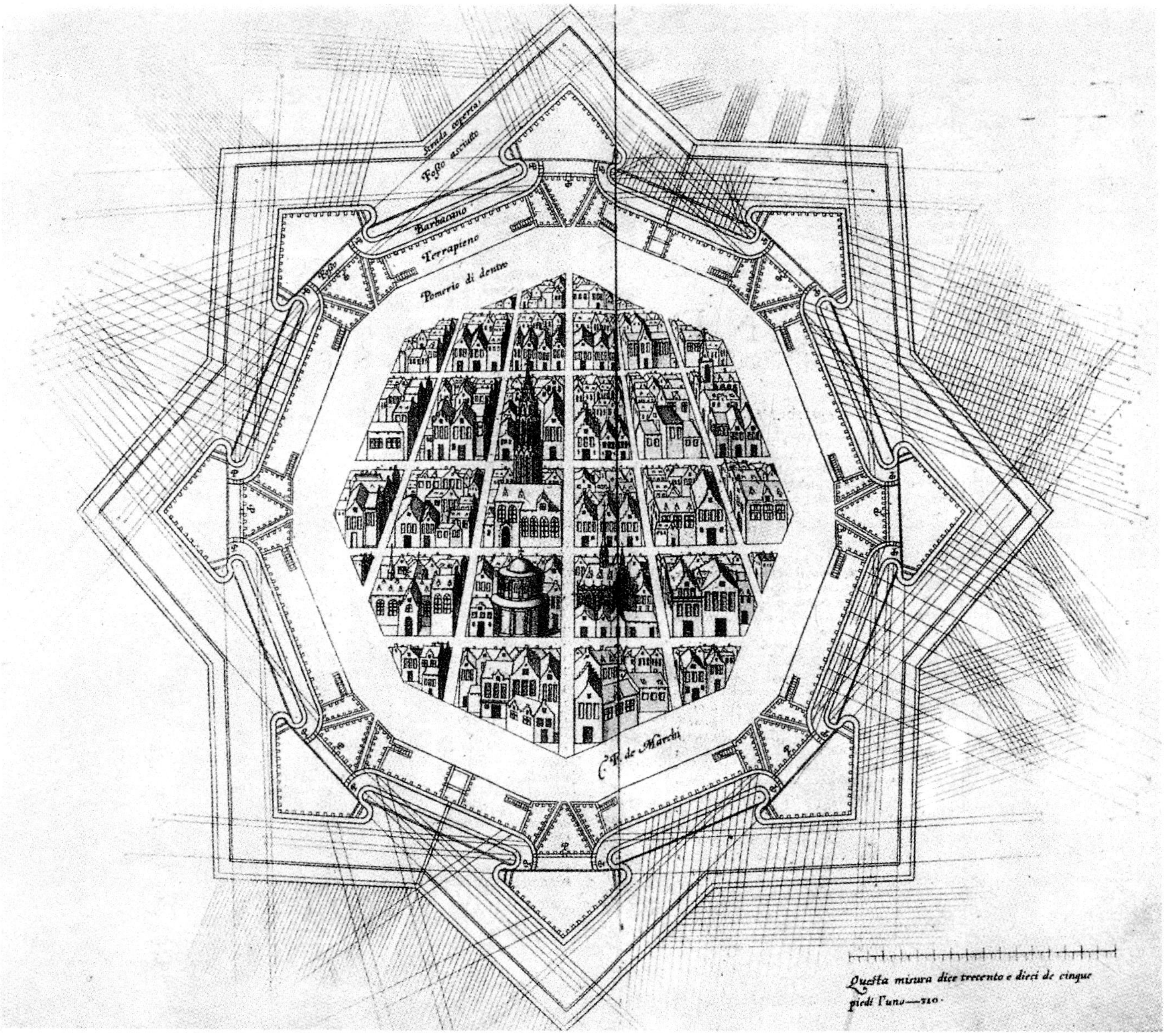

Der Festungsingenieur Francesco de Marchi (1504-1576), der in Italien und den Niederlanden lebte, arbeitete über zwanzig Jahre an seinem Traktat *Drei Bände Festungsarchitektur*, das in Brescia erst 1599, mehr als zwei Jahrzehnte nach seinem Tod, veröffentlicht wurde. Diese herausragende Persönlichkeit der Renaissance erkennt die zweifache Notwendigkeit von »befestigten Städten« und »Städten oder Orten, an denen man frei leben kann«.

»... und es ist nicht angebracht, aus allen Städten Festungen zu machen, noch die Städte selbst alle zu befestigen«, schreibt er in seinem Traktat. Die außergewöhnliche Abbildung will, wie viele andere in seiner Schrift, eine perspektivisch minutiös beschriebene, urbane Realität darstellen, im Gegensatz zu den rein geometrischen Zeichnungen der Befestigungen.

Was hier so deutlich sichtbar wird, das ist die Gegenüberstellung zwischen den Bollwerken einer Festung und der Realität einer Stadt mit ihrer Geschichte, ihrem täglichen wirtschaftlichen und sozialen Leben.

Als die Kriege noch nicht mit Feuerwaffen geführt wurden, galten die Mauern einer Stadt auch als Zierelement; in Zeiten des Friedens war die Beziehung zwischen Stadt und Umland durch die Mauern nicht behindert. Mit Einführung der Feuerwaffen werden die Stadtmauern jedoch zu einem gigantischen, surrealen Komplex. Das enorme Bauwerk flößt dem Ankommenden nicht nur Furcht ein, sondern es setzt auch voraus, daß das um die Mauern liegende Gebiet leer und brach liegt. Menschliche Niederlassungen, Bäume und Sträucher auch von geringer Höhe könnten dem Feind vor den Verteidigern der Stadt Schutz bieten, sodaß er gefahrlos die Stadt angreifen kann. Deshalb muß das Land um die Mauern kahl sein. Seit Mitte des 16. Jh. sieht so das allgemeine Bild der Städte und ihres Umlands aus.

Die Aufmerksamkeit verlagert sich somit vom urbanen auf den defensiven Aspekt. In Frankreich erfindet im 18. Jh. der große Wissenschaftler Gaspard Monge, der zusammen mit Cannot die revolutionäre Ecole Polytechnique gründet, die beschreibende Geometrie, die zum Staatsgeheimnis erklärt wird und ein außerordentlich nützliches Instrument bei der Planung von Festungsbauten ist.

Luigi Marini (Hrsg.), *Architettura militare di Francesco de Marchi*, 6 Bde., Rom 1810; Cesare De Seta, Jacques Le Goff (Hrsg.), *La città e le mura*, Bari 1989.

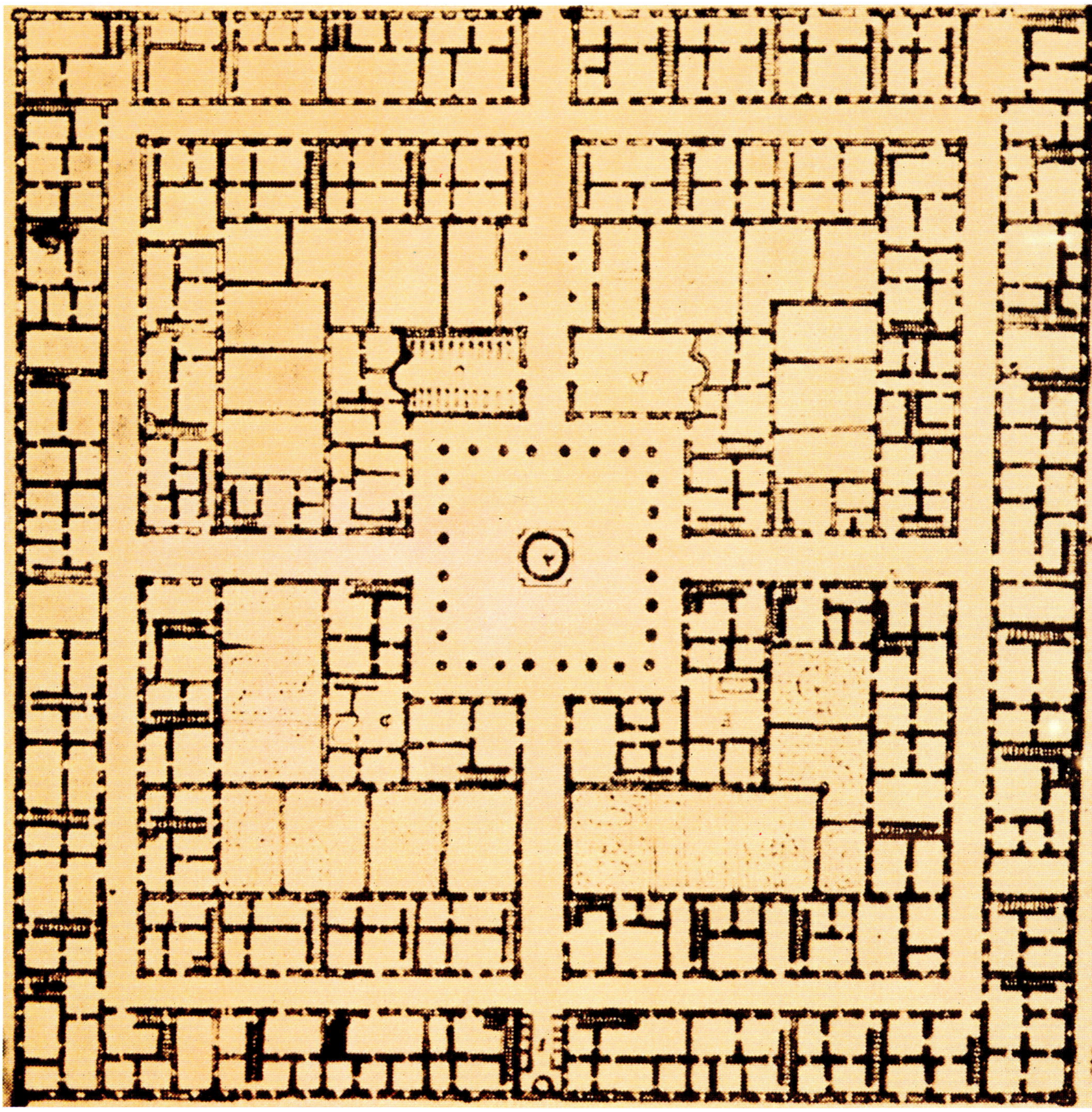

Die meisten technischen und künstlerischen Vorstellungen im allgemeinen und diejenigen von der Idealstadt im besonderen gehen davon aus, daß eine vollkommene Bautypologie die Grundlage für die Bildung einer jeden Stadt sei. So ist also jede bauliche Typologie, ob phantastisch oder realistisch, organischer Bestandteil jeder Reflexion über die ideale Stadt.

Die von Bartolomeo Ammannati (1511-1592) geschaffene Zeichnung aus dem Jahr 1584 stellt den Entwurf eines komplexen Bauwerks für geistliche Herren dar und ist in einem seiner Manuskripte enthalten, das wahrscheinlich als Traktat veröffentlicht werden sollte. Mehr als die manieristische Architektur interessiert hier das Konzept der Bautypologie, die als einheitliches, architektonisches Element gedacht ist, das autark und somit fähig ist, aus sich heraus in vielfältigen Einzelteilen die moderne Stadt zu gestalten.

Der gigantische Baublock, der allein durch seine Existenz jede zukünftige urbane Entwicklung garantieren könnte, wird als einer der Organismen einer kleinen Stadt entworfen und zeichnerisch durch höchste funktionelle Effizienz ausgezeichnet.

Gerade aus so konkreten, realistischen und möglichen Typologien entsteht die Vorstellung über eine ebenso mögliche Idealstadt. Unter diesem Gesichtspunkt kann man eine gewisse Analogie zum Gedanken des Andrea Palladio erkennen, den er in seinen 1570 in Venedig veröffentlichten *Vier Büchern über die Baukunst* zum Ausdruck gebracht hat. Auch bei Palladio sind besondere Bautypologien vorhanden, einige davon wurden für die Stadt Vicenza entworfen.

Die Wiedergabe dieser Typologien in einem zeitgenössischen urbanen Grundriß bedeutet, daß der Gedanke des Palladio über eine Reform der Stadt, seine Vorstellungen von einer konkreten Idealstadt, bekannt waren und aufgegriffen wurden. Denn es wäre wohl absurd anzunehmen, daß ein Architekt einzelne Projekte ausarbeitet, ohne dabei das daraus entstehende Gesamtergebnis im Auge zu haben.

Bartolomeo Ammannati, *La città, appunti per un trattato,* hrsg. von Mazzino Fossi, Rom 1970.

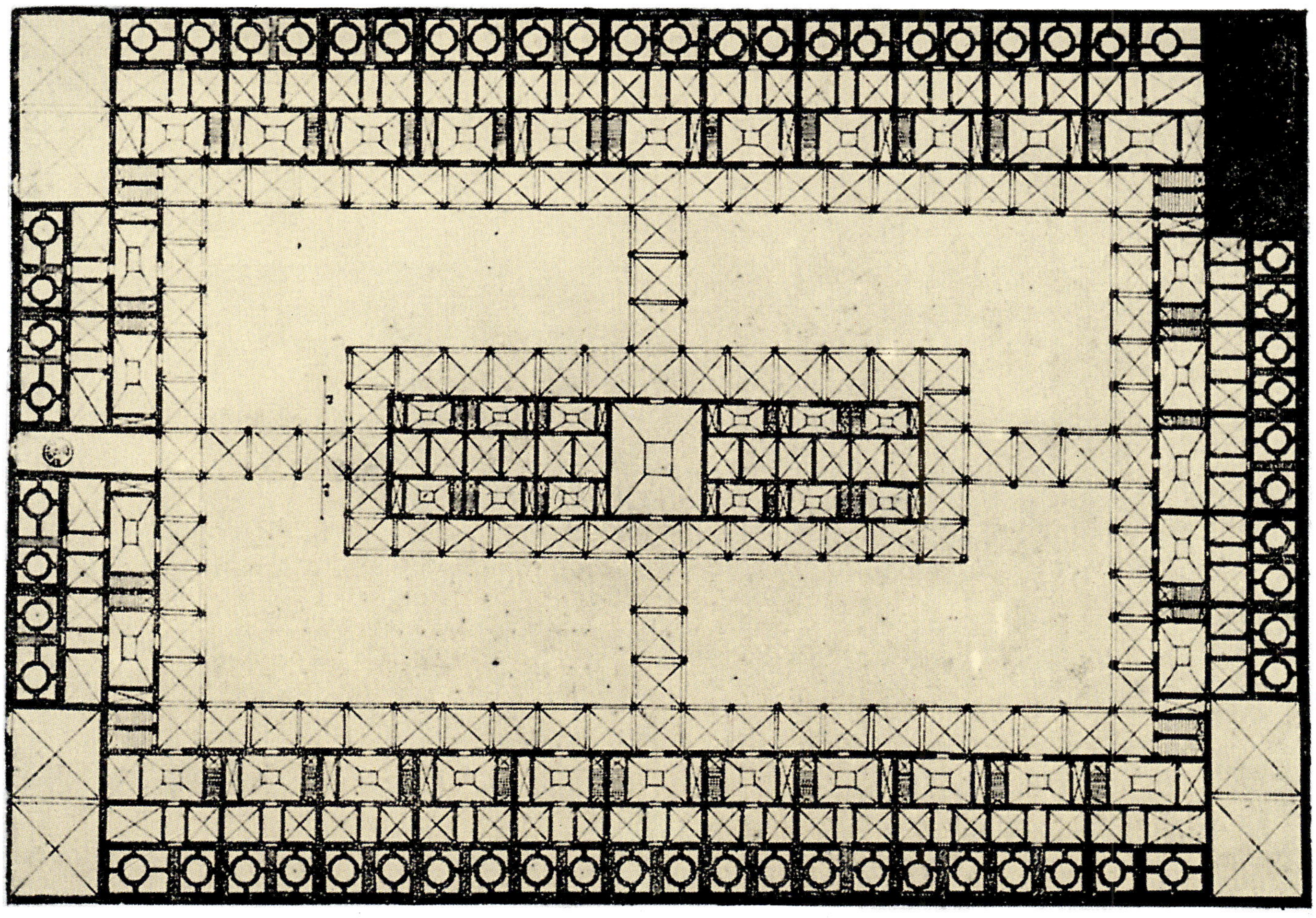

Giorgio Vasari der Jüngere (1562-1625) verwendet einen Begriff des Humanismus, um die Gesamtheit seiner manieristischen Zeichnungen unter dem Titel *Die Idealstadt des Cavaliere Giorgio Vasari, erfunden und gezeichnet im Jahre 1598* zusammenzufassen. Hierbei handelt es sich nicht um den Entwurf einer Idealstadt und auch nicht um Material, mit dem man eine solche planen könnte. Es ist vielmehr ein äußerst interessantes Verzeichnis realer oder möglicher Typologien.

Diese Typologien für öffentliche und private Gebäude »...können dazu beitragen, eine schöne und nach allen Seiten wohlgeordnete Stadt zu bauen«. Die Widmung für Ferdinand I. von Medici verrät die eher praktische als theoretische Zielsetzung dieser Arbeit. Das Buch besteht aus Zeichnungen mit knappen Angaben, der Widmung und einem kurzen Vorwort (in dem die Verwendung von Material des Filarete, des Francesco di Gigio Martini und des Pietro Cataneo erläutert wird). Während das von Vasari erarbeitete urbane Schema statisch und stark vereinfacht ist (ein ummauertes Achteck mit einem rechtwinkligen Netz von Straßen in seinem Inneren, die sich auf verschiedenartigen Plätzen kreuzen), stellt sich seine Konzeption von der Stadt viel differenzierter dar. Vasaris Stadt besteht aus komplexen, organischen Teilen. Aus dieser Überzeugung rührt seine Aufmerksamkeit für die Studien der Typologien her. Die Idealstadt ist für ihn die synergetische Summe aller Gelegenheiten, die ihre Typologien anbieten und empfehlen.

In der abgebildeten Zeichnung wird eine kollektive Wohnstätte entworfen: zweiundvierzig Wohnungen im Erdgeschoß für die geistlichen Herren und ebensoviele im ersten Stock für die Kapläne. Im Zentrum des großen Hofs, der über einen Laubengang erreichbar ist, befindet sich das Gebäude für die Versammlungen der Gemeinschaft. Die dichte äußere, zum Zentrum führende Bebauung deutet darauf hin, daß zu der das Projekt umgebenden Stadt keinerlei Beziehung besteht, denn die Mauern weisen keine nach außen sich öffnenden Tore auf.

Giorgio Vasari, *La città ideale*, hrsg. von Virginia Stefanelli, Rom 1970.

Dem Architekten Vincenzo Scamozzi (1552-1616) verdanken wir die Erfindung der perspektivischen urbanen Szenen (1584), die Teil seines nach einem Projekt von Andrea Palladio 1579 errichteten, festen Bühnenbilds im Teatro Olimpico von Vicenza waren. Seit der Renaissance ist das Bühnenbild eine Art Labor, in dem mit Ideen und Entwürfen zur Idealstadt experimentiert werden kann. Die Phantasie des Zuschauers bekommt vorgeführt, was in nächster Zukunft Realität werden wird.

Hier ist die urbane Szene auf zweifache Weise illusorisch. Einerseits stellt sie eine mögliche Renaissance-Stadt dar (z. B. Vicenza), eine echte Idealstadt, die nur aufgrund der Kultur und des Willens der Auftraggeber (und ihrer finanziellen Mittel) möglich ist. Andererseits wurde die Szene mit dem Kunstgriff der dreidimensionalen Perspektive errichtet, in einem Schaukasten, der die Höhe der architektonischen Teile reduzierte.
In der Welt des Theaters muß der Zuschauer die Illusion haben, zusammen mit dem Schauspieler und dem Sänger die auf der Bühne dargestellte Geschichte zu erleben, und sei es auch nur während der kurzen Zeit der Aufführung. Das Bühnenbild konnte die auf der Bühne erzählte Geschichte unterstützen oder auch nur als Dekoration dienen. Es konnte aber auch zu einer Art kultureller Botschaft werden, wenn es als Instrument benutzt wurde, um Neuerungen oder Provokationen in die Geschichte einzubringen.
Beim Werk des Scamozzi ist die kulturelle Botschaft des festen Bühnenbilds im Teatro Olimpico umfassend und logisch. Es scheint, als hätten die akademischen Mitglieder des Theaters, die diese Bühne wollten, um ihre neue Kultur zu verbreiten, auch ein neues urbanes Projekt, ihr Projekt, vorweggenommen.

Ottavio Bertotti Scamozzi, *Le fabbriche e i disegni di Andrea Palladio*, Vicenza 1796.

Der abgebildete Entwurf einer befestigten und idealen Stadt ist in der Schrift *Architectura von Vestungen* des Straßburger Baumeisters Daniel Speckle (1536-1589) enthalten. Das Werk wurde erstmals ein Jahr nach seinem Tod veröffentlicht und hatte so großen Erfolg, daß es bis weit ins 18. Jh. hinein in zahlreichen Neuauflagen erschien. Es sollte wohl auch ein Beweis für die Existenz kunstvoller und brauchbarer Projekte in deutschen Landen sein. Das Traktat Speckles ist auch mit nationalistischen Bemerkungen verbunden.

Obwohl Speckle sich lustig macht über die theoretischen Auseinandersetzungen der italienischen Architekten und die technische und kulturelle Überlegenheit der Deutschen hervorhebt (sie haben den Buchdruck erfunden und einen schrecklichen Kanon, sind also in diesem Bereich die Besten der Welt), bezieht er die Anregungen zur Ausarbeitung seines Entwurfs doch aus den italienischen Schriften. Sein Modell ist aufgrund der geometrischen Struktur und des organischen Aufbaus der mächtigen Bollwerke im wesentlichen für Verteidigungszwecke gedacht. Der potentielle Markt für konkrete Projekte dieser Art wuchs durch die immer größer werdende türkische Bedrohung. Das erklärt auch teilweise, weshalb der Autor seine Fähigkeiten auf diesem Gebiet minutiös beschreibt und z. B. erzählt, daß er sechzig Arten von Befestigungen erfunden habe. In seinen Darlegungen liegt das Hauptaugenmerk auf dem Festungscharakter seiner Entwürfe, doch in seinen Zeichnungen hat die Idee von der Idealstadt immer Priorität (in der Form der oben abgebildeten befestigten Stadt wird einige Jahre später die befestigte Idealstadt Palmanova gebaut). Die von Speckle entworfene Stadt weist in ihrer geometrischen Vollkommenheit und Harmonie alle Merkmale der Renaissance und der vitruvianischen Klassik auf und garantiert ihren hypothetischen Bewohnern ein harmonisches Leben. Speckle war z. B. der Meinung, daß aus seinen Städten »... die Vagabunden gänzlich ausgeschlossen werden sollen«. In seinem Pragmatismus nahm er die Utopie einer kommunistischen Gesellschaft vorweg, in der es ebenfalls keine Vagabunden geben sollte.

Horst De la Croix, *Military Considerations in the City Planning: Fortifications*, New York 1972.

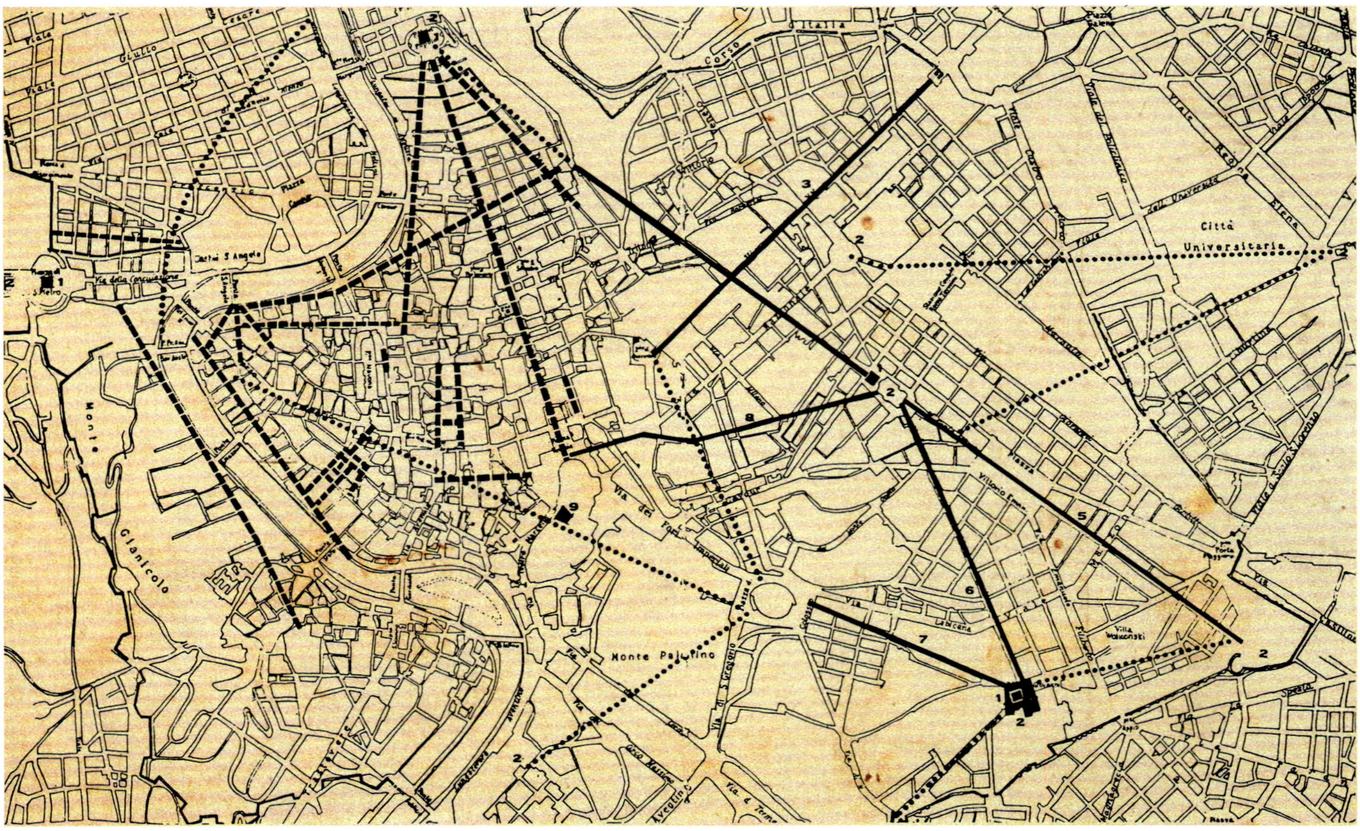

In den Jahren der Gegenreformation zwischen 1585 und 1590 läßt Papst Sixtus V. mit für die damalige Zeit ungeheurem Aufwand Rom umgestalten. Der von Domenico Fontana ausgearbeitete Plan sah vor, aus der mittelalterlichen eine moderne Stadt zu machen, in der vor allem die großen und berühmten Basiliken den immer zahlreicher herbeiströmenden Pilgern vorgeführt werden sollten. Unter Sixtus V. wächst die Bevölkerungszahl Roms von 45 000 auf 100 000 an, Rom wird zu einer europäischen Hauptstadt.

Dieses außergewöhnliche Stadtkonzept, das aus tiefgreifenden politischen und religiösen Überlegungen heraus entstand, erforderte ungeheure Investitionen, um in so kurzer Zeit realisiert werden zu können. Der außerkirchliche Aspekt des Projekts sah die Modernisierung einer Stadt vor, deren Größe sich innerhalb kürzester Zeit verdoppeln würde. Dieser Aspekt war jedoch nicht der vorherrschende. In erster Linie strebte man den aus der Renaissance stammenden Begriff der Repräsentation an. Die Hauptstadt der Gegenreformation sollte durch die Pracht und Erhabenheit ihrer kirchlichen Bauwerke zum Symbol der katholischen Kirche, ihrer Geschichte und ihrer Macht werden. Sie sollte als die Idealstadt des katholischen Erdkreises erscheinen, damit die Pilger und Gesandten aus aller Welt durch sie ihre Identität wiederfinden konnten.

Jede große Basilika wurde zum Endpunkt einer breiten Straße, die wie eine Arterie den Strom der Pilger und Besucher zur Kirche leitete. Domenico Fontana schrieb 1590 in seiner *Transportazione dell'Obelisco Vaticano*: »Die berühmteste Straße ist die Via Felice, die von der Kirche Santa Croce in Hierusalem ausgeht und zur Kirche Santa Maria Maggiore führt...« Womit er beweist, wie sehr die Straßen nach den kirchlichen Bauwerken ausgerichtet wurden.

Ludwig von Pastor, *Sixtus V.* (Geschichte der Päpste, Bd. X), Freiburg 1926.

Freudenstadt ist ein kleiner freundlicher Ort im Schwarzwald. Die Stadt bildete sich 1599 rund um einen Kern, den der Baumeister Heinrich Schickhardt (1558-1635) für den mit ihm befreundeten Friedrich I. von Württemberg errichtet hatte. Der protestantische Fürst und Verfechter des Absolutismus ließ den Ort erbauen, um die aus dem katholischen Frankreich vertriebenen Protestanten aufzunehmen, ein Vorhaben mit großer politischer Weitsicht, das Lutheraner, Calvinisten und Hugenotten vereinen sollte.

Der Fürst und sein Baumeister hatten Frankreich und Italien bereist. Schickhardt arbeitete verschiedene Entwürfe aus, angefangen beim befestigten Schloß auf einem weitläufigen quadratischen Platz, der wiederum im Zentrum eines in regelmäßigen Reihen bebauten Geländes liegt. Die abgebildete Zeichnung ist die vierte innerhalb einer Serie und entspricht nahezu dem endgültigen Entwurf und der heute noch bestehenden Ausführung (mit Ausnahme des um 45° versetzten Schlosses auf dem quadratischen Mittelplatz). Der Übergang von den ersten Entwürfen zum endgültigen wurde vom Architekten 1632 wie folgt erläutert: »Ihre Durchlaucht wünschte, daß vor und hinter jedem Haus eine Straße sei und daß das Schloß im Zentrum des Marktplatzes stünde… Die Stadt wurde gemäß diesem Entwurf gebaut, aber mit den Bauarbeiten für das Schloß wurde noch nicht begonnen.« Die Stadt wurde somit mühlbrettartig um einen quadratischen, von Laubengängen umgebenen Marktplatz angelegt (und erinnert offensichtlich an Dürers Idealstadt). Die rigorose Doppelsymmetrie verlangt, daß Kirche und Handelshaus im rechten Winkel zueinander stehen. 1609 hatte die Stadt bereits zweitausend Einwohner. Hier lebten die Arbeiter aus den Silberbergwerken in der Nähe von Christophstal und die aus der Steiermark und Kärnten vertriebenen Protestanten.

Vielleicht sollte die Stadt ein Verbindungsglied sein zwischen dem katholischen Frankreich und den noch katholischen Gebieten der Habsburger – eine Idealstadt, entstanden aus einem idealen, aber nicht utopischen Prinzip, denn das Projekt basierte auf präzisen politischen und religiösen Überlegungen.

Manfred Eimer, *Geschichte der Stadt Freudenstadt*, Freudenstadt 1937.

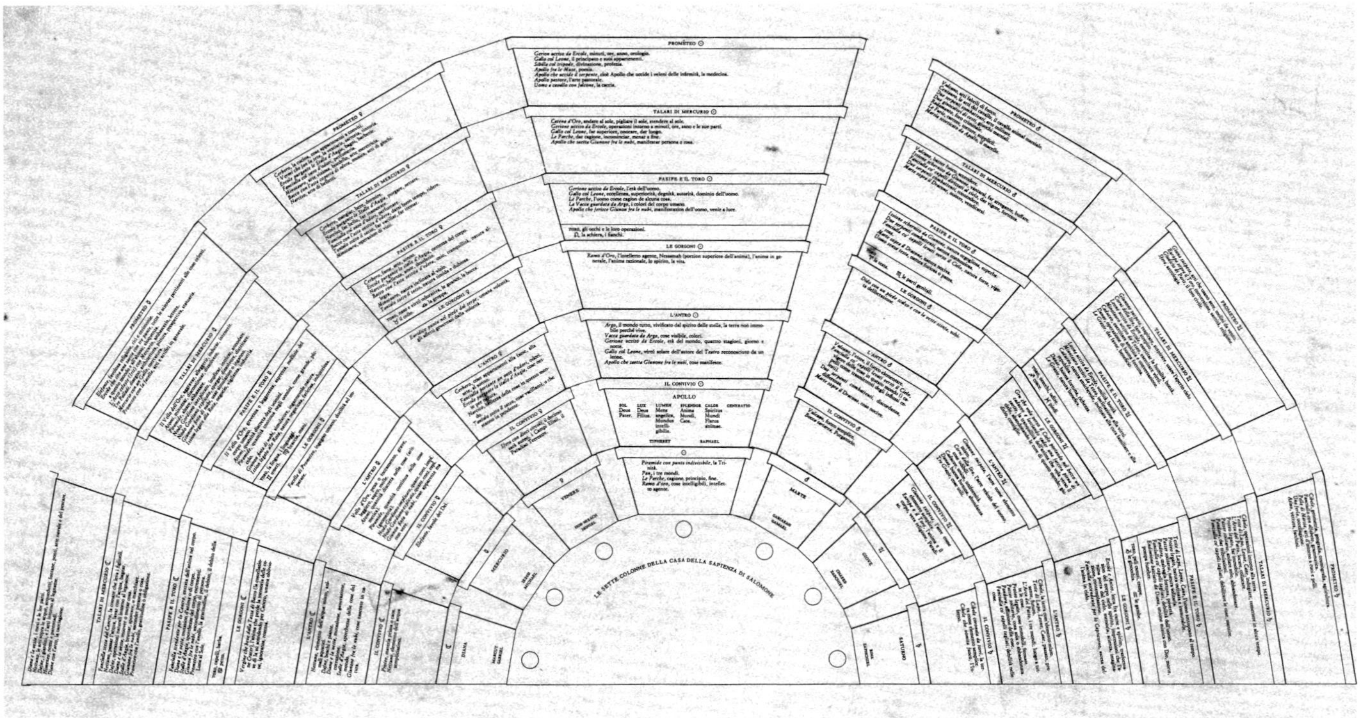

Der Philosoph Tommaso Campanella (1568-1639) schrieb sein utopisches Werk *Der Sonnenstaat* im Gefängnis; zu Beginn des 17. Jh. war er wegen seiner materialistischen Naturauffassung und seines Interesses an der Magie verurteilt worden. Nach seiner Freilassung 1626 unterhielt er enge Beziehungen zu Papst Urban VIII., dem er umfassende Reformpläne vorlegte. Im zweiten Prozeß 1639 verteidigte er Galileo Galilei, wurde erneut angeklagt und mußte nach Frankreich fliehen, wo er einen großen Teil seiner im Gefängnis verfaßten Schriften veröffentlichte.

Der Sonnenstaat entsteht aus der Überzeugung dieses Philosophen, Predigers und Propheten, daß eine groß angelegte Reform den durch Luther verursachten Bruch in der Kirche wieder heilen könnte. Neben seinen theologischen und apologetischen Schriften benutzte Campanella für seine politischen Abhandlungen die Form des phantastischen Romans, ähnlich der utopischen Erzählungen von Plato und Thomas More.

Die Bewohner seines Sonnenstaates leben auf der Insel Taprobana. Die Republik nach dem Bild eines christlich-kommunistischen Staates wird von einem Priesterkönig und von drei Richter-Philosophen regiert (die Symbole für Macht, Weisheit und Liebe); es gibt kein Privateigentum, Frauen, Wohnungen, öffentliche Kantinen und Erholungseinrichtungen sind Gemeinschaftseigentum. Aus diesem Grund hatte das Buch in der sozialistischen Gedankenwelt des 19. Jh. großen Erfolg. Die Stadt war in Form einer halbkreisförmigen Sonne konzipiert, mit sieben konzentrischen Mauerreihen und einem Durchmesser von zwei Meilen. Im Zentrum steht ein runder Tempel; in vieler Hinsicht erinnert der Entwurf an die mittelalterliche Vorstellung des neuen Jerusalem. In dieser Richtung versteht Campanella auch seine Stadt, die er 1599 zusammen mit einer Schar von Anhängern in Kalabrien, wo er geboren war, errichten will. Er wird daraufhin in den Kerker geworfen, wo er zwei Jahre später seine Schrift vom Sonnenstaat verfaßt. Das didaktische Programm der Republik und der Stadt bezieht sich auf die in der Renaissance so populäre ägyptische Tradition: Die Mauern in der Stadt sind mit Bildern verziert, stellen somit eine Kommunikationsmöglichkeit dar. Geschichte, Wissenschaften, Geographie, Mathematik, alles sollte auf ihnen dargestellt werden: ». . . und die Kinder können noch vor ihrem zehnten Lebensjahr alles ohne große Mühe lernen, fast spielend und doch nach wissenschaftlichen Kriterien«.

Die oben abgebildete Zeichnung ist eine moderne Rekonstruktion des *Theaters der Erinnerung* von Giulio Camillo.

Tommaso Campanella, *Civitas Soli Poetica idea Reipublicae Philosophiae*, Venedig 1637; Frances A. Yates, *The Art of Memory*, London 1966.

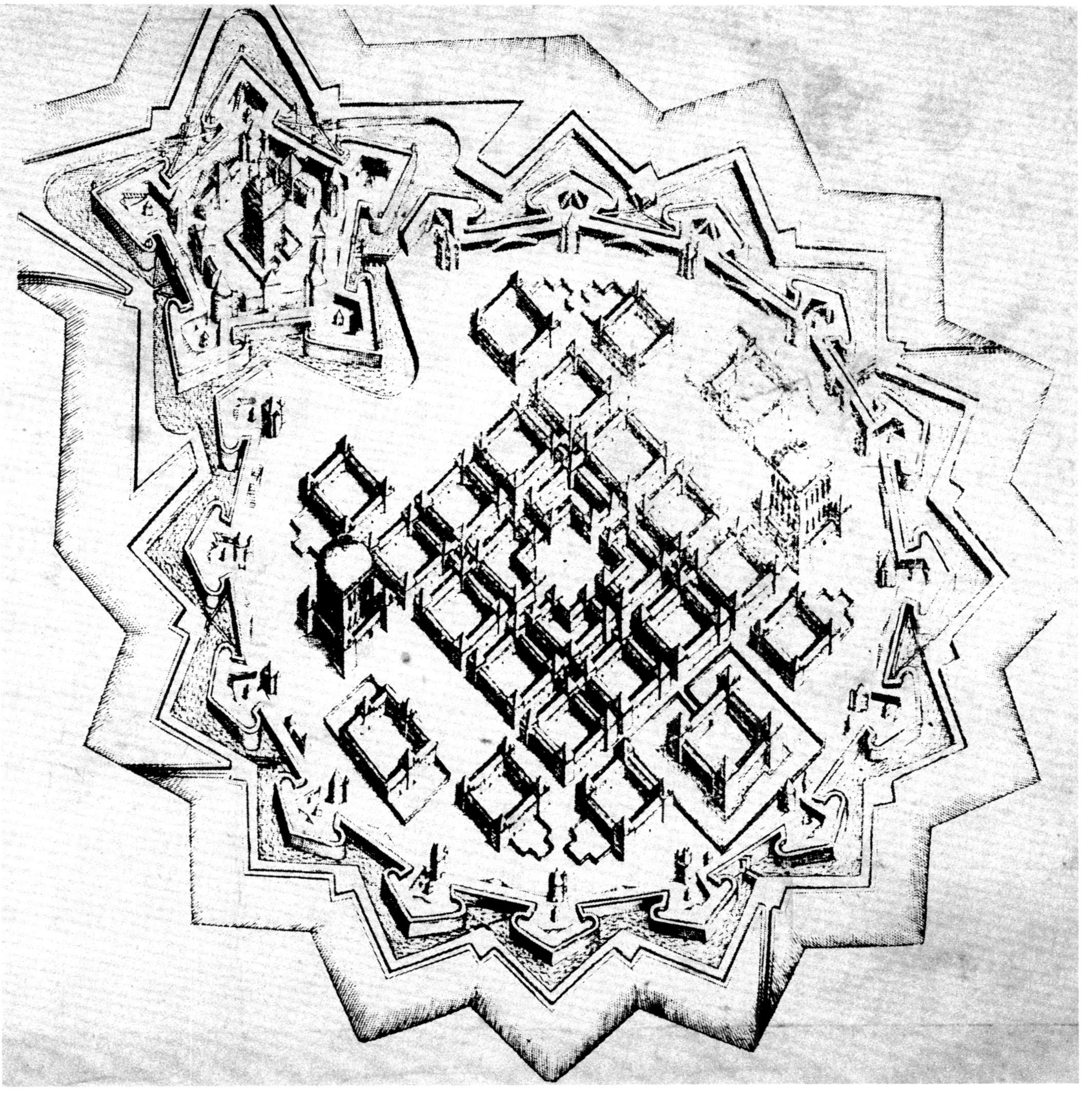

Jacques Perret, Architekt, Festungsingenieur und Verfasser architektur-theoretischer Abhandlungen, lebte im 17. Jh. in Frankreich im Dienst von Heinrich IV. Sein Traktat *Des fortifications et artifices, architecture et perspective* ist auch eine Abhandlung über ideale Städte im Sinn der Kultur der Renaissance. 1601 in Paris erschienen, fand die Schrift bis zur ersten Hälfte des 18. Jh. großen Anklang. Einer der Gründe für den Erfolg liegt in der Technik der axonometrischen Präsentation.

Im Unterschied zu den meist planimetrischen Darstellungen befestigter oder anderer Städte gibt die axonometrische Darstellung der (kleinen) Stadt dem Betrachter die Möglichkeit, den komplexen Entwurf sofort zu überblicken und zu verstehen.
In dieser axonometrischen Ansicht erfaßt man sowohl den militärischen und urbanen Organismus als auch die Details der städtischen Freiflächen im kunstvoll angeordneten Gewebe der Bauwerke.
Die Idealstadt des Perret, entstanden aus Überlegungen über die befestigte Stadt, enthält keinen utopisch-sozialen Bezug. Wichtig sind hier die Architektur und insbesondere die typologischen Neuerungen, die für sich allein schon ausschlaggebend für den neuen Städtebau sind; wichtig ist die Anordnung der verschiedenen Typologien zur Schaffung eines echten Stadtgefüges, ohne Zweiteilung durch urbane und militärische Zweckbestimmtheit. Die verschiedenen Aspekte des Entwurfs vereinen sich zu einem einheitlichen Bild. Gleichzeitig aber hat der Betrachter die Gewissheit, daß er in dieser Stadt geschützt leben kann wie in einer idealen Stadt.
Vielleicht aufgrund der besonderen publizistischen Zielsetzungen zeichnen sich die Entwürfe Perrets durch die lebendige Präsentation all jener Qualitäten aus, wie sie für ein mit Hingabe und Offenheit erarbeitetes Projekt charakteristisch sind.

Georges Duby (Hrsg.), *Histoire de la France urbaine*, Bd. 3: *La ville classique*, Paris 1981.

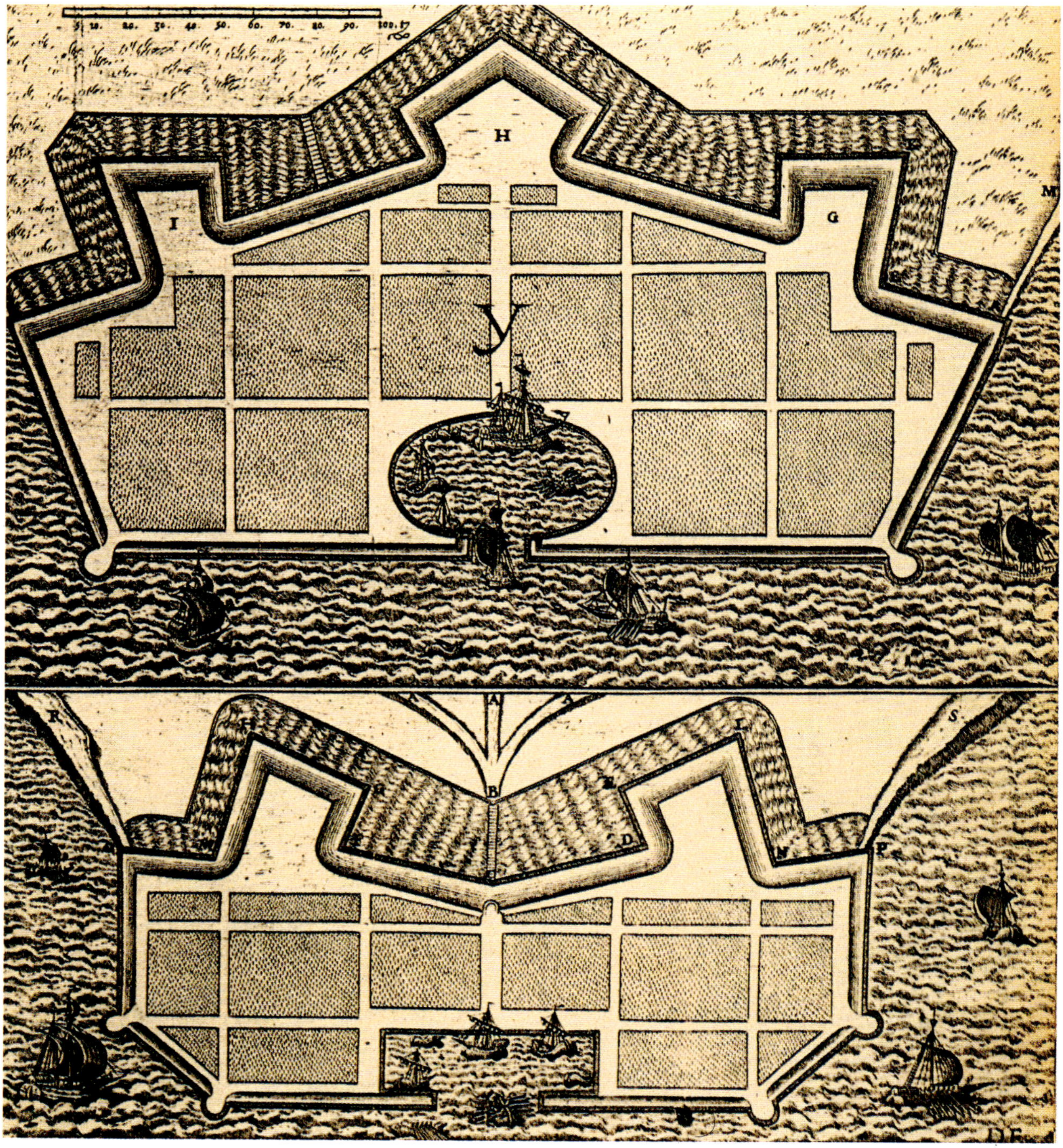

Jean Errard de Bar-le-Duc (1554-1610), Offizier im Pionierkorps, veröffentlicht 1600 in Paris sein Heinrich IV. gewidmetes Taktat *La fortification reduicte en art et demonstrée.* Der Titel deutet bereits auf die Geisteshaltung des Verfassers hin, der sich als europäischer Architekt und Angehöriger der Renaissance-Kultur seiner Zeit empfindet (auch wenn sein Buch nur eine Sammlung von Bauwerken mit deutlich miltärischem Charakter ist).

Es scheint, als ob Errards »Reduzierung auf die Kunst« vor allem in geometrisch-regelmäßigen Festungen besteht. Sein Buch tendiert zur theoretischen, militärtechnischen Abhandlung und unterscheidet sich damit von den herkömmlichen Schriften der Festungsingenieure. Errard diskutiert die allgemeine Problematik der Festungsbauweise, analysiert die Strukturen der regelmäßigen und unregelmäßigen polygonalen Festungen und schließlich die durch die besonderen Gegebenheiten des Bodens bedingten Festungsformen. Mit dieser realistischen und pragmatischen Betrachtungsweise arbeitet Errard die Tafeln seines Traktats aus, in denen das Ideal des Entwurfs immer durch spezifische Umstände beeinträchtigt wird. Alle Entwürfe jedoch sind von der Kultur der Renaissance geprägt. Die beiden abgebildeten Modellentwürfe für Hafenstädte zeugen von seiner Kenntnis der Problematik beim Bau von befestigten Hafenstädten in den Niederlanden. Sein Vorschlag der doppelten Befestigung schließt den Hafen mit ein. Dieses Modell wird im Lauf des Jahrhunderts tatsächlich für die Hafenstädte in Europa und in den Überseegebieten verwendet.

Der Stadtplan in diesen Entwürfen ist elementär (weist aber auf eine kluge Aufteilung hin), das Verteidigungssystem mit seinen sich gegen das Meer erhebenden Mauern und den gegen das Land gerichteten Bollwerken, ergänzt durch einen Wassergraben, ist eindrucksvoll und bietet Anregungen für mögliche neue Stadtlandschaften.

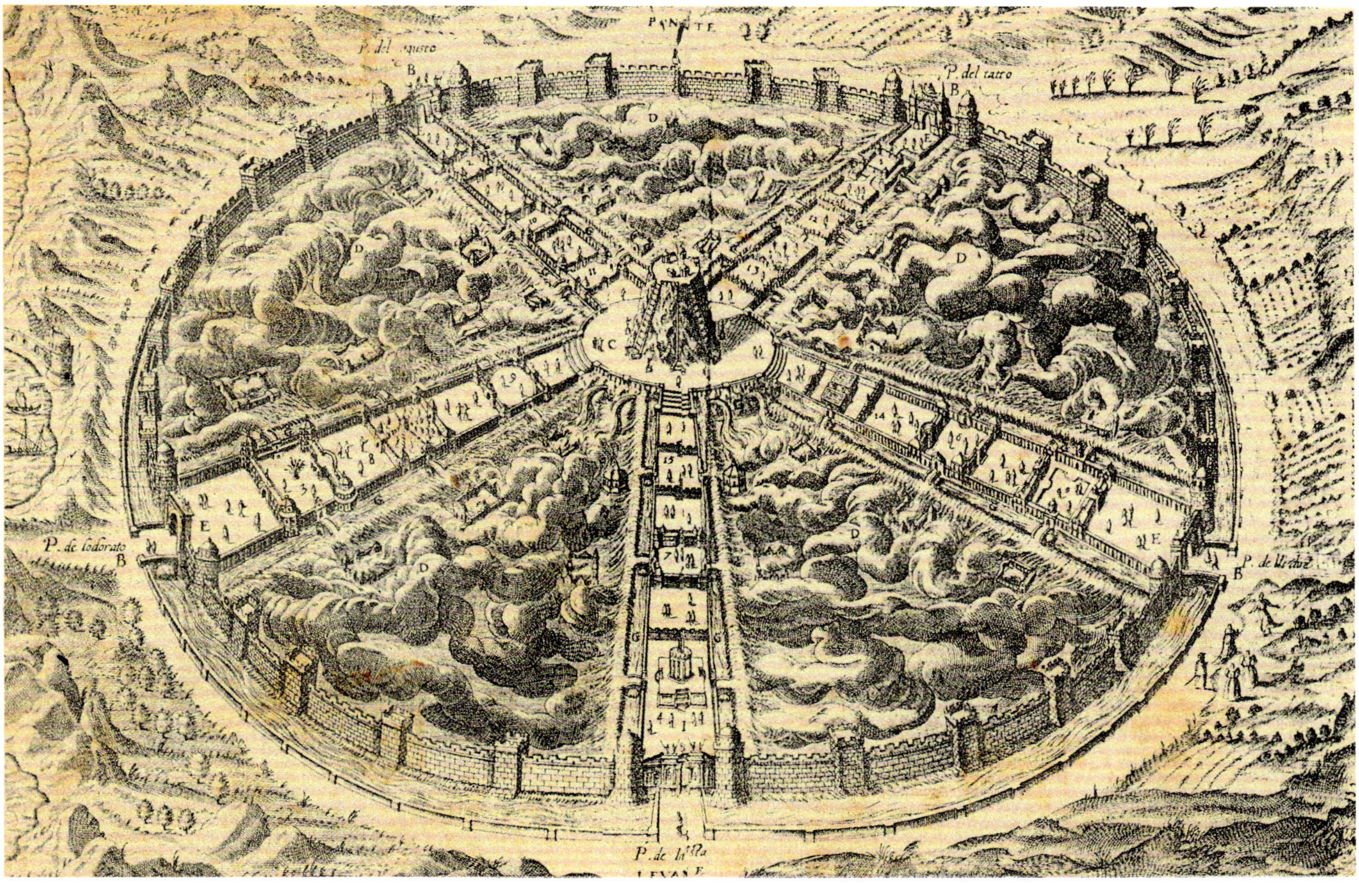

Die reiche Literatur über Embleme, Symbole und verschlüsselte Botschaften erlebte in der Gegenreformation eine Zeit der höchsten Blüte, sie wurde fast eine neue Art der Kommunikation im religiösen Kampf. Angefangen bei den ersten Beispielen wie *Civitas veri* ... des Bartolomeo Del Bene, 1565 geschrieben und 1609 in Paris veröffentlicht, setzte sich diese immer umfangreicher werdende Literatur während des ganzen 17. Jh. fort.

Bei der Schrift des Bartolomeo Del Bene handelt es sich um ein Werk, das die Illustration als wesentlichen, wenn nicht gar selbständigen Bestandteil der Dichtung betrachtet, *ut pictura poesis*, auch wenn hier die Illustration ebenso zum leichteren Verständnis der Lektüre verhelfen soll. Die *Civitas Veri*, die Idealstadt, nach der ein guter Christ trachten soll, nimmt die Form eines auf naive Weise utopischen Entwurfs an, voll von Symbolen, deren Kenntnis die erklärte Absicht der damit verbundenen Erziehung ist. Die Tore dieser urbanen Metapher stellen die fünf Sinne dar: Vom unteren Teil aus, der die Laster darstellt, steigt man über den mittleren Teil (Politik und moralische Werte) zur Spitze auf (Intelligenz und geistige Werte). Die architektonischen Stationen auf diesem Weg sind voller Symbolik: Er beginnt beim Palast der Stärke und führt weiter über die verschiedenen Paläste der Mäßigkeit und Unmäßigkeit, der Herrlichkeit und Freigiebigkeit, über das Labyrinth mit den Lastern, die Basilika der Großherzigkeit und Bescheidenheit, den Sitz des Hochmuts und der Falschheit, der Höflichkeit, der Ungerechtigkeit, des Heldentums, über die Wiese der Gerechtigkeit, das Haus der Enthaltsamkeit und der Unmäßigkeit usw. Jede Tafel ist bis in die kleinsten Details ausgearbeitet, das Ganze ähnelt einem erzieherischen Spiel, das zum Zwecke der Kommunikation die alten Instrumente der »Theater der Erinnerung« benutzt.

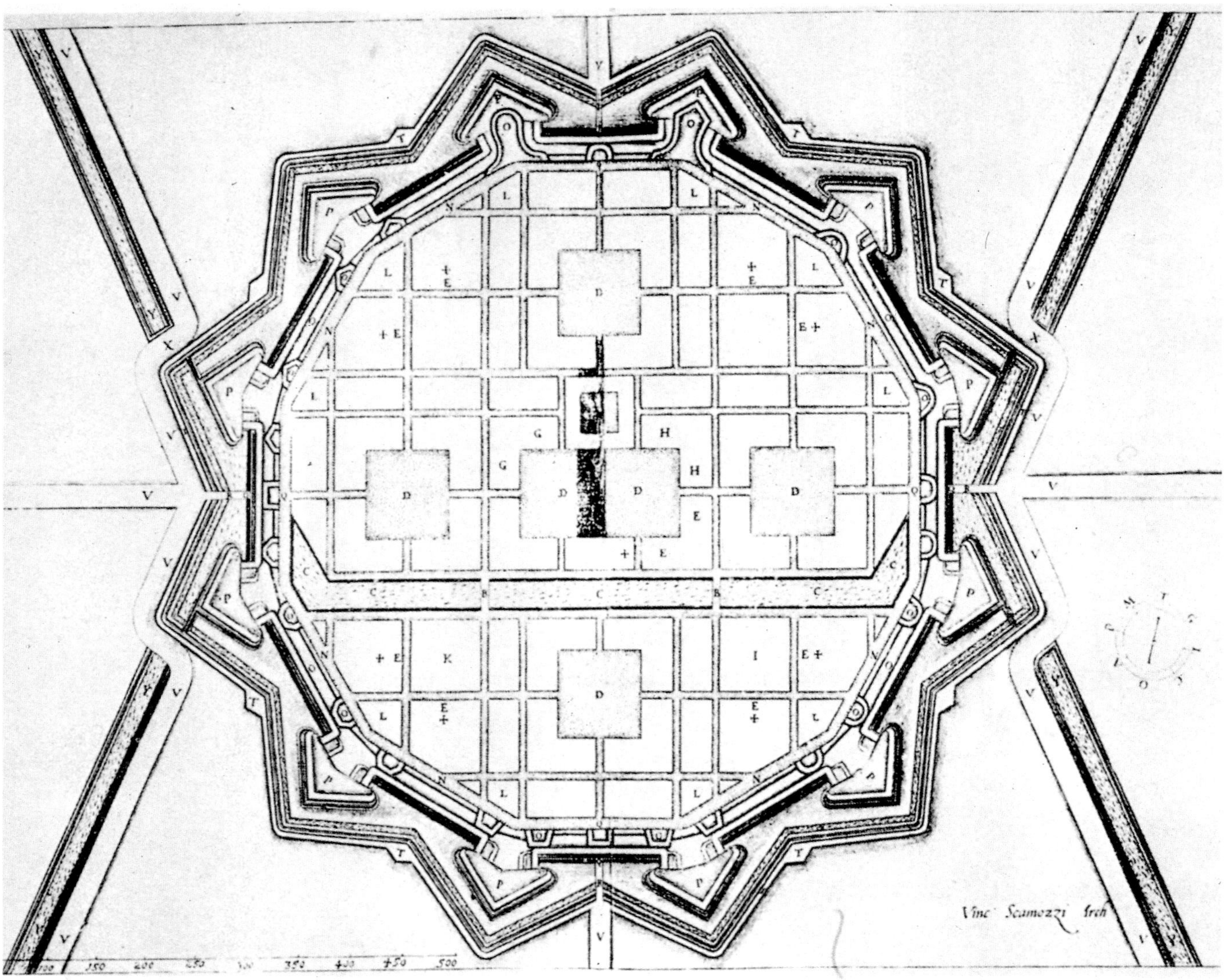

1615, ein Jahr vor seinem Tod, veröffentlicht Vincenzo Scamozzi in Venedig *Die Idee der universellen Architektur*. Wir wissen, daß er mit der mühevollen Abfassung dieses Lehrbuches (das ursprünglich viel umfangreicher angelegt war, als es in seiner später publizierten Form tatsächlich war) bereits 1591 begonnen hatte, einundzwanzig Jahre nach Veröffentlichung des erfolgreichen Traktats von Andrea Palladio, zu dem er in theoretischem und programmatischem Gegensatz stand.

Das Werk erschien in zwei Teilausgaben mit je drei Büchern, die sechs der zehn geplanten Bände. Das erste Buch des ersten Teils ist den theoretischen Voraussetzungen der Architektur und ihrer Geschichte gewidmet. Das zweite behandelt die Abfassung der Gesetze, die den Städtebau regeln und wird durch ein Traktat über Festungsarchitektur ergänzt, aus dem die obige Abbildung stammt; vermutlich handelt es sich dabei um eine Vorarbeit zum Plan der Stadt Palmanova. Das dritte Buch befaßt sich mit dem zivilen Bauwesen. Die drei Bücher des zweiten Teils sind den fünf Ordnungsformen der Geometrie gewidmet sowie den Baustoffen und der Leitung der Bauarbeiten. Scamozzi war ein Architekt mit kosmopolitischer Bildung. Sein urbanes Modell kann nicht mit den einfachen utopischen Entwürfen der späten Renaissance gleichgesetzt werden. Das beweisen die komplexe Argumentation über urbane Thematiken, seine analytischen Studien über die verschiedenen umweltbedingten Voraussetzungen für die Städte oder über die Vorteile von Wasserläufen sowie seine Beschreibung der Befestigungen, Plätze und öffentlichen Gebäude. Aus dieser umfangreichen Argumentation entsteht das Gefüge seiner Stadt, die, mehr als die Idealstadt, die Stadt der Vernunft ist, der Kultur und Technik, eine Projektion dessen, worüber man im ersten Jahrzehnt des 17. Jh., im Humanismus und der frühen Renaissance, diskutierte.

Franco Barbieri, *Vincenzo Scamozzi*, Vicenza 1962.

Der englische Arzt und Philosoph Robert Fludd (1574-1637) studierte in Oxford und unternahm lange und ausgedehnte Reisen nach Frankreich, Deutschland, Spanien und Italien. Neben seinen wissenschaftlichen Studien und Forschungen befaßte er sich auch mit Okkultismus und Alchemie und wurde durch seine umfassende Bildung auch hier zu einer anerkannten Autorität. Er beteiligte sich am Projekt der freien Religionsausübung des Kurfürsten Friedrich V. von der Pfalz.

Das Werk des englischen Arztes und Philosophen muß im Zusammenhang mit einer bestimmten Geistesströmung jener Zeit betrachtet werden. Zu dieser Strömung gehörten die Rosenkreuzer des württembergischen Theologen Valentin Andreae, des Verfechters von Christianopolis (unter den zwei Dutzend Schriften von Robert Fludd befassen sich zwei mit der Verteidigung der Rosenkreuzer und verbreiten deren Ideen), sowie die Anhänger des Michael Meier, des berühmtesten Alchimisten seiner Zeit, der 1618 in Oppenheim in der Pfalz sein Buch *Atalanta fugiens* veröffentlichte, einen alchemistischen Text mit höchst kunstvollen Illustrationen; des weiteren zählte der Verleger Jean Théodore de Bry dazu, Sohn eines protestantischen Flüchtlings aus Lüttich.
Die Komplexität dieser kulturellen Strömung wurde von der großen Historikerin Frances A. Yates beispielhaft dargelegt. In seiner vielschichtigen Tätigkeit beweist Fludd eine universelle Geisteshaltung, mit der er jedoch nicht das bereits Bekannte bestätigen will, sondern vielmehr eine neue Enzyklopädie zu schaffen gedenkt. Seiner Überzeugung nach müssen Mathematik, Geometrie, Musik, Optik und das Militärwesen von Grund auf erneuert werden. Diese in seinen rund zwei Dutzend Werken dokumentierte Geisteshaltung veranlaßte ihn auch, sich mit Argumenten der Architektur und des Städtebaus zu befassen. Sein Entwurf einer vollkommenen Befestigung – Metapher einer möglichen vollkommenen Stadt – ist Teil einer tiefgreifenden Analyse der Beziehungen zwischen Mikrokosmos und Makrokosmos, die 1617 von de Bry unter dem Titel *Utriusque cosmi historia* in Oppenheim veröffentlicht wurde.

Serge Hutin, *Robert Fludd (1574-1637), alchimiste et philosophe rusicrucien*, Paris 1971; Frances A. Yates. *The Rosicrucian Enlightenment*, London/Boston 1972; Joscelyn Godwin, *Robert Fludd. Hermetic Philosopher and Surveyor of Two Worlds*, London 1979.

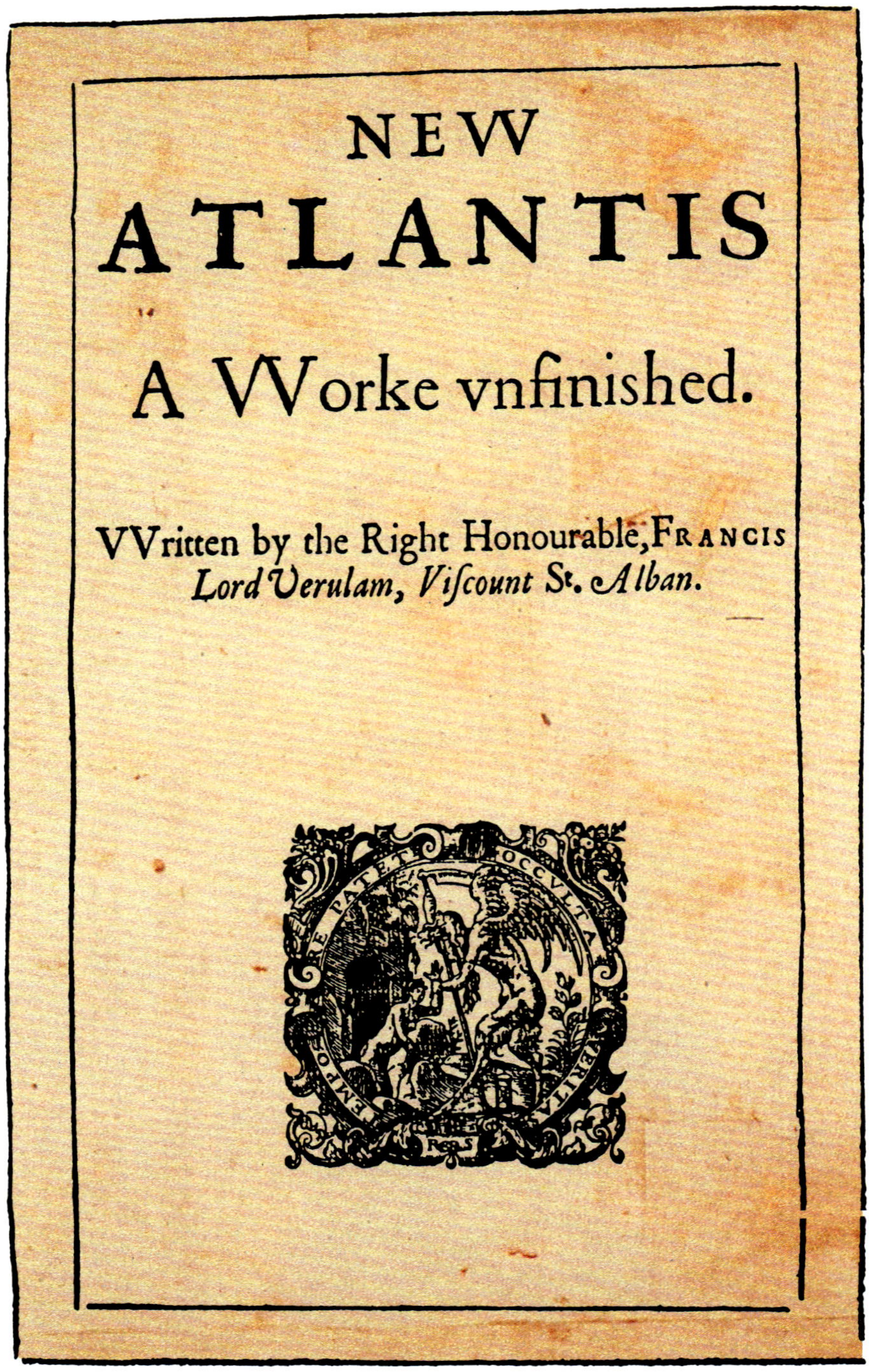

NEVV
ATLANTIS.
A VVorke vnfinished.

VVritten by the Right Honourable, FRANCIS
Lord Verulam, Viscount St. Alban.

Der englische Philosoph und Staatsmann Francis Bacon (1561-1626) stand im Dienste Jakobs I., dessen Tochter Elisabeth 1613 den Kurfürsten Friedrich V. von der Pfalz heiratete. Die Hochzeitsfeierlichkeiten wurden von der esoterischen Welt, die sich zum utopischen Projekt der politischen Freiheit und der freien Religionsausübung jener Jahre hingezogen fühlte, als alchemistisch bezeichnet; ein Jahr später erschien das erste Manifest der Rosenkreuzer *(Fama)*.

Das Buch, in dem Francis Bacon die Utopie von einer idealen Gesellschaft entwirft, *New Atlantis*, wird erst nach Auffinden seiner Schriften nach seinem Tode veröffentlicht. In dem Roman berichtet der Autor von der aufgrund eines Schiffbruchs zufällig gemachten Entdeckung einer neuen Insel, dem neuen Atlantis (in Anlehnung an Platon), auf der die Einwohner eine vollkommene, der übrigen Welt unbekannte Gesellschaft errichtet hatten. Sie waren Christen, Anhänger eines auf dem Evangelium beruhenden Christentums der Brüderlichkeit, und verfügten über äußerst fortschrittliche, wissenschaftliche Kenntnisse (1605 veröffentlicht Bacon in London sein *The Advancement of Learning*). Der Ort der Studien ist das Haus des Salomon, es wird von einem aus Priester-Wissenschaftlern und Künstlern bestehenden Orden geleitet. Bacon vertrat die Ansicht, der Fortschritt in den Wissenschaften und Künsten sollte zum Wohle der Menschheit eingesetzt werden. Aus seinem Roman ergeben sich viele Berührungspunkte mit den Manifesten der Rosenkreuzer (die 1614, 1615 und 1616 in Heidelberg gedruckt wurden, der Hauptstadt des Kurfürsten Friedrichs V. und politisches und geistiges Zentrum jener Strömung). Das »Haus des Salomon« ist der Mittelpunkt einer perfekten Gesellschaft in einer idealen Stadt, es ist der Motor des Wissens und der Gelehrsamkeit, der Toleranz und Brüderlichkeit. Die Beschreibung der dort verrichteten Tätigkeiten ersetzt eine Beschreibung der Stadt selbst, die in dem unvollendet gebliebenen Werk nicht existiert: ». . . wir haben große und geräumige Häuser, in denen wir die meteorologischen Phänomene nachahmen und reproduzieren . . . wir verfügen über einige Zimmer, die wir Gesundheitsräume nennen und wo wir die Luft reinigen, um sie heilsam zu machen . . . wir besitzen schöne und geräumige Bäder . . . haben große Obst- und Blumengärten angelegt . . . sowie Parks . . . wir verfügen über Lager und Apotheken . . . Geschäfte . . . wir haben Häuser für schöne Klänge . . . für Wohlgerüche . . . ein Haus der Mathematik . . . Häuser für die Betörung der Sinne . . . Werkstätten . . .«.

Antonio Pérez-Ramos, *Francis Bacon's Idea of Science and the Maker's Knowledge Tradition*, Oxford 1988.

Die vergängliche, dekorative Architektur, die zu besonderen Anlässen in den Städten aufgebaut wird, nimmt innerhalb der Geschichte der Stadtideen eine besondere Stellung ein. Man denke an den Besuch eines bedeutenden Fürsten in einer Stadt und an den Wunsch ihrer Bewohner, die Stadt nicht so zu präsentieren, wie sie ist, sondern so, wie man möchte, daß sie sei, idealisiert in ihrer vergänglichen Darstellung einer imaginären Zukunft. Für den Besucher von adeliger Herkunft wird die Stadt zum Wunderwerk, für den Bewohner zur übernatürlichen Vision.

Die Stadtlandschaft wird bei diesen Gelegenheiten zur Bühne, auf der alles dargestellt werden kann, im Einvernehmen mit dem Zuschauer, der die neue Kulisse genießt und beurteilt. Die abgebildete Zeichnung von Carlo Biffi stellt die Errichtung des Berges Ätna auf dem Domplatz in Mailand dar. Dies geschah im Februar 1630 zu Ehren der Geburt von Baldassar, des Prinzen von Spanien, der zu jener Zeit Mailand regierte. Die Stadt stand, vor der großen Pest, mit 100 000 Einwohnern an neunter Stelle unter den Großstädten in Europa. Schöpfer dieser architektonischen Figur war der Architekt Francesco Maria Ricchino, der zusammen mit den Mailänder Jesuiten die didaktische Symbolfigur erarbeitete als esoterische Botschaft für alle diejenigen, die als geeignete Empfänger betrachtet würden. Wie jedes urbane Bühnenbild, das Bilder irrealer, aber möglicher Städte vorstellt, ist auch dieses räumliche Experiment, die Darstellung eines Berges auf einem städtischen Platz, Teil der Kultur der Idealstadt. In diesem Fall ist es die vorübergehende Präsenz einer natürlichen, pflanzlichen Landschaft im Stadtgefüge, die eine im folgenden Jahrhundert weit verbreitete, realisierte Möglichkeit eröffnet: die Gestaltung öffentlicher Gärten.

Roy Strong, *Art and Power: Renaissance Festivals, 1450-1650*, Berkeley 1984.

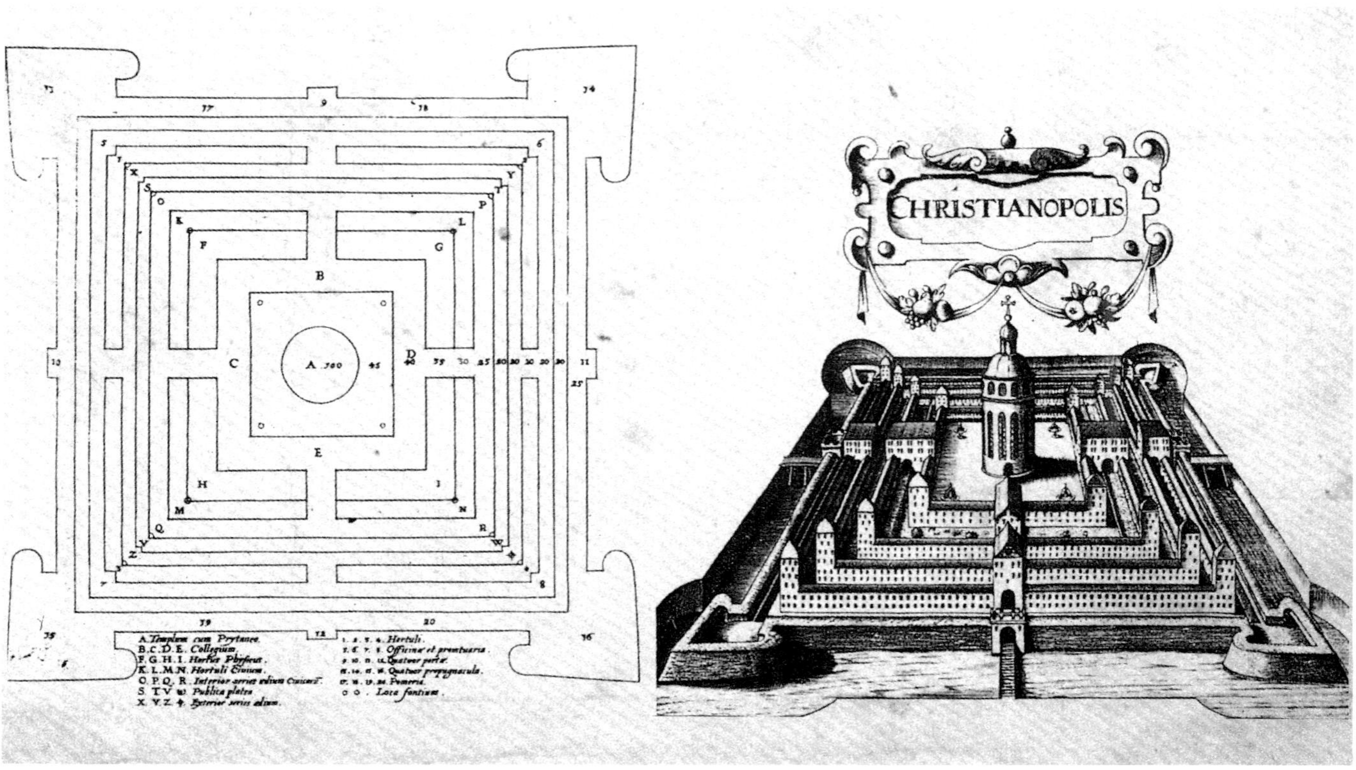

Christianopolis ist die von Johann Valentin Andreae (1586-1654) entworfene Idealstadt. Ihr Autor war der Philosoph der geheimen Gesellschaften und Bruderschaften, Theologe und Humanist. Seine neue Stadt soll Religionsflüchtlinge in eine neue Gemeinschaft aufnehmen, im Sinne des utopischen, lutheranischen Staates. In diesen Jahren träumt Europa vom Zeitalter der religiösen Toleranz, und es beginnt die von der Pfalz aus gesteuerte Entwicklung, die in einen der schrecklichsten Konflikte, den Dreißigjährigen Krieg, münden sollte.

Johann Valentin Andreae kannte 1617 bereits die Schrift des Campanella vom Sonnenstaat (die erste Druckausgabe erscheint erst 1623), und das beweist, daß zahlreiche Denker im damaligen Europa ihre utopischen Modelle in gegenseitigem Einvernehmen und Kenntnis erarbeiteten.
Der quadratische Grundriß (213 m Seitenlänge) findet sich in verschiedenen Entwürfen der protestantischen Welt wieder (wie z. B. diejenigen für die Hugenottenstädte in der zweiten Hälfte des Jahrhunderts). Hier gipfelt alles in der großen, zentralen Kirche, die nur im Erdgeschoß für den Gottesdienst gedacht ist, die oberen Stockwerke sind für die Treffen der vierhundert Gemeindemitglieder eingerichtet. Die Legende der Tafel muß wohl mehr als politische, religiöse und soziale Absichtserklärung aufgefaßt werden, ein für derartige programmatische Tafeln häufiges Faktum.

Über den didaktischen Gehalt der Stadt schreibt Andreae: »...die Stadt ist überall mit Bildern über die wichtigsten geschichtlichen Ereignisse geschmückt, die Malerei ist hauptsächlich als Erziehungsmittel für die Jugend eingesetzt, da somit das Verständnis vieler Dinge, die gelernt werden müssen, außerordentlich erleichtert wird«.
Andreae war der Wegbereiter verschiedener Bruderschaften: die Civitas Solis 1617, die Societas christiana von 1619 und die Unio christiana von 1628; aber bereits 1614 waren von dem jungen Andreae die ersten Schriften der Rosenkreuzer ausgegangen.

Johann Valentin Andreae, *Reipublicae Christianopolitanae descriptio*, Argentorari 1619; Richard van Dülmen, *Die Utopie einer christlichen Gesellschaft. Johann Valentin Andreae (1586-1654)*, Teil I, Stuttgart-Bad Cannstatt 1978.

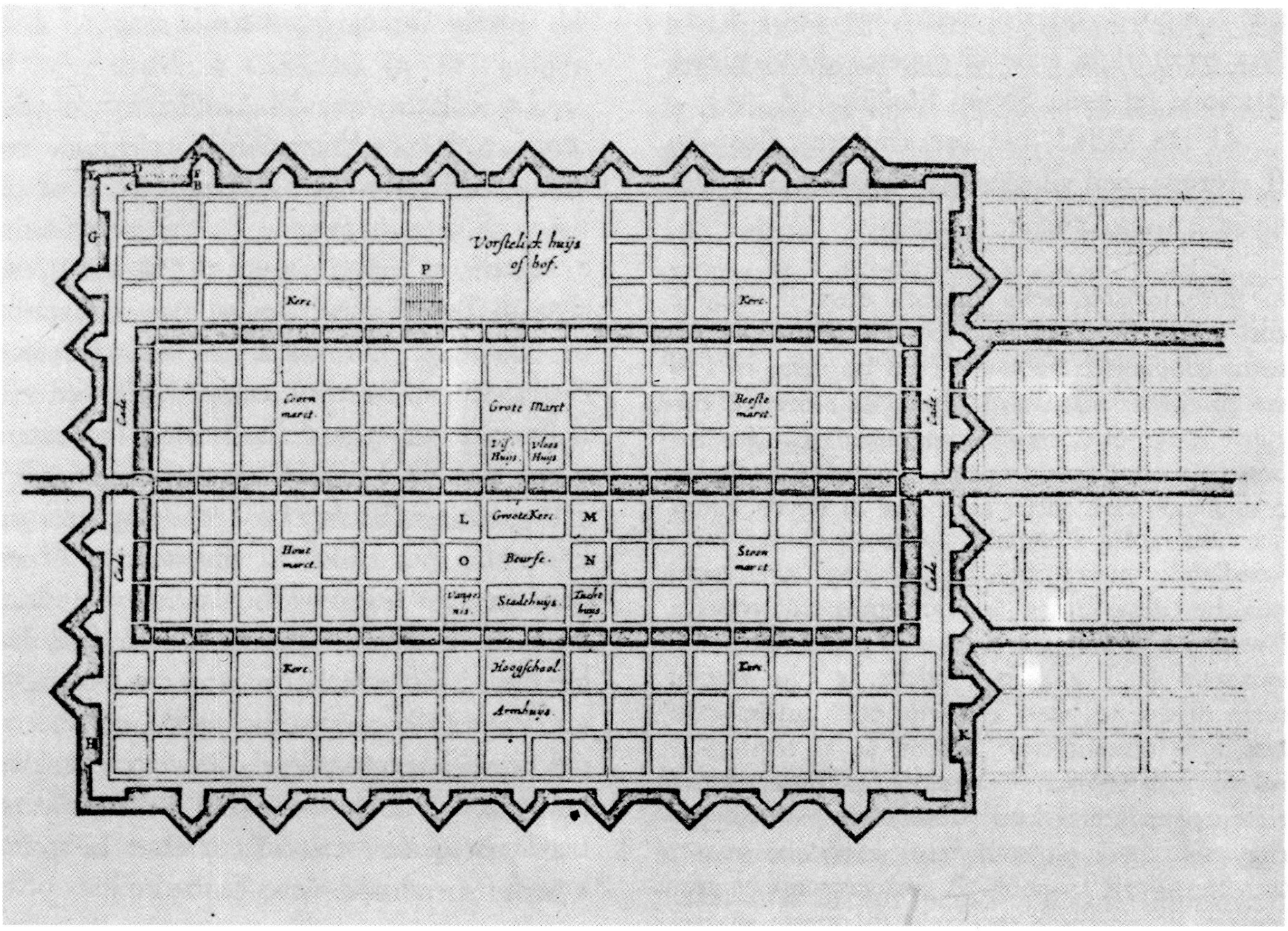

Simon Stevin (1548-1620), Mathematiker und Ingenieur, in Brügge geboren und in Antwerpen tätig, war an allen wissenschaftlichen Innovationen interessiert. In seinem 1594 in Leiden herausgebrachten Buch *Stercktenbouwing* beschreibt er die »holländische Art der Festungsbauten«, eine Ergänzung der italienischen und deutschen Theorien. Bedeutsam sind seine dem Wohnungsbau und der vollkommenen Stadt gewidmeten Studien.

Seine rationale und experimentierfreudige Konzeption von Wissenschaft und Technik veranlaßte ihn, neue Wohnmodelle zu entwerfen; in seinen Abhandlungen und den dazugehörigen Tafeln – die von seinem Sohn posthum als politische Schriften veröffentlicht wurden – erläutert er seine Vorstellung von einer Standardisierung der Baustoffe und der baulichen Typologien. Er stellt in seinem Buch das globale Modell einer demokratischen – und somit utopischen und idealen – Gesellschaft vor; zu diesem Modell gehören eine Stadt (im vorliegenden Entwurf fließt ein Fluß durch die Stadt und bildet mit seinen beiden Seitenarmen nützliche Verkehrswege), einzelne Wohnungen, Institutionen und ein organisches (merkantiles) Finanzsystem sowie eine militärische Struktur. Als Befürworter von Ordnung und Rationalität lehnt er architektonische, allein zu Dekorationszwecken geschaffene Arbeiten ab; er fordert, daß die Gebäude eng beieinander stehen sollen, mit gleicher Höhe und gleichgeformten Dächern (wodurch das Dächergewirr der nordischen, mittelalterlichen Städte vermieden wird), und entwirft ein einheitliches, seltsam modern anmutendes System von Fenstern und Türen. Seine ideale Stadt ist eine utopische, auf Rationalität beruhende Stadt, entworfen in einem Land mit großem wirtschaftlichem und sozialem Fortschritt. Während andere Architekten sich später vornehmen, die Welt zu ordnen, kann man von Simon Stevin sagen, daß er mit seiner Ordnung nur dazu beitragen wollte, die Macht Hollands in der unvermeidlichen Weltunordnung zu stärken.

Simon Stevin, *Materiae politicae*, Leyden 1649; Edward Jan Dijksterhuis, *Simon Stevin, Science in the Netherlands around 1600*, Den Haag 1970.

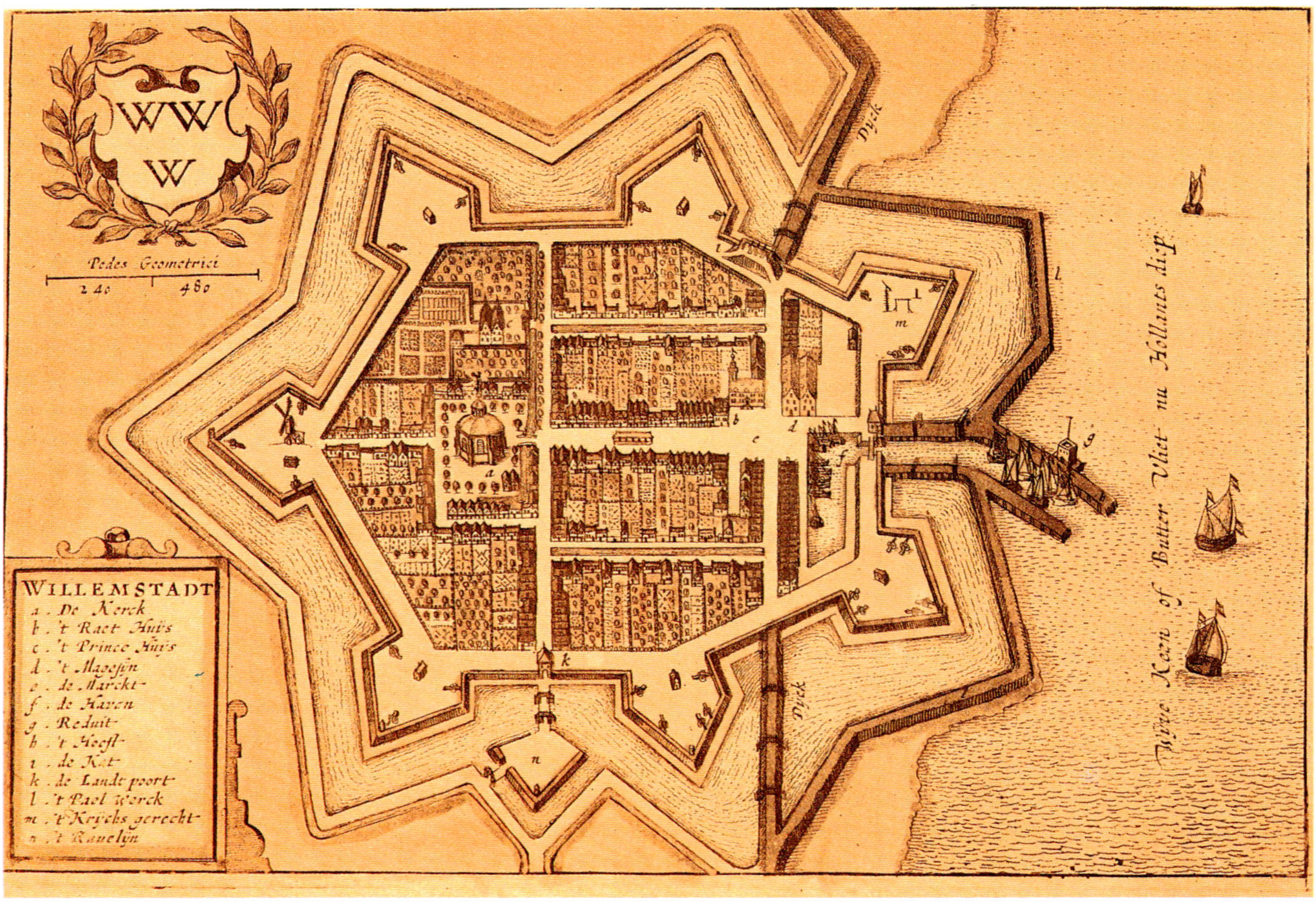

Die holländische Revolution, die erste merkantile, bürgerliche Revolution in Europa, beruht auf der Unabhängigkeit der Protestanten von der spanischen Herrschaft, auf der Vorherrschaft ihrer See- und Handelsmacht in der ersten Hälfte des 17. Jh. (1602 Gründung der Ost-Indien-Gesellschaft, 1621 der West-Indien-Gesellschaft). Die Besonderheit der Städte in den Vereinigten Provinzen bestand darin, daß ihr Gebiet dem Meer abgerungen werden mußte.

Die Vergrößerung des Staatsgebietes durch Trockenlegung des Wattenmeeres war notwendig, um neue Städte gründen zu können.
Die hier abgebildete niederländische Stadt neuer Gründung, Willemstad mit dem endgültigen Grundriß von 1647, ist auf der alten, 1583 von Wilhelm dem Schweigsamen errichteten Festung erbaut. Das komplexe System der Basteien und der Mauern stammt vom Festungsingenieur Adriaan Antonisz. Dieser Entwurf einer kleinen Hafen- und Festungsstadt, einer kleinen idealen Stadt für eine in militärischer und merkantiler Hinsicht aggressive Gesellschaft, ist Ausdruck der technischen Modernität des Landes, eines Landes, das für seine schwierige Beziehung zur Umwelt, zum Meer und zu seinem dem Meer abgerungenen, unter Meereshöhe liegenden Boden immer komplexe Infrastrukturen benötigte. Die Fortschrittsfunktion Hollands zu seiner Zeit betraf viele Bereiche: das Verlagswesen, in Qualität und Quantität immer besser als das der übrigen europäischen Länder; die Beziehungen zum Fernen Osten und besonders zu Japan, mit dem es nach Vertreibung der Jesuiten als einziges europäisches Land Beziehungen unterhielt; die Freude an Gärten: Die kleinen Blumengärten mit den exotischen Tulpen wurden zum Modell der englischen Gartenanlagen. Als Zar Peter I., der Große, beschloß, neue und direkte Beziehungen zwischen Rußland und dem übrigen Europa herzustellen, dachte er an einen Hafen an der Ostsee. Er ließ niederländische Architekten und Ingenieure kommen (er hatte inkognito in ihrem Land studiert und in Schiffs- und Maschinenbau Erfahrung gesammelt) und gründete 1703 Sankt Petersburg, eine kleine Stadt am Meer, die zur großen, neuen Hauptstadt werden sollte und in der man nur Häuser aus Stein bauen durfte, im Gegensatz zu Moskau, das ein großes Dorf aus Holzhäusern war und lange Zeit noch bleiben sollte.

General L. Burke, *The Making of Dutch Towns: a Study in Urban Development from the Tenth to the Seventeenth Centuries*, London 1956; Charles Wilson, *The Dutch Republica and the Civilisation of the Seventeenth Century*, New York 1968.

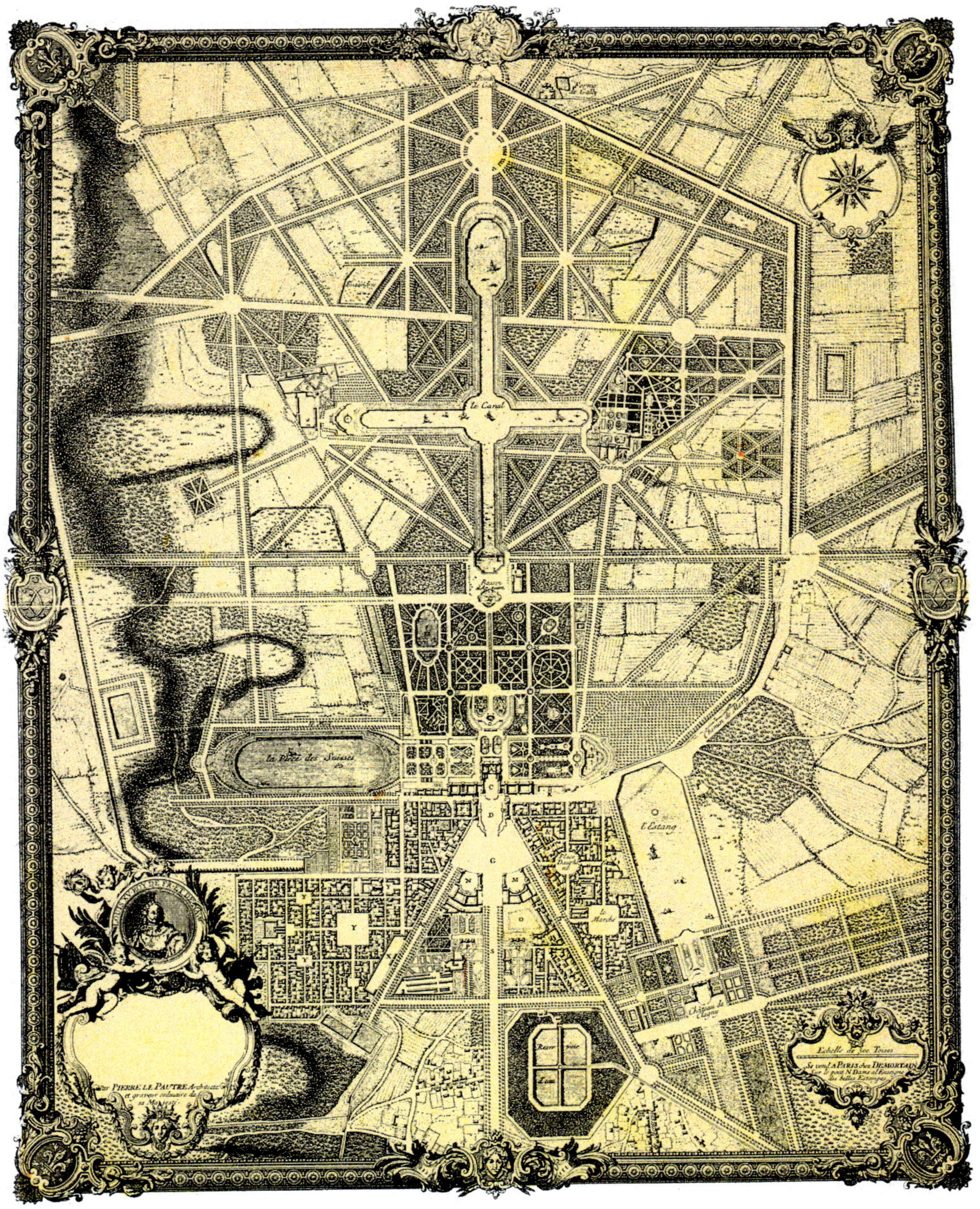

Als Ludwig XIV. beschließt, seine Residenz und den gesamten Hof nach Versailles zu verlegen, will er eine neue Stadt, eine nach seiner Vorstellung von der Nation und der Macht eines absoluten Herrschers ideale Stadt, außerhalb des Herrschaftsbereichs gelegen, eine Alternative zur historisch gewachsenen Stadt und Kapitale Paris. Die Begrenzung, die ideale und sakrale Einzäunung, die Versailles gegenüber dem restlichen Frankreich isoliert, entsteht aus der Überzeugung des Sonnenkönigs von der absoluten Macht eines Herrschers.

Das Frankreich des Sonnenkönigs mit seinen einundzwanzig Millionen Einwohnern machte ein Fünftel der gesamten Bevölkerung Europas aus. Der Königspalast als Zentrum der Stadt und Quell ihres Wachstums ist in der Geschichte der großen Zivilisationen in Mesopotamien und Ägypten verwurzelt. In diesen Kulturen lag die kleine, nur wenigen Auserwählten vorbehaltene »verbotene Stadt« mitten in der großen, für alle zugänglichen Stadt.

Ludwig XIV. erfindet eine neues Modell: Seine exklusive Stadt, eine Art Gartenstadt, hat keinen Bezug zu den historischen Zentren und will ihn auch nicht herstellen. Ludwig denkt nicht daran, sein Reich vom Herzen seiner Hauptstadt aus zu regieren, er beherrscht es von außen, von der Peripherie her, aus einer virtuellen Stadt heraus.

Der Rahmen dieses von Pierre La Pautre 1710 geschaffenen Stichs, der das gesamte Territorium der Stadt und des Gartens umfaßt, ist eine Metapher für die Andersartigkeit und Einzigartigkeit des Projekts. Grundlegend ist die Anlage des parkähnlichen Gartens, der 1662 vom Architekten André Le Nôtre (1613-1700) geschaffen wurde. Er ist bereits ein Denkmal und ein Dokument jener Art von Landschaftspflege, die später mit dem Begriff »französische Gartenbaukunst« definiert wird. In diesem weitläufigen Park ist die ganze Natur gemäß den Prinzipien des »esprit de géométrie« der damaligen Zeit rekonstruiert, mit der symbolischen und kosmologischen Aussage, daß der König über Land und Leute herrscht, daß alles geändert und verbessert werden konnte gemäß der wissenschaftlichen Überheblichkeit des 17. Jh. Ludwig XIV. schreibt selbst genau vor, wie man diesen seinen Park zu genießen hatte, seine ihm, dem König, gehörende Natur.

Norbert Elias, *Die höfische Gesellschaft*, Darmstadt 1969; Luc Benoist, *Versailles et la Monarchie*, Paris 1974; Franklin Hamilton Hazlehurst, *Gardens of Illusion (The Genius of André le Nostre)*, Nashville 1980; Louis XIV, *Manière de montrer les jardins de Versailles*, Paris 1982.

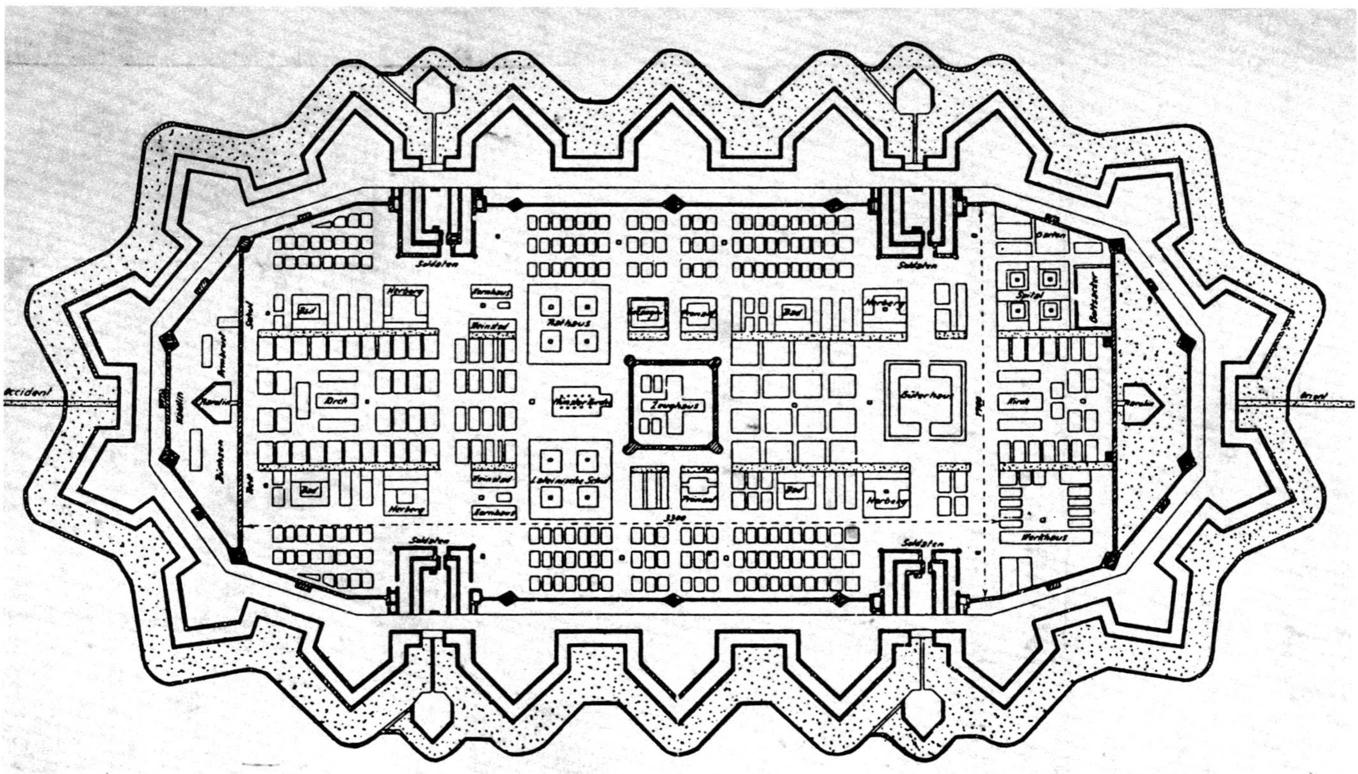

Joseph Furttenbach der Ältere (1591-1667) war Baumeister und Architekturtheoretiker. Als erster schlug er in Deutschland die Enfilade vor, die klassische Raumfolge des Barock, bei der die Türen in einer Flucht liegen, und die man auch als eine Weltanschauung betrachten kann. Er schätzte die Modernität der aus dem 16. Jh. stammenden Neuen Straße von Genua und stand mit den berühmtesten italienischen Architekten seiner Zeit in Verbindung. Ihm sind die Entwürfe für einige deutsche Idealstädte zu verdanken.

Die Studien und Entwürfe in seinen zahlreichen, in Ulm gedruckten Büchern (*Architectura civilis*, 1628; *Architectura navalis*, 1629; *Architectura martialis*, 1630; *Architectura recreationis*, 1640, das einzige in Augsburg gedruckte Buch; *Architectura privata*, 1641) beziehen sich immer auf die Stadt und die wesentlichen Elemente ihrer Errichtung. Das der Anlage einer Gewerbestadt gewidmete und 1650 in Ulm gedruckte Werk jedoch entwirft die für jene Gesellschaft ideale Stadt, in der sich die italienische und deutsche Kultur (besonders Dürer), die schwedische und niederländische vereinen. In den alternierenden urbanen, nie abstrakten oder dogmatischen Typologien scheint die Perfektion zu liegen, wie in dem hier abgebildeten Schema, bei dem die Vollkommenheit des Modells, das Ideal, in der organischen Abfolge der einzelnen Bestandteile begründet ist. Es ist kein abstraktes Schema einer idealisierten Stadt, sondern ein urbanes Ideal, das erreicht werden kann in dem Bemühen, die zeitgenössische Stadt zu verbessern, sich mit ihren Problemen und Notwendigkeiten vertraut zu machen.

Wilhelm Reinking, *Die sechs Theaterprojekte des Architekten Joseph Furttenbach, 1591-1667*, Frankfurt a. M. 1984.

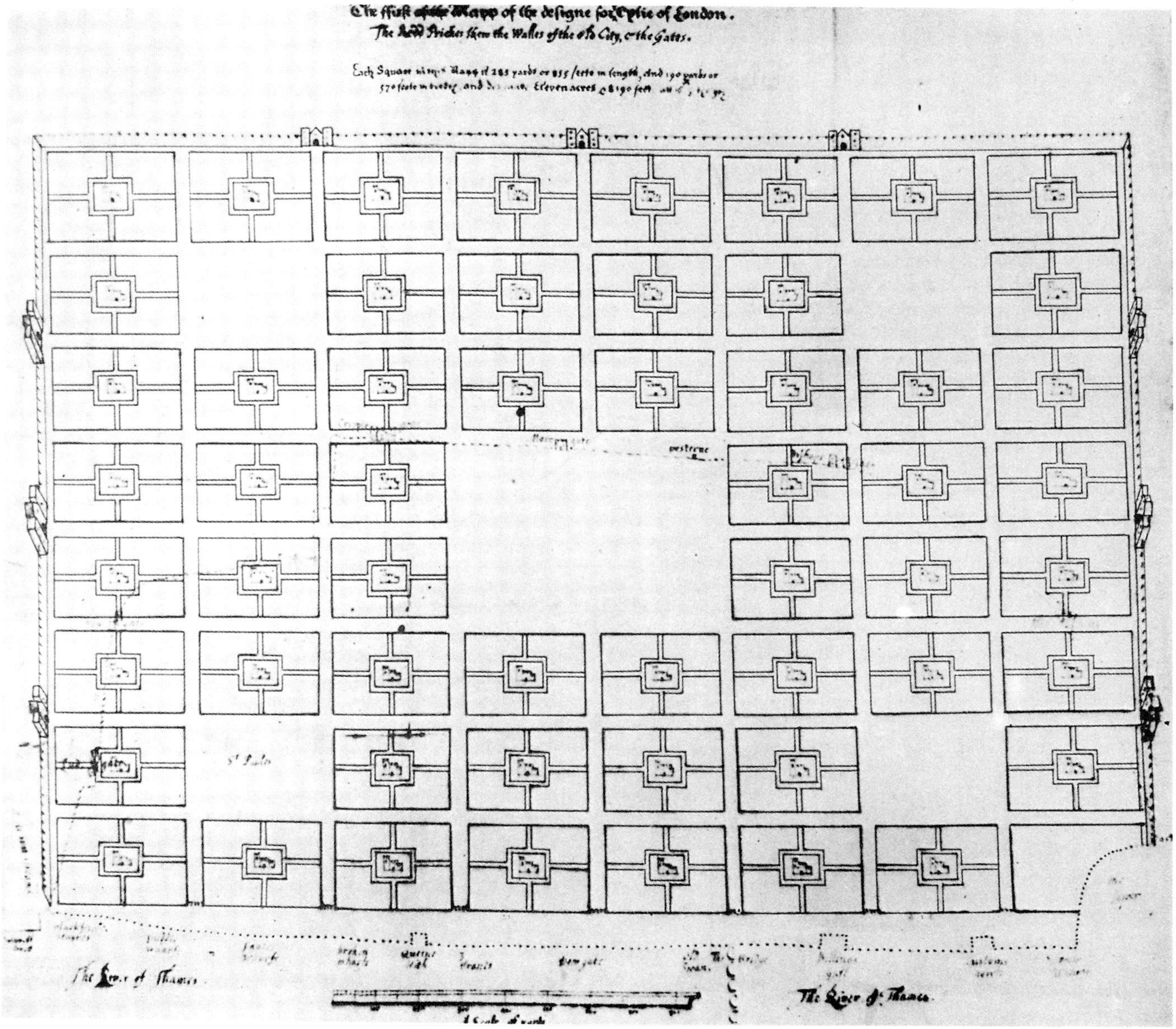

Ehe London 1666 durch ein Feuer zu vier Fünftel vernichtet wurde (es bestand zum größten Teil aus Holzhäusern), zählte es ca. 400 000 Einwohner und war damit die größte Stadt Europas. Beim Wiederaufbau mußte man also auch den utopischen Gedanken einer idealen Stadt berücksichtigen. Die Diskussion über die verschiedenen Entwürfe und Vorschläge zum Wiederaufbau Londons stellt somit auch ein wichtiges Dokument dar in der Geschichte von der Idee der Stadt in Europa, zwischen Barock und dem wissenschaftsdurstigen 17. Jahrhundert.

Das neue London wird der Ort sein, an dem die antikatholische »glorious revolution« von 1688 geboren wird; zu jenem Zeitpunkt zählt die Stadt fast eine halbe Million Einwohner. Unter den vielen Projekten zum Wiederaufbau ragt vor allem der grandiose Plan des Architekten Christopher Wren hervor, der sich bei seiner Neugestaltung an Vorbilder der italienischen Renaissance und des französischen Barock anlehnt. Seine mathematisch perfekten Entwürfe, von König Karl II. zu Beginn eifrig gefördert, müssen fallengelassen werden, da sie in ihrer utopischen Ausrichtung die Eigentumsverhältnisse der Flächen und ihrer Verteilung nicht berücksichtigen. Der Plan wird durch einen programmatischeren ersetzt, der die baulichen Typologien kodifiziert und dabei festlegt, daß alle Gebäude aus Stein errichtet werden müssen (Act for Rebuilding the City, 1667). Die hier abgebildete Zeichnung von Richard Newcourt dokumentiert die etwas naive Einstellung, daß eine Großstadt wie London nach der Feuerkatastrophe in einer solch schematischen Reduktion neu erbaut werden könnte. Was für das damalige London wie ein nicht zu verwirklichender Aufruf zur Ordnung nach schachbrettartigem Raster ist, findet dann bei den neuen Städten in den englischen Kolonien in Amerika Anwendung, wie bereits ein Jahrhundert zuvor in den spanischen und portugiesischen Kolonien in Mittel- und Südamerika geschehen.

Steen Eiler Rasmussen, *London: the Unique City*, London 1937; Thomas Fiddian Reddaway, *The Rebuilding of London after the Great Fire*, London 1940.

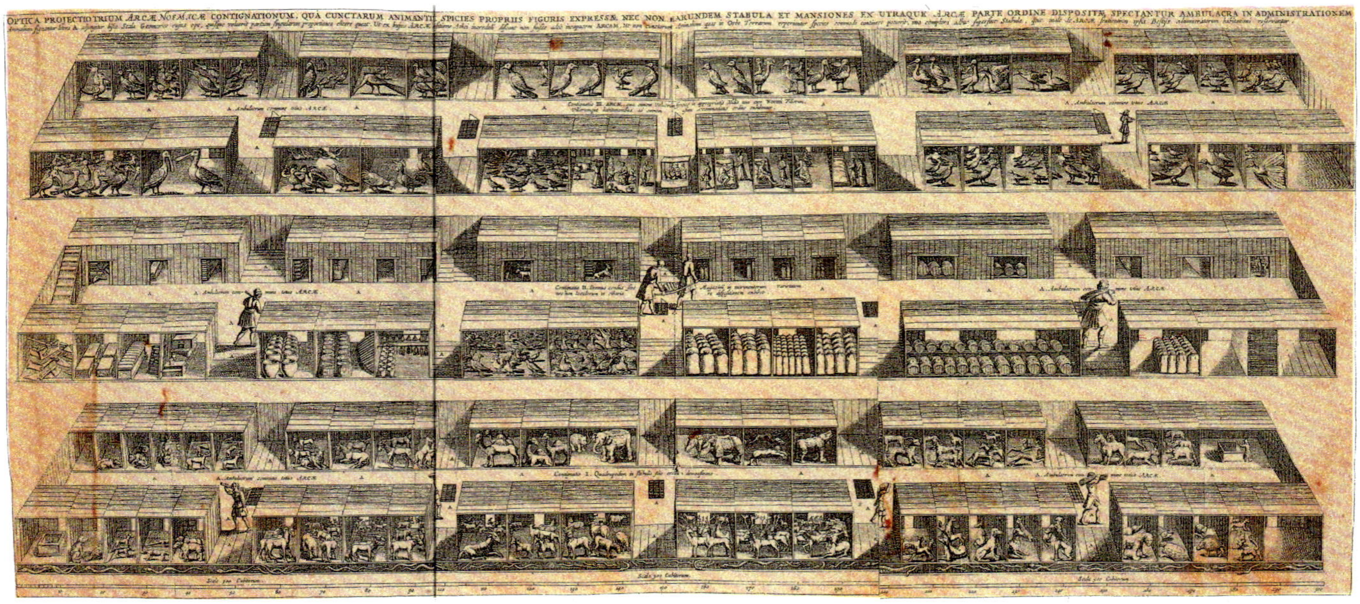

Athanasius Kircher (1602-1680), deutscher Jesuit und Gelehrter, floh 1635 vor den Schrecken des Dreißigjährigen Krieges nach Rom, wo er bis zu seinem Lebensende blieb. Als letzter der Universalgelehrten, ständig auf der Suche nach dem Wissen der Antike, schrieb er dreiunddreißig Bücher über die verschiedensten Gebiete: Philosophie, Theologie, Magnetismus, Astronomie, Ägyptologie, Medizin, Optik, Musik, Geologie, Logik, Akustik, bekannte und unbekannte Sprachen, Mathematik, Archäologie, um nur einige zu nennen.

Als Professor für Mathematik, Hebräisch und Syrisch wurde er an das Collegium Romanum berufen. Viele seiner Schriften veröffentlichte er in Rom; hier begann er auch 1650 mit dem großen Projekt eines Museums der Natur- und Geisteswissenschaften, eine Art riesige und universelle Wunderkammer, die jede existierende Dokumentation über das Wissen der Welt aufnehmen sollte. Leider wurde dieses Museum im 19. Jh. nahezu völlig aufgelöst, und nur einige Teile sind im heutigen Prähistorischen und Völkerkundlichen Museum von Luigi Pigorini in Rom erhalten. Seine Schriften enthalten eine große Anzahl höchst aussagekräftiger Zeichnungen und Stiche, die das Thema seiner Abhandlungen und das von ihm beschriebene Phänomen aufs genaueste erläutern. Viele seiner Themen und damit auch seiner Zeichnungen befassen sich mit dem Bauwesen und mit der Idee von einer idealen Stadt. 1675 veröffentlicht er in Amsterdam eines seiner letzten Bücher, aus der die obige Abbildung der Arche Noah stammt. Er widmet dieses Buch dem streng jesuitisch erzogenen spanischen König Karl II. Die Erzählung über die Geschehnisse der Arche gibt dem Jesuitenpater und Gelehrten die Möglichkeit, den Bau des Schiffes in seinen Tafeln zu beschreiben, als ob es sich um ein Traktat der Zimmermannkunst handele; die Arche selbst erscheint wie die Metapher einer kleinen, ordentlichen und sozial genau definierten Stadt: »Die große Arche wurde nach den Gesetzen der Geometrie und der Maurerkunst errichtet ...«, liest man in der Verfassung der Freimaurer 1722.

Joscelyn Godwin, *Athanasius Kircher. A Renaissance Man and the Quest for Lost Knowledge*, London 1979; Versch. Verf., *Enciclopedismo in Roma Barocca, Athanasius Kircher e il Museo del Collegio Romano tra Wunderkammer e museo scientifico*, Venedig 1968.

Der Jesuitenpater Athanasius Kircher widmete sich mit Leidenschaft den Problemen der Archäologie und war damit seiner Zeit um einiges voraus. Obwohl sein Entzifferungssystem für die ägyptischen Hieroglyphen sich als unbrauchbar erwies, da er gemäß der damals herrschenden Überzeugung davon ausgegangen war, daß die Hieroglyphen eine Symbolschrift seien und keine phonetische Schrift, war er doch der erste, der in der koptischen Kultur die Fortsetzung der alten ägyptischen Kultur erkannte. Seine Erkenntnis wurde erst zwei Jahrhunderte später bewiesen.

In seinem umfassenden Programm der phantastischen Erkenntnistheorie nimmt die Archäologie als Quelle für verlorengegangenes mythisches Wissen eine zentrale Rolle ein. Als einer der ersten modernen Autoren präsentiert er Monumente aus der chinesischen Welt (*China Monumentis*, Amsterdam 1667). Der babylonische Turm (*Turris Babel*, Amsterdam 1679) bietet ihm die Gelegenheit zu (offensichtlich hypothetischen) Rekonstruktionen der Stadt Babylon und ihrer Hängenden Gärten. Die Ägyptologie ist Thema vieler Bücher und Illustrationen, in denen die Zivilisation am Nil teils phantastisch, teils real geschildert wird. So ist sein Stich mit dem Nilmosaik des Palestrina eine der ersten modernen Darstellungen dieses Dokuments über die Ägyptomanie der Römer im ersten Jh. n. Chr. Jede (auch die phantastische) Interpretation der Architektur mit Hilfe der wissenschaftlichen Archäologie wird im allgemeinen zum Dokument für die Geschichte der Ideen; das hat insbesondere Gültigkeit für das didaktische und ideologische Werk Kirchners. In seinem Buch über die Arche Noah ist ein Beitrag zu finden über die Vorstellung vom irdischen Paradies. Dieses Paradies ist ein wohlgeordneter Garten, eine kleine, grüne Enklave zwischen Euphrat und Tigris, inmitten eines feindlichen Gebietes gelegen. Es ist ein himmlischer Garten, durch einen mächtigen, mit Früchten geschmückten Zaun eingefriedet, und entspricht dem Paradies, das Gott für den Menschen vor dem Sündenfall eingerichtet hatte.

Marie Luise Gothein, *Geschichte der Gartenkunst*, Jena 1914.

Aus seiner umfassenden Bildung, aus seiner Kenntnis von der Architektur und der kosmischen Harmonie in den Bauwerken der Antike schöpft Pater Athanasius Kircher die Anregungen für viele seiner Rekonstruktionen, auch für die hypothetischen. Zu diesen zählt das Schloß der Semiramis, dessen Darstellung dem in Amsterdam 1679 ein Jahr vor seinem Tod veröffentlichten Buch *Turris Babel* entnommen ist.

Es ist die phantastische Rekonstruktion einer Legende und basiert vor allem auf den im 16. Jh. veröffentlichten Illustrationen, in denen die manieristische Absicht erkennbar ist, neue und komplexe bauliche Typologien zu entdecken. Kircher stellt das kreisrunde Schloß in der Form einer kleinen Stadt dar, mit den drei von Diodoro Siculo (in jener Zeit unangefochtene Autorität für Archäologie) beschriebenen Kreisen.

Der spanische Jesuit und Architekt Juan Baptista Villalpando begann mit dieser Art der monumentalen und phantastischen Rekonstruktion, als er gegen Ende des 16. Jh. den Tempel des Salomon darstellte. Die riesigen Tafeln galten bis weit ins 18. Jh. hinein als Dokument für den Ursprung der Architektur und trugen zur Gründung der Embleme und Mythen der Freimaurer bei. Der Entwurf zur Rekonstruktion des sagenhaften Schlosses von Babylon ist durch eine andere Maßgeblichkeit und Zielsetzung gekennzeichnet. Der direkte Bezug zur idealen Stadt ist in der Form der konzentrischen Mauerkreise zu erkennen, einer architektonischen Möglichkeit der Kommunikation. Die Mauern erzählen den Eintretenden die Geschichte von der Liebe zwischen Semiramis und Ninias. Es ist eine Wiederaufnahme des von Tommaso Campanella beschriebenen Modells des Sonnenstaats, auf dessen ähnlichen Mauern das Wissen und die Kenntnisse der damaligen Welt dargestellt waren. Diese bewußte Wiederaufnahme läßt vermuten, daß Kircher mit dem Text des Campanella genauestens vertraut war und dies auch mitteilen wollte.

Irma B. Jaffé, Rudolf Wittkower (Hrsg.), *Baroch Art and the Jesuit Contribution*, New York 1972.

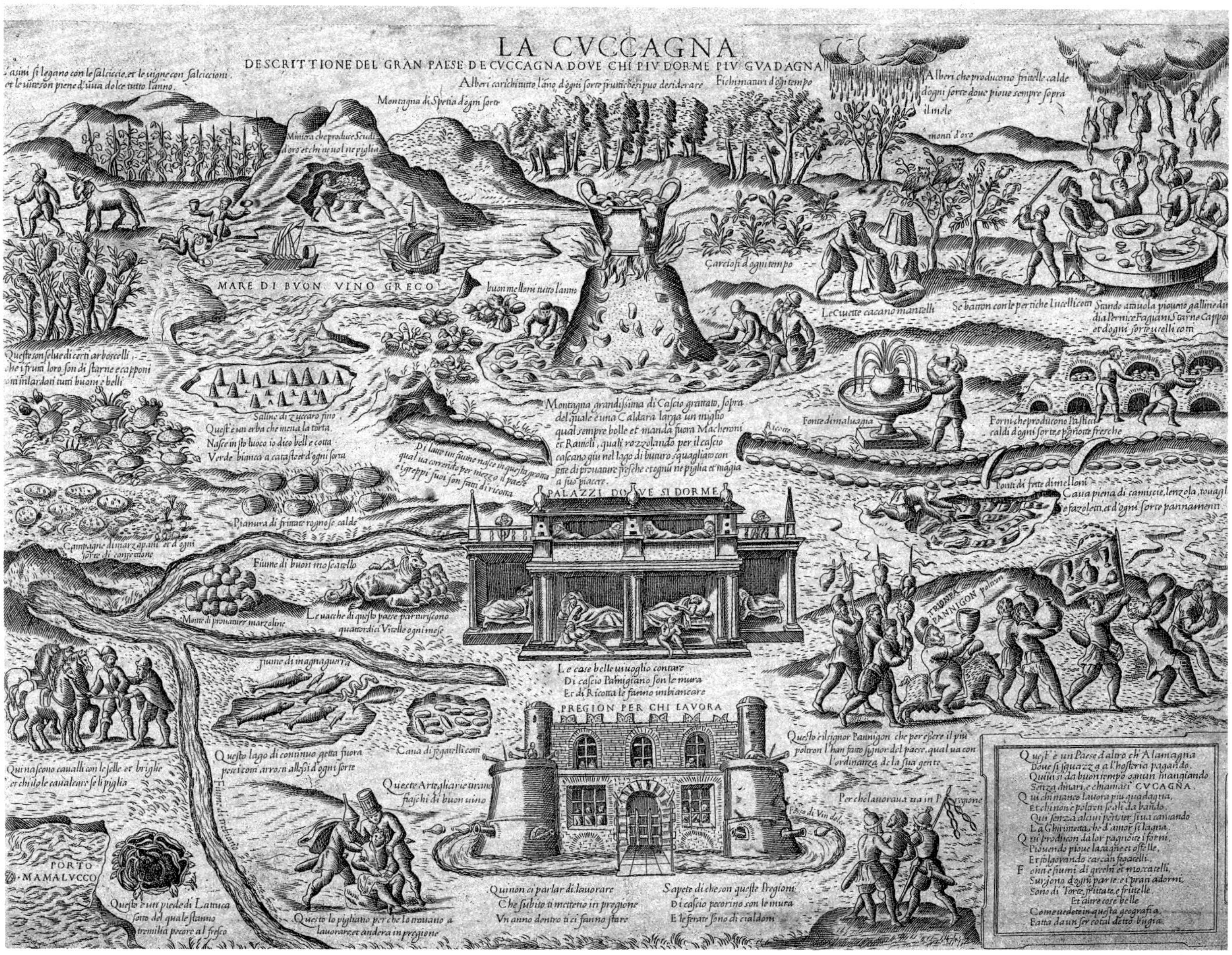

Die utopische Vorstellung des legendären Schlaraffenlands in der Welt des einfachen Volkes und der Bauern ist zur Zeit des Feudalismus dadurch gekennzeichnet, daß es darin keine Stadt gibt und somit auch keinen Ort, der auf Kosten des Landes und der Bauern lebt. Dies ist auch der politische und ideologische Kontext, aus dem heraus im katholischen Frankreich und protestantischen Deutschland die großen Bauernaufstände entstehen.

Sozialer Protest, bäuerlicher Aufstand, Ablehnung der feudalen Ordnung und der Privilegien des Adelsstandes, ketzerische Tendenzen, anarchische Befreiung von den überkommenen Werten, das sind die Elemente, die den großen Traum des Volkes vom Karneval (stark verwurzelt in heidnischen Riten und Gebräuchen) und vom Schlaraffenland nähren. Für das einfache Volk bestand die Erfüllung dieses Traums vom idealen Land nicht in der Stadt der Philosophen oder Theologen, die nur erstrebenswert war für die, die sie entwarfen, sondern in einem Ort, an dem man essen und trinken kann, ohne arbeiten zu müssen, ein Ort, an dem man der Realität entfliehen kann, eben das Schlaraffenland. Die phantastische Landkarte des Schlaraffenlands, zusammen mit zahlreichen Illustrationen und Gedichten – *Der Triumph der Bewohner des Schlaraffenlands, Der Triumph der Faulheit* – zirkulierte dank der Verbreitungsmöglichkeiten durch den Buchdruck seit dem 16. Jh. in ganz Europa. Es war eine Art Literatur für das Volk. Einen ersten Bezug auf das Schlaraffenland gibt es in den Erzählungen von Boccaccios *Decamerone* und in dem aus dem 15. Jh. stammenden Werk *Die neue Geschichte über das Schlaraffenland.* Der Mythos von den Elysischen Gefilden war somit wahrscheinlich eines der ersten Themen der überlieferten mündlichen und schriftlichen Erzählkunst.

Schlaraffenland, Siena 1581; Giuseppe Cocchiara, *Il paese di Cuccagna*, Turin 1956; Michail Bachtin, *L'œuvre de François Rabelais et la culture populaire au Moyen Age et sous la Renaissance*, Paris 1970; Dieter Richter, *Schlaraffenland. Geschichte einer populären Phantasie*, Köln 1984.

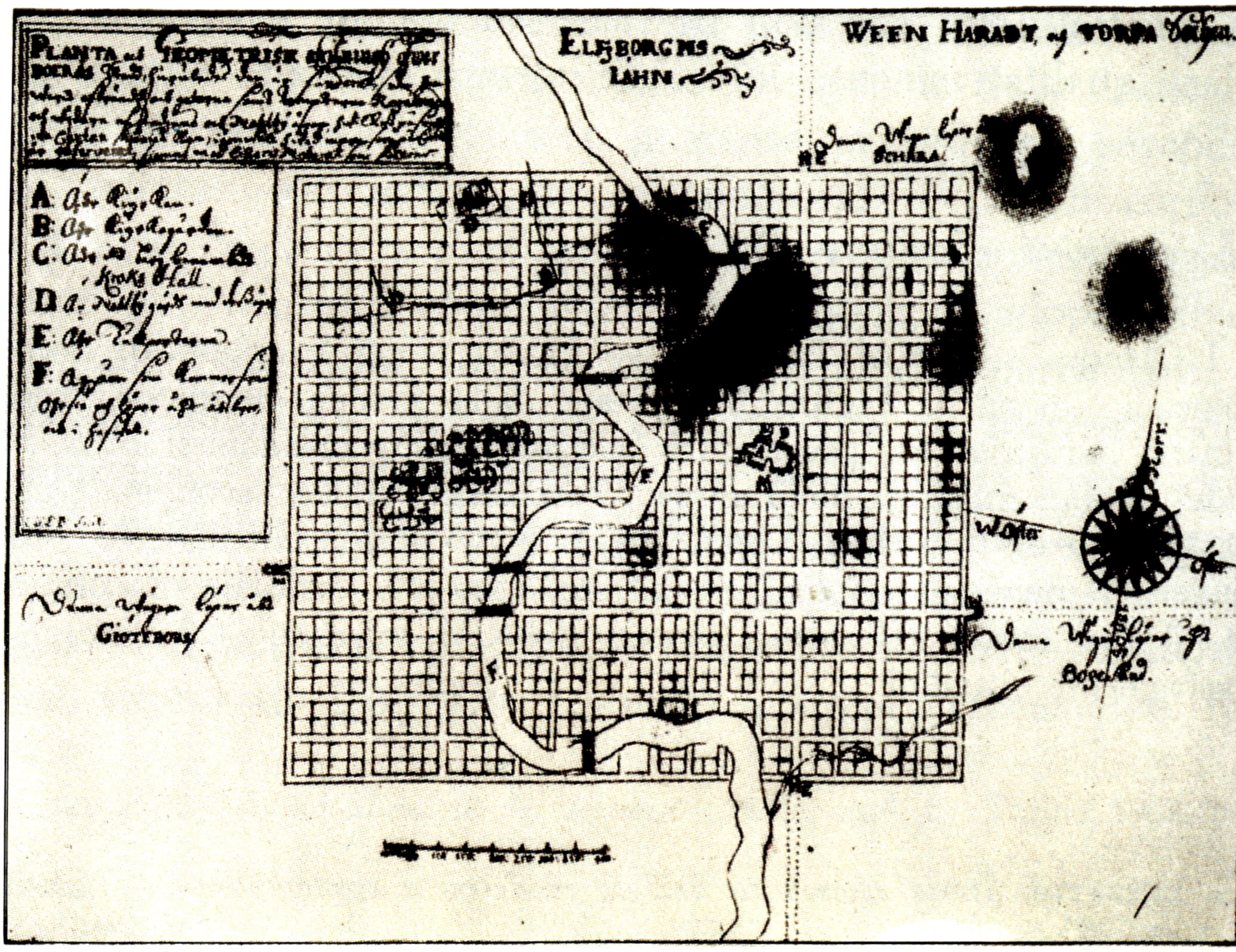

Diese Abbildung stellt den Stadt- und Entwicklungsplan der 1632 gegründeten schwedischen Stadt Boras dar. Neben dem schachbrettartigen Bebauungsplan (ein System, das sich seit dem 16. Jh. besonders für die städtischen Neugründungen in Amerika durchsetzt und drei Jahrhunderte lang verwendet werden wird) wurden nachträglich Hinweise angebracht, die den Sinn und die Bedeutung dieser Arbeiten für die damalige Zeit nicht zu begreifen scheinen.

Die neuen amerikanischen Städte galten als Metapher der Perfektion; das beweisen die erste, von den Spanien errichtete Stadt Santo Domingo, die Reduktionen der Jesuiten im heutigen Paraguay und auch die kulturelle Inanspruchnahme des Modells von Hochelaga. Diese Art des Städtebaus entwickelte sich aus dem sicheren Bewußtsein, daß das vernunftbetonte Bauwesen der Renaissance der mittelalterlichen Praxis überlegen war, die enge und vielfach gewundene Straßen hervorbrachte. Entgegen den übereilten und wenig aufmerksamen Feststellungen jüngster Experten des Städtebaus war bei diesem Stadtplan von Boras aus dem 17. Jh. ganz offensichtlich ein unbegrenztes und in alle Richtungen verlaufendes Wachstum des Schachbretts nicht vorgesehen (ein Konzept, das während der Industrialisierung zur Entstehung von unförmigen Stadtgebilden führt, die in den Epochen der Vernunft nicht denkbar waren). Zentral bleibt die Idee der Vernunft, ergänzt durch die wissenschaftlichen Erfahrungen des Jahrhunderts, durch den Willen, einen Standort deutlich festzulegen und ihn gegen das Umland, das nicht für die Bebauung vorgesehen war, klar abzugrenzen, wie es immer gemacht wurde in der Geschichte der Stadtplanung. Sogar die Aussparungen für Plätze und die große Kirche sind angegeben, und der natürliche Lauf des Flusses wird nicht gestört, sei es weil man ihn als Verkehrsweg in der Stadt zu benutzen gedachte, oder auch, weil man die Natur nicht aus der Stadt verbannen wollte.

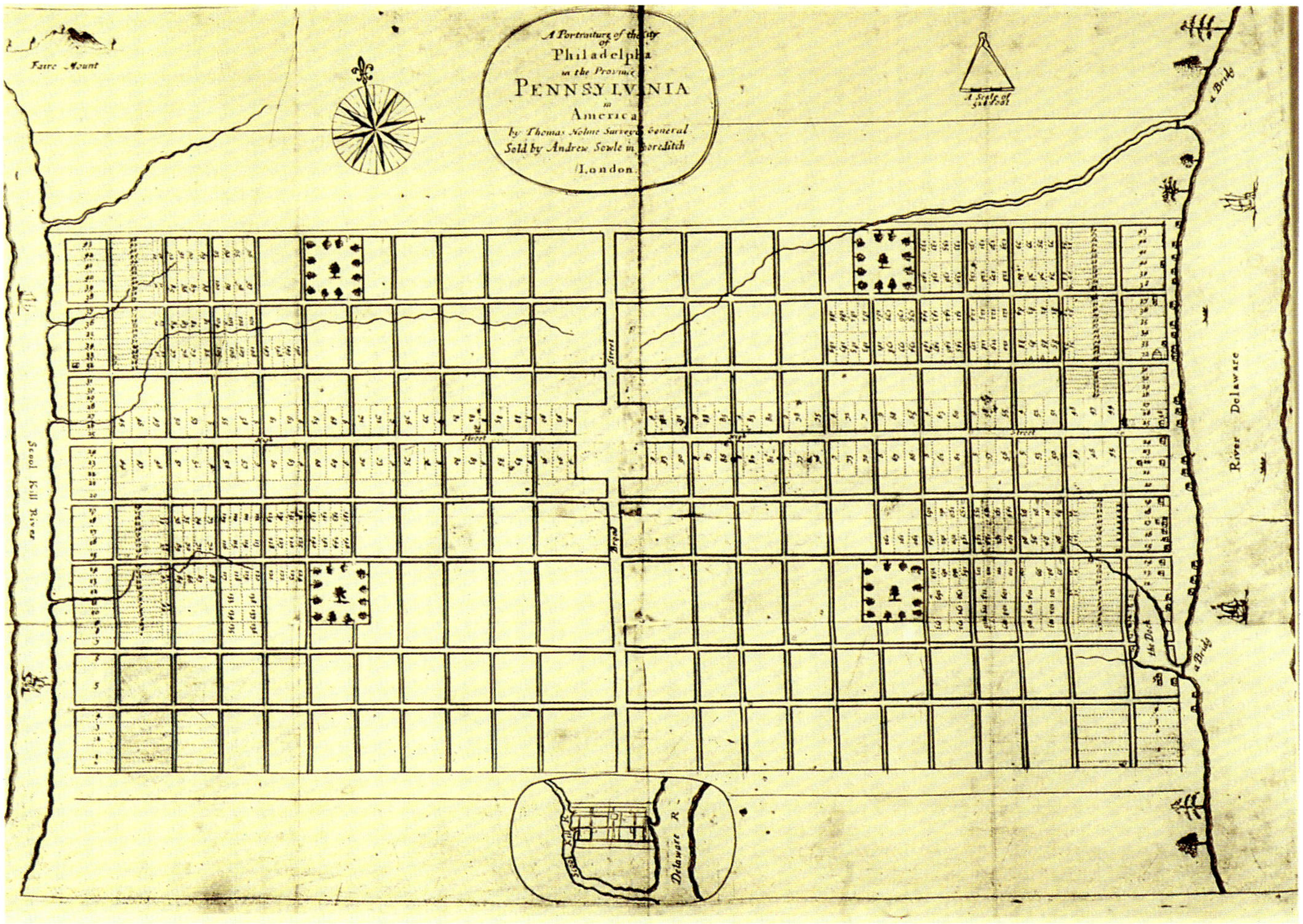

1677 landen die ersten Quäker im heutigen New Jersey. 1681 erwirbt Sir William Penn, nach dem der neue Staat genannt werden wird, die Rechte über große Gebiete und erarbeitet einen sozialen und städtebaulichen Plan, um in seinem heiligen Kampf die vollkommene Gesellschaft und die ideale Stadt zu errichten. Das Umland der neuen Stadt soll landwirtschaftlich genutzt werden. Für jeweils 500 Hektar landwirtschaftlicher Nutzfläche, die man von den Bauern erwarb, sollten diesen 10 Hektar im Stadtgebiet überlassen werden.

Die darauf zu errichtenden Gebäude sollten im Zentrum der Fläche erbaut, der Rest mit Gemüse- und Blumengärten angelegt werden. Man wollte damit ein einheitliches, harmonisches Stadtbild erzielen, aber auch ähnliche Katastrophen wie das große Feuer von London im Jahr 1666 vermeiden, das hauptsächlich durch die Enge der Straßen und die Holzhäuser entstanden war.

Nach diesem Programm arbeitet der Ingenieur Thomas Holme den technischen Plan aus. Der Grundriß wird in London gedruckt, weil man hofft, mögliche Anhänger und Förderer des Vorhabens zu gewinnen. Dieser Grundriß wird in der großen europäischen Metropole als die Ankündigung eines Projekts vorgestellt, das utopisch erscheinen mochte, das man aber so betrachtet, als wäre es bereits in Durchführung, als gäbe es bereits eine ideale Gesellschaft mit der Idealstadt Philadelphia, der Hauptstadt des Staates Pennsylvania, als Mittelpunkt. Um die Bedeutung dieses städtebaulichen Plans innerhalb der europäischen Geschichte der idealen Stadt zu verstehen, müssen wir bedenken, welche Vorstellungen die Engländer gegen Ende des 17. Jh. von der Stadt hatten. Verglichen mit den Randsiedlungen Londons oder jeder anderen europäischen Großstadt, in Anbetracht der Verfolgungen, denen die Quäker ausgesetzt waren und deren ungeachtet sie ihren Glauben gegen alle verteidigten, war diese schachbrettartige Stadt Philadelphia eine echte Idealstadt, so großartig und wunderbar, daß man gerne in ihr leben wollte, nachdem man eine lange und beschwerliche Reise auf sich genommen hatte.

William Penn, *A Further Account of the Province of Pennsylvania and Its Improvements*, London 1685; George B. Tatum, *Penn's Great City*, Philadelphia 1961.

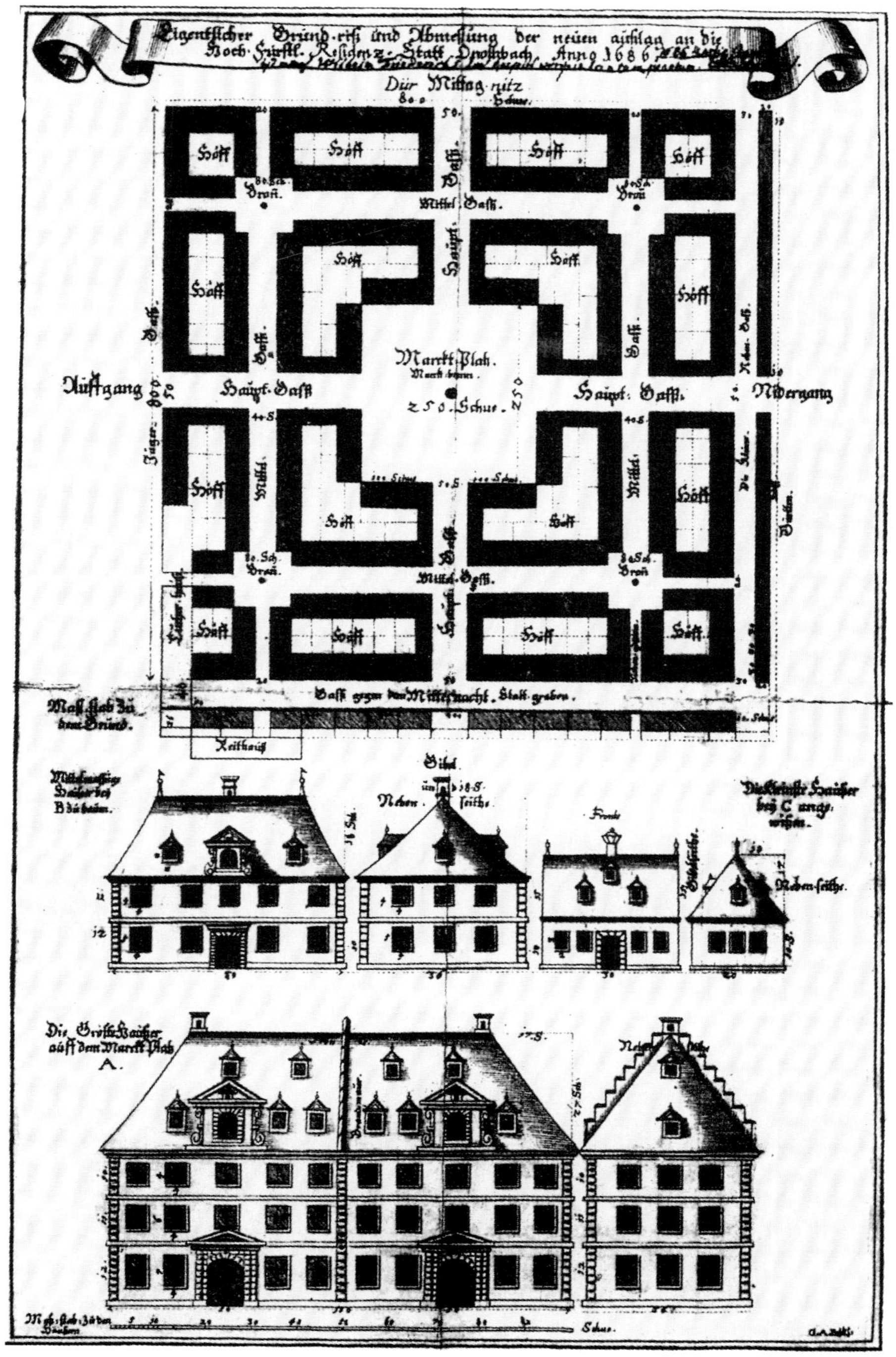

Die Hugenottenstadt ist der Ort, an dem ein gläubiges Leben mit hohen moralischen und religiösen Werten geführt wird, an dem aber auch für die Verbreitung dieses Glaubens gearbeitet werden soll. So lautete der Inhalt eines Projekts zu einer Hugenottenansiedlung, das 1686 von Georg Andreas Böckler für Onoltzbach in der Nähe von Ansbach ausgearbeitet, jedoch nie realisiert wurde. Das Stadtideal, das hier zum Ausdruck kam, ist kennzeichnend für das nordeuropäische Bürgertum, für die Würde, die im wirtschaftlichen Wohlstand und in der Tätigkeit der Bürger begründet lag.

Das Konzept der Idealstadt bezieht sich hier nicht auf ihre äußere Erscheinung, sondern auf den Wunsch, alle Anhänger eines Glaubens zu vereinen, die von der Mehrheit gerade aufgrund dieses Glaubens unterdrückt werden. Als Ketzer und Erneuerer, insbesondere in den protestantischen Ländern, die nur ungern andere Glaubensbekenntnisse zulassen wollen, qualifizieren sich die Hugenotten im 17. Jh. als aktive Glaubensgemeinschaft, die, wenn auch zahlenmäßig in der Minderheit, doch in der Lage ist, ein eigenes religiöses, soziales und wirtschaftliches Umfeld zu schaffen. Wenig später sind es diese Gemeinschaften, die als erste den Atlantik überqueren und im gastlichen und aufnahmebereiten Amerika zahlreiche ideale Städte errichten. Die straffe Struktur des profanen Teils der Stadt in der obigen Abbildung (es fehlt die Kirche) entstand aus einem Baustil, der im Vergleich zum Barock nüchtern und schmucklos ist, der jedoch unter ästhetischem Gesichtspunkt die besten Elemente der protestantischen Städte aufgreift. Die Gemeinschaften der Hugenotten lebten zu Beginn des 17. Jh. in den Grenzgebieten zwischen Frankreich und Deutschland. Verfolgungen und Duldungen lösten sich ab. Die Hugenotten von Montauban und La Rochelle versuchten, ihre Städte mit Waffengewalt gegen die Angriffe der von Kardinal Richelieu angeführten Franzosen zu verteidigen. Die ältesten Hugenottenstädte entstanden auf deutschem Gebiet, dank der Großzügigkeit der protestantischen Fürsten.

Bernd Vollmar, *Die deutsche Palladio-Ausgabe des Georg Andreas Böckler*, Nürnberg 1698; *Ein Beitrag zur Architekturtheorie des 17. Jahrhunderts*, Ansbach 1983; *300 Jahre Hugenottenstadt Erlangen*, Katalog 1986.

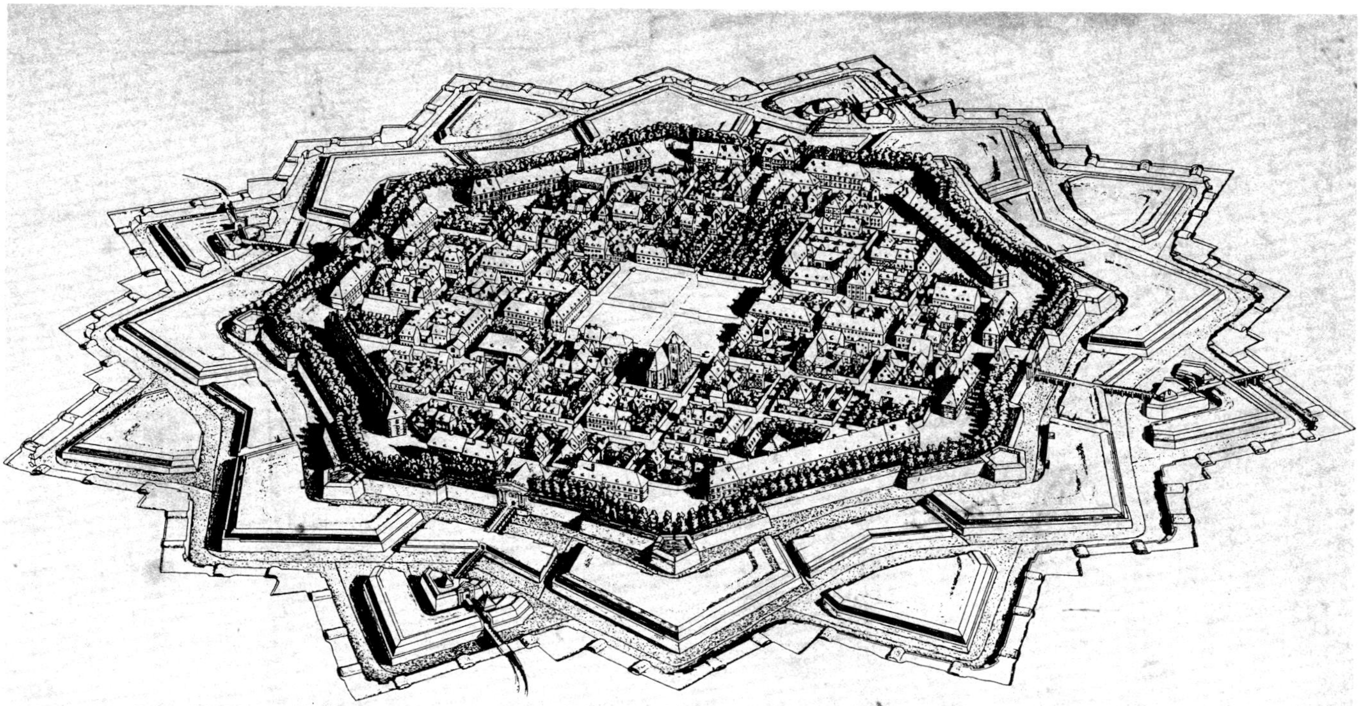

Sébastien Le Preste de Vauban (1633-1707), Festungsbaumeister Ludwigs XIV., nimmt im Frankreich des Sonnenkönigs eine ähnliche Stellung ein wie der Gartenarchitekt Le Nôtre. Denn beides – die lange als uneinnehmbar geltenden gigantischen, ungewöhnlichen Festungen und die in Europa nie zuvor in ähnlichen Ausmaßen angelegten Parks und Gärten – ist Ausdruck der neuen absoluten Macht, die ihre mathematische Herrschaft über die ganze Welt ausübt.

Vauban erbaute dreißig Festungen und mehr als zweihundert befestigte Bollwerke, errichtete Verteidigungsmauern, vergrößerte zahlreiche alte Städte und überwachte den Bau von neuen Städten. Eine davon ist in der obigen Abbildung wiedergegeben: Neuf-Brisach im Oberen Elsaß.
Ludwig XIV. mußte eine alte Befestigung erneuern lassen, um die Rheinübergänge besser bewachen zu können. Die ersten Entwürfe sahen noch den Bau einer einfachen Befestigung vor, erst später ging man dazu über, eine richtige Stadt zu errichten. Sie wurde 1707 fertiggestellt und mußte zahlreichen kriegerischen Angriffen standhalten; tatsächlich fiel sie erst im Krieg von 1870 in die Hände des deutschen Feindes. Das System der Mauern und Basteien und der drei Erdwälle war mit einer Breite von zweihundert Metern ungewöhnlich umfangreich. Obwohl die Stadt als Festungsstadt mit einem kompakten Ring von Verteidigungssystemen errichtet wurde und der Platz im Mittelpunkt des Stadtgefüges als Exerzierplatz gedacht war, kann das Modell doch auf die Entwürfe für Idealstädte der ausgehenden Renaissance zurückgeführt werden. Das Werk selbst ist, gemäß der militärischen Zielsetzung, bewußt als effiziente, perfekte Verteidigungsmaschinerie konzipiert, innerhalb seiner Mauern jedoch kann eine Stadt existieren, die nicht anders als perfekt sein kann (Neuf-Brisach kann 15 000 Soldaten und ebenso viele Einwohner aufnehmen).

Manière de fortifier de M. de Vauban ..., Amsterdam 1689; Pierre Lazard, *Vauban 1633-1707*, Paris 1934; Reginald Theodore Blomfield, *Sébastien Le Preste de Vauban*, London 1938; Michel Parent, Jacques Verroust, *Vauban*, Paris 1971.

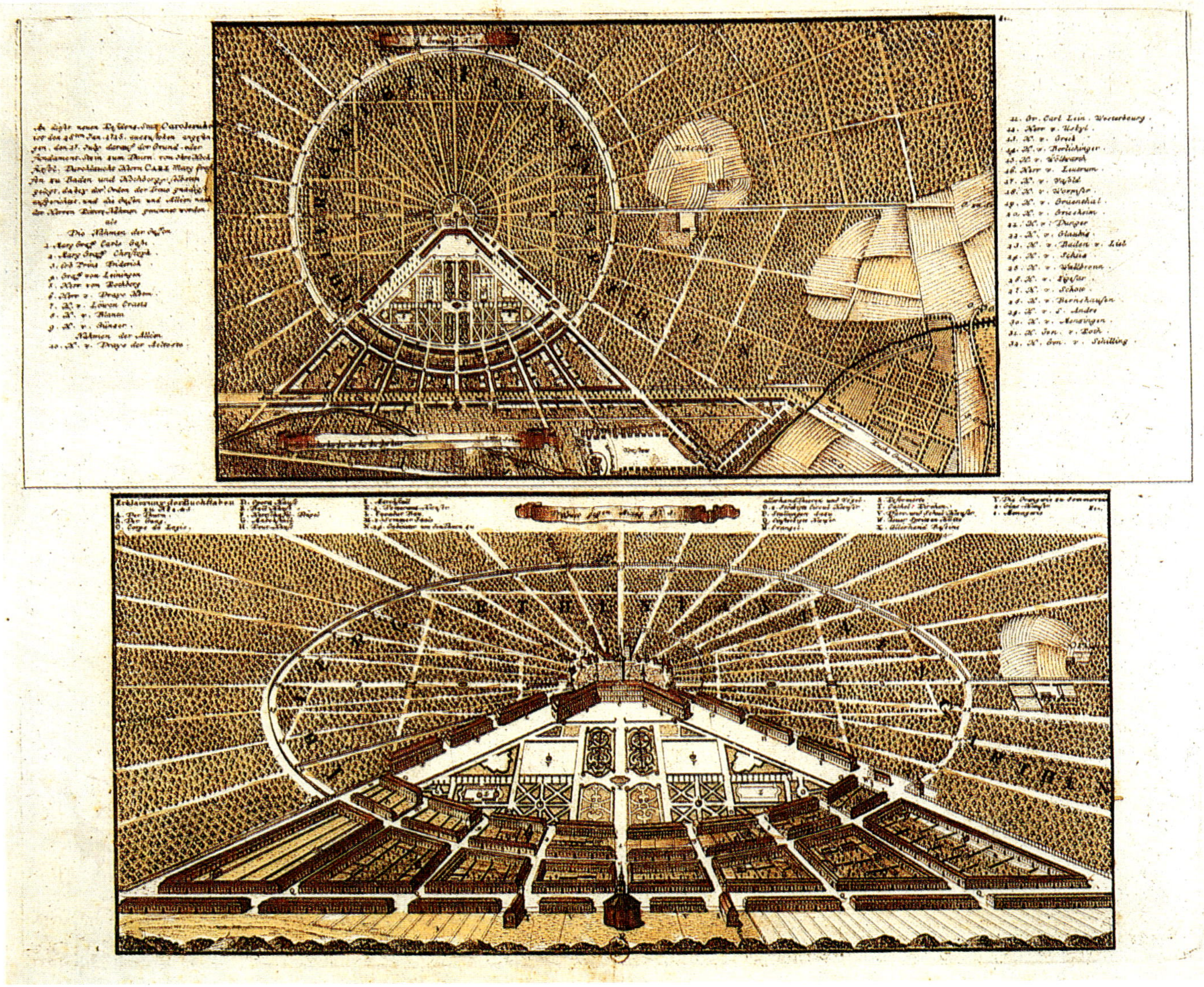

Die beiden abgebildeten deutschen Stiche von 1715 stellen die Stadt Karlsruhe dar (mit weniger als 15 000 Einwohnern) und das Schloß Hardtwald. Das Schloß ist Zentrum des Machtbereichs, aber auch geometrischer Mittelpunkt des gesamten Umkreises, des realen und des symbolischen. Die Kreislinie ist die ideale Begrenzung einer idealen Fläche, der Kreis ist Ausdruck von zusammenschließender Kraft und Besitznahme.

Der Kreis wird aber auch benutzt, um ein Beet mit besonderen Blumen und Kräutern von den umstehenden Pflanzen abzugrenzen. Die runde Begrenzung enthält jedoch eine gewisse Symbolik. Bei dieser sehr ungewöhnlichen landschaftlichen und städtebaulichen Form schließt der Kreis das Schloß ein sowie den inneren Teil des großen Parks und nur ein Segment der neuen urbanen Ansiedlung, die sich vom Schloß ausgehend weiter erstreckt und deren Verbindungsglied das Schloß ist. Der Kreis ist in seinen verschiedenen Segmenten unterschiedlich organisiert; der kleinste Sektor im Zentrum ist gemäß den herkömmlichen Kriterien als kunstvoller Garten nach französischer Art angelegt und bildet eine eigene architektonische Landschaft; der größere Kreissektor wird von einer mathematisch gegliederten Waldlandschaft eingenommen mit einer quadratischen Begrenzungslinie innerhalb des Kreises. Die radial vom Zentrum ausgehenden Straßen setzen sich jenseits der kreisförmigen Begrenzung theoretisch bis ins Unendliche fort.

Die Anlage dieser virtuellen Stadt geht auf eine Anregung des Markgrafen Karl Wilhelm von Baden-Durlach zurück. Als Modell einer idealen Stadt aus der Zeit der Aufklärung – eher Ausdruck der Suche nach Symbolik als der Suche nach einem urbanen Projekt – hatte Karlsruhe indes das Glück, tatsächlich erbaut zu werden.

Kurt Ehrenberg, *Baugeschichte von Karlsruhe*, Karlsruhe 1908; Alfred Fischer, *Karlsruhe, der Neubau einer Barockstadt. Ein Beitrag zur Frage und Wandlung im Städtebau*, München 1947.

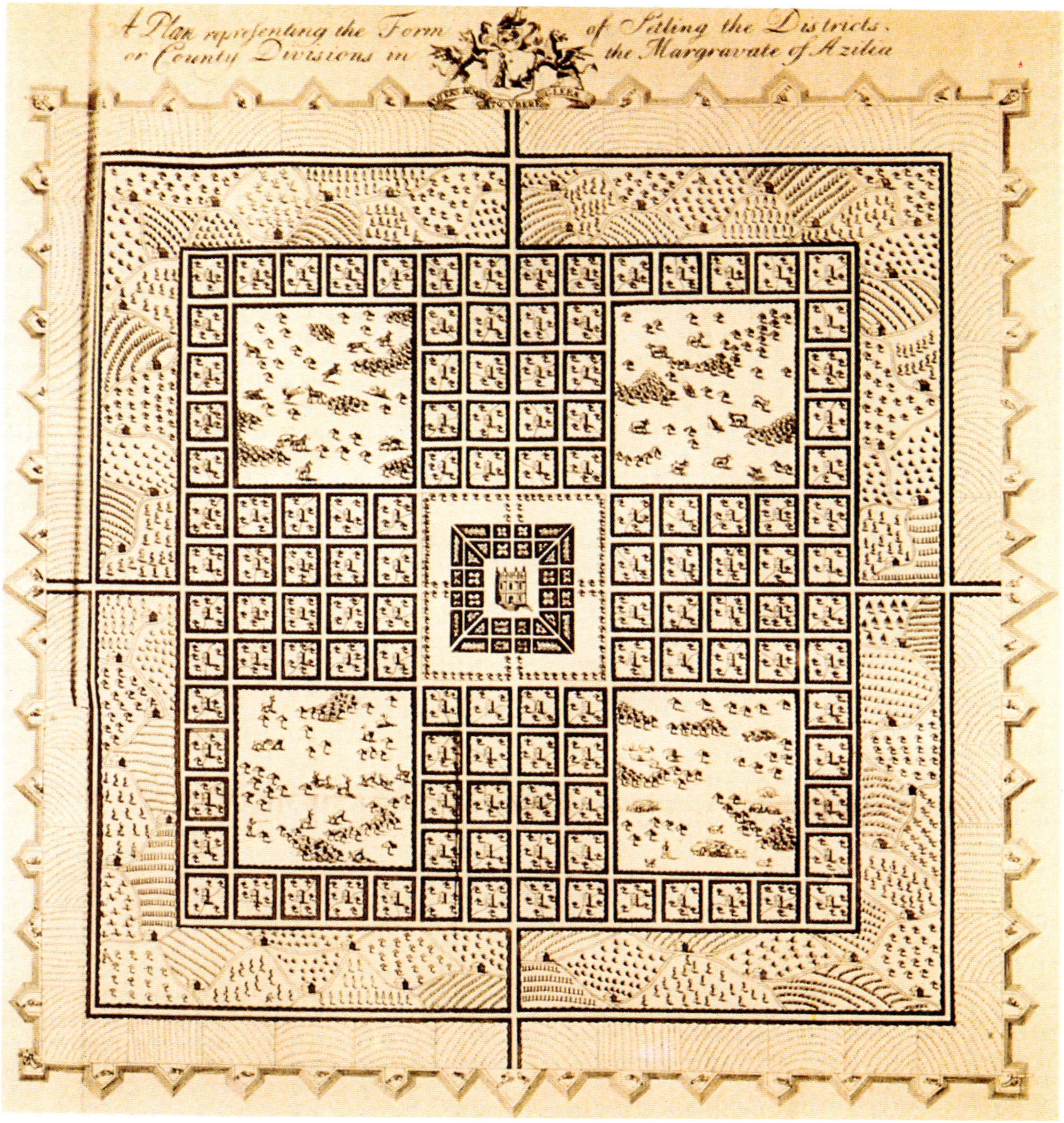

Sir Robert Mountgomery, Markgraf von Azilia, entwarf ein originelles Modell für die Gründung einer Stadt in Georgia, der neuen Kolonie in Amerika zwischen dem Savannah und dem Alatamaha River. Der Plan wurde im Buch *A Discourse Concerning the Design'd Establishment of a New Colony to the South of Carolina in the Most Delightful Country of the Universe* veröffentlicht, das 1717 in London erschien. Für ihren Gründer handelte es sich fraglos um eine ideale Stadt in einem irdischen Paradies.

Sir Robert Mountgomery widmete sich diesem Projekt mit ganzer Inbrunst, er suchte private und staatliche Geldgeber, aber seine Idee kam nie über die Darstellung dieser Abbildung in einem seiner Bücher hinaus.

Wir haben es hier mit einer utopischen, einer Idealstadt zu tun, die im Rahmen der allgemeinen Vorstellungen jener Zeit die besonderen Vorstellungen von Sir Robert enthält. Mehrere unterschiedliche Bedeutungen, verschiedene Konzepte und vielerlei Modelle treffen hier aufeinander. Die quadratische, befestigte Stadt und das System der Bollwerke sind im Europa der mit Feuerwaffen geführten Kriege eine Notwendigkeit, nicht aber im andersartigen amerikanischen Umfeld. Die Ummauerung stellt sich als eine Art Rahmen dar, um das heilige Terrain, das der idealen Stadt, gegen das umgebende Land abzugrenzen. Diese elementare, geometrische Figur drückt den Wunsch nach Perfektion aus. Die gleiche Rolle hatte der Kreis in den Jahrhunderten zuvor, als er eine Art kartographische *laus civitatis* verkörperte. Hier nimmt das Quadrat diese Rolle ein. Im Mittelpunkt der vier Quadrate befindet sich das Schloß und der dichter besiedelte Teil der Stadt. Um die vier großen Parks sind die 116 ebenfalls quadratischen Grundstücke angeordnet, mit einer Seitenlänge von jeweils einer Meile. Diese Grundstücke nehmen die Wohnhäuser auf und gestatten auch Landwirtschaft in begrenztem Umfang. Zwischen diesem Quadrat und der Stadtmauer ist ein Streifen Land vorgesehen, auf dem gleichfalls Ackerbau und Forstwirtschaft betrieben werden kann.

In diesem phantasievollen und zugleich rationalen Entwurf des frühen 18. Jh. ist eine besondere Beziehung zwischen Natur und Mensch zu erkennen, so daß man ihn als Modell für eine echte Gartenstadt betrachten kann.

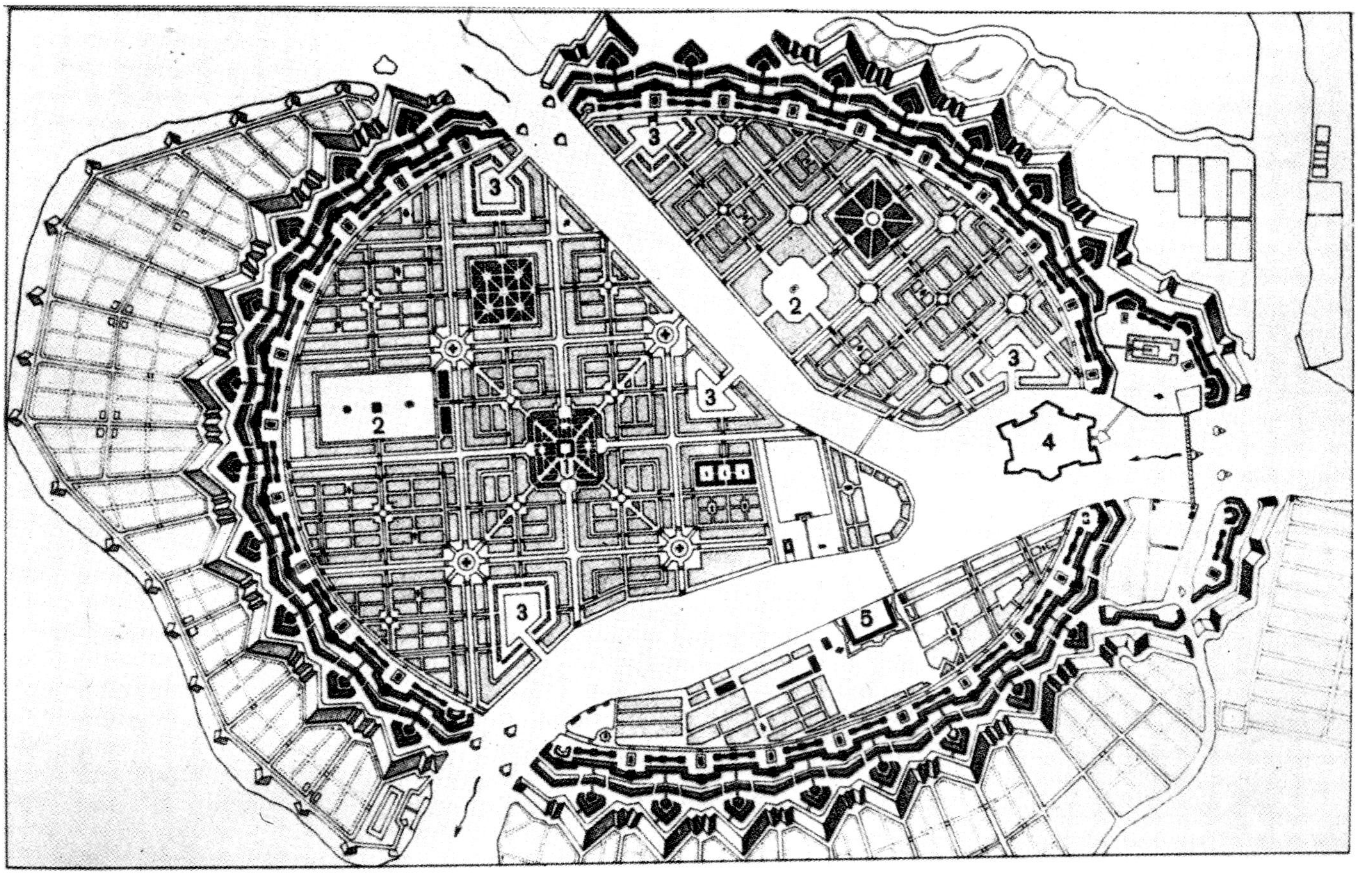

Dieser Stich gibt den neuen Grundriß für Sankt Petersburg wieder, wie er 1717 von dem Franzosen Alexandre-Jean-Baptiste Le Blond ausgearbeitet wurde. Le Blond, 1679 in Paris geboren, starb 1719 in Sankt Petersburg, wo er Hofarchitekt Peters des Großen war. Sein Modell gehört zu den vielen Entwürfen einer idealen Stadt, die für Sankt Petersburg zwar ausgearbeitet, aber nie verwirklicht wurden. Trotzdem fanden viele seiner Anregungen Verwendung beim Bau der neuen Hauptstadt.

Die Stadt wird 1703 gegründet, als Peter der Große mit dem Bau der Festung von Petropavlovsk beginnt, und heißt zuerst Sankt-Piterburck. Experimentierlabor für europäische Städte, kosmopolitischer Schmelztiegel für Forschung und Projekte (der italienische Denker Francesco Algarotti nennt sie »Fenster nach Europa«), ist Sankt Petersburg dem russischen Adel weitgehend fremd und unbegreiflich, denn dieser lebte seit jeher auf den Landgütern und in den Stadtpalais von Moskau, das mit seinen langen Reihen aus Holzhäusern sicher keine Stadt europäischen Zuschnitts war. Zar Peter der Große war als junger Mensch inkognito in den Niederlanden gewesen, wo er als Zimmermann Erfahrungen mit technischen Studien sammelte; 1716 führt ihn eine Reise nach Frankreich, auf der er Paris und Versailles besucht und Le Bond kennenlernt. Er nimmt ihn mit nach Rußland. Hier erarbeitet er für Sankt Petersburg sein Projekt einer idealen Stadt (gemäß seinen eigenen ästhetischen Vorstellungen) und einer vollkommenen Festung (gemäß seinen technischen Kenntnissen). Es handelt sich jedoch um einen abstrakten Plan, um zu Papier gebrachte Ideen, und das Scheitern seines Projekts war sicher nicht durch seinen Tod verursacht, sondern auch durch die Natur des Entwurfs, den abstrakten Gedanken und die Unfähigkeit, der kulturellen und politischen Spannung in der neuen Stadt zum Ausdruck zu verhelfen. Zu Beginn des folgenden Jahrhunderts wird Sankt Petersburg tatsächlich fertiggestellt und gegen Ende des Jahrhunderts zählt es 200 000 Einwohner.

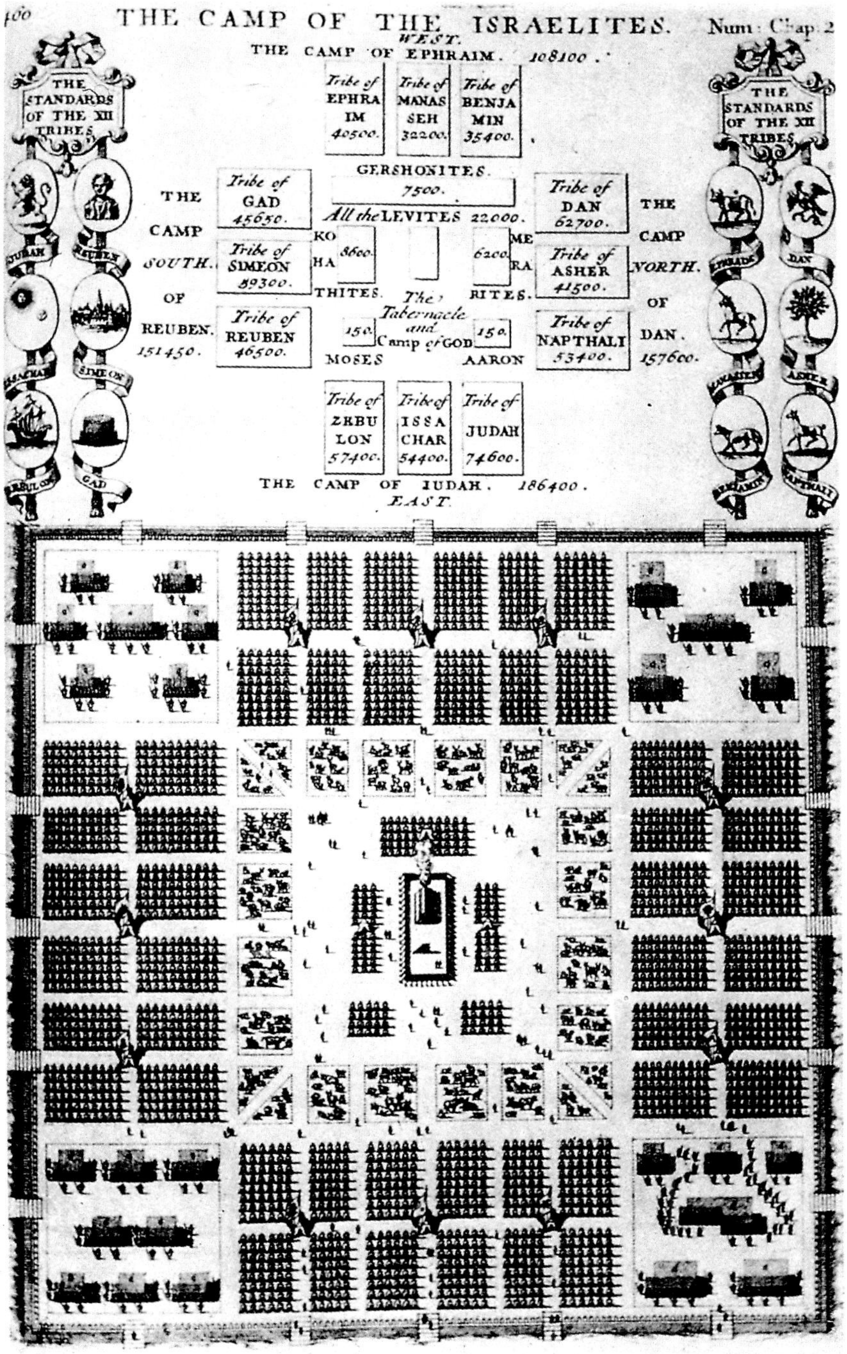

Das 1730 von Arthur Bedford in London veröffentlichte Werk *The Scripture Chronology demonstrated by Astronomical Calculations* enthält die abgebildete Tafel mit einem Lager der Israeliten. Es handelt sich um eine emblematische Darstellung, die bezeichnend ist für die Beziehung der europäischen Stadtidee zur biblischen Geschichte. So wird etwa der Tempel König Salomons zum Modell und Vorbild bei der Suche nach architektonischer und städtebaulicher Vollkommenheit.

Der biblische Architekt Hiram, König von Tyrus, wurde im 18. Jh. zur zentralen Figur der Freimaurer und zum Bezugspunkt alter und neuer Traditionen, die in der Errichtung von Gebäuden und Städten die Möglichkeit sahen, neue Gesellschaften zu gründen. Auch das jüdische Volk verband, nach jahrtausendelanger Verfolgung, mit dem Tempel die Idee von der Rückeroberung des Gelobten Landes, die nach dem Zweiten Weltkrieg mit der Gründung des Staates Israel Wirklichkeit wurde. Zur Suche nach dem Gelobten Land gehörte zweifellos auch die Ausarbeitung und Realisierung der Idee von der idealen Stadt. Das abgebildete israelitische Lager aus dem 18. Jh. ist ein Symbol für diese Suche. Die zionistische Idee hat ihren Ursprung im europäischen Gedanken des 17. und 18. Jh. von der sozialen Utopie und der gemeinschaftlichen Gestaltung des Lebens. Mehr als die großen Städte, die nach der Gründung des Staates Israel (1948) erneuert und ausgebaut wurden, ist es das Netz der landwirtschaftlichen Kommunen, der Kibbutzim, das der Vorstellung von der idealen Stadt am nächsten kommt und den Begriff der sozialistischen Brüderlichkeit verkörpert. Der moderne zionistische Gedanke, von Theodor Herzl in seinem Buch *Der Judenstaat* aus dem Jahr 1895 dargelegt, zeigt den Weg auf, um den jüdischen Staat Israel wieder aufzubauen und mit dem Erwerb von Land in Palästina zu festigen.

Nach 1913 betrug die Zahl der jüdischen Bewohner Palästinas 85 000; sie lebten in mehr als fünfzig Kolonien, den neuen idealen Städten des Gelobten Landes, das auch allen denjenigen eine neue Heimat bot, die den Pogromen zwischen 1882 und 1896 in Rußland, Polen, Rumänien und Bulgarien entkommen waren.

Jerónimo Prado, Juan Baptista Villalpando, *In Ezechielem Explanationes*, 3 Bde., Rom 1596-1604; John Wood, *The Origin of Building*, Bath 1741; Henrik F. Infield, *Cooperative Living in Palestine*, New York 1944; Helen Rosenau, *Vision of the Temple. The Image of the Temple of Jerusalem in Judaism and Christianity*, London 1979.

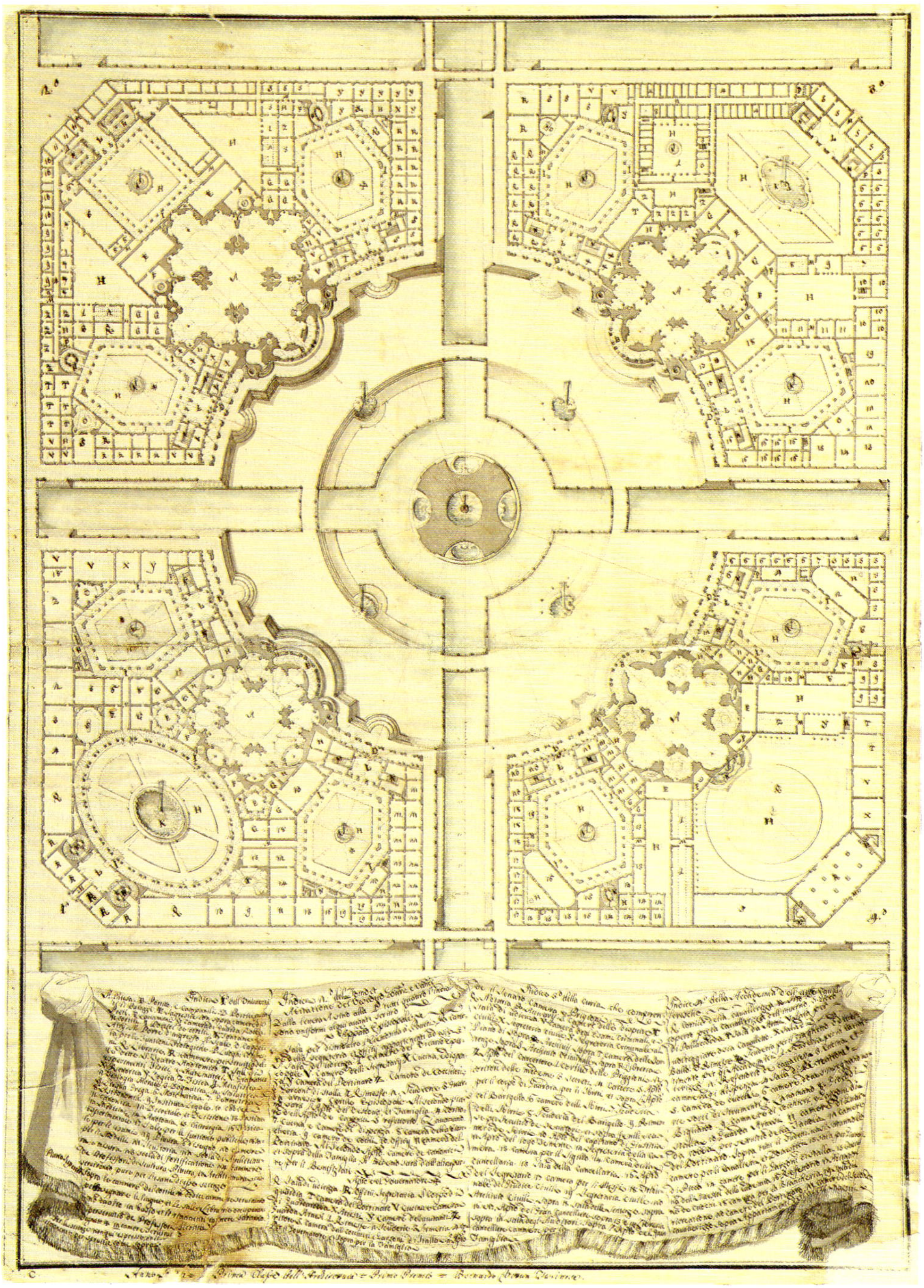

Diese Abbildung ist beispielhaft für die didaktische Rolle der Akademien, die seit den ersten Jahrzehnten des 18. Jh. an der Erforschung neuer urbaner und architektonischer Formen arbeiten. Ihre Kriterien sind abstrakt, formal und folgen der Logik einer Erkenntnistheorie, die zum ersten Mal die asymetrische Ästhetik nach Europa brachte.

Bernardo Vittone (1705-1770) war die italienische Hauptfigur des Rokoko, eines rationalen, auf mathematischen und geometrischen Kenntnissen beruhenden Rokoko. Er besaß diese Kenntnisse, was keinesfalls üblich war zu jener Zeit und insbesondere nicht für einen Architekten. Seine komplexe Poesie findet ihren Ausdruck in seinen Werken, die die große Tradition des Barock fortsetzen und vollenden. Sie stellen sich der technischen und philosophischen Reduktion des Klassizismus entgegen, mit dem er gegen Ende seines Lebens konfrontiert wird. Der junge Architekt erhält seine Ausbildung in Rom, wo er die Werke des Borromini kennenlernt. 1732 nimmt Vittone an einem von der Academia di San Luca ausgeschriebenen Architekturwettbewerb der Klasse I teil und gewinnt den ersten Preis. Der Entwurf einer Stadt mitten im Meer, das Thema des Wettbewerbs, war in der Ausschreibung angegeben; die kreisrunde, befestigte Form, die Vittone durch ein System schiffbarer Kanäle ergänzt, und die Zangenform des Hafens tauchten in vielen Projekten auf. Wichtiger für die Geschichte der europäischen Stadtidee ist die hier abgebildete Tafel, in der der zentrale Platz einer bizarren, runden Stadt mit einer zangenähnlichen Konstruktion entwickelt wird. Der Entwurf, den der junge Vittone der Jury vorlegte und mit dem er den Wettbewerb gewann, entsprach somit der Vorstellung, die die Akademie in jenen Jahren hatte. Ein fleißiger junger Mann, der diese Vorstellung in die entsprechende Form brachte, mußte wohl belohnt werden. Es handelt sich hier um ein Experiment mit allen möglichen Kombinationen von regelmäßigen, geometrischen Formen. Von der realen Idee einer Stadt bleibt in dieser mühseligen Forschungsarbeit nicht mehr viel übrig.

Fiske Kimball, *The Creation of the Rococo*, Philadelphia 1943; Paolo Portoghesi, *Bernardo Vittone, un architetto tra Illuminismo e Rococò*, Rom 1966; Paolo Marconi, Angela Cipriani, Enrico Valeriani, *I disegni di architettura dell'Archivio storico dell'Accademia di San Luca*, Rom 1974.

1736 präsentiert William Byrd einer Gruppe von Schweizer Siedlern das Programm der hier abgebildeten Siedlung in Virginia. Byrd war der Meinung, daß er die Auswanderer auf seinen Besitz in Haven locken könnte, indem er die Gründung mehrerer idealer Städte anbot, die in dem von ihm benannten Gebiet, nämlich Eden, entstehen sollten. Diese Vermarktung des irdischen Paradieses als Qualitätsmarke gehört ebenfalls in die Geschichte der Idee von der Stadt.

Die verschiedenen städtischen Mikrosysteme, die von dem unternehmerischen William Byrd den Schweizern angeboten wurden, verkörpern die elementare Vorstellung von der Idealstadt: ein rechteckiges Schachbrett mit einem großen zentralen Platz, der in der Zeichnung symbolisch von einem Baum markiert ist und um den ungefähr vierzig Parzellen zur Errichtung von Häusern vorgesehen sind. Solche neugegründeten Dörfer sind an drei Stellen entlang des Flusses Roanock im Bezirk Halifax geplant, das sie umgebende Land ist reich an Tieren, wie die Abbildungen von Büffel, Wildschwein, Hirsch und Fasan andeuten. John W. Reps entdeckte eine gewisse Ähnlichkeit mit diesem Plan im Grundriß für die neu zu gründende Stadt New Haven in Connecticut (1638). Die Errichtung der Dörfer/Städte nach einem festgelegten geographischen System war jedoch vor allem unter dem Aspekt der wirtschaftlichen Kommunikation interessant. Der Plan traf in der Schweiz ein und hatte gerade wegen dieser Kommunikationsmöglichkeit Erfolg; man erkannte darin ein realisierbares irdisches Paradies mit idealen Städten. 1738 brach eine Gruppe Schweizer auf und schiffte sich nach Virginia ein. Ein Schiffbruch und der Tod der Auswanderer verhinderte, daß diese Idealstädte rasch verwirklicht wurden.

Richard L. Morton, *Colonial Virginia*, 2 Bde., Chapel Hill 1960.

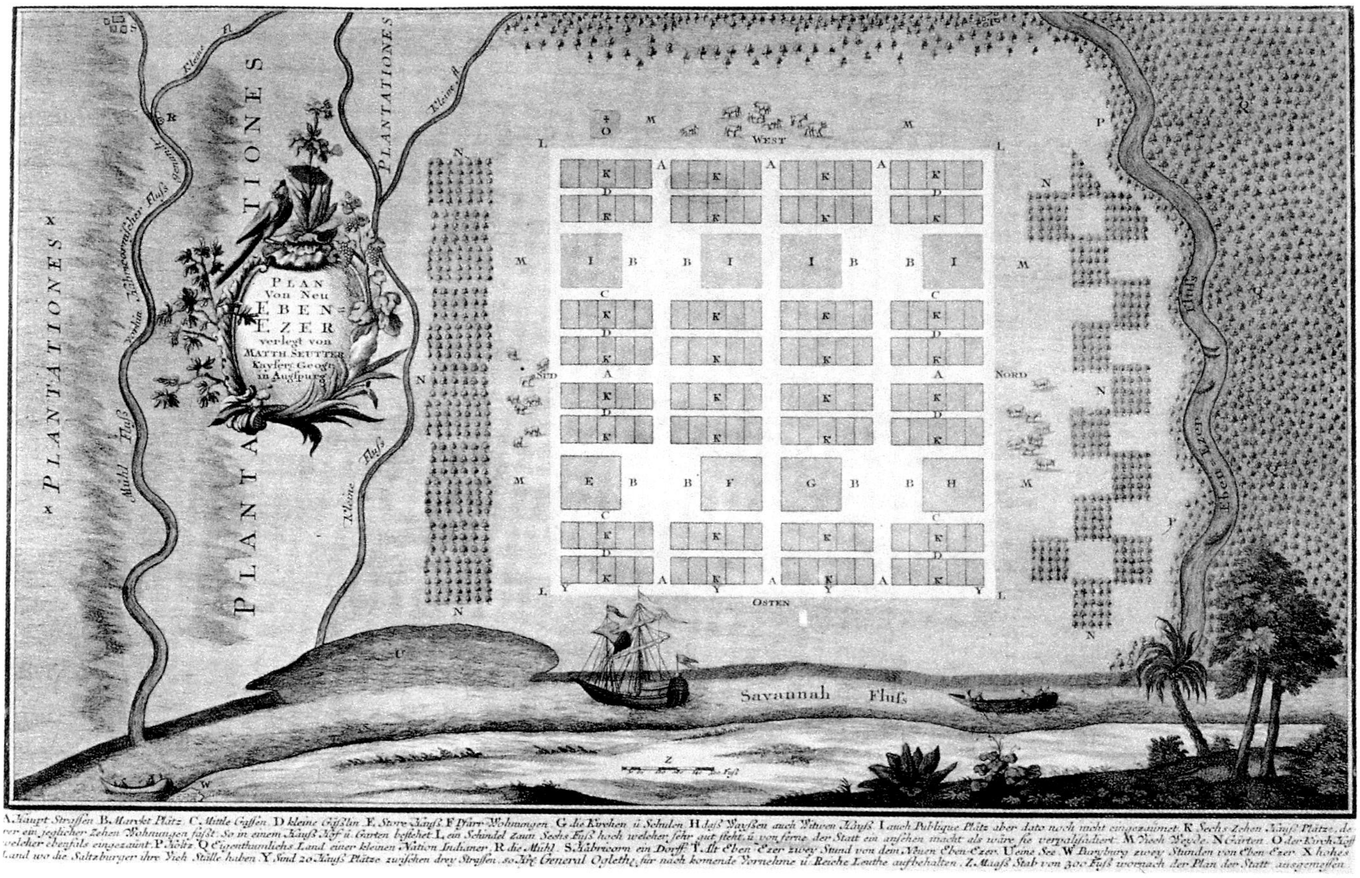

Die ersten Siedlungen am Fluß Savannah gehen auf die Ankunft der ersten Siedler im Februar 1732 zurück. James Oglethorpe, Verwalter von Georgia, berichtet wie folgt von der Gründung der Stadt: »... ich zog die Grenzlinien der Stadt und des gemeinsamen Landes; die Hälfte des Stadtgebietes wurde bereits abgeholzt, mit dem ersten Haus wurde gestern nachmittag begonnen.« Und am 16. März desselben Jahres meldet die South Carolina Gazette: »... vier Häuser stehen bereits ... man hofft, zwei Häuser pro Woche fertigzustellen.«

Wie in der Stadt Savannah, so geschah es 1736 am selben Fluß auch in New Ebenezer. Zwei Jahre zuvor hatte sich eine Gruppe von Protestanten aus Salzburg in der Nähe von Savannah an einem Ort namens Ebenezer niedergelassen; der Ort erwies sich jedoch bald als ungeeignet. Die Verwalter der Kolonie boten der Gruppe ein anderes Gebiet an, einige Meilen östlich von Savannah. Das Projekt ähnelte dem in Savannah bereits realisierten. Die abgebildete Karte läßt erkennen, daß die Fläche zwischen den beiden Flüssen vorbereitet ist, um dort eine Stadt entstehen zu lassen. Das dafür vorgesehene Quadrat enthält Parzellen für die Wohngebäude, die Marktplätze (B), die öffentlichen Plätze (I), das Lagerhaus (E), das Haus des Pastors (F), die Pfarrkirche (G), das Haus für die Witwen und die Waisen (H), die Kirche (O) und die Fruchtgärten (N). Die kartesianische Strenge dieser Anlage wurde vermutlich von der Notwendigkeit diktiert, mit der Fläche sparsam umzugehen. Sie ist Ausdruck des festen Willens, ein noch wildes Territorium für Ackerbau und Viehzucht nutzbar zu machen, es zu besiedeln: Dies wird die Geschichte der Landschaftsgestaltung in den Vereinigten Staaten sein.

John G. W. De Brahm, *History of the Province of Georgia,* Wormsloe 1849.

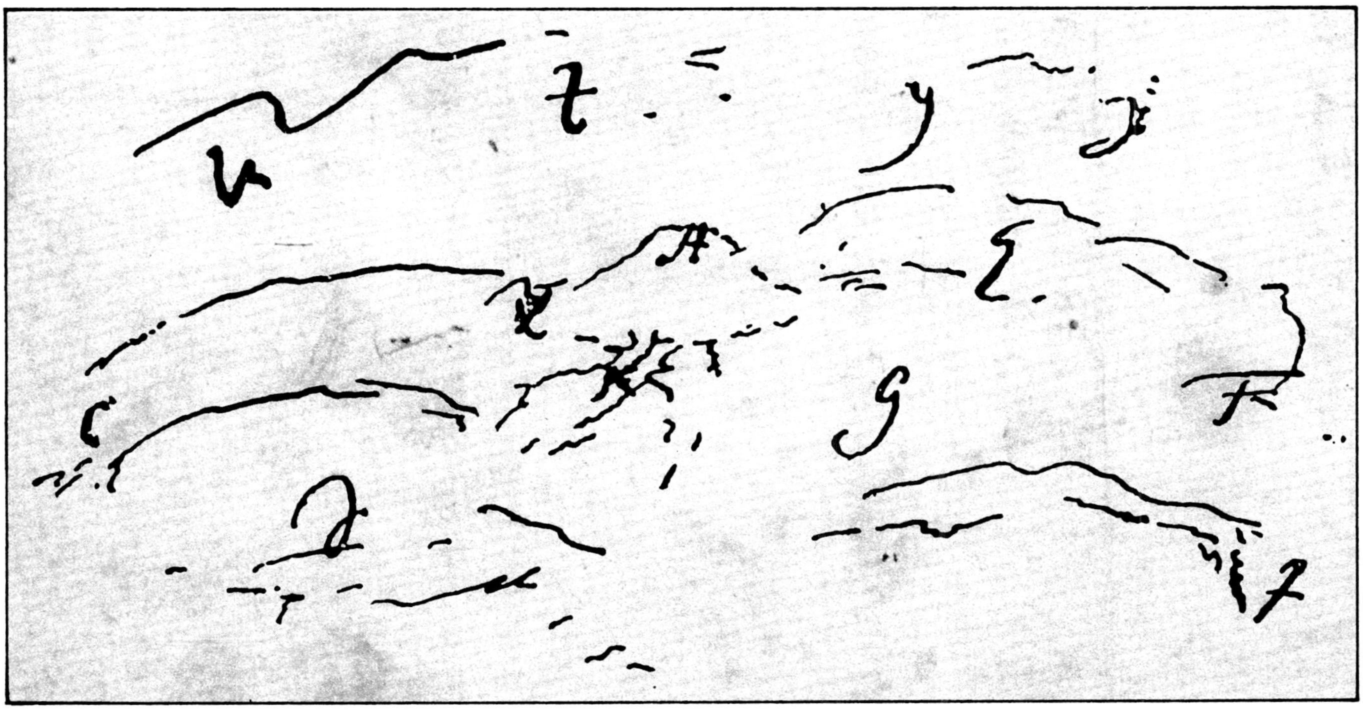

Der schwedische Wissenschaftler, Theologe und Mystiker Emanuel Swedenborg (1688-1772) ist der Autor der *Arcana Coelestia*, eines zwischen 1749 und 1756 erschienenen achtbändigen Werkes. Kant kritisiert es in seiner Schrift *Träume eines Geistersehers, erläutert durch Träume der Metaphysik*, die 1766 veröffentlicht wurde. Das theosophisch-spiritistische Gedankengut des schwedischen Verfassers gründet wie seine außersinnlichen Wahrnehmungen in der neuplatonischen englischen Tradition, die er während seiner Studienzeit in Cambridge kennenlernte.

Nach Auffassung Swedenborgs ist die Welt nichts anderes als die unendliche Ausbreitung des göttlichen Geistes, der von guten und bösen Strömungen in Gestalt der Engel und Teufel durchflossen wird. Wie er selbst erklärt, entstammt sein Werk seinen Gesprächen mit den Geistern des Jenseits, die ihm auch ständig Visionen verschaffen. Die abgebildete Skizze von der Stadt der geistigen Welt, der idealen Stadt, ist in den ein Jahr nach seinem Tode veröffentlichten handschriftlichen Tagebüchern Swedenborgs enthalten, die alle seine Visionen (zwischen 1744 und 1745) verzeichnen. Die Skizze bezieht sich auch auf eine andere Schrift aus dem Jahr 1758, *De nova Hierosolyma*, das neue Jerusalem. In dieser geistigen Stadt gibt es keine Tempel, weil Gott selbst in der Stadt lebt und hier nichts Äußeres (Exoterisches) mehr vorhanden ist, was das Innere (Esoterische) verschleiern könnte. In der Aufhebung dieser Dualität ist die Quintessenz der Swedenborgschen Mystik enthalten.

Die geistige Stadt – Bezugsmodell für jede denkbare Idealstadt auf der Erde – ist die von den Engeln im Himmel bewohnte, vom Autor besuchte Stadt, die alle für eine reale Stadt üblichen Elemente aufweist: Plätze, Straßen, Märkte. In den Wohngebäuden »findet man eine große Anzahl an Zimmern und Schlafräumen; es gibt von Gärten umsäumte Höfe, Wiesen, Felder«. Die Engel des niederen Himmels bewohnen »Orte, die wie Felsen aussehen«, die Engel des geistigen Himmels leben in »weniger erhöhten Orten, die Hügeln ähneln«, die Engel des himmlischen Himmels leben in den höchsten Regionen, die sich wie Berge erheben. Nach Meinung des Autors kann man diese Welt sehen, berühren, riechen und schmecken: Aus diesem Grund zeichnet er sie.

Johann Adam Möhler, *Symbolik*, 2 Bde., Köln 1958.

Im 19. Jh. bedient sich die Propaganda der klassizistischen Architektur auch der Malerei, um die neue Poesie zu verbreiten. Der Typograph Francesco Algarotti, den wir nach heutigem Sprachgebrauch zu den Intellektuellen zählen würden, bestellt bei Antonio Canal, genannt Canaletto, ein Bild mit der Darstellung einer imaginären Stadt, einer Stadt, die sich aus den Bauwerken des Palladio zusammensetzt.

Der Klassizismus in der Architektur geht in den ersten Jahrzehnten des 18. Jh. von England aus, als die Führungsschicht der neuen englischen Gesellschaft ihre historische Bestätigung in der Rückkehr zur Antike sucht. Von England aus verbreitet sich diese Bewegung zuerst in Norditalien und dann über ganz Europa. Das klassizistische Modell wird vor allem in den beredten Formen seines Vorläufers, der Renaissance, gesucht. Unter deren Meistern stellt Andrea Palladio den wesentlichen Bezugspunkt dar, weshalb das klassizistische englische Revival der Antike im 18. Jh. auch Palladianismus genannt wird.
Vor diesem kulturellen Hintergrund fordert Francesco Algarotti den in England arbeitenden Canaletto auf, sich an eine neue Art der Malerei zu wagen: die Darstellung von phantastischen, nicht tatsächlich existierenden, aber denkbaren Stadtlandschaften. Die daraufhin entstehenden Landschaften des Canaletto wurden von einer oberflächlichen Kritik, die sich der Komplexität des Zusammenhangs nicht bewußt war, als Launen bezeichnet.
Im oben abgebildeten Gemälde Canalettos ist, entsprechend dem Wunsch Algarottis, die Rialto-Brücke in Venedig so abgebildet, wie Palladio sie ohne Erfolg entworfen hatte. Am rechten Ufer des Kanals steht der Palazzo della Ragione, den Palladio für Vicenza entworfen hatte, ihm gegenüber ist ein anderes Bauwerk des Palladio aus Vicenza abgebildet, der Palazzo Chiericati.
Die szenische Montage aus zum Teil tatsächlich, jedoch in verschiedenen Städten existierenden Bauwerken Palladios und nie realisierten Entwürfen läßt eine Idealstadt entstehen, eine virtuelle palladianische Stadt, die nichts anderes ist als klassizistische Propaganda in intellektualistischer Form.

André Corboz, *Canaletto. Una Venezia immaginaria*, Venedig 1985; Dario Succi (Hrsg.), *Capricci veneziani del Settecento*, Turin 1988.

Bath war eine virtuelle Stadt, eine Stadtfiktion des 18. Jh., eine Art Kostümfest, bei dem die durch einige Ruinen dokumentierte Erinnerung an die Römer als moderne Stadt verkleidet weiterlebt. Entstanden aus der Vorstellungskraft eines Bauspekulanten, eines Bankiers und des Architekten John Wood d.Ä. sowie unter Beteiligung zahlreicher Ärzte, rechtfertigt dieses neue Modebad für die englische Oberschicht des 18. Jh. gemäß der puritanischen Lehre das Vergnügen am Nichtstun mit der Notwendigkeit der Thermalbäder.

Die Architekten John Wood d. Ä. (1704-1754) und sein Sohn John Wood d. J. (1728-1781) lassen die Idee einer Stadt ohne Armut und ohne Arbeiter in Stein erstehen. Diese Stadt ist allein dem Luxus des Nichtstuns gewidmet (der dadurch gerechtfertigt wird, daß man ja die für die Gesundheit nötigen Thermalbäder nimmt) und wird deshalb zur vorübergehenden Domäne reicher und vornehmer Kaufleute, kapitalistischer Unternehmer und ihrer Bediensteten. Im 18. Jh. zählt die Stadt mehr als 30 000 ständige Einwohner. Es ist die ideale Stadt für die obere Gesellschaftsschicht, die in London und den anderen Großstädten Englands lebt, in denen zu Beginn der industriellen Revolution alte und tiefverwurzelte soziale Probleme jeden Tag drängender werden. Mit Beginn des 18. Jh. wird dieses neue Bath gebaut; noch mehr als im gleichaltrigen Edinburgh basiert das Stadtbild auf dem Kontrapunkt von Circus, Squares, Crescents und Terraces, ein Stadtbild von einzigartiger Geschlossenheit, eine Stadtlandschaft, die wie eine Theaterkulisse wirkt, in der das reale Leben gelebt und echte Leidenschaften durchlitten werden.

Das Foto zeigt die heutige Lage des Royal Crescent von John Wood d. J., mit dem großen typischen Garten, der hier mit dem öffentlichen Park der Stadt verbunden ist. Diese virtuelle Stadt präsentierte sich den Besuchern jener Zeit wie das gelungene Experiment einer idealen Stadt, so wie sie von der damaligen gesellschaftlichen Führungsschicht verstanden wurde.

John Wood, *A Description of Bath*, 2 Bde., London 1765; Walter Ison, *The Georgian Buildings of Bath, from 1700 to 1830*, London 1948.

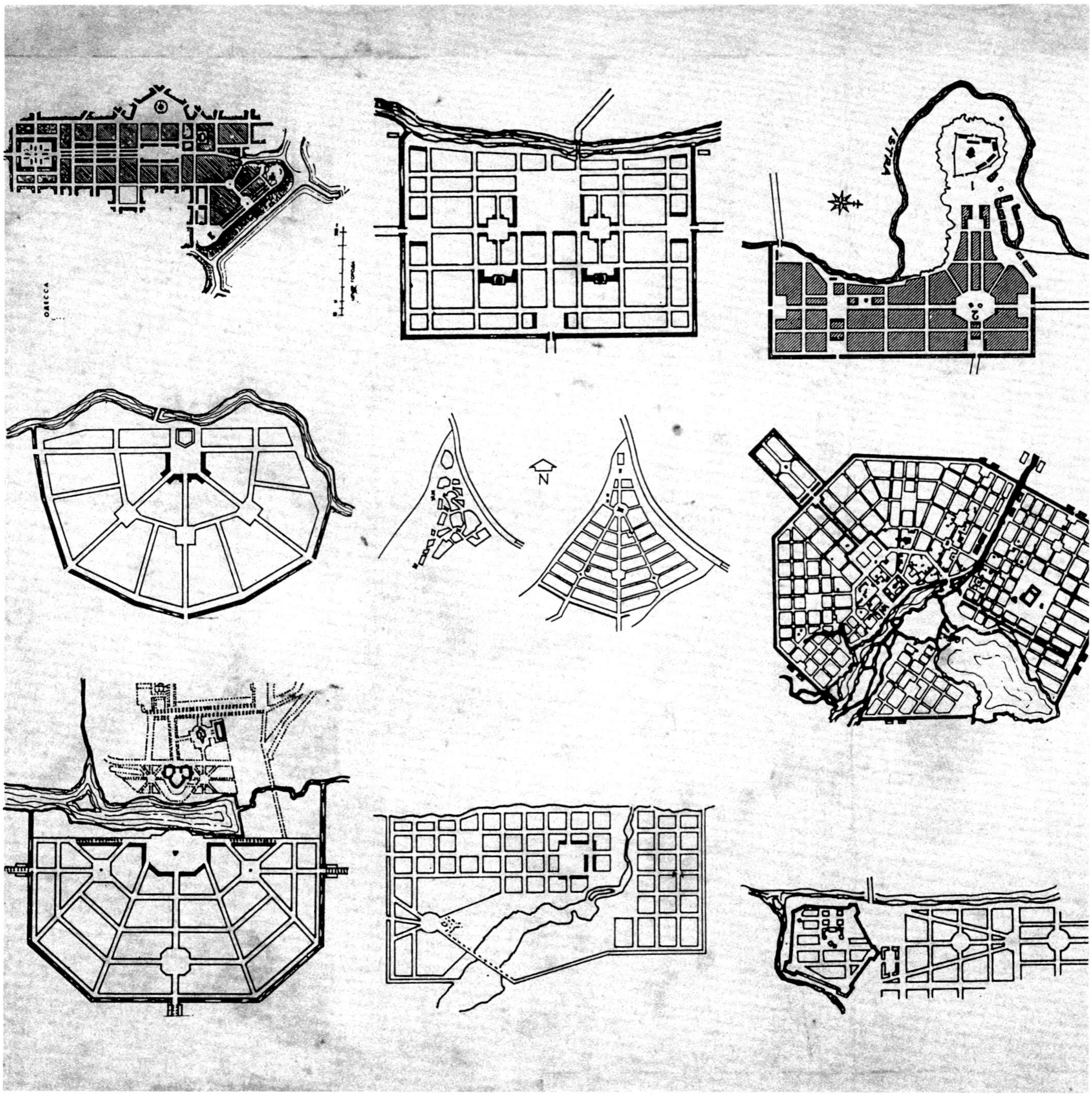

Die Eroberung des Ostens durch Rußland, die gegen Ende des 15. Jh. begann und drei Jahrhunderte dauerte, brachte ein Netz von Stadtneugründungen jenseits des Ural hervor, eine in der Geschichte der europäischen Stadtidee außerordentliche Tatsache. Der Höhepunkt dieser Entwicklung liegt im beginnenden 20. Jh. mit der Fertigstellung der längsten Eisenbahnstrecke der Welt, der Transsibirischen Eisenbahn, die über eine Entfernung von 9500 Kilometer Sankt Petersburg mit Wladiwostok verbindet.

Bevor die neuen Städte entlang der Eisenbahnlinie gegründet wurden, gab es bereits ein Netz von Städten aus dem 17. Jh., das sich bis zum Ochotskischen Meer erstreckte. Diese rund ein Dutzend zählenden Siedlungen beherbergten im Jahr 1717 über 200 000 Menschen. 1710 hatte Peter der Große Sibirien zu seiner ersten Verwaltungsprovinz gemacht, mit dem 1587 östlich des Ural gegründeten Tobolsk als Hauptstadt. Während des gesamten 18. Jh. wird die Eroberung und Besiedelung des Landes fortgesetzt, immer mehr Städte werden gegründet, zuerst durch Peter den Großen, der von 1689 bis 1725 regiert, dann von Katharina der Großen, 1762 bis 1796. Peter hatte seine kulturelle und technische Ausbildung in Europa erhalten, er gründet Sankt Petersburg und will aus der neuen Hauptstadt eine Idealstadt europäischen Zuschnitts machen. Die kluge und aufgeklärte Zarin Katharina die Große ruft noch weitere europäische Architekten und Städteplaner in ihre Hauptstadt. In der obigen Abbildung sind die Grundrisse einiger derjenigen Städte zu sehen, deren Gründung auf Katharina II. zurückgeht. Von links nach rechts und von oben nach unten: Twer, 1767; Pietroza Wodska, 1778; Bogorodizk, 1778; Tula, 1779; Odoyevo, wiederaufgebaut im Jahr 1779; Lucha, 1781; Bogorodsk, 1784; Voskrenk, 1784; das Zentrum von Odessa, 1794. Aufgrund der kulturellen Wurzeln Peters und Katharinas, in deren Regierungszeit die Urbanisierung Sibiriens zum größten Teil fällt, muß diese außerordentliche, mit Hilfe von idealen Stadtmodellen durchgeführte urbane Expansion als ein insgesamt europäisches Kulturgut betrachtet werden, auch wenn die Urheber zwei russische Zaren waren.

Hans Blumenfeld, *Russian city planning of the 18th and early 19th centuries*, in »Journal of the American Society of Architectural Historians«, Bd. 4, 1, Januar 1944.

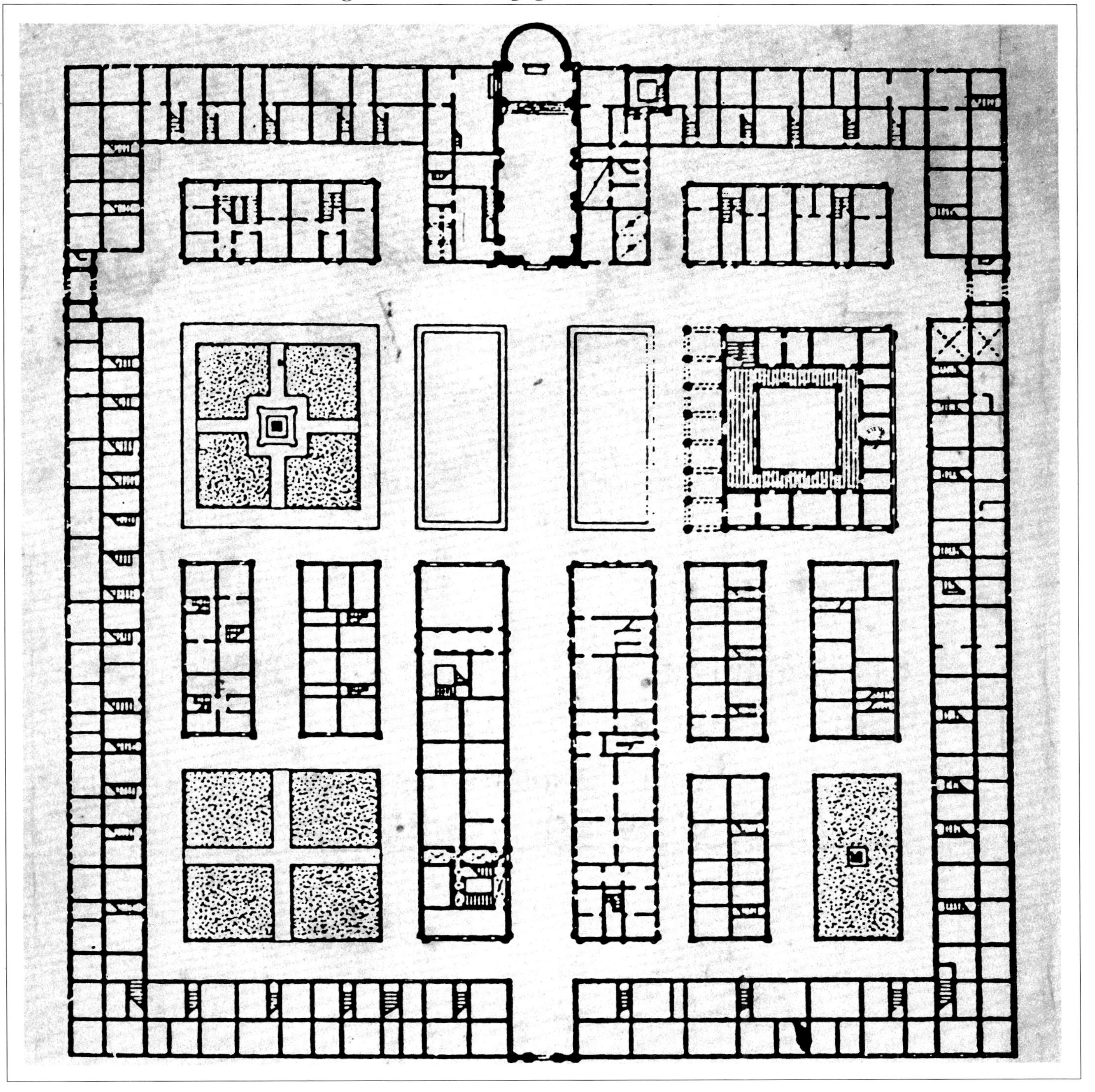

Nachdem ein Erdrutsch die alte Stadt Servigliano in der Nähe von Ascoli Piceno zerstört hatte, wird zwischen 1771 und 1796 eine neue, planmäßig angelegte Stadt errichtet, die den Namen Castel Clementino erhält, zu Ehren von Papst Clemens XIV., der den Wiederaufbau unterstützt hatte. Nach der Einigung Italiens und der Eingliederung des Kirchenstaats in das italienische Staatsgebiet wird die Stadt wieder Servigliano genannt.

Die nach einem ganz spezifischen Plan errichtete Stadt weist einen nahezu quadratischen Grundriß (144 – 137 m) und ein geschlossenes Stadtbild auf (es gibt nur drei Stadttore, die eine Verbindung zum Umland schaffen). Der Plan stammt vom Architekten Virginio Bracci. An der Außenseite des großen Quadrats entstehen in Reihenbauweise zweistöckige Häuser und Geschäfte, während die Kollegiatskirche auf den großen inneren Platz blickt, auf dem symmetrisch der Palazzo Pubblico und die Gärten angeordnet sind. Des weiteren sind regelmäßige Häuserblocks geplant (die nicht alle errichtet wurden), sie bilden im Zentrum eine zur Kirche führende breite Straße. Sicher kann man die kulturellen Wurzeln dieses Entwurfs einer kleinen Idealstadt nicht im frühen Klassizismus finden, dessen Verbreitung in den italienischen Marken in der zweiten Hälfte des 18. Jh. beginnt. Der Ursprung dieses Stadtbilds ist vielmehr in einer Art philologischem Revival antiquarischer Unterlagen zu sehen, die in den Archiven der Akademie von San Lucca zahlreich vorhanden waren. Vielleicht hat man sich unbewußt vom Reiz der Klöster/kleinen Städte verlocken lassen oder, bewußt, von der Anziehungskraft der großen, manieristischen Architekturen eines Ammannati oder Giorgio Vasari d. J., die in ihrem innersten Kern ebenfalls kleine, vom Umland streng getrennte Idealstädte waren.

D. Tassotti, *Servigliano, un singolare episodio di storia edilizia*, Rom 1961.

Das urbane Ideal des georgianischen, zumeist klassizistischen England wurde in Schottland verwirklicht: die neben der alten Stadt erbaute neue Stadt Edinburgh. Die Postkarte aus dem Jahr 1829 zeigt deutlich, wo die neue Stadt an die alte, mittelalterliche Siedlung angegliedert wurde, von der sie nur durch den Burgberg getrennt ist. Diese neue Stadt war eine Art Experiment für alle folgenden Stadtgründungen und planmäßig angelegten Stadtlandschaften in England.

Mit dem Bau der Neustadt, der fünfzig Jahre in Anspruch nahm, wurde 1752 begonnen. In die erste Hälfte des 18. Jh. reicht auch die Errichtung der Stadt Bath, die zusammen mit Edinburgh das Modell der idealen, modernen, georgianischen und klassizistischen Stadt bildet. Das dekorative Element dieser Städte ist notwendig als Szene für das tägliche Leben einer neuen Klasse, die sich aus Angehörigen des Adels, des Handels und der neuen kapitalistischen Schicht zusammensetzt; dazu kommt jedoch eine ausgeprägte Funktionalität.

In Edinburgh stehen sich zwei Welten gegenüber und ergänzen sich gleichzeitig zwei Stadtkonzepte, das mittelalterliche und das der neuen Zeit, so als ob der europäischen Stadtgeschichte das konkrete Modell einer idealen Stadt zum Vergleich gegenübergestellt würde. Tatsächlich war das der Fall, als die Besucher vor, während und nach der Zeit der Napoleonischen Kriege aus Europa kamen. Eine Besonderheit des neuen Edinburgh war das – der klassizistischen Ästhetik eigene – Prinzip der Wiederholung. Die Brüder Robert und James Adam, berühmte englische Architekten, prägten mit ihren Bauwerken den zentralen Teil der Stadt (die Royal Mile und die wichtigsten öffentlichen Gebäude), deren Plan vom Architekten James Craig stammt. Geradlinigkeit in der Anlage, Klarheit der Straßenführung, Geschlossenheit im Stil der neuen Gebäude und Harmonie in der Anordnung von Circus, Squares, Terraces und Crescents – das sind die Kennzeichen einer außerordentlichen Stadtlandschaft, die konkret und ideal zugleich ist in ihrer Modernität und urbanen Geschlossenheit.

Robert Adam, *The Works in Architecture of Robert and James Adam*, London 1773-1822; Ian G. Lindsay, *Georgian Edinburgh*, Edinburgh 1948; A.J. Youngson, *The Making of Classical Edinburgh*, Edinburgh 1966.

Grammichele ist eine kleine Stadt in Sizilien, die zu Beginn des 18. Jh. gebaut wurde, um den Einwohnern der durch das Erdbeben von 1693 zerstörten Stadt Occhialà eine neue Heimat zu geben. Ähnlich ist der Fall der großartigen Barockstadt Noto, die nach der Zerstörung durch dasselbe Erdbeben neu errichtet worden war. Während die Neugründung urbaner Siedlungen aus politischen Motiven heraus *(licentiae populandi)* wirtschaftlich effiziente Städte erstehen läßt, handelt es sich bei diesen beiden um Kunststädte.

Die Gründung einer neuen Stadt war im Sizilien des 17. und 18. Jh. ein politisches und sozio-ökonomisches Faktum: Man förderte die Produktivität der Latifundien, indem man die Bedeutung der Fürsten nach der Anzahl der Städte auf ihrem Besitz beurteilte, was die Fürsten natürlich zu Stadtgründungen veranlaßte und somit zur Steigerung der landwirtschaftlichen Produktion. Diese Städte waren kleine, nach einfachem Grundriß rasch errichtete Ansiedlungen. In Sizilien, das heute ungefähr sechshundert urbane Zentren zählt, wurden zwischen dem 15. und 18. Jh. hundertfünfzig neue Städte gegründet. Anders verhält es sich beim Wiederaufbau der durch das schreckliche Erdbeben gegen Ende des 17. Jh. zerstörten Städte. Im Fall von Grammichele ist die deutliche Anlehnung an Palmanova auf die kulturelle und historische Leidenschaft des Prinzen Carlo Maria Carafa Branciforti, Vizekönig von Sizilien, zurückzuführen. Dieser hegte eine Vorliebe für den Sonnenstaat des Tommaso Campanella und wählte die Stadt Palmanova als Modell für seine neu zu gründende Stadt. Es sollte keine befestigte Stadt werden, was angesichts der natürlichen Beschaffenheit des Berglandes auch nicht notwendig war, sondern eine ideale Stadt. Es gibt einen Kupferstich aus dem Jahr 1693 mit dem präzisen Programm *Magnus Michael* – Grammichele –, das auf Anregung des Fürsten vom Architekten Michele La Ferla ausgeführt wurde. Seine Begeisterung für die schönen Künste und die Wissenschaft ließ den Fürsten und Städtegründer auf dieses veraltete Stadtmodell zurückgreifen, in der Überzeugung, daß er damit seinem Sizilien ein Kulturdenkmal in Stein errichtete, das von seiner, des Fürsten, Größe und Weisheit künde: eine ideale Stadt also nur für ihren paternalistischen Gründer.

Maria Giuffrè (Hrsg.), *Città nuove di Sicilia, XV-XIX secolo*, Palermo 1979.

Claude-Nicolas-Louis Ledoux (1736-1806) gehört zu denjenigen französischen Architekten, die in ihren Werken, in den nicht realisierten Projekten und theoretischen Schriften das Konzept des 18. Jh. vorwegnahmen mit all seinen Erscheinungen, die in der Aufklärung das kulturelle und soziale Leben Europas durchdringen sollten. Er ist einer der wichtigsten Vertreter der phantastischen Revolutionsarchitektur.

Im Jahr 1804 veröffentlicht Ledoux auf eigene Kosten den ersten Band seiner nie vollendeten fünfbändigen programmatischen Schriften unter dem Titel *L'architecture considérée sous le rapport de l'art, des mœurs et de la legislation* und widmet dieses Buch seinem Gönner und Wohltäter, Zar Alexander I. Die abgebildete Stadt – vom Autor als *Ansicht der Stadt Chaux* bezeichnet – wurde nur zur Hälfte in den Jahren 1775 bis 1779 erbaut und war praktisch eine große königliche Saline (die auch zukünftig *Saline de Chaux* genannt wurde); sie war zur rationellen und vorindustriellen Salzgewinnung gedacht. Der erste von Ledoux ausgearbeitete Grundriß für die riesige Fabrik war rechteckig, das später teilweise realisierte elliptische Projekt entstammte einer neuen Variante. Dieses Projekt situierte die Produktionsanlagen ins Zentrum und die Wohngebäude ringartig an den Rand, mit regelmäßigen Grünanlagen, Gemüsegärten hinter den Häuserreihen und einem doppelten Straßennetz für die beiden Funktionen. Die Struktur ist eine Vorläuferin zukünftiger sozialer Modelle, wie der Autor schreibt: »Jedes Zimmer nimmt eine Familie auf, ein Korridor endet in einem gemeinsamen Raum«, wo man die Mahlzeiten zubereitet und einnimmt. Als diese Anlage gebaut wurde, galt sie bereits als Metapher einer Idealstadt im Sinne des 18. Jh. In den Bauten Ledoux' vollzog sich der Übergang zu einem schmucklosen, nüchternen, auf strenge geometrische Formen zielenden Klassizismus. In seinen Plänen und Schriften beschrieb er die Idee der symbolischen und utopischen Stadt und ließ eine mögliche organische Verbindung zwischen ihm selbst und der aufgeklärten Kultur der Freimaurer erkennen.

Emil Kaufmann, *Von Ledoux bis Le Corbusier. Ursprung und Entwicklung der Autonomen Architektur*, Wien 1933; ders., *Three Revolutionary Architects: Boullée, Ledoux and Lequeu*, Philadelphia 1952; James A. Leith, *The Idea of Art as Propaganda in France 1750-1799. A Study in the History of Ideas*, Toronto 1965; Bronislaw Baczko, *Lumières de l'utopie*, Paris 1978; Mark K. Deming, *La Saline Royale d'Arc-et-Senans*, Arc-et-Senans 1985.

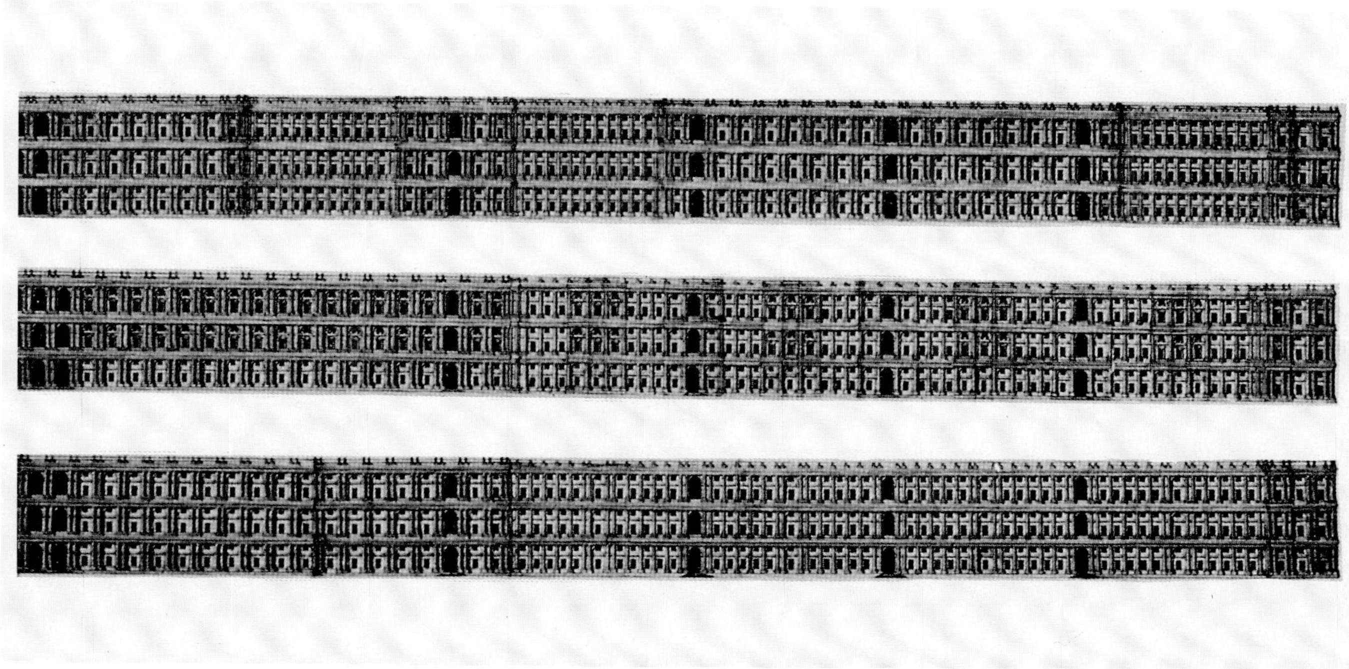

Francesco Maria Preti (1701-1774) wurde von Jugend auf für die Karriere eines Baumeisters bestimmt und machte sich in Venetien auch einen Namen als einer der wichtigsten Vertreter auf diesem Gebiet. Ausschlaggebend für seinen Werdegang waren die Adligen Giovanni Rizzetti und Jacopo Riccati, zwei intellektuelle Kosmopoliten, Mathematiker, Musik- und Architekturtheoretiker und Vertreter der Aufklärung: Sie wollten in einer neuen und vollkommenen Architektur ihre Tätigkeiten harmonisch vereint sehen, eben in der Arbeit des jungen Architekten.

Von Francesco Maria Preti sind hier einige Zeichnungen abgebildet aus seiner Serie für eine »städtische Straße, geschmückt mit Gebäuden, großen, mittleren und kleinen, mit Häusern für Händler und Handwerker und einem Tempel«, wie Giacomo Riccati, Architekt und Sohn des Jacopo Riccati, in seinem umfangreichen Vorwort zum Traktat des Preti erklärt, das erst 1780, nach dessen Tod, veröffentlicht wurde. Dieser außergewöhnliche Entwurf basiert auf dem Experiment, musikalische Harmonie in Architektur und Städtebau zu integrieren; er stellt unendliche Straßenfronten in einer städtischen Straße in drei möglichen Formen dar: sechsstöckige Gebäude gleicher Höhe (dieser Vorschlag ist hier abgebildet), Gebäude verschiedener Höhe, die harmonisch aufeinander abgestimmt und durch einen durchgehenden Laubengang miteinander verbunden sind, und Gebäude verschiedener Höhe ohne verbindenden Laubengang. Die Bedeutung dieser Studien kann nicht nach strengen akademischen Maßstäben beurteilt werden, auch wenn sie das Ergebnis einer freien Assoziation von aufgeklärten, akademischen Denkern sind; sie sollten vielmehr als echtes theoretisches Experiment für eine mögliche zukünftige Stadt gelten. Interessant dabei ist, daß diese Idealstadt nicht auf einem abstrakten Grundriß basiert und auch keine Alternative darstellen will zu den zahlreich existierenden, mit mehr oder weniger schweren Fehlern behafteten utopischen Projekten. Francesco Maria Preti kümmert sich bei seiner Vorstellung von einer zukünftigen, glaubwürdigen Stadt um die wünschenswerten, neuen äußeren Aspekte.

Francesco Maria Preti, *Elementi di architettura*, Venedig 1780; Mario Favaro-Fabris, *L'architetto Francesco Maria Preti di Castelfranco Veneto*, Treviso 1954.

Die menschliche und religiöse Geschichte der Shakers – so wurden die Angehörigen der Sekte der *Millenial Church or United Society of Believers in Christ's Second Appearing* aufgrund ihrer Bewegungen während des Gottesdienstes genannt – ist zugleich ein Dokument der Geschichte der europäischen religiösen Utopien, die seit der Besiedlung durch die ersten Pilgerväter in den Vereinigten Staaten ihr irdisches Paradies fanden oder zu finden hofften.

Jede Neugründung einer Stadt in den Vereinigten Staaten wurzelte tief in der religiösen und sozialen Utopie. Die neuen Siedlungen sollten Spiegelbild und positive Antwort auf alles Negative in der Alten Welt sein, das man nach einer langen Reise hinter sich gelassen hatte, eine Reise in die Utopie, in die Hoffnung auf ein neues, zukünftiges Leben, das man endlich gemäß den eigenen Überzeugungen leben konnte, ohne in Konflikt mit den bestehenden Machtverhältnissen zu geraten. Der Traum von der Freiheit, die man am Ende dieser langen Reise vorfinden würde, fand seinen symbolischen Ausdruck in den Plänen für eine ideale Stadt. Eine solche Stadt sollte nicht nach herkömmlichen Grundrissen errichtet werden, einziges Kriterium sollte die Beziehung der Menschen untereinander sein.
Mother Ann Lee und ihre ersten acht Schüler, darunter auch ein reicher Anhänger ihrer Lehre, wandern mit diesem Vorhaben 1774 nach Amerika aus und gründen zwei Jahre später die erste Kolonie. Der Erfolg der Sekte dokumentiert sich in der Tatsache, daß zwischen 1780 und 1826 von Maine bis Ohio fünfundzwanzig weitere Kolonien gebildet werden.

In den folgenden Jahrzehnten erregten diese Siedlungen die Aufmerksamkeit von Männern wie Owen, Marx und Engels. Das besondere und eigentlich antiurbane Merkmal dieser Siedlungen, das der Vorstellung und Realität der großen, korrekten Städte widerspricht, besteht darin, daß die Gemeinschaften der Shakers kleine, ordentliche Dörfer waren, wie das hier abgebildete, ohne ästhetische Ansprüche erbaut, aber mit hohen ethischen Wertvorstellungen. Die Anhänger der Religion entwarfen ihre Gemeinschaftshäuser selbst, sie kümmerten sich selbst um die Hertstellung ihrer Werkzeuge und Gebrauchsgegenstände und entwikkelten dabei Methoden, die dem industriellen Fortschritt vollkommen entgegenstanden.

Edward Deming Andrews, *Visions of the Heavenly Sphere: A Study in Shaker Religious Art*, Charlottesville 1969; Dolores Hayden, *Seven American Utopias. The Architecture of Communitarian Socialism, 1790-1975*, Cambridge (Mass.) 1976; Herbert Schiffer, *Shaker Architecture*, Exton 1979; Amy Bess Miller, *Hancock Shaker Village. The City of Peace*, Hancock 1984; Priscilla J. Brewer, *Shaker Communities, Shaker Lives*, Hannover/London 1986.

Robert Owen (1771–1858), britischer Sozialpolitiker und Unternehmer, präsentiert am 1. Mai 1820 seinen *Report to the Country of Lanark* (»Bericht für die Grafschaft Lanark über einen Plan zur Behebung der öffentlichen Armut und Beseitigung der Unzufriedenheit, indem man den Armen und der Arbeiterklasse eine feste Beschäftigung in der Produktion gibt, auf der Grundlage von Systemen, welche wesentlich die Lebensbedingungen verbessern, die Produktionskosten senken und Märkte schaffen in einer Größenordnung, die der Produktion angemessen ist«).

Robert Owen ist der Utopist der frühen Industrialisierung, somit Sozialist und Verfechter des utopischen Sozialismus – wie Marx sagt, der seine Ideen vom wissenschaftlichen Sozialismus den Ideen Robert Owens entgegenstellt. Er ist jedoch bedeutsam wegen seiner Fähigkeit, die Lebensbedingungen der Arbeiterklasse aufzuzeigen, wegen seiner propagandistischen Aktivitäten und seiner polemischen Schriften. Als Autor war er äußerst produktiv und hat mehr als hundert Werke hinterlassen, von denen besonders zu nennen ist *Für eine neue Konzeption der Gesellschaft* (1813/14), worin er beweisen will, daß die Umwelt die Persönlichkeit eines Menschen formt, und der *Plan*, an dem er seit 1816 arbeitete und der den Keim des Sozialismus und der Genossenschaftsbewegung enthält. Dieser Plan sieht die Errichtung von Genossenschaftsdörfern vor, die den Arbeitslosen von der Regierung anstelle von Geldzahlungen zur Verfügung gestellt werden sollten, und nimmt Bezug auf die von Owen in seiner Fabrik in Larnak eingesetzten Produktions- und Erziehungsmodelle (hier in der Abbildung). Im *Bericht* von 1820 wird die Owensche Idee nunmehr ausgereift dargelegt: Seine Dörfer sollten vollkommen autark sein, gleichzeitig industriell und landwirtschaftlich geprägt. Gegründet auf dem Prinzip der allgemeinen Schulausbildung, sollten sie nie in Konkurrenz zueinander stehen, sondern zusammenarbeiten, während ihr Hauptzweck darin bestand, gute Bürger hervorzubringen, um wiederum eine neue und bessere, für die Gemeinschaft vorteilhaftere Gesellschaftsordnung zu schaffen. Aber nicht alle, insbesondere unter den Arbeitern, akzeptierten die Pläne, und Owen dachte 1824 daran, sie in Amerika zu verwirklichen.

Arthur E. Bestor Jr., *Backwoods Utopias: the Secretarian and Owenite Phases of Communitarian Socialism in America, 1663-1829*, Philadelphia 1950; Margaret Isabel Cole, *Robert Owen of New Lanark*, London 1953.

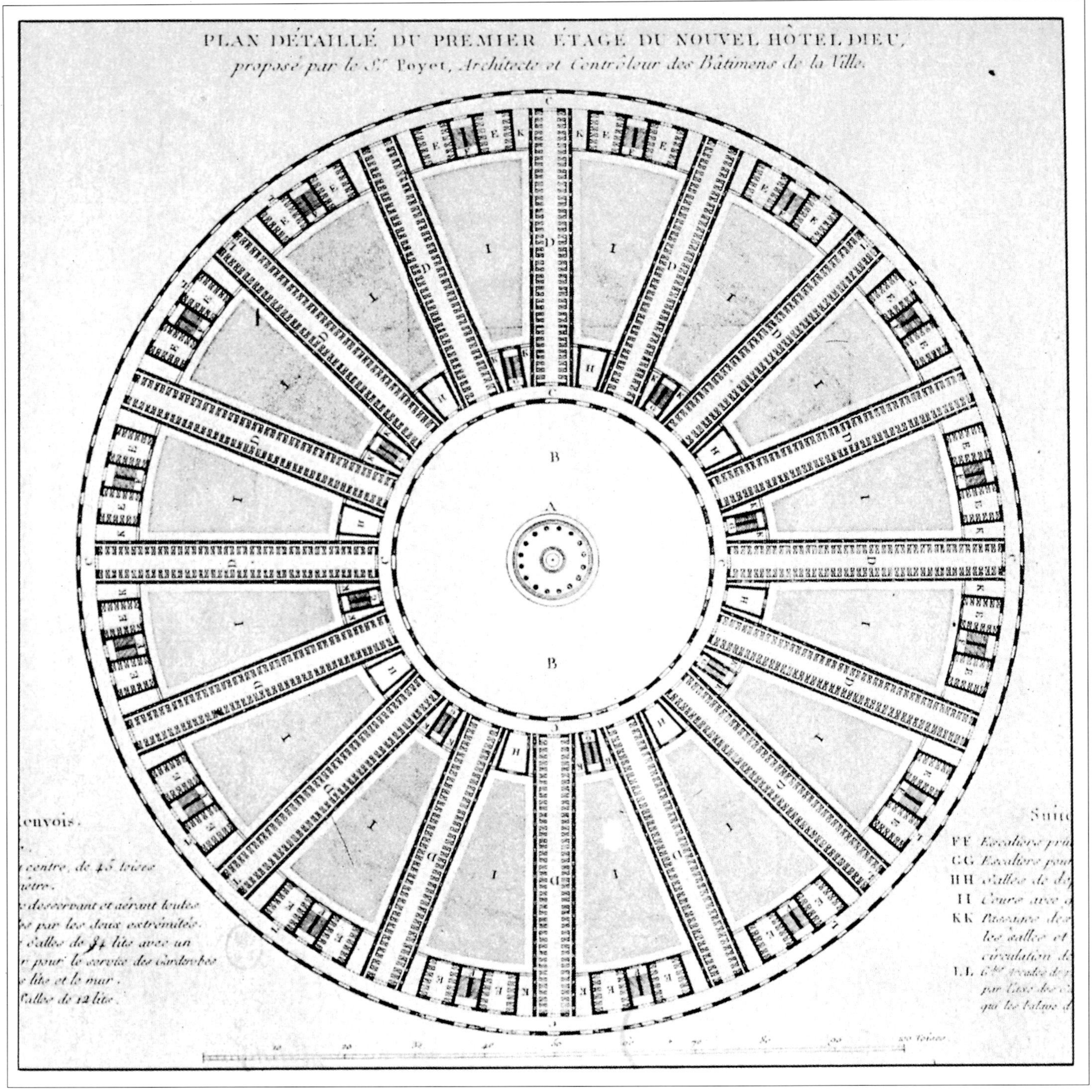

Im Jahr 1787 läßt sich der Maler Robert Baker in London sein »Panorama« (seit 1799 ein englischer Neologismus) patentieren, d.h. seine Methode, eine malerische Ansicht zu schaffen, so als ob eine Person sich vollständig um die eigene Achse dreht. Im Jahr darauf inszeniert er das erste Schauspiel eines städtischen Panoramas von Edinburgh. 1791 konzipiert der englische Philosoph und Jurist Jeremy Bentham ein Gefängnismodell mit totaler Kontrolle, das sogenannte »Panopticon«, das zu bauen sich Georg III. drei Jahre später weigert.

Das Problem der totalen visuellen Kontrolle war ein zentraler Gedanke der Aufklärung im Europa des ausgehenden 18. Jh. Baker schlägt eine Möglichkeit vor, von einem bestimmten erhöhten Punkt aus den gesamten Gesichtskreis kontrollieren zu können. Der Ökonomist und Anhänger des Utilitarismus Bentham greift diese Möglichkeit auf und verwendet sie für sein Projekt, das vorsieht, daß ein einziger Beobachter vom Mittelpunkt eines Gefängnisses aus alle Gefangenen in ihren Zellen kontrollieren kann. Dieses Modell der totalen Kontrolle ist überall anwendbar, in einer Gemeinschaft von Geisteskranken wie von Schülern, die lernen müssen und deshalb streng kontrolliert werden sollen. Das »Panopticon«, ein Laboratorium der Macht, ist eine perfekte Maschine und eine Metapher für Organisation und Kontrolle in einer anderen Form als der urbanen. Die Anwendung dieser Typologie und Vorwegnahme der Modelle Benthams geht auf den französischen Architekten Bernard Poyet (1742-1824) zurück. 1785 entwarf dieser sein Projekt für das neue Hôtel-Dieu von Paris (eine Tafel davon ist hier abgebildet), nachdem das alte Krankenhaus durch einen Brand zerstört worden war. Das Modell basiert auf der zentripetalen globalen Kontrolle (sowohl vom zentralen kreisrunden Korridor aus als auch vom äußeren Korridor, auf den die Büros und Versammlungsräume hinausführen). Im Mittelpunkt des inneren Platzes befindet sich eine Kirche in Form eines Monopteros, d.h. ohne Wände. Die dort abgehaltenen Gottesdienste können von den Krankenzimmern aus verfolgt werden, ohne daß die Kranken ihre Betten verlassen müssen. In der Strenge der riesigen zylindrischen Form liegt eine gewissen Bedrohung, diese Typologie scheint den Bau von Stadtteilen anzukündigen, die zwar autonom sind, aber zugleich einer globalen Kontrolle unterworfen werden können.

Helen Rosenau, *Social Purpose in Architecture, Paris and London Compared, 1760-1800*, London 1970; Michel Foucault, *Überwachen und Strafen. Die Geburt des Gefängnisses*, Frankfurt a. M. 1976; Silvia Bordini, *Storia del panorama. La visione totale nella pittura del XIX secolo*, Rom 1984; Michel Foucault, *Die Geburt der Klinik. Eine Archäologie des ärztlichen Blicks*, Frankfurt a. M. 1991.

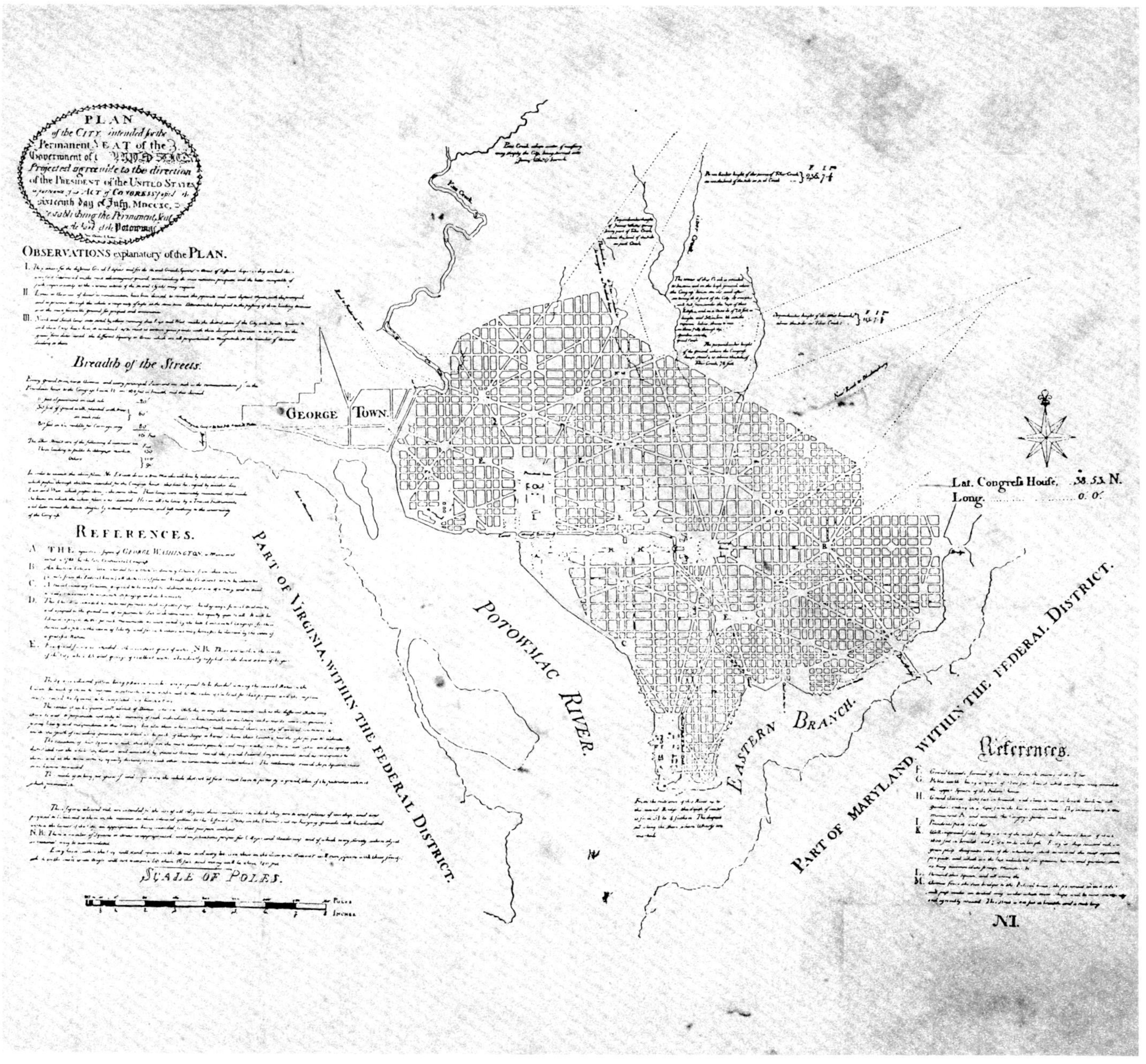

Als man in den Vereinigten Staaten von Amerika, die endlich ihre Unabhängigkeit von England erkämpft hatten, unter Präsident George Washington beschließt, eine nach ihm benannte Hauptstadt zu bauen, wird das Projekt dem französischen Architekten Pierre-Charles L'Enfant (1745-1825) anvertraut, der in die Vereinigten Staaten ausgewandert war und am Befreiungskrieg teilgenommen hatte. 1791 wird der Entwurf für die Stadt am Potomac River angenommen.

Der Standort war von Präsident George Washington selbst ausgesucht worden, der auch für eine neue große Hauptstadt plädierte, wie sie im Residence Act von 1790 verankert wurde. Von den ersten Augenblicken ihrer Existenz an hatte die neue Hauptstadt eine symbolhafte Bedeutung, die ihr sakrale Werte über das übliche Maß hinaus zuerkannte, welches mit der Gründung einer neuen Stadt verbunden war. Diese Stadt war keine normale Hauptstadt, in ihr verbanden sich Elemente der Freiheit mit dem unerschütterlichen Wunsch, die Welt zu verändern, eine neue, bessere zu schaffen. Studien und Untersuchungen haben ergeben, daß im Grundriß von Washington wie auch in den wesentlichen geographischen Koordinaten die Symbolik der Freimaurer enthalten ist, zu denen alle Protagonisten als aktive Mitglieder gehörten. Ein Beweis für diese Beziehung ist die Dokumentation über den Aufmarsch der Freimaurer am 15. April 1791, dem Tag der Grundsteinlegung der Hauptstadt, und die Demonstration der Symbole wie Winkelmaß und Schurz. Washington war die Idealstadt nach dem humanitären Ideal der Freimauererbewegung gegen Ende des 18. Jh. Fünfzig Jahre später zählt sie bereits 40 000 Einwohner, während New York 700 000 hat und an Größe in Europa nur noch von Paris mit einer Million und London mit zwei Millionen Einwohnern übertroffen wird.

Frederich Albert Gutheim (Hrsg.), *Worthy of the Nation. The History of Planning for the National Capital*, Washington 1977; Marcello Fagiolo, *Architettura e Massoneria*, Florenz 1988; Carlo Cresti (Hrsg.), *Massoneria e Architettura*, Schriften der Konferenz von Florenz 1988, Foggia 1989.

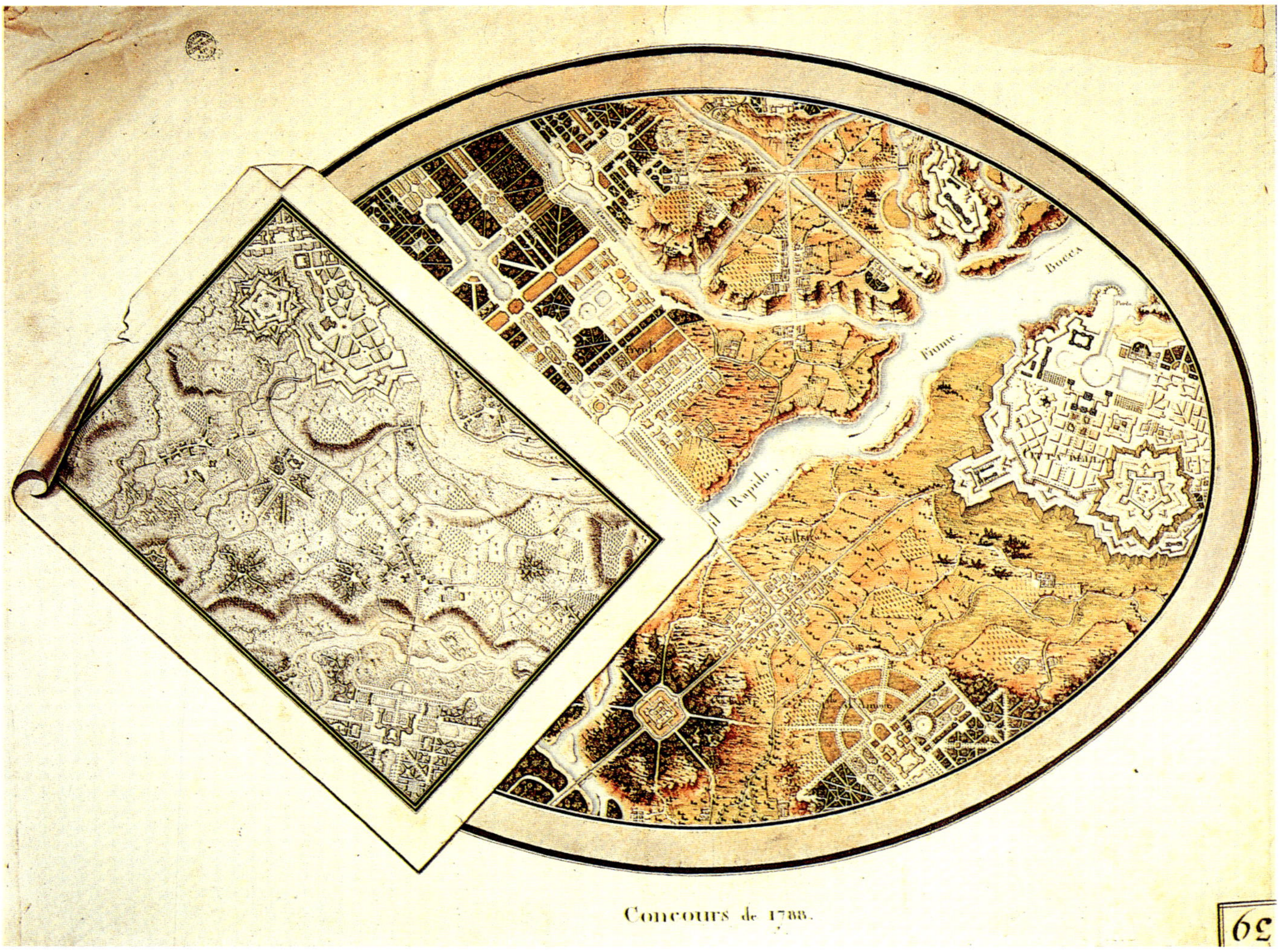

Diese Karte ohne Bezeichnung von einem unbekannten Autor, der jedoch Schüler der École Nationale des Ponts et Chaussées war, zeigt eine beim Wettbewerb von 1788 vorgelegte Aquarellzeichnung (47 x 35,5 cm). Die Kartographie ist ein Mittel zur Darstellung der Welt, aber sie drückt auch eine Weltanschauung aus. Jorge Luis Borges beschreibt in einer der Herrschaft der Kartographen gewidmeten Erzählung eine Karte, die so groß und perfekt ist, daß sie vollkommen mit der Realität, die sie darstellen sollte, übereinstimmt.

Eine Karte ist immer und vor allem eine Vereinfachung und Verfälschung der Realität, die sie beschreiben oder dokumentieren will. Der Symbolwert der graphischen Zeichen verlangt vom Betrachter Kenntnisse in einer Fachsprache, die sich nur durch ihren eigenen Schlüssel mitteilt. Die Technik der kartographischen Beschreibung kann auch benutzt werden, um nicht nur reale Situationen darzustellen, sondern auch imaginäre, wie z. B. die Eingliederung eines Projekts in ein Gebiet, so als ob es bereits realisiert worden wäre. Eine solche Sprache kann als Instrument beim Entwurf von Projekten dienen, wie es der Fall von Architekturzeichnungen ist, sie kann sich aber auch auf ihre eigene graphische Logik beschränken und zum Selbstzweck werden. Das ist der Fall der akademischen Übungen (die eigentlich immer auf die Perfektionierung der kartographischen Zeichnung abzielen). In der abgebildeten eleganten, ovalen Zeichnung und dem täuschend echt darüber gelegten Zusatzblatt sind Idealstädte dargestellt, perfekte, geometrische Befestigungen, riesige Parkanlagen, große, komplex angebaute Gebiete. Alles in einer derartigen Präzision der Graphik, daß die Darstellung wie echt wirkt – und das ist es, was die Kartographie anstrebt.

François De Dainville S.J., *Le langage des géographes*, Paris 1964; Versch. Verf., *Cartes et figures de la terre*, Paris 1980.

1801 entwerfen Vertreter der Führungsschicht Mailands ein neues Stadtzentrum, das als ideales Modell der Revolutionsstadt verstanden wird. Diese Führungsschicht setzte sich aus Patrioten und Flüchtlingen zusammen, die aus den noch nicht von der Revolution angesteckten Regionen Italiens ins jakobinische Mailand geflohen waren. Als Alternative zum alten Zentrum der Stadt des Ancien Régime wird das neue Foro Bonaparte vom Architekten und politischen Flüchtling Giannantonio Antolini (1756-1841) geplant.

Es handelt sich um ein Stadtzentrum mit politischen und administrativen Funktionen, von Napoleon Bonaparte selbst in Auftrag gegeben. Es soll die republikanische Regierung beherbergen (im klassizistisch umstrukturierten Schloß aus dem 15. Jh.) sowie die öffentliche Bibliothek, die Universität, die Zollbehörde, Schulräume, ein Theater, die Börse, ein Museum und das Pantheon. Das Projekt dieses neuen urbanen Zentrums ist Teil eines noch umfangreicheren Vorhabens der Umstrukturierung der gesamten Stadt. Eine Hauptstadt, die 135 000 Einwohner zählte, darunter 10 000 republikanische Beamte mit ihren Familien: die neue Führungsschicht, der dieser Traum von einer idealen Stadt zu verdanken ist. Die Anlage der Stadt basiert auf dem großen Kreis, der das alte, umstrukturierte Schloß im Zentrum umgibt; entlang der Außenlinie wechseln sich die öffentlichen Gebäude ab, so als handele es sich um ein urbanes, jakobinisches, klassizistisches Mandala.
Die politischen Ereignisse in Italien – die dazu führten, daß die Republik Teil des Napoleonischen Kaiserreichs wurde – und die Ereignisse in Europa verlangten in den folgenden Jahren, daß alle Ressourcen für kriegerische Zwecke eingesetzt wurden. Deshalb blieb dieser großartige Plan, der umfangreichste und organischste im ganzen damaligen revolutionären Europa nur eine Idee, deren Ausführung sich auf die Illustrationen der großen Tafeln beschränkte, die in einem Album zusammengefaßt sind, und die an die große Epoche in der Geschichte der Idealstädte erinnern. Von den Menschen waren diese Städte als denkbar, als möglich erdacht worden, aber objektiv betrachtet waren sie in jenem wirtschaftlichen und sozialen Umfeld Utopie, wie alle nicht realisierten großen Projekte.

Giovanni Antonio Antolini, *Piano Economico-Politico del Foro Bonaparte, Presentato coi Disegni al Comitato di Governo della Repubblica Cisalpina il dì 25 Frimale anno IX Repub.*, Mailand 1801; Aurora Scotti, *Il Foro Bonaparte. Un'utopia giacobina a Milano*, Mailand 1989.

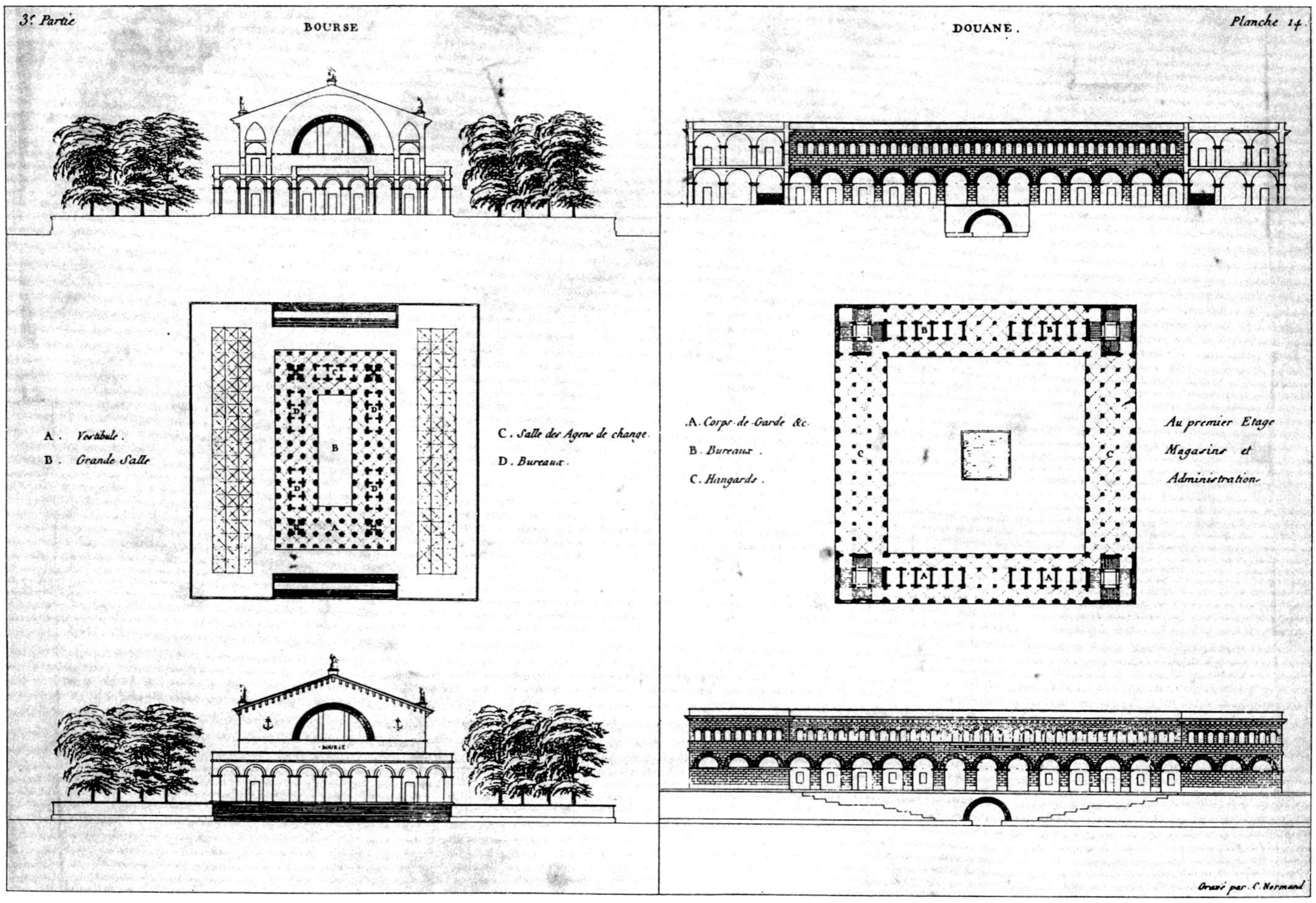

Der französische Architekt Jean-Nicolas-Louis Durand (1760-1834), Schüler von Etienne-Louis Boullée, übertrug die Idee seines Lehrers vom Erhabenen auf seine eigene Lehrtätigkeit an der École Polytechnique. An dieser großen revolutionären Universität, die von Carnot und Monge gegründet worden war, lehrte er von 1795 bis 1830 und beeinflußte ganze Generationen von Architekten mit seinem neuen Konzept von der ästhetischen Autonomie der Architektur.

Durand verstand den Formenkanon der Architektur als Baustein, um darauf die Architektur zu errichten, die Typologie als Baustein, um Straßen und urbane Räume zu errichten und diese wiederum als Bausteine für die Errichtung der Städte. Aus dieser logischen Folgerung mit ihren zahlreichen gegenseitigen Abhängigkeiten und Wechselwirkungen entsteht das zentrale Konzept der neuen Bauformen, die zunächst für die revolutionäre Stadt notwendig sind und dann für die europäische Stadt im Zeitalter Napoleons. Die Verwaltung der *res publica* verlangte – und verlangt auch heute noch – besondere bauliche Strukturen für den Dienst an der Gemeinschaft, im Sinne der Gleichberechtigung vor dem Gesetz und zur Erfüllung der öffentlichen Aufgaben. Diese baulichen Strukturen werden zu den wichtigen Polen einer Stadt, die bald durch das herrschende Bürgertum gekennzeichnet sein wird.

Das Dokument dieses Gedankens und dieser Lehre (deren Ergebnisse in den Arbeiten der verschiedenen Architektengenerationen zu finden sind, die von Durand an der École Polytechnique ausgebildet wurden) sind die beiden in Paris zwischen 1802 und 1805 unter dem Titel *Précis des leçons d'architecture* veröffentlichten Schriften. Darin ist das zentrale, rigorose Konzept bekräftigt, daß neue Typologien erforderlich sind für die revolutionäre Stadt (die jedoch bald zur napoleonisch-monarchischen Stadt wird und während der Restauration zur Stadt des herrschenden Bürgertums). Es handelt sich im Grunde um einen wohl durchdachten Katalog der für die Erbauung einer idealen Stadt unerläßlichen Komponenten.

Werner Szambien, *Jean-Nicolas-Louis Durand 1760-1834. De l'imitation à la norme*, Paris 1984.

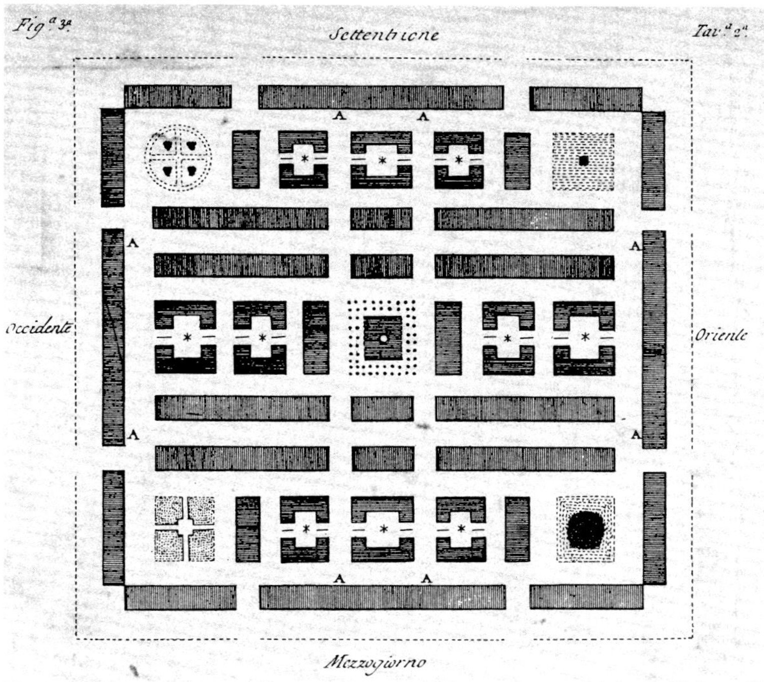

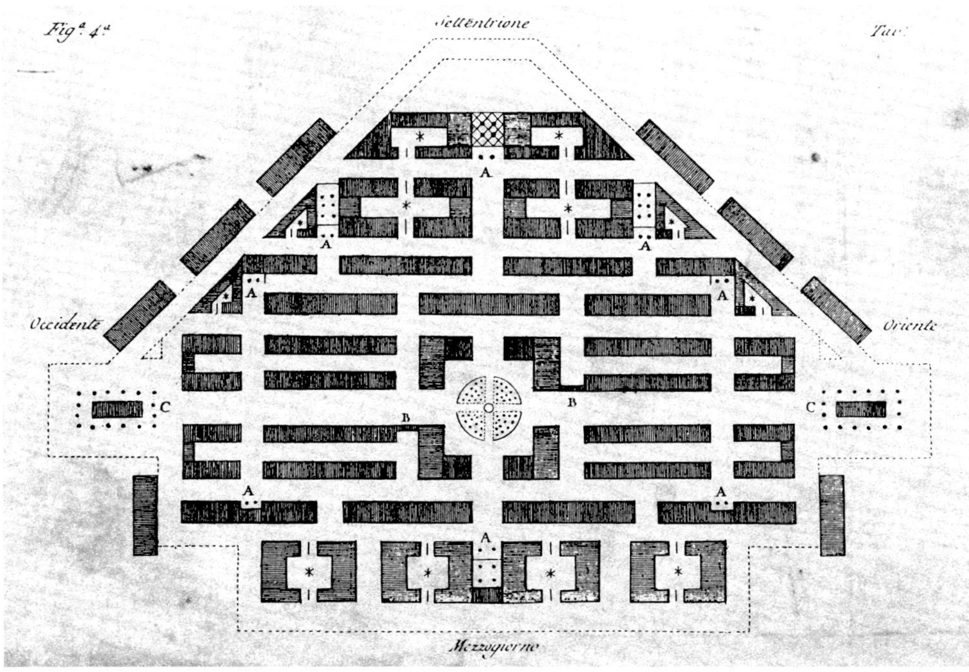

Zu den Figuren des revolutionären Europa im ausgehenden 18. Jh. gehört auch ein Adeliger aus Neapel, Vincenzo Marulli. Nach dem Fall der unter dem Schutz der französischen Revolutionstruppen gegründeten Parthenopeischen Republik Neapel mußte er 1799 nach Frankreich fliehen. Hier war die erste Verfassung von 1793 bereits wieder abgeschafft, und Marulli fand für seine politischen Überzeugungen keine guten Bedingungen vor. So floh er nach England, wo er die ideale Stadt finden sollte.

Vincenzo Marulli lebt abwechselnd in Bath, Edinburgh und London. Er erkennt in diesen Städten die ideale Stadt, von der er geträumt hatte. Enthusiastisch beschreibt er Architektur und Anlage der Crescents, Squares, Terraces, des Circus und der großartigen städtischen Parks. Dies alles stellt für ihn ein neues Umfeld dar, in dem man wie in einem modernen Theater sein Leben leben und seine Gefühle erleben kann.

Die neue Überzeugung Marullis kommt in seinen beiden Büchern zum Ausdruck. Sie sind dem System der städtischen Gärten und der Architektur gewidmet: *L'arte di ordinare i giardini* (»Die Kunst, die Gärten zu ordnen«), ein zweibändiges, 1804 in Neapel veröffentlichtes Werk, und *Su l'architettura e su la nettezza delle città* (»Über die Architektur und die Reinlichkeit der Städte«), erschienen 1808 in Florenz. Aus diesem stammen die beiden Abbildungen, die ein Beweis für die Aufmerksamkeit sind, mit der Marulli die Erforschung der zur Bildung neuer Städte erforderlichen baulichen Typologien betreibt. Der Autor beabsichtigt mit seinen Schriften, alle Kenntnisse, die er in England erworben hat, in einem neuartigen Traktat niederzulegen. Dieses Traktat soll nicht mehr allein auf der theoretischen Abhandlung architektonischer Probleme beruhen, sondern die direkte Beobachtung wichtiger Erscheinungen mit einbeziehen. Ein Traktat also, das alle Instrumente liefern kann, die zur Errichtung einer idealen Stadt, der idealen Stadt, notwendig sind.

Mario Zocca (Hrsg.) *Vincenzo Marulli. Su l'architettura e su la nettezza delle città*, Treviso 1975.

Von den herrschenden Republikanern benutzt, um dem Volk die neuen politischen und sozialen Ideen zu unterbreiten – mit Hilfe vergänglicher Bauten und provisorischer urbaner Landschaften innerhalb einer Stadt oder in ihrer nächsten Umgebung –, waren die großen profanen Feste zur Zeit der Revolution eine besondere Form der Kommunikation. Auf ihre Weise boten diese Feste dem Zuschauer alle Facetten einer idealen Stadt, so als wollten sie den Sinn und Nutzen der neuen Gesellschaft und der neuen Stadt erproben.

Im Mailand der Jakobiner und Republikaner boten die verschiedenen Feste eine Gelegenheit zur Errichtung virtueller urbaner Szenen, die aus Holz, bemalter Leinwand und Pappmaché bestanden. Die Kulisse einer möglichen zukünftigen Stadt wurde in einer real existierenden Stadt aufgestellt, wodurch das Gesicht dieser realen Stadt häufig von der gewalttätigen Anwesenheit der Zukunft gezeichnet war. In der abgebildeten Darstellung des Bühnenbildners Alessandro Sanquirico erkennt man das große Fest von 1801 zur Grundsteinlegung des (nie erbauten) Foro Bonaparte. Gegenüber dem alten Schloß, auf den großen, durch die Schleifung der Basteien frei gewordenen Flächen, haben Architekten und Bühnenbildner Teile einer möglichen zukünftigen Idealstadt erstellt. Bauten und Denkmäler, städtische Anlagen und künstliche Berge, vorübergehend eingepflanzte, ihrer natürlichen Umgebung entrissene Bäume – das sind die Elemente, die eine neue Stadtlandschaft bilden. Hier kann man spazierengehen, als ob es eine echte Stadt wäre; hier kann man die Wunderdinge einer zukünftigen republikanischen Stadt vorzeigen, einer idealen Stadt für alle, die in der Revolution das zukünftige Glück der Menschheit sahen.

Jean Ehrard, Paul Viallaneix (Hrsg.), *Les fêtes de la révolution*, Paris 1977.

Mitten in der Bretagne, in der Nähe des Städtchens Pontivy, wo die antirevolutionäre Bewegung am heftigsten war, wurde am 17. Dezember 1802 per Dekret die Errichtung von Napoléonville angeordnet. Es handelt sich um eine kleine Stadt mit 6000 Einwohnern, aber auch hier bietet sich die Gelegenheit, eine neue utopische Großstadt für 100 000 Einwohner zu entwerfen, wie aus einer der zahlreichen von Jean-Jacques Moll verfertigten Varianten hervorgeht.

Jean-Jacques M*** [Moll] veröffentlicht um 1800 in Paris einen Stadtentwurf mit dem Titel *Plan d'une ville de cent mille âmes* in einer mit einem Grundriß versehenen, sechzig Seiten umfassenden Broschüre. Der Vorschlag wird im Rahmen der Diskussion um die Errichtung von Napoléonville erörtert und zusammen mit seinen Ideen 1809 in der Zeitschrift »Moniteur« der Öffentlichkeit vorgestellt.
Eine Stadt zu gründen mit dem Namen Napoléonville ist Teil eines Machtrituals, das nicht Gegenstand unserer Betrachtungen sein soll. Der Sinn des Projekts ist eng verbunden mit der Geschichte der Ideen. Es ist kein Modell einer architektonischen Stadt, sondern ein Modell städtischer Organisation; deshalb schreibt der Verfasser in seiner Bildlegende, daß man für diese »wirklich schöne (gesunde, fröhliche, bequeme und angenehme) Stadt« die Zustimmung der Herrschenden benötigt (auch im Hinblick auf den beigefügten Finanzplan), um eine große Anzahl solcher Städte als irdisches Paradies zu schaffen und zu bauen, neue Städte, die als notwendig erachtet werden für das neue Frankreich, das erste Land Europas im Napoleonischen Zeitalter.
In dieser von kartesianischer Rationalität geprägten Zeichnung sind keine wesentlichen und für die Bildung einer neuen Stadt unerläßlichen baulichen Elemente zu erkennen. Wichtig ist das zur Aufnahme verschiedenster Bauwerke vorgesehene Raster, die zentrale Überzeugung, daß das Leben in einer solchen neuen Stadt gesund und hygienisch sein soll. »Salubrité« und »avantage physique« sind die neuen Ziele jener Städte. Moll ist ein früher Vertreter der »Kultur der Stadthygiene«.

Werner Oechslin, *J.J.Molls Napoléonville als »irdisches Paradies«*, in »Daidalos«, 7, 1983.

Karl Friedrich Schinkel (1781-1841), Architekt, Städteplaner, Maler und Bühnenbildner, ist ein Hauptvertreter der komplexen europäischen Kultur vor und nach der Restauration. Er gilt als Bindeglied zwischen Aufklärung, Klassizismus und Romantik. In allen seinen Bildern ist die Idee von der Stadt immer präsent.

Es handelt sich dabei um eine vektorielle und nicht einfach virtuelle Stadt, denn sie gründet auf einem bewußten Kunstwollen, auf der Bereitschaft, die Welt zu verändern (zu verbessern) und ein neues Umfeld für das wirtschaftliche und soziale Leben der Menschen zu schaffen.

So ist also diese Architektur mit ihrem vorherrschenden Ziel, die Stadtlandschaft zu formen, Bestandteil der globalen Geschichte in ihrem ständigen Werden.

Der abgebildete Kupferstich stellt einen perspektivischen Bauriß der Bühne des Schauspielhauses in Berlin dar, so wie sie für den Tag der Eröffnung gestaltet wurde. Der Theaterbesucher blickte auf diese Bühne wie in einen Guckkasten und sah in diesem wiederum das Theater, in dem er sich befand, vor dem Hintergrund seiner Stadtlandschaft.

Vom ikonologischen Standpunkt aus verkörpert diese Bühnenansicht Schinkels den Willen, der Architektur eine zentrale Rolle bei der Bildung und Entstehung einer neuen Stadt zu geben, einer Stadt, die sich aufgrund ihrer besonderen Eigenschaften objektiv als Idealstadt erweisen konnte. Hier kommt der romantische Gedanke der klassizistischen Architekten zum Ausdruck, die für die Verwirklichung ihrer Träume von der großen, urbanen Architektur vor allem den Künstler suchten und das mechanische, auf dem organisatorischen Prinzip beruhende Modell der sich wiederholenden Bautypen ablehnten. In den von Schinkel entworfenen Stadtszenen wird eine reale Stadt vorgestellt und kein schematisches Modell. In seinen Vorschlägen spiegelt sich keine Ideologie wider, sondern der Reiz des Machbaren.

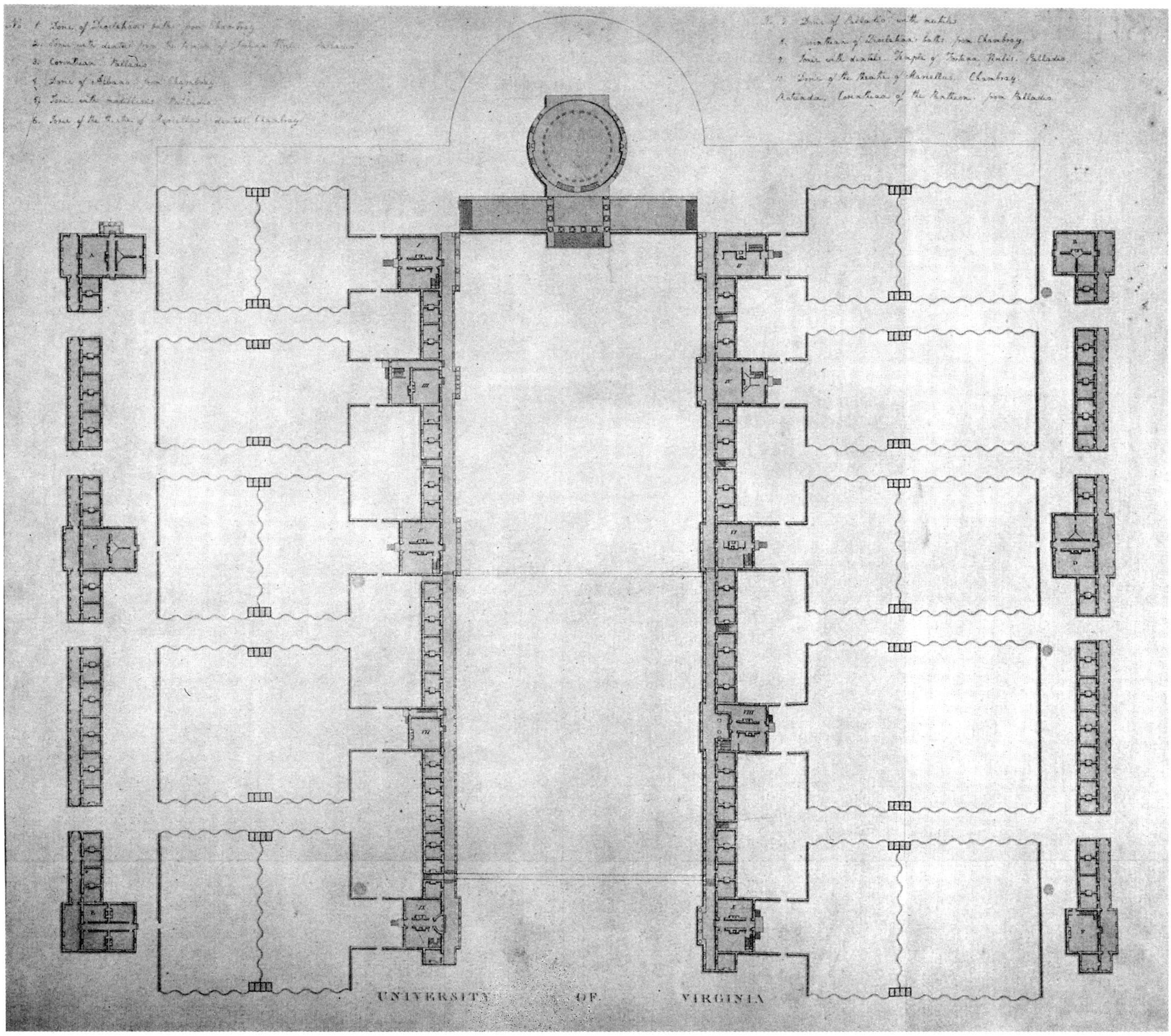

Thomas Jefferson (1743-1826), Architekt und Politiker, war während der Präsidentschaft George Washingtons Secretary of State, unter John Adams Vizepräsident und von 1800 bis 1808 der dritte Präsident der Vereinigten Staaten. Auf eine dritte Amtszeit verzichtete er, um sich vollständig seinen Architekturstudien widmen zu können. Als Verfechter und Hauptfigur einer nationalen amerikanischen Architektur schuf er die Grundlagen für eine klassische amerikanische Romantik als Gegenstück zum romantischen Klassizismus.

Während sich in Europa der philologische, akademische Klassizismus verbreitet hatte, der nunmehr weit entfernt war von seinen Wurzeln der Aufklärung, unterhielt Thomas Jefferson enge Beziehungen zur kulturellen Welt Frankreichs, wo er von 1774 bis 1779 Gesandter der USA war, und orientierte sein Denken am antiken Republikanismus und am Individualismus der Aufklärung. Von 1817 bis 1826 wird in Charlottesville nach seinen Plänen die University of Virginia gebaut, von der wir hier einen der Entwürfe wiedergeben. Diese Universität sollte zu einem der entscheidungsträchtigsten Zentren der Vereinigten Staaten werden. Jefferson ermahnte jeden, der nach Europa ging, nicht das Verhalten zu studieren, sondern die Architektur, »da wir unsere Bevölkerungszahl alle zwanzig Jahre verdoppeln, müssen wir auch die Zahl unserer Häuser verdoppeln«. Die große Anlage enthält durch Laubengänge verbundene Pavillons für die Professoren, entlang der Laubengänge sind die Hörsäle untergebracht, dahinter schließen sich große Gärten an mit eigenartig schlangenähnlich gewundenen Mauern; der zentrale Höhepunkt wird durch die Bibliothek gebildet, dem Sitz des Wissens. Die gesamte Struktur kann auch als Entwurf für eine geschlossene Gemeinschaft betrachtet werden, ihre eigentliche Bedeutung jedoch liegt in der Tatsache, daß sie eine Metapher für die kleine, ideale Stadt ist, die Stadt als Wohnsitz von Gelehrten, frei und offen für alle jungen Menschen, die hier leben und studieren wollen und die hier zur Führungsschicht eines neuen Staates ausgebildet werden.

Fiske Kimball, *Thomas Jefferson Architect. Original Designs in the Coolidge Collection*, New York 1968; Frederick Doveton Nichjols, Ralph E. Griswold, *Thomas Jefferson, Landscape Architect*, Charlottesville 1978.

Dieses architektonische Phantasiegebilde ist eine Aquarellzeichnung des englischen Malers und Architekten Joseph Michael Gandy und stammt aus dem Jahr 1818. Die Zeichnung wird im Sir John Soane's Museum in London aufbewahrt, dem Haus des Architekten John Soane (1753-1837), bei dem Gandy als Zeichner angestellt war, und stellt eine Montage aller Werke und Projekte des Architekten dar, in Form einer surrealen Soane'schen Stadt.

Das Sir John Soane's Museum zeigt zwar das Werk seines komplexen, innovativen Namengebers und Architekten, aber mehr noch dokumentiert es einen Kult, eine Weltanschauung. Als ungefähr siebzig Jahre zuvor Francesco Algarotti dem Caneletto den Auftrag zu einer Ansicht von Venedig gab, in deren Landschaft zwei von Andrea Palladio in Vicenza erbaute Paläste und ein für Venedig geplantes Gebäude eingefügt wurden, war sich der Maler bewußt, daß er die Werke des Renaissance-Meisters benutzte, um eine Art Propaganda zugunsten des sich abzeichnenden Klassizismus zu betreiben. In der großen Zeichnung von Gandy kommt der Wunsch zum Ausdruck, den kulturellen Reichtum und die Vielfalt einer Kunstrichtung zu zeigen, die sich als Alternative zum Reduktionismus des späten Klassizismus versteht, der von 1811 bis 1825 die Stadt London prägen sollte und dessen Hauptfigur der weniger glücklose John Nash ist. Die englische Gesellschaft des viktorianischen Zeitalters nahm diese Alternative nicht an, sondern zog nach der Krise von 1825 die puritanische Stadt des historisierenden Eklektizismus als ideale Stadt vor.
Das war die große Niederlage von John Soane, der 1806 seinem großen Lehrmeister Dance als Professor für Architektur an die Royal Academy gefolgt war, wo er erfolglos sein urbanes Modell vor den Studenten propagierte, die er zur neuen Architektengeneration Londons heranbilden wollte.

A New Description of Sir John Soane's Museum, London 1955; Dorothy Stroud, *The Architecture of Sir John Soane*, London 1961.

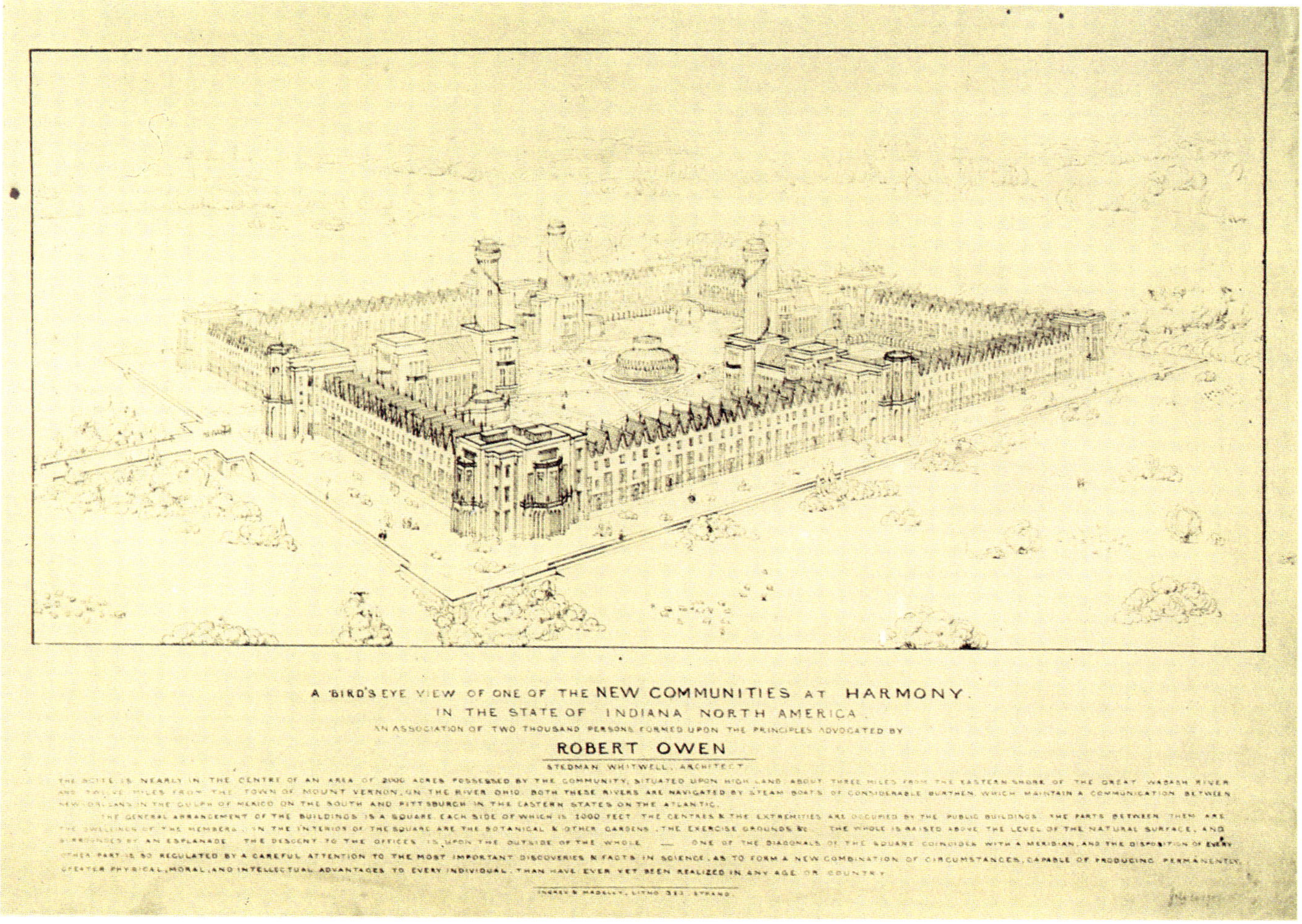

Als der Engländer Robert Owen 1824 im Alter von dreiundfünfzig Jahren in den Vereinigten Staaten von Amerika landete, hatte er ein präzises Programm: Er wollte im Staate Indiana die genossenschaftlichen New Communities at Harmony gründen, nachdem seine Initiative in England fehlgeschlagen war. Dort hatte er den Ort New Lanark in ein genossenschaftliches Dorf umbauen wollen, nachdem er die von seinem Schwiegervater David Dale 1784 gegründeten Spinnereien einer ersten sozialen Umwandlung unterzogen hatte.

Hier in der Neuen Welt wird sein utopisches Vorhaben durch den vom Architekten Stedman Whitwell in Vogelperspektive ausgearbeiteten Plan ergänzt. Das Projekt ist für das Dorf New Harmony vorgesehen, das Owen von einer Sekte gekauft hatte. Es ist eine Verschmelzung der Idee von der Fabrik der Zukunft (mit vier symmetrischen, hohen Fabrikschloten im Zentrum des urbanen Organismus) mit dem Modell einer religiösen Gemeinschaft. Owen investierte in dieses Vorhaben nahezu vierzigtausend Pfund, vier Fünftel seines gesamten Vermögens. Die Gemeinschaft wandelte sich jedoch und wurde zu einer richtigen, streng auf Privateigentum basierenden Pionierstadt. Mit diesem gescheiterten utopischen Gesellschaftsmodell verlor Owen sein Vermögen und kehrte 1829 nach England zurück. Hier setzten sich einige seiner Ideen in den sozialistischen und genossenschaftlichen Arbeiterbewegungen fort. Owen arbeitete mit diesen Initiativen bis zu seinem Tod. 1833 gründete er die Grand National Consolidated Trade Unions, die Vorläuferin aller Gewerkschaften in Großbritannien, 1839 entstand die genossenschaftliche Kolonie oder Harmony Hall in Hampshire, ein weiterer, unvermeidlicher Fehlschlag. Kurz vor seinem Tod gründete er die Association of All Classes of All Nations.

George B. Lockwood, *The New Armony Movement*, New York 1905; Arthur E. Bestor Jr., *Backwoods Utopias: The Secretarian and Owenite Phases of Communitarian Socialism in America, 1663-1829*, Philadelphia 1950.

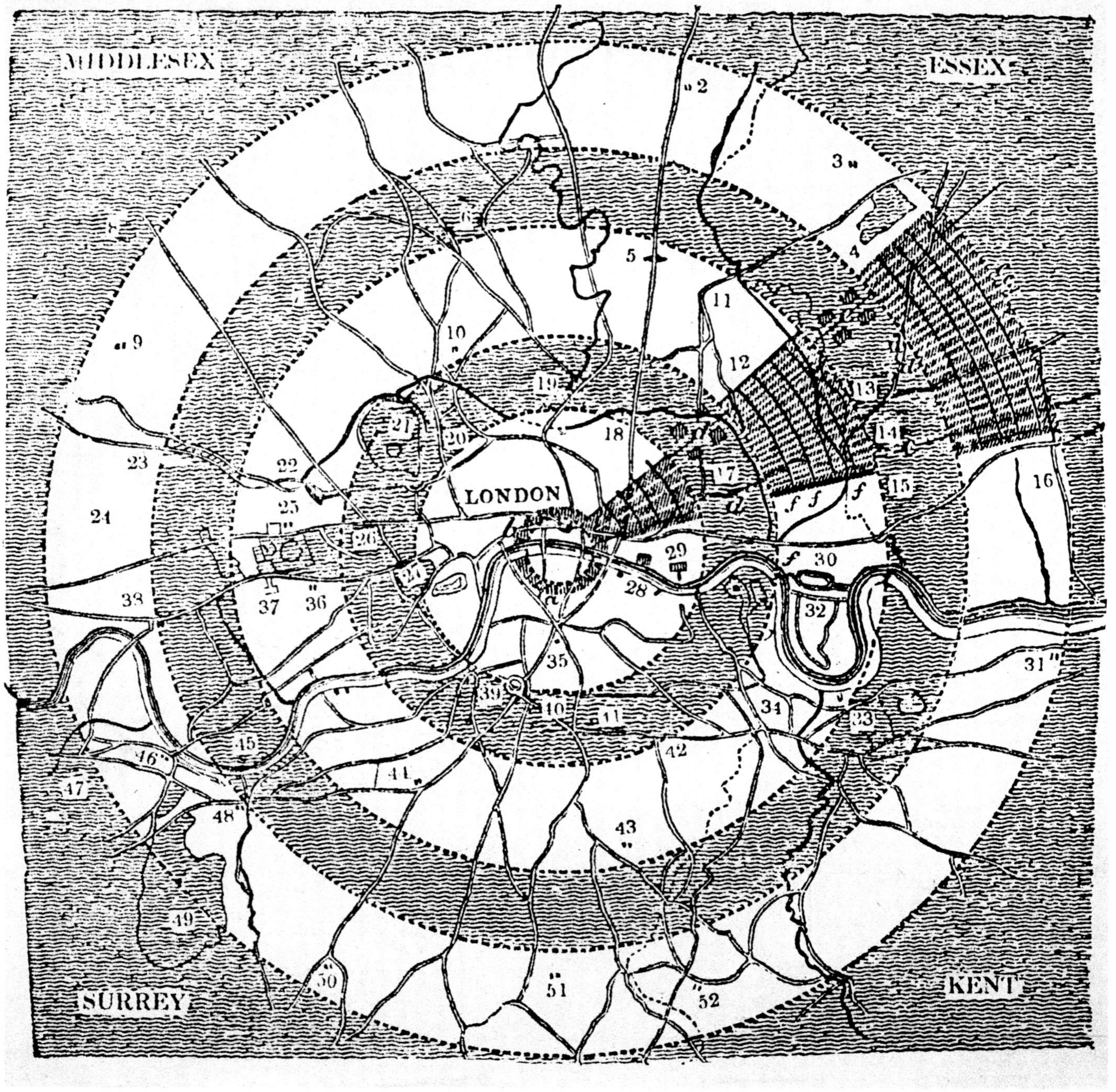

Der Landschaftsgärtner John Claudius Loudon (1783-1843) war in der ersten Hälfte des 19. Jh. in England eine zentrale Figur in der Geschichte der Landschaftsgestaltung. Jedermann, der einen Garten sein eigen nannte, besaß auch eine Schrift von Loudon oder war auf seine großartige Zeitschrift »The Gardener's Magazine« abonniert, die von 1826 bis zu seinem Tod erschien. In dieser Zeitung wurde 1829 ein Vorschlag für die Umgestaltung Londons veröffentlicht.

Dieser ungewöhnliche Vorschlag nimmt nicht nur die Theorie vom »green belt«, dem grünen Gürtel vorweg, die ein Jahrhundert später für die englische Hauptstadt ausgearbeitet wurde, sondern ist auch eines der ersten städtebaulichen Modelle in Europa, das den Historikern der Urbanistik weitgehend unbekannt geblieben ist. Es handelt sich um kein abstraktes Schema, denn die hier wiedergegebene Graphik zeigt eine konkrete Methode, d. h. das Alternieren von dichtbesiedelten Stadtgebieten und rationell geplanten Grünflächen. »Bei dem Versuch, eine Vorstellung von der Form und den Ausmaßen der Gebiete um London zu geben, haben wir die Begrenzungen in perfekten konzentrischen Kreisen gezogen; bei der Verwirklichung des Projekts ist das jedoch nicht unbedingt nötig, es kann sogar wenig ratsam sein ... Die Morphologie des Gebiets um die Stadt, der Verlauf der Straßen, ... die unregelmäßige Form der öffentlichen Gebäude und der privaten Gärten ... ziehen eine unregelmäßige Linie, die sicherlich nicht nur gefälliger, sondern auch wirtschaftlicher ist ... Die Metropole könnte somit wachsen und sich abwechselnd über bebaute, ca. eine Meile breite Flächen und unbebaute, ca. eine halbe Meile breite Gärten oder Parks erstrecken ... Nach Fertigstellung dieses Plans, der für London und für jede andere Stadt denkbar ist, die sich nach demselben Prinzip entwickelt, wird kein Bürger der Stadt mehr als eine halbe Meile von einer Grünzone entfernt sein, in der er spazierengehen oder ausreiten oder sich auf jede erdenkliche Art erholen und vergnügen kann.« London, die größte Stadt Europas und der Welt seit Beginn des 18. Jh., zählte an der Schwelle zum 19. Jh. fast eine Million Einwohner, die sich gegen Mitte des Jahrhunderts verdoppelten und in den folgenden fünfzig Jahren sogar verdreifachten (6,62 Millionen im Jahr 1900).

Melanie Louise Simo, *London and the Landscape. From Country Seat to Metropolis, 1783-1843,* New Haven / London 1988; Susan Lasdun, *The English Park. Royal, Private & Public,* London 1991.

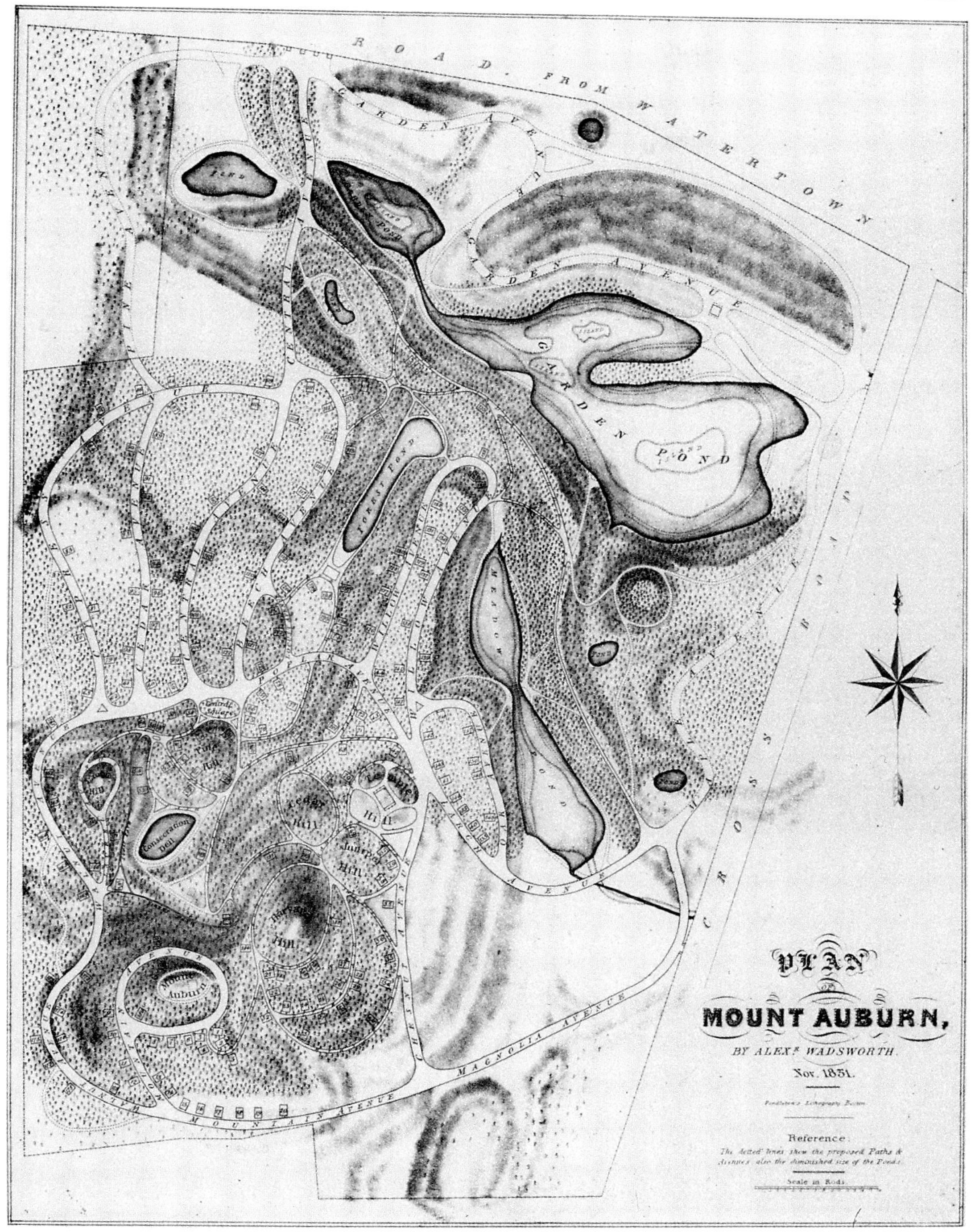

Im Jahr 1831 wird in den Vereinigten Staaten der erste Gartenfriedhof des Landes (und der westlichen Welt) auf einer Anhöhe in der Nähe von Boston angelegt: der Mount Auburn Cemetery. Sein Lageplan ist hier wiedergegeben. Er stammt von seinem genialen Schöpfer, dem jungen Physiker Jacob Bigelow, Professor für Naturwissenschaften in Harvard, begeisterter Anhänger der Gothic revival-Architektur, Briefpartner Thomas Jeffersons, mit dem er sich über botanische und landschaftsgestalterische Probleme austauschte.

Dieses außergewöhnliche Projekt ist ein Beispiel für die mögliche romantische Verwendung einer Landschaft, frei jeder Bindung an städtische oder produktive Zwecke. Es ist in zweifacher Hinsicht ein für die Entwicklungsgeschichte der USA bedeutsames Projekt: erstens für die Gartenfriedhöfe (Rural Cemetary Movement) und die großen Stadtparks, zweitens für die Gartenstädte oder Gartenviertel, da die Parzellierung der Flächen und die Bebauung mit Grabmälern wie eine Metapher für die Städte der Lebenden erscheinen und die später entstehenden Einfamilienhäuser mit Garten bereits vorwegnehmen. Mit diesem Entwurf wurde Jacob Bigelow einer der Gründerväter der Kultur des *landscape gardening*, der Landschaftsgestaltung in den Vereinigten Staaten. 1829 wurde zum Teil aufgrund dieses Projekts die Massachusetts Horticultural Society gegründet. Seine große Innovation, die der Idee von der Idealstadt eine neue, andere Richtung geben wird, besteht darin, daß dem Raster der traditionellen, schachbrettartig angelegten, amerikanischen Stadt eine Alternative entgegengestellt wird, bei der jedes einzelne, kleine Fleckchen Boden dazu beiträgt, eine harmonische, unbegrenzte und neue Landschaft zu bilden.

James Smilie, Cornelia W. Walter, *Mount Auburn Illustrated with Descriptive Notice*, New York 1947; Leo Marx, *The Machine in the Garden. Technology and the Pastoral Idea in America*, Oxford 1964.

Karl Friedrich Schinkels Tätigkeit in Europa, wo sich Revolution, Restauration und die Bildung von Nationalstaaten abwechseln, ist die eines klassischen und romantischen, klassizistischen und neugotischen Intellektuellen, Architekten und Landschaftsgärtners, denn er erklärt, daß »die Kunst im allgemeinen nichts ist, wenn sie nicht neu ist«. Schinkel setzt auch die Malerei als (globale) Kommunikationsform für seine Projekte ein oder für historisch-didaktische Erläuterungen, wie in der oben abgebildeten Arbeit.

Der *Blick auf das Goldene Zeitalter Griechenlands* war ein großes, von Schinkel 1825 geschaffenes Bild, in dem der Maler seine theoretisch-poetischen Überlegungen über die Architektur zum Ausdruck brachte und über ein Geschichtsverständnis, das in der griechischen Klassik den Ursprung der europäischen Zivilisation sah. Das Bild wurde zerstört, die Faszination des Themas und seiner Behandlung war jedoch so groß, daß bereits 1826 und später 1836 der Maler Wilhelm Ahlborn eine Kopie angefertigte (im Format 0,94 x 2,35 m, das hier abgebildete Exemplar), außerdem wurde es in großen Stahlstichen vervielfältigt. Dieses historisch-philosophische Lehrstück stellt die Beziehung Architektur/Natur dar, nicht in ihrem Gegensatz von Stadt/Land, sondern als *Polis*, als das soziale Modell, die ideale Form harmonischen Zusammenlebens, ohne Unterschied zwischen Künstlern und Handwerkern. Die Idealisierung des Themas beschwört natürlich die große Zahl von Sklaven herauf, die in Wirklichkeit erst den Bau der *Polis* ermöglichten, und läßt die Tatsache außer acht, daß gerade ein Bild dieser Art in jenen Jahren Mahnung und Metapher für die kommende, zukünftige Stadt der Industriezeitalters hätte sein sollen.

Versch. Verf., *Karl Friedrich Schinkel. Architektur, Malerei, Kunstgewerbe*, Berlin 1981.

Marie Louise (1791-1847), Tochter von Kaiser Franz II., Gemahlin Napoleon Bonapartes und Mutter des Herzogs von Reichstadt, ist seit 1815 Herzogin von Parma. In ihre Regierungszeit fällt der Übergang von der virtuellen napoleonischen Stadt zur darauffolgenden realen Stadt des siegreichen Bürgertums, der Stadt des Handels und der Industrie.

»Ich habe in meinen Händen die Möglichkeit, 400 Tausend Seelen glücklich zu machen; die Wissenschaften und die Künste zu schützen …«, schreibt die Herzogin von Parma 1816. In ihrer Regierungszeit »beugte sich die Gerechtigkeit niemals der Macht«. Während des Aufruhrs von 1830 schrie die Menge in Parma »Tod dem Werlein!« (der von der Wiener Staatskanzlei eingesetzte Staatsekretär), »Es lebe die Verfassung, es lebe Marie Louise!« Die Herzogin verändert mit Geduld und Konsequenz das Gesicht der Stadt, sie läßt klassizistische Bauwerke errichten, die zu den bedeutendsten Fixpunkten der Stadt werden: der Herzogspalast, die Bibliothek, das Foro Boario, das Collegio dei Nobili und zahlreiche Krankenhäuser. Ihr urbanes Modell ist das einer modernen Stadt. In der Erbauung der großen öffentlichen Gebäude sieht sie eine Möglichkeit, direkt auf die Bautätigkeit für die kleineren, privaten Gebäude einzuwirken. Das war natürlich nur möglich, weil sie fähige Baumeister zur Hand hatte, wie z. B. Nicolò Bettoli. Ein Vierteljahrhundert lang scheint Parma eine Idealstadt zu sein, aufgrund der ungewöhnlich geschmackvollen Aufteilung von urbanen Flächen und unvergänglichen architektonischen Werken. Das abgebildete Aquarell, von Maire Louise selbst gemalt, stellt einen wichtigen Ort in der Stadt dar: den Palazzo della Pilotta und die herzoglichen Gärten.

Johann Jakob Bachofen, *Das Mutterrecht*, Stuttgart 1861; Versch. Verf., *Maria Luigia, Donna e Sovrana. Una corte europea a Parma 1815-1847*, Parma 1992.

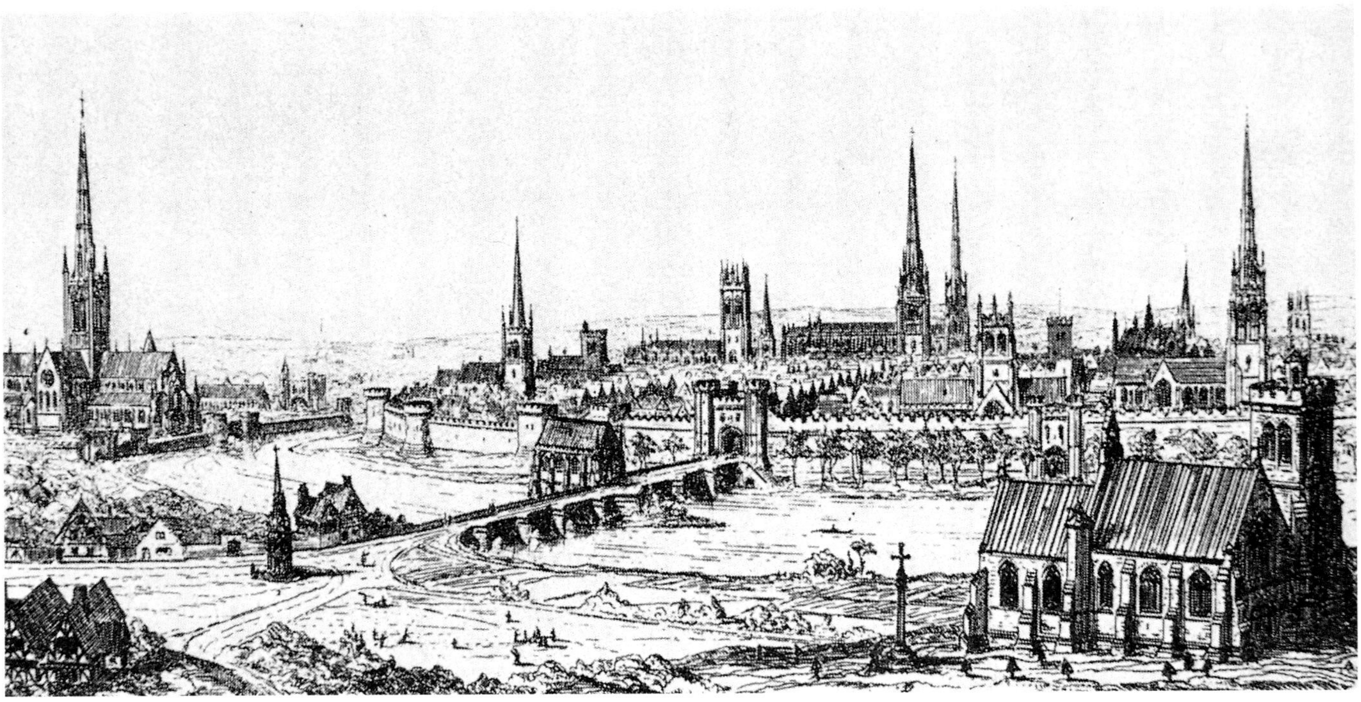

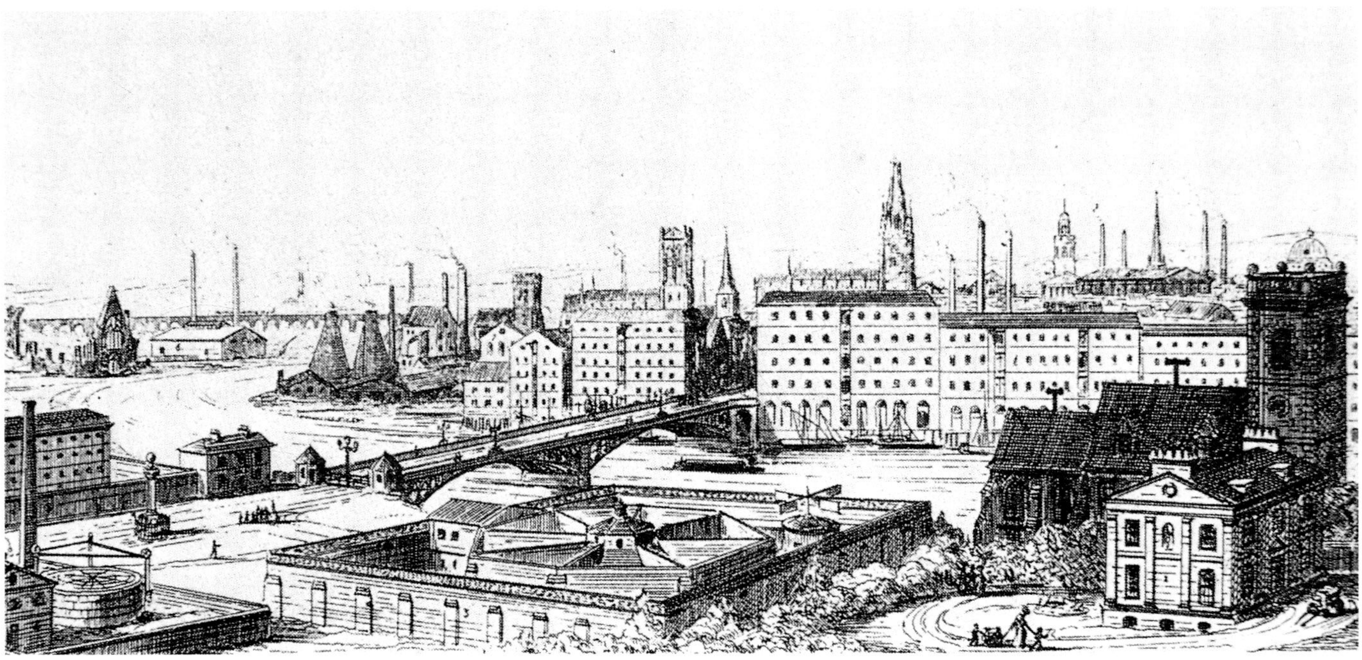

Augustus Welby Northmore Pugin (1812-1852) ist der große englische Reaktionär und Befürworter einer neuen Architektur, die sich so eng wie möglich an das Mittelalter anlehnen sollte (Gothic Revival); dieser Überzeugung zuliebe konvertierte er sogar zum Katholizismus. Pugin lehnte die Industriegesellschaft ab, ihre inhumane Verherrlichung der Maschine, ihre Verachtung der alten Handwerkskunst und somit ganz offensichtlich auch die Stadt, den Ursprung all dieser Übelstände.

Mit seinen theoretischen Arbeiten gehört er zu den wichtigsten Vertretern jener Strömung, die sich durch eine heftige Ablehnung der zeitgenössischen Stadt auszeichnet; das wiederum verbindet ihn mit den Befürwortern der Gartenstadt. Für ihn ist jedoch die Zukunft nur in der Vergangenheit zu finden, eine Idealstadt kann nur diejenige sein, in der die alten Formen und Lebensarten des Mittelalters wieder aufgegriffen werden. Die beiden abgebildeten Zeichnungen, die man gemeinsam betrachten muß, bringen seine Meinung deutlich zum Ausdruck. Oben ist die Ansicht einer hypothetischen mittelalterlichen Stadt (katholisch, um 1440) zu sehen, das Muster einer Idealstadt. Unten dieselbe Stadt als reale zeitgenössische Stadt, die abgelehnte, die höllische Stadt des viktorianischen Zeitalters (dieselbe Stadt, protestantisch, 1840). Die Gründe, die eine immer größere Zahl von Menschen dazu veranlaßten, in solchen Städten zu wohnen, waren nicht Gegenstand der Untersuchungen des jungen Architekten. Pugin sagt, er wolle »unserer Epoche ihre Maske der Oberflächlichkeit abreißen« und »wieder die allgemeine Aufmerksamkeit auf die Verdienste der Vergangenheit lenken ... Es gibt keinen Grund dafür, weshalb edle Städte, die vollkommen mit Kläranlagen, mit Wasser- und Gasversorung ausgestattet sind, nicht in einem Stil erbaut werden können, der logisch und zugleich christlich ist.«

Augustus Welby Northmore Pugin, *Contrasts: or a Parallel between the Noble Edifices of the Fourteenth and Fifteenth Centuries and Similar Buildings of the Present Day, Showing the Present Decay of Taste*, London 1836; ders., *The True Principles of Pointed of Christian Architecture*, London 1841; Charles L. Eastlake, *A History of the Gothic Revival*, London 1872; Kenneth Clark, *The Gothic Revival*, London 1962.

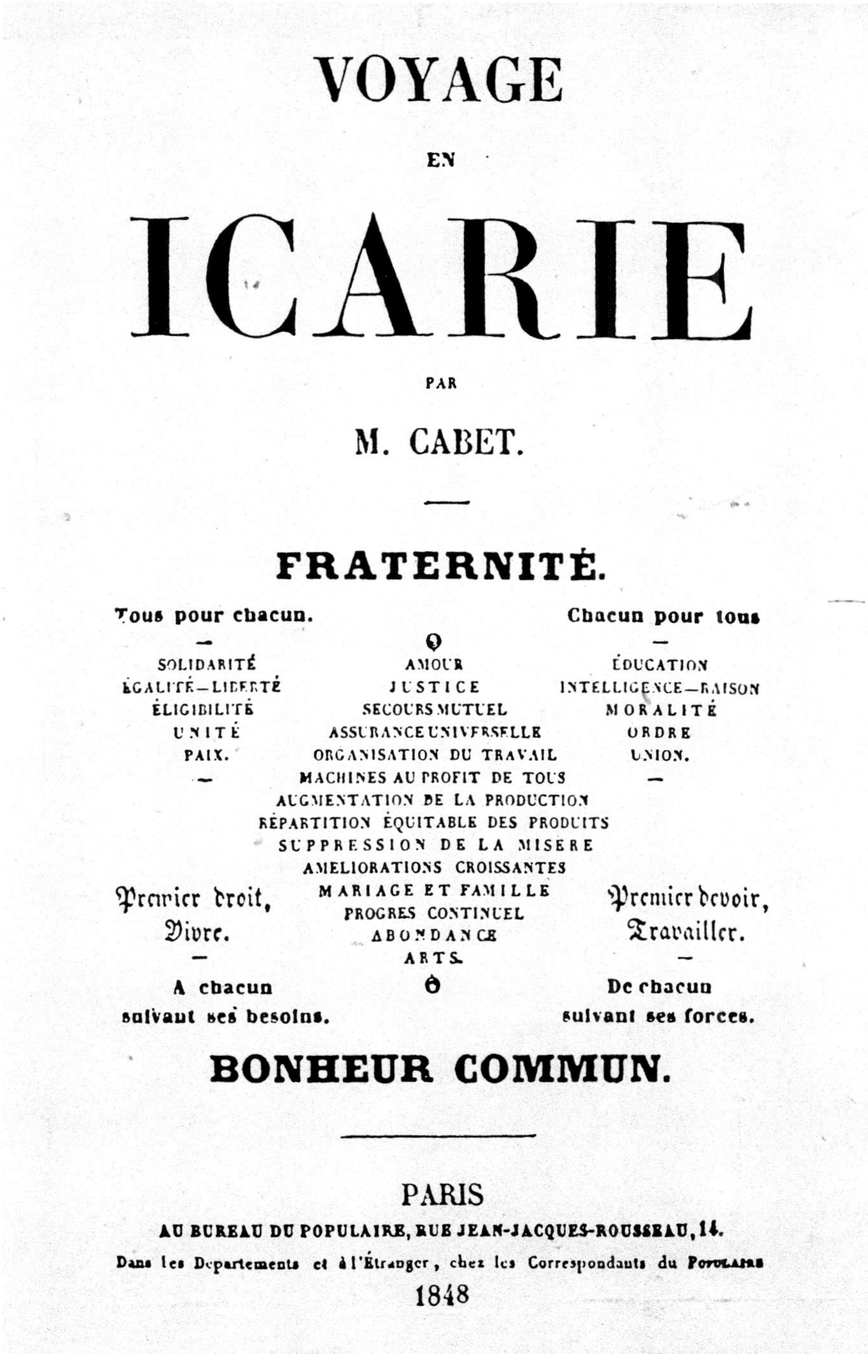

VOYAGE

EN

ICARIE

PAR

M. CABET.

FRATERNITÉ.

Tous pour chacun. — Chacun pour tous

SOLIDARITÉ
ÉGALITÉ—LIBERTÉ
ÉLIGIBILITÉ
UNITÉ
PAIX.

AMOUR
JUSTICE
SECOURS MUTUEL
ASSURANCE UNIVERSELLE
ORGANISATION DU TRAVAIL
MACHINES AU PROFIT DE TOUS
AUGMENTATION DE LA PRODUCTION
RÉPARTITION ÉQUITABLE DES PRODUITS
SUPPRESSION DE LA MISERE
AMELIORATIONS CROISSANTES
MARIAGE ET FAMILLE
PROGRES CONTINUEL
ABONDANCE
ARTS.

ÉDUCATION
INTELLIGENCE—RAISON
MORALITÉ
ORDRE
UNION.

Premier droit, Vivre. — A chacun suivant ses besoins.

Premier devoir, Travailler. — De chacun suivant ses forces.

BONHEUR COMMUN.

PARIS
AU BUREAU DU POPULAIRE, RUE JEAN-JACQUES-ROUSSEAU, 14.
Dans les Départements et à l'Étranger, chez les Correspondants du POPULAIRE
1848

Etienne Cabet (1788-1856), aufrührerischer Anhänger der Carboneria, ist an der Revolution von 1830 beteiligt, Gründer der Zeitung »Le Populaire«, die die Arbeiter zur Agitation aufruft. Aufgrund seiner heftigen Angriffe gegen Louis-Philippe ist er gezwungen, sein Land zu verlassen. In England nimmt er Kontakt zu Robert Owen und seiner Bewegung der Trade Unions auf. 1840 veröffentlicht er in seinem Roman *Voyage et aventures de Lord William Carisdall en Icarie* seine Vorstellung von einer utopischen Gesellschaft.

Im selben Jahr bringt Cabet die Schrift *Comment je suis communiste* heraus. 1842 erscheint die zweite Auflage seines programmatischen Reiseberichts unter dem endgültigen Titel *Voyage en Icarie*. Hier ist die Titelseite der Ausgabe von 1848 wiedergegeben. Karl Marx betrachtet Cabet als den Vater des utopischen Kommunismus. In seinem Roman propagiert er eine kollektivistische Gesellschaft in einer speziellen Idealstadt, Ikara, der Hauptstadt des Landes Ikarien, in dem ein glücklicher Kommunismus herrscht und wo auch alle Städte gleich sind. Ebenso wie Owen blickt Cabet nach Amerika, in der Hoffnung, dort seinen utopischen Traum zu verwirklichen: 1847 veröffentlicht er ein Manifest mit dem Titel *Allons en Icarie* und versucht vergebens, diese Stadt in Texas, in New Orleans, in Nauvoo und in St. Louis zu gründen, wo er schließlich stirbt. Ikara ist eine absolut kreisförmige und durch eine starre Geometrie strukturierte Stadt; ihre Organisation basiert auf der Kultur der urbanen Hygiene; das Verkehrssystem wird durch breite, vierspurige Fahrstraßen gebildet; die Stadt ist vollkommen klimatisiert (Fußgängerbereiche sind gegen Unwetter und Hitze geschützt); der hohe moralische Anspruch der Stadtbevölkerung schließt die Existenz der herkömmlichen Stätten des Lasters aus; das Anbringen von Werbeplakaten ist den Geschäftsleuten nicht erlaubt, der Einzelhandel wird abgeschafft; die Wohnhäuser sind alle gleich, mit vier Stockwerken, einem Terrassendach, Garten und Trinkwasser, die Einrichtung wird per Gesetz genehmigt und auf Anweisung der Regierung hergestellt und geliefert.

Robert Daughters, *Icaria-Speranza: the Last Try at Icarian Communism*, Berkely 1973; Christopher H. Johnson, *Utopian Communism in France: Cabet and the Icarians, 1839-1851*, Ithaca / London 1974.

Dieser seinerzeit weitverbreitete Druck trägt den Titel *Un Marché sous la République Universelle et Sociale*, der fraglos auf das in Europa herrschende Klima der demokratisch-bürgerlichen Revolutionen von 1848 zurückzuführen ist, als eine neue Fortschrittsidee die alten Ideale der Französischen Revolution und der napoleonischen Zeit ablöste. Der neue Glaube an die Technik, die Religion des Positivismus, faßt in Europa innerhalb weniger Jahrzehnte Fuß und verbreitet sich im Zuge der Industrialisierung.

In dieser dem Gott des Handels geweihten Stadt scheint weder das Kapital noch die Maschine der Motor der wirtschaftlichen und sozialen Entwicklung zu sein, sondern vielmehr das Bewußtsein (das wir heute als postindustriell bezeichnen), daß der Handel die Produktion anregt.

Die Industriestadt, die sowohl von der klassischen Ökonomie als auch von der sich gerade herausbildenden Marxschen Theorie als unvermeidbar angekündigt wurde, erhält ihre zentrale Bedeutung erst nach dem Entstehen der Handelsstädte. In unserer Abbildung sind die Fabriken noch weit entfernt, nur am Rande erahnbar; Protagonist ist hier der Handel, der auf dem friedlichen Zusammentreffen von Menschen und Völkern beruht. Alle Völker aller Kontinente sind Brüder in dem Bewußtsein, daß der Handel Reichtum für alle erbringt. Diese Stadt, die nur in Europa denkbar ist, beherbergt Asiaten und Schwarze; alle sind mit ihren Geschäften befaßt, und alle wollen die Welt verbessern; sogar die Banken haben eine soziale Aufgabe (Volksbanken).

Jede Gesellschaft entwickelt und verändert im Laufe ihrer Geschichte die Idee, die sie sich von der idealen Stadt macht. Als Metapher für die ideale Stadt des europäischen Bürgertums in der Mitte des 19. Jh. ist diese Szene zugleich auch sehr realistisch, denn tatsächlich entsprachen die Hafenstädte Europas im wesentlichen der hier rekonstruierten Stadt.

Der »Prophet« Joseph Smith, Gründer der Sekte der Mormonen, wurde 1844 ermordet, als er seine Anhänger in den Westen der Vereinigten Staaten führte, nicht um ein neues Land zu erobern, sondern um einen Ort zu finden, an dem er seine heilige Stadt Zion City erbauen konnte. Bereits 1833 hatte er selbst den genauen Lageplan seiner Idealstadt entworfen.

In der Zeichnung von Joseph Smith ist eine kleine quadratische Stadt dargestellt (die ungefähr 20 000 Menschen aufnehmen sollte). Die Stadt war streng im Schachbrettmuster mit 49 Parzellen gegliedert, von denen die drei zentralen für Parks, den Tempel und die öffentlichen Gebäude bestimmt waren. Nach Gründung der Stadt Nauvoo in Missouri (die jedoch das von Smith entworfene Schema nicht vollkommen übernimmt) wird 1847 in Utah die heilige Stadt Salt Lake City angelegt. Ihr Mittelpunkt ist der zwischen 1853 und 1890 erbaute Tempel, der von weiteren für religiöse und öffentliche Zwecke bestimmten Gebäuden umgeben ist. Die Stadt war als Hauptstadt eines Staates konzipiert, in dem die Getreuen den Ort für die Heiligen der Letzten Tage erkannt hatten, gemäß den apokalyptischen Visionen ihres Propheten. Sie ist jedoch auch der urbane Pol eines weitläufigen, landwirtschaftlich genutzten Gebietes, in dem bis 1880 noch weitere 400 Mormonen-Gemeinschaften entstehen sollten. Die Wüste, in der die Mormonen lebten, und die sie mit einem effizienten Bewässerungssystem fruchtbar machten, war ihr Gelobtes Land, Salt Lake City ihre heilige und somit ihre ideale Stadt. In ihrer Lebensweise zeigten die Mormonen große Achtung vor ihrer Umwelt (»haltet euer Tal sauber«), sie entwickelten Typologien für den Hausbau und errichteten neue Städte auf der Grundlage der von Brigham Young, dem Nachfolger von Joseph Smith, verfaßten Schriften. Salt Lake City, das gegen Ende des 19. Jh. ungefähr 50 000 Einwohner zählt (unsere Abbildung stammt aus dieser Zeit), ist die von Brigham Young gegründete Idealstadt der Mormonen.

Lowry Nelson, *The Mormon Village. A Pattern and Technique of Land Settlement*, Salt Lake City 1952.

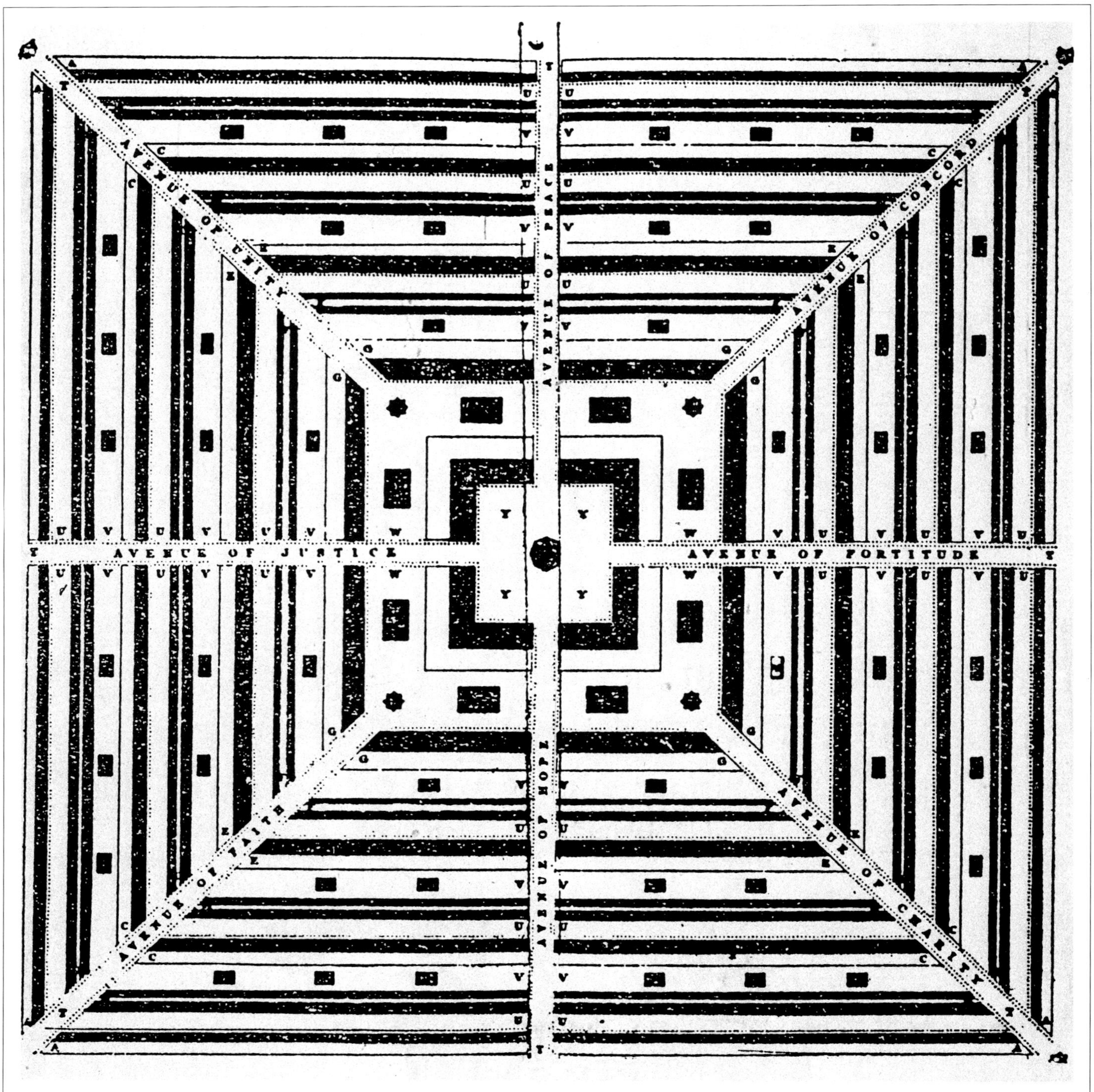

Mitte des 19. Jh., als in Großbritannien das Problem der im Zuge der industriellen Revolution unmäßig anwachsenden Städte immer drängender wurde, entstanden als Reaktion auf diese Entwicklung neue Strömungen, die sich mit der Beziehung zwischen Stadt und Land auseinandersetzten. Der Sozialreformer John Ruskin beschreibt Stadt und Land als Antipoden: die städtischen »Schornsteine, die unaufhörlich eine schwefelig-schwarze Pest ausstoßen, und die Häuser auf dem Land, die dem in der Bibel beschriebenen irdischen Paradies am nächsten kommen«.

Das viktorianische England zeichnet sich durch eine zunehmende Verstädterung als Folge der konzentrierten Industrialisierung aus. Um die Mitte des 19. Jh. hat Greater London über zwei Millionen Einwohner und beherbergt mehr als zehn Prozent der auf achtzehn Millionen geschätzten Einwohner Englands. Zählt man noch die acht Städte mit mehr als 100 000 Einwohnern dazu, so ergibt sich, daß gegen Ende des 19. Jh. jeder fünfte Engländer in einer (industriellen) Großstadt lebte. Der Seefahrer, Journalist und Gelehrte James Silk Buckingham (1786-1855), Mitglied des Unterhauses, befaßte sich mit den sozialen Mißständen und betrachtete die »Utopian speculations« als negativ und den Kommunismus als schädlich. 1849 veröffentlicht er die Schrift *National Evils and Practical Remedies with the Plan of the Model Town*, in welcher der hier abgebildete Entwurf für Victoria, eine Modellstadt ohne jeden Makel, enthalten ist. Diese Idealstadt kann ein glückliches urbanes Leben garantieren und ist der tugendhaften und wohltätigen Königin gewidmet. Für 10 000 Einwohner geplant, erstreckt sie sich über eine Quadratmeile und ist von 10 000 Acres Land umgeben, ein Acre pro Einwohner. Das Quadrat ist in sieben Häuserblockreihen aufgeteilt, die sich zum Zentrum hin verjüngen, wo auf dem Central Square die öffentlichen Gebäude errichtet sind. Die Wohngebäude nehmen von der Peripherie zum Zentrum hin in der Höhe ab, die äußeren sind für die einfachen, die inneren Häuserreihen für die bessergestellten Klassen gedacht. Die Bedeutung dieses utopischen, naiven und simplen Projekts liegt darin, daß im viktorianischen Zeitalter eine Art rationalisiertes urbanes Modell vorgestellt wurde, das zwar alle Prinzipien der Gleichheit außer acht ließ und die Klassenunterschiede sogar noch betonte, andererseits jedoch den unteren Klassen aufgrund der starren Geometrie des Plans die Möglichkeit sicherte, die Cholera zu besiegen, die in den Slums an den Peripherien der realen Städte Tausende von Opfern forderte.

Edward Tyas Cook, Alexander Wedderburn (Hrsg.), *The Works of John Ruskin*, 39 Bde., London 1903-1912; Stefan Muthesius, *The High Victorian Movement in Architecture 1850-1870*, London 1972.

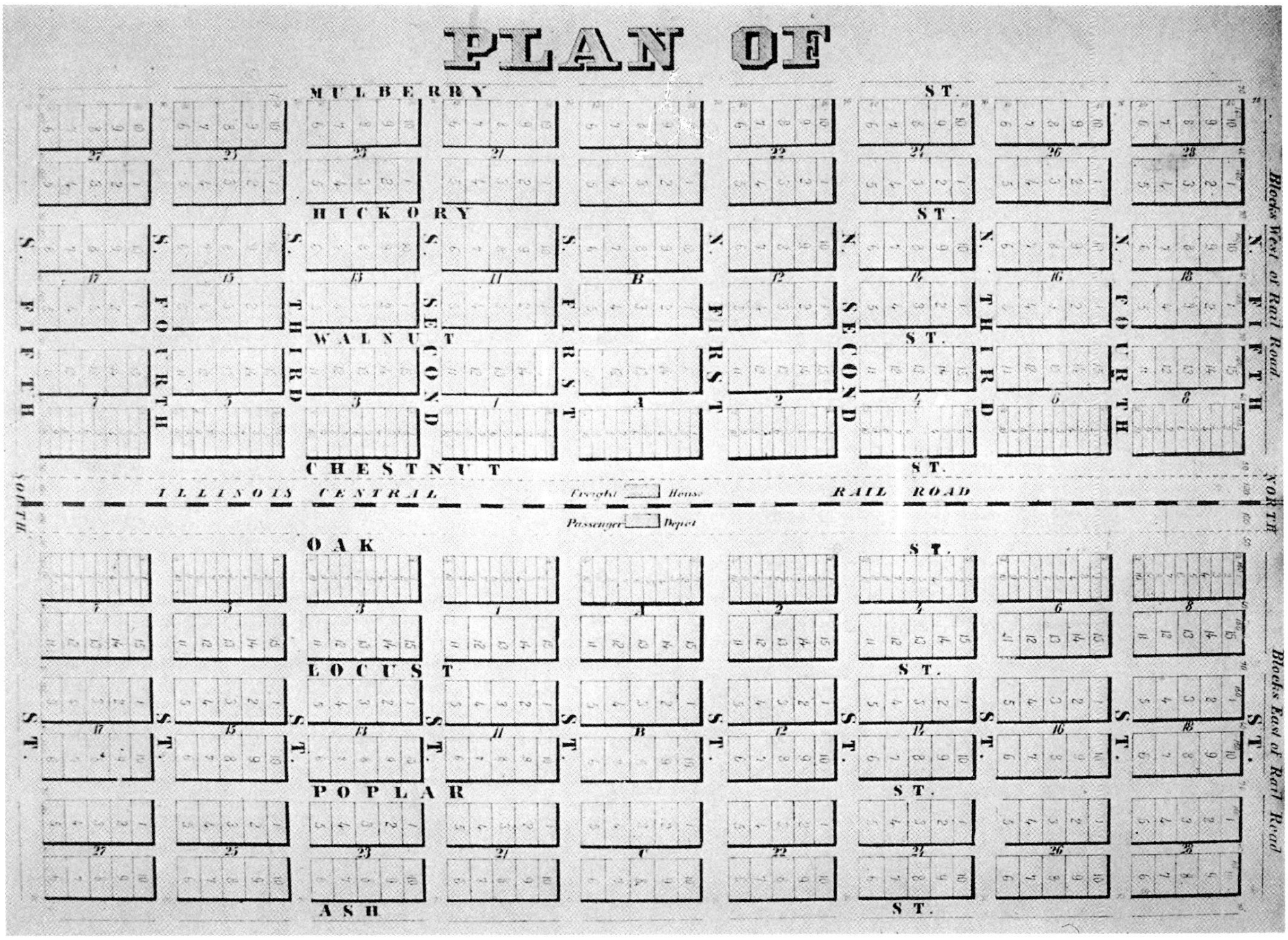

1855 druckt die amerikanische Eisenbahngesellschaft The Illinois Central Associates den abgebildeten Lageplan für die idealen Städte, die entlang der geplanten Eisenbahnlinie an jeder Station errichtet werden sollten. In dieser Karte fehlt noch der Name der Stadt; er soll erst später von dem Unternehmer eingefügt werden, der durch seine Tätigkeit und seine Willenskraft der Stadt und ihren Bürgern ihre Prägung gibt.

Die Eroberung des Westens vollzog sich in einem Gebiet ohne Straßen, durchquert allein von den Planwagen der Siedler und Pioniere. Zu Beginn des 19. Jh. betrug die Bevölkerungszahl Nordamerikas sechs Millionen, 1850 waren es bereits vierundzwanzig und gegen Ende des Jahrhunderts sechsundsiebzig. Die Eisenbahn war das einzige Fortbewegungsmittel über größere Distanzen: 1860 verfügten die Vereinigten Staaten über ein Eisenbahnnetz von 14.500 Kilometer Länge, 1870 waren es 49.000, 1880 bereits 150.000 und im Jahr 1900 300.000 Kilometer. Die Pioniere des vorangegangenen Jahrhunderts waren bereits weit davon entfernt, ihren Stadtgründungen ideologische oder religiöse Bedeutung zu geben, wie das die ersten Einwanderer Nordamerikas noch getan hatten. Für sie war jede Stadt, auch die kleinste Anhäufung bescheidener Holzhütten, die pragmatische Idealstadt, denn sie war real, aus dem Nichts erbaut und als solche schon ein Wunder für die wenigen Menschen ohne Geschichte in einem weiten Land. Das hier abgebildete Stadtmodell, das die Eisenbahngesellschaft propagierte, besteht aus einfachen, schachbrettartig angelegten Blöcken; die Hauptstraße führt zum Bahngleis, dem Symbol der Verbindung zu den anderen dieser Städte, inklusive zu den real existierenden an der Ostküste. Diese kleine Stadt, zu der die Pioniere und Siedler mit ihren Karren auf holprigen Pisten gelangen konnten, wurde für sie die ideale Stadt, der Ort, an dem man Waren und Ausrüstungen erwerben konnte, wo man die wenigen Dienstleistungen eines im Entstehen begriffenen Staates in Anspruch nehmen und sich die seltenen und bescheidenen Laster erlauben konnte. Über eine mögliche Zukunft dieser kleinen, für sie breits idealen Städte machten sie sich keine Gedanken.

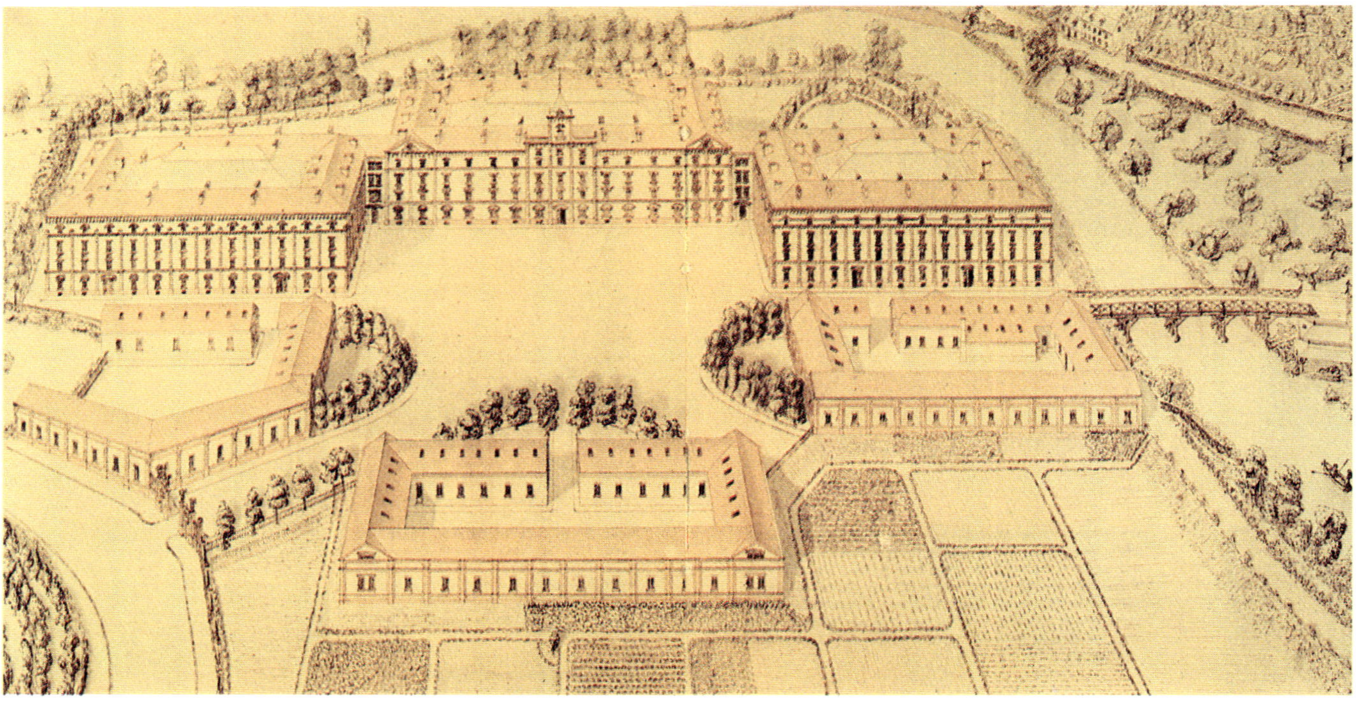

Jean-Baptiste Godin (1817-1888), Industrieller und Utopist, war stark von den Ideen Charles Fouriers beeinflußt. Dieser prangerte die Mißstände der Industriestadt an und beschrieb in futuristischen Architektur- und Urbanistiktheorien seine Idealstadt als kollektive, sich selbst genügende Gemeinschaft, das sogenannte Phalanstère; Godin dagegen propagiert und realisiert etwas pragmatischer sein noch heute bewohntes »Familistère« im nordfranzösischen Guise für ein Leben in einer Gemeinschaft von 1500 Personen.

Friedrich Engels schrieb über Fourier: »Er enthüllt ohne Mitleid das materielle und moralische Elend der bürgerlichen Welt«, doch weder Engels noch die anderen Vertreter des wissenschaftlichen Sozialismus hielten Fouriers kompliziertes System des utopischen Sozialismus für bemerkenswert. Die Bewegung des Phalanstère überlebte ihren Begründer, und Victor Considérant leitete nach Fouriers Tod (1837) deren Organ »La Phalange«. Godins Idealstadt ist nicht mechanisch und totalitär, sondern konkret und praktikabel, auf der Grundlage eines Konzepts, das die Mitbestimmung und Gewinnbeteiligung der Arbeiter vorsieht (praktiziert in Godins Fabrik für Gießereiöfen). 1874 präsentiert Godin seinen ersten in Guise errichteten sozialen Palast. Diese kleine Idealstadt, deren Modell sich in einem fulminanten Siegeszug über die ganze Welt hätte verbreiten sollen, wird statt dessen zur Insel, auf der sich wenige Glückliche gegen die Gesellschaft schützen können, so wie die genossenschaftlichen Verbände in den realen Städten. Die drei großen Gebäude mit ihren gedeckten, miteinander kommunizierenden Höfen, in denen Versammlungen abgehalten und fröhliche Feste gefeiert werden, wie zahlreiche frühe Fotos belegen, werden trotzdem nicht die Lösung der Arbeiterfrage bewirken können, wie Godin glaubt, obwohl er gleichzeitig auch erklärt, daß er sein System nicht für besser halte als jedes andere, aus Erfahrung oder wissenschaftlichen Studien geschaffene System.

Charles Fourier, *Théorie des quatre mouvements*, Paris 1808; ders., *Traité de l'Association domestique agricole*, Paris 1822; ders., *Le Nouveau Monde Industriel et Sociétaire*, Paris 1829; Jean-Baptiste Godin, *Solutions sociales*, Paris 1870; ders., *Les socialistes et les droits du travail*, Paris 1874; Versch. Verf., *Jean-Baptiste André Godin 1817-1888. Le Familistère de Guise ou les équivalents de la richesse*, Brüssel 1980.

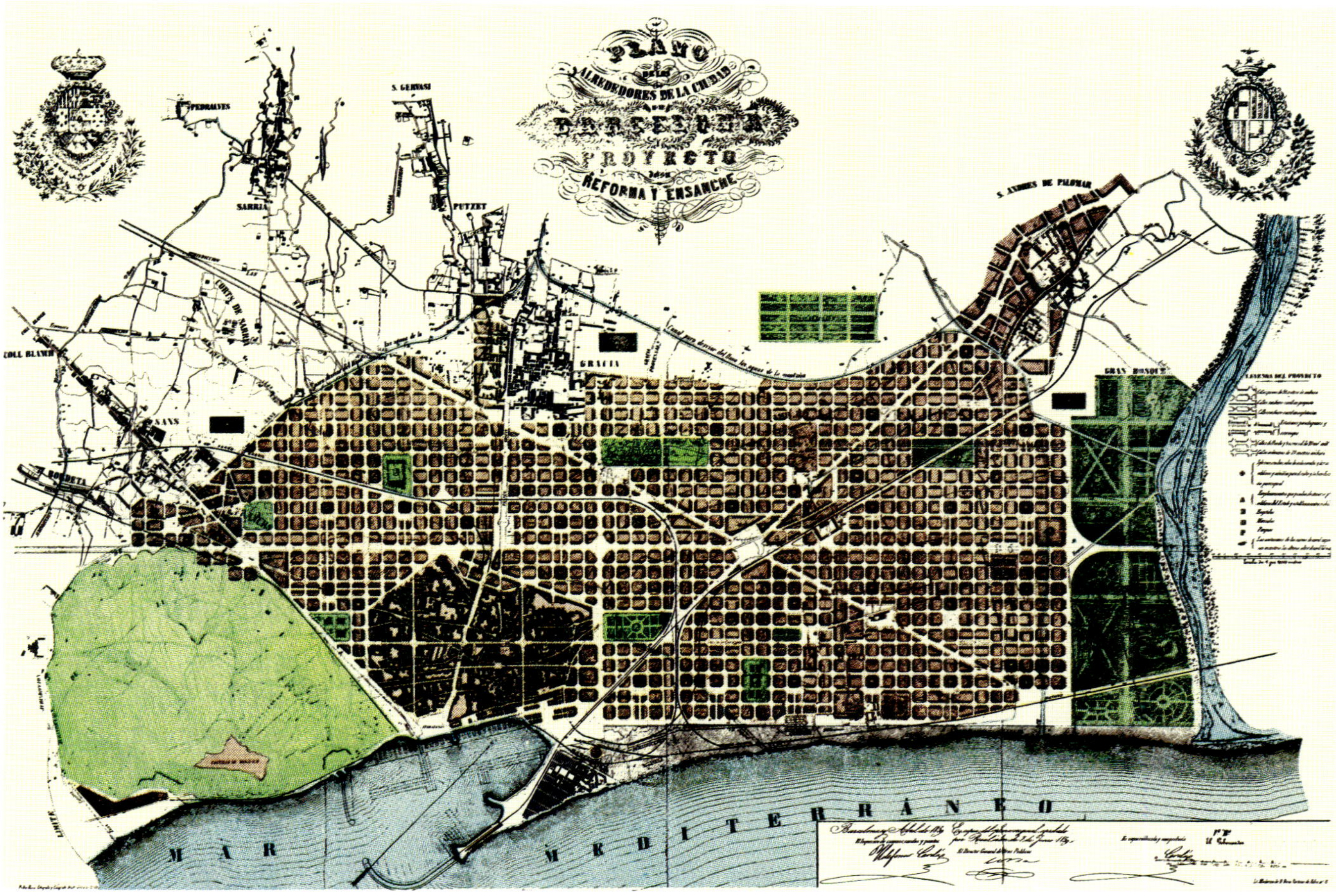

Gegen Mitte des 19. Jh. betrachtet das zur Macht gekommene Bürgertum die Stadt als lebendiges Labor, in dem man mit großartigen Projekten der Erneuerung und unbegrenzten Expansion experimentieren kann. Nach Gründung der Hauptstadt der Vereinigten Staaten durch die aufgeklärten Freimaurer gegen Ende des 18. Jh. sind es Städte wie Paris und Barcelona, die ihre Zukunft programmieren, statt pragmatisch die natürliche Entwicklung abzuwarten, wie es London tat, die Hauptstadt der industriellen Welt.

London ist die Hauptstadt der Welt, das bestimmende Zentrum der Wirtschaft und eine industrielle Großstadt, die steinerne Verkörperung der Grundlagen der klassischen Ökonomie. In dieser Rolle benötigt London keine Programme, um sich sein bereits gefestigtes und unumstrittenes Image zu bewahren. Paris dagegen wünscht, daß das Zweite Kaiserreich unter Napoleon III. durch eine forcierte Entwicklung sichtbar werde; daraus entsteht ein Programm, das darauf abzielt, die Veränderung der Stadt zu beschleunigen, um in kürzester Zeit die real existierende Stadt zur Idealstadt zu machen. Ähnlich liegt der Fall bei Barcelona, der Hauptstadt Katalaniens. Hier hat man in der großen Tradition als Handelsstadt des Mittelmeers eine für das 19. Jh. neue Funktion erkannt. Der abgebildete Stadtplan wurde 1859 vom Ingenieur Idelfonso Cerdá (1815-1876) ausgearbeitet (von ihm stammt der Begriff der »urbanización«). Die künftige Stadt des neuen Reichtums, der Industrie- und Handelsbourgeoisie setzt sich aus eindrucksvollen Parzellen zusammen, die eine regelmäßige Expansion der Stadt gemäß den spätrationalistischen und frühpositivistischen Prinzipien der Zeit erlauben sollen. Die großen diagonalen Arterien, die dieses rechtwinklige Raster durchschneiden, ermöglichen es jedem, der auf ihnen die neue Stadt durchmißt, ihre Großartigkeit und Einzigartigkeit wahrzunehmen.

Idelfonso Cerdá, *Teoría general de la urbanización y aplicación de sus principios y doctrina a la reforma y ensanche de Barcelona*, Madrid 1867.

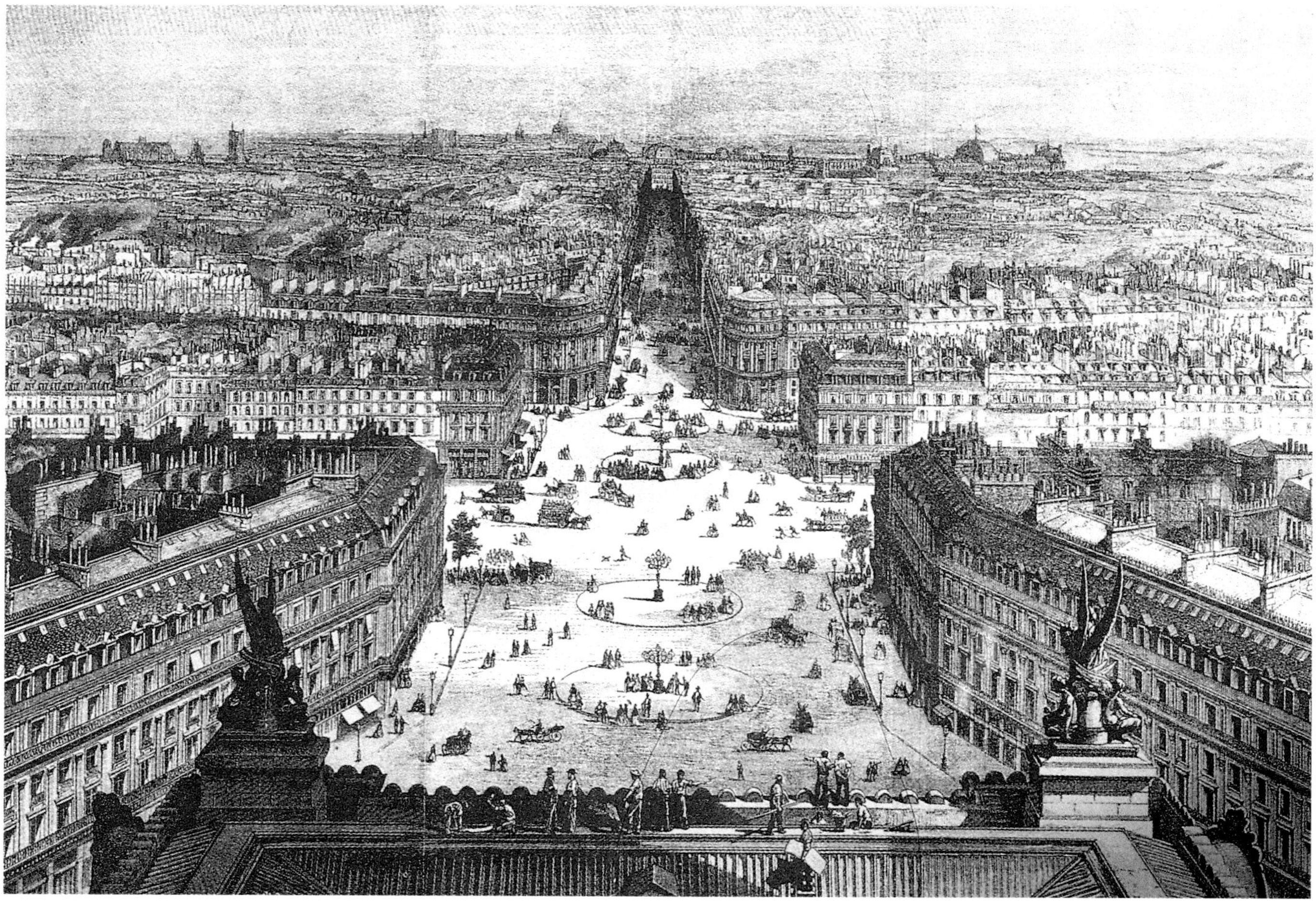

Der Präfekt von Paris, Baron Georges-Eugène Haussmann (1809-1891) erarbeitet für und mit Napoleon III. ein grandioses Projekt zur Umwandlung der realen Stadt in eine ideale Stadt, um aus der Kapitale des Zweiten Kaiserreichs die Hauptstadt eines Teils der Welt zu machen. Nie zuvor in der modernen Geschichte gab es eine derartige urbane Umwälzung und großzügige Modernisierung, eine so radikale Veränderung städtischer Strukturen und Landschaften.

Paris ist zur Mitte des 19. Jh. mit einer Million Einwohner die zweitgrößte Stadt Europas nach London. Das von Haussmann und Napoleon III. erdachte neue Paris beruht auf dem System der Boulevards mit der neuen Typologie der Wohnhäuser, in deren Erdgeschoß Geschäfte untergebracht sind. Diese Straßen sind auch als Triumphstraßen der oberen Gesellschaftsschichten gedacht und sicher nicht nur als Infrastruktur zur notwendigen urbanen Mobilität (Haussmann lehnt es hartnäckig ab, nach dem Beispiel Londons die Eisenbahnstationen in Paris durch eine Stadtbahn miteinander zu verbinden; die berühmte Metro wird erst zu Beginn des neuen Jahrhnderts gebaut). Dieses Paris scheint sich auf den Ansturm der kleinen verarbeitenden Betriebe und der Arbeiter vorzubereiten, der ab 1870 beginnt. Mit seinen Boulevards, die die kleinen mittelalterlichen Straßen aufnehmen wie große Ströme ihre Nebenflüsse, wird das neue Paris zur Apotheose der Konsumstadt. Die langen, mit Bäumen bepflanzten Straßenzüge, die breiten Bürgersteige, die zum Spaziergang einladen, bringen zwei weitere neue und wichtige Strukturen für den Konsum hervor: die Einkaufsgalerien (bzw. *passages*) und die großen Kaufhäuser, die Tempel des neuen Handels. So ist das neue Paris die ideale Stadt für die vorherrschende Leidenschaft des neuen Bürgertums: den Konsum.

Versch. Verf., *L'œuvre du baron Haussmann*, Paris 1954; Joan Margret Chapman, Brian Chapman, *The Life and Times of Baron Haussmann*, London 1957; David H. Pinkney, *Napoleon III and the Rebuilding of Paris*, Princeton 1958; François Loyer, *Paris XIXe siècle, l'immeuble et la rue*, Paris 1987.

Die neue europäische Industriestadt aus der zweiten Hälfte des 19. Jh. wächst unaufhaltsam infolge der Zuwanderung der Landbevölkerung, die in der Metrolpole mit ihren zahlreichen Fabriken ihren Lebensunterhalt verdienen muß. Zu den sozialen Problemen dieser neuen Arbeiterklasse kommen noch die Probleme der Hygiene, die ungeahnte Ausmaße annehmen.

Die Frage der Arbeiterunterkünfte wird zur zentralen Problematik, als man die beunruhigenden Lebensbedingungen der Vorstädte wahrnimmt oder sie politisch anprangert, wie Friedrich Engels in seiner 1845 veröffentlichten Schrift *Die Lage der arbeitenden Klassen in England.*
Die schlimmen Lebensbedingungen der neuen Arbeiterklasse erregten nicht nur die Aufmerksamkeit von Philantropen und Sozialisten, sondern sehr bald schon waren es die Kapitalisten selbst, die die potentielle Gefahr erkannten. Viele Arbeiter waren wärend der Nacht in einem einzigen, schlecht oder gar nicht belüfteten Raum untergebracht, ohne ausreichende Heizung im Winter, ohne die einfachsten sanitären Anlagen. Epidemien und zahlreiche Todesfälle waren unausweichlich. Ingenieure und Ärzte setzten sich ein, um eine neue wissenschaftliche und praktische Regelung einzuführen, die Stadthygiene. Diese Regelung sollte dazu dienen, Epidemien durch die Schaffung neuer urbaner Infrastrukturen zu vermeiden: eine funktionstüchtige Kanalisation, die alle unter offenem Himmel fließenden Abwasser aufnehmen sollte, die organisierte Müllabfuhr, die rationelle Verteilung von Trinkwasser, ein verzweigtes Netz für die Versorgung von Gas zur Beleuchtung und Beheizung der Wohnungen. Der Untergrund der Stadt ist somit nicht nur die Behausung von Mäusen und Insekten, sondern gibt auch eine Vorstellung von der idealen Stadt, die auf modernen hygienischen Errungenschaften beruht.

A.-Augustin Rey, Justin Pidoux, Charles Barde, *La science de plans de villes*, Paris/Lausanne 1928.

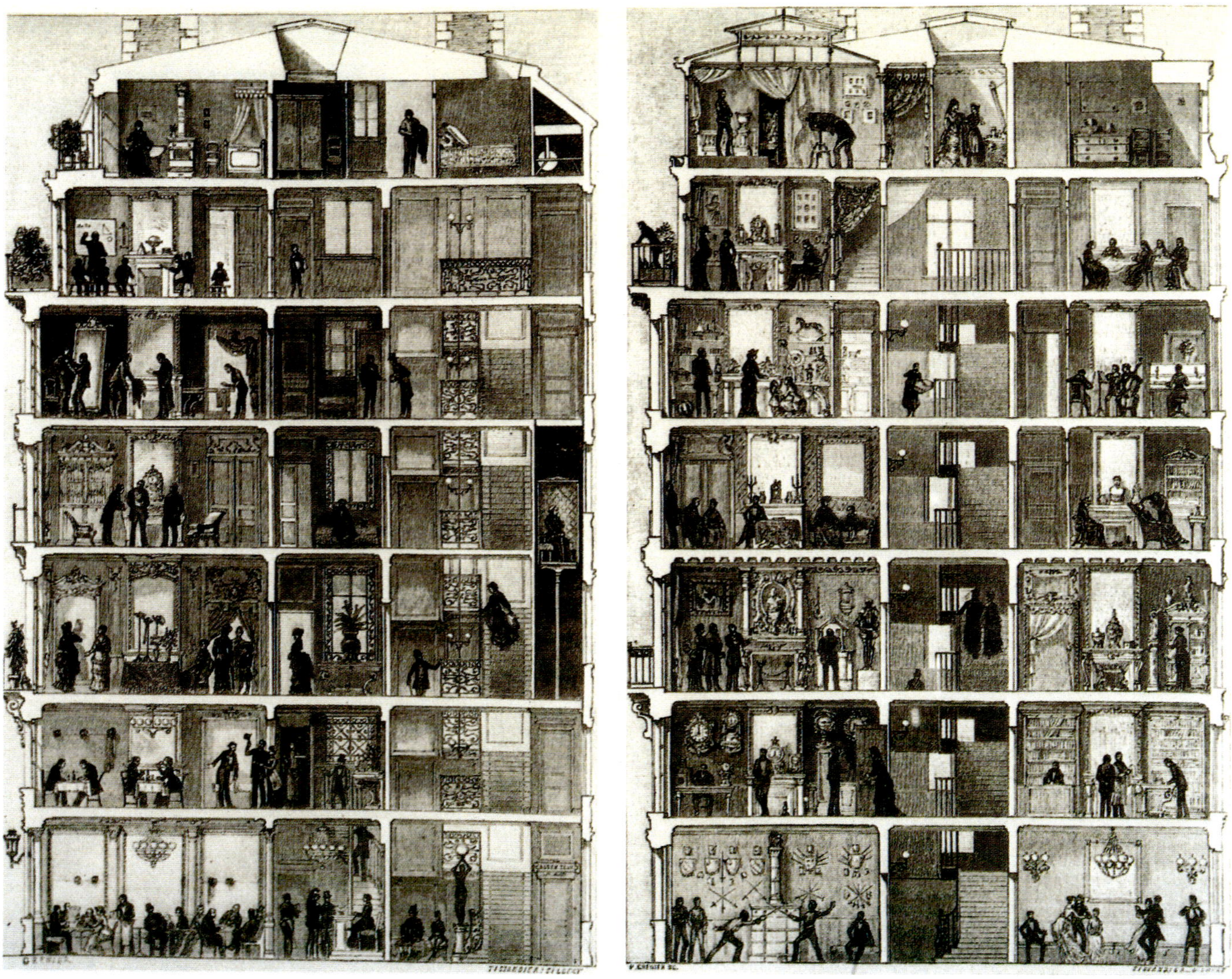

Die neuen baulichen Typologien der großen Hauptstadt des Bürgertums, Paris, wirken auch bei der Anlage der Boulevards mit, die im Bauplan des Präfekten, Baron George-Eugène Haussmann, vorgesehen sind und die weitgehende Zerstörung des historischen Stadtbilds bewirken. Die neuen vielgeschossigen Wohnhäuser entlang der Boulevards schaffen moderne Stadtszenen im grandiosen Stil. Die einzelnen Stockwerke und Abschnitte der Wohnhäuser spiegeln die Zusammensetzung der Bevölkerung wider, für die Paris zur idealen Stadt geworden war.

Das abgebildete Wohnhaus aus dem Zentrum von Paris erscheint wie eine eigene kleine Stadt, so vielschichtig ist seine Bewohnerschaft. Im Erdgeschoß und im Zwischenstock sind die Geschäfte untergebracht, die Cafés, die Versammlungsräume und Clubs. Erster und zweiter Stock nehmen die besseren und eleganteren Wohnungen auf, der dritte und vierte Stock die bürgerlichen Wohnungen, die weniger Luxus bieten. Im obersten Stock, der Mansarde, sind die Studenten und Künstler zuhause (darunter in unserem Beispiel ein Fotograf), und auch die Schlafzimmer der Dienstboten sind dort untergebracht. Die beiden Abbildungen sind keine technischen Zeichnungen, sie wurden 1883 in der Zeitschrift »Magasin Pittoresque« unter dem rhetorischen Titel *Paris bei der Arbeit* veröffentlicht. Wer in diesem neuen Herzen der Stadt lebt, ist bereits privilegiert; die städtischen Randbezirke sind von den immer zahlreicher werdenden Arbeitern bewohnt, von den Armen und Habenichtsen, wie die großen Demonstrationen während des Krieges von 1870 gegen Deutschland beweisen, nachdem die »Haussmannisation« von Paris nahezu vollständig durchgeführt ist.

Donald J. Olsen, *Die Stadt als Kunstwerk. London, Paris, Wien*, Stuttgart 1988.

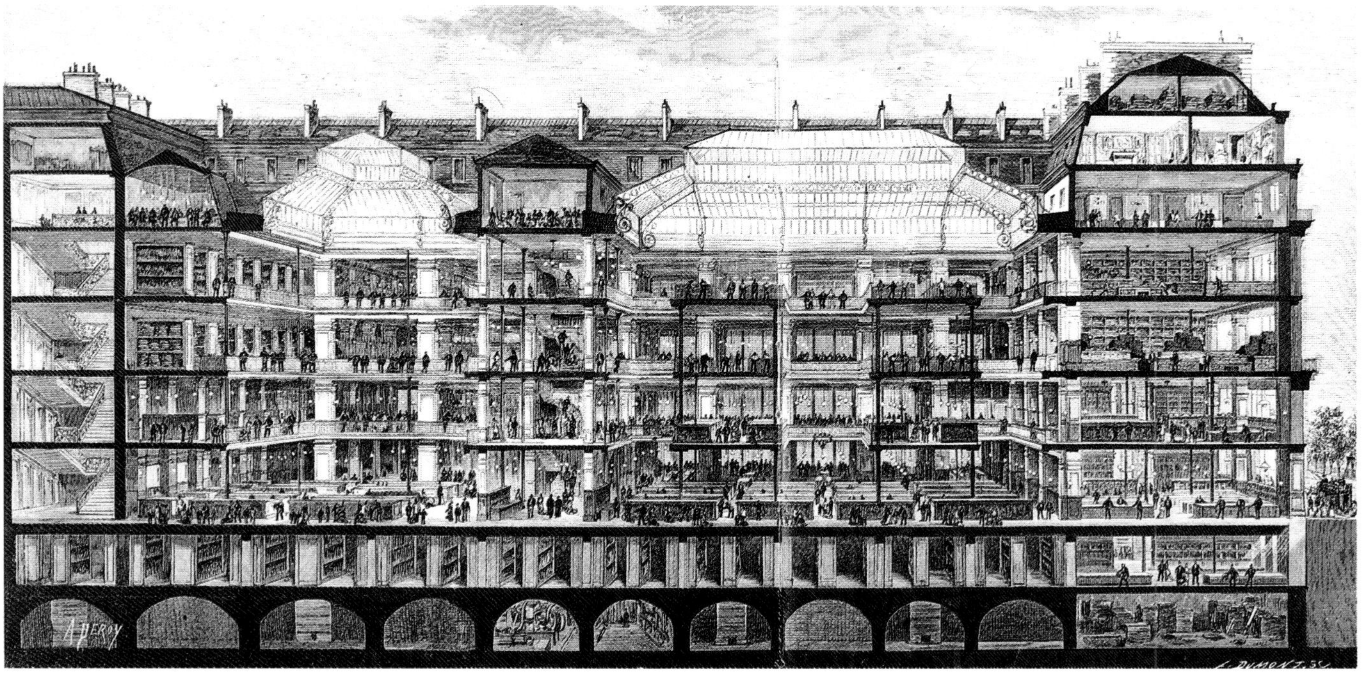

Das weitverzweigte Netz neuer Geschäfte, die entlang der von Baron Haussmann geschaffenen Pariser Boulevards zum Einkauf einladen, genügt nicht mehr den Ansprüchen einer Gesellschaft, die dabei ist, zur Konsumgesellschaft heranzuwachsen. Die alten *passages* in der Stadt werden immer zahlreicher, gedeckte Galerien kommen hinzu, in denen sich ungestört einkaufen und spazierengehen läßt, immer vielfältigere Produkte werden in den riesenhaften Kaufhäusern, den modernen Konsumtempeln, zum Kauf angeboten.

»Die Passagen strahlen im Paris des Kaiserreichs wie Grotten ...« schrieb Walter Benjamin und fügte hinzu: »... an diesen Grottenwänden wuchert die Ware wie eine unvorstellbare Flora und schafft wie das Gewebe einer Wunde die wirrsten Verbindungen.« Seit Beginn des 19. Jh., als sich die Leichtigkeit der Eisenkonstruktionen mit der Transparenz des Glases verband, waren die Einkaufsgalerien in allen Hauptstädten der Welt überaus beliebt. Aber in Paris verfügte der Handel über einen regelrechten Tempel, das Kaufhaus, das zusammen mit den Geschäften an den Boulevards und den Passagen Paris in eine Idealstadt verwandelte, ideal für alle, die sich den teuren Luxus des Konsums leisten konnten. Das Kaufhaus – hier *À la Belle Jardinière*, 1867 nach einem Entwurf von Henri Blondel erbaut – ist eine neue städtische Makrotypologie, ein urbanes Wunder für seine Bürger, so wie es in der Vergangenheit alle großen und innovativen Werke der Architektur waren. Es ist nicht nur ein Ort, an dem Geschäfte gemacht werden, sondern wird zum neuen Treffpunkt der Gesellschaft.

Walter Benjamin, *Das Passagen-Werk*, in: *Gesammelte Schriften*, Frankfurt a. M. 1972-1982.

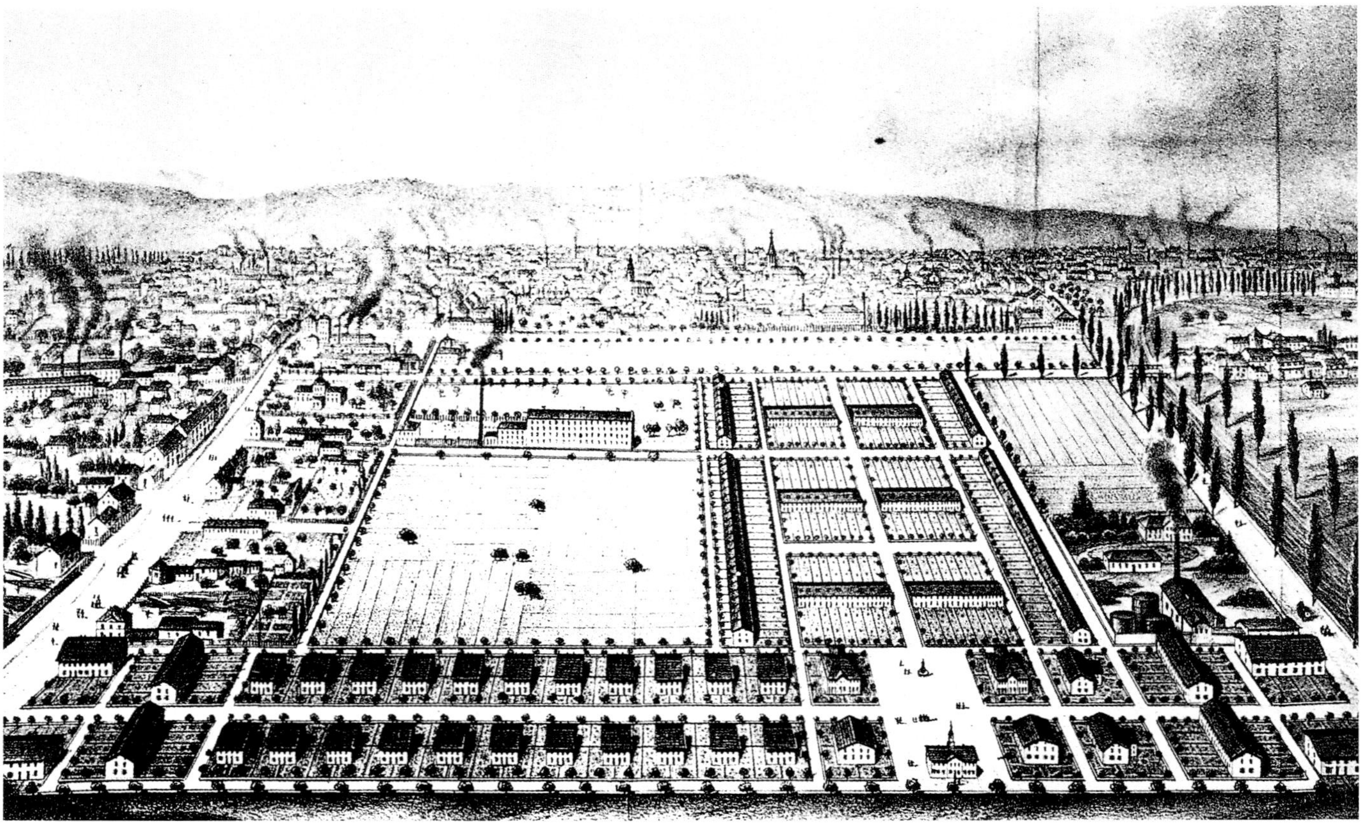

1852 legte die »Société industrielle de Mulhouse« einen Plan zur Errichtung von Arbeiterwohnvierteln vor, die sich aus kleinen, nicht aufwendig, aber gut gebauten Einfamilienhäusern zusammensetzten, meist mit Garten, für ein körperlich und geistig gesundes Leben. Das Ziel war, den Privatbesitz von Immobilien zu fördern, indem man den Bewohnern nach einigen Jahren Mietzahlungen die Häuser gegen Zahlung einer zusätzlichen Ablösung als Eigentum übergab.

Es entsteht die »Société Mulhousienne des Cités Ouvrières«, die in einem Vierteljahrhundert fast tausend Wohnungen baut. Dieses Projekt – hier eine Abbildung aus der zweiten Hälfte des 19. Jh. – ist ein Musterbeispiel für eine Ideologie, die auf die Befriedigung der praktischen Bedürfnisse abzielt und gleichzeitig auf die Idee von der idealen, der genossenschaftlichen Stadt anwendbar ist. Daß es sich um eine Ideologie handelt, beweist die Tatsache, daß die genossenschaftliche Bewegung für den Bau von Wohnungen sich rasch auch in anderen Ländern ausbreitet, in denen der Industrialisierungsprozeß noch nicht voll im Gange ist; dabei sind die Genossenschaftsmitglieder häufig eher Handwerker als Arbeiter. Der genossenschaftliche Gedanke bezweckte die Emanzipation der Arbeiter und anderer untergeordneter Klassen. Diese Emanzipation konnte sich auch ohne Revolution vollziehen, denn sie veränderte die Welt von innen. So errichtet man gegen Ende des Jahrhunderts an den Peripherien der europäischen Metropolen die idealen Städte des genossenschaftlichen Gedankens, ergänzt durch ein Netz von Dienstleistungen, die allen Mitgliedern zur Verfügung standen: vom Genossenschaftsladen bis zur modernen Vertriebsorganisation für landwirtschaftliche und andere Produkte, von den Schulen bis zu den Altenheimen. Diese idealen Städte waren jedoch immer Teil der realen Städte, sie waren der deutliche Ausdruck dafür, daß eine Gruppe von Menschen in der Lage war, sich dank des Prinzips der gegenseitigen Hilfe gegen die Unwirtlichkeit der realen Stadt und des täglichen Lebens zu wehren.

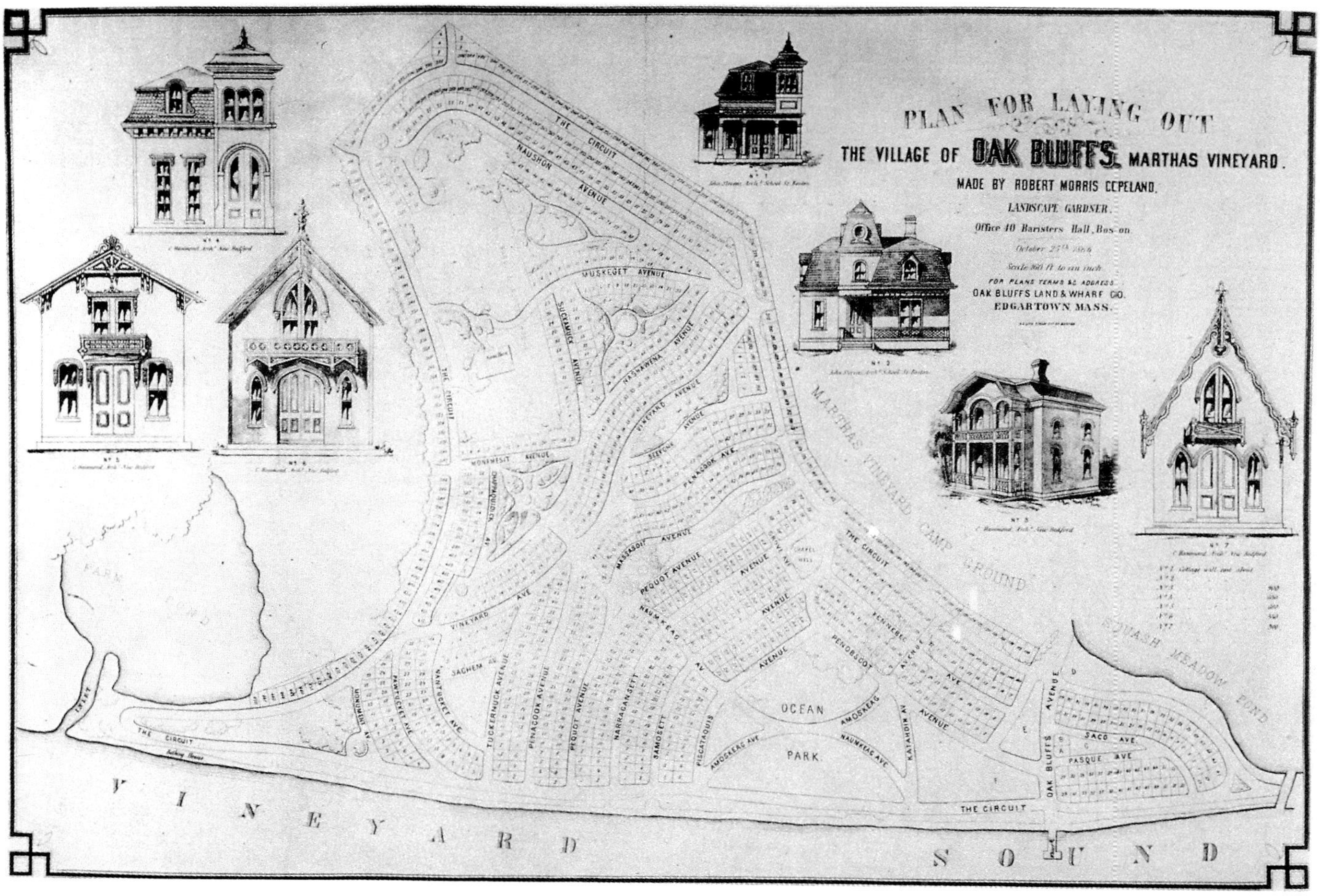

Um die Mitte des 19. Jh. gewannen in den Vereinigten Staaten aufgrund der kontinuierlichen Expansion der Städte die eigenständigen, durch unternehmerische Tätigkeiten autonomen Stadtviertel und Gemeinden eine entscheidende Rolle bei der Entstehung und Verbreitung der Idee von der Stadt. Diese Idee wurde jeden Tag neu genährt durch eine frenetische, meist unkontrollierte Bautätigkeit. Das geringste Anzeichen von rationeller Planung und Ordnung konnte bereits als Hinweis auf die Entstehung einer Idealstadt angesehen werden.

Der abgebildete Plan für das Dorf Oak Bluffs in Massachusetts aus dem Jahr 1866 ist ein Beispiel für die Möglichkeiten, die dem Erwerber eines Grundstücks in einem dieser eigenständigen Stadtviertel geboten wurden. Während andere Immigranten den Westen eroberten, konnte man hier einen Teil seiner finanziellen Mittel in ein Haus investieren, sich selbst eine Heimat schaffen und zur Entstehung einer neuen urbanen Siedlung beitragen.

Der Plan weist einen deutlich ländlichen Charakter auf: Zwischen den in sanft geschwungenen Reihen angelegten Flächen für die Häuser sind Parks und Grünanlagen eingebettet; das ergibt ein harmonisches Gesamtbild und stellt eine Alternative zur starren Strenge der kleinen, rechtwinkligen Städte dar, in denen jeder Quadratmeter Fläche einzig zur Bebauung bestimmt war (der Autor der abgebildeten Ansicht, Robert Morris Copeland, bezeichnet sich selbst in seinem Entwurf als Landschaftsgärtner). Diese für den möglichen Käufer attraktive Vielfalt, aus der er sich seine Parzelle für sein Haus aussuchen kann, wurde noch durch die Vielfalt der angebotenen Häusertypen ergänzt. Das Blatt zeigt sieben, von verschiedenen Architekten stammende Typologien, Modelle »à la mode«, mit denen sich der Käufer seine moderne, für die Zeit und für den Ort ideale Wohnstätte errichten konnte.

Als Jules Verne (1828-1905) seinen Roman *Die fünfhundert Millionen der Begum* schreibt, der 1879 erscheint, ist in Frankreich die Enttäuschung über die Niederlage im Krieg gegen Deutschland von 1870/71 noch lebendig. Und ebenso aktuell ist die Auseinandersetzung über die Kultur der Stadthygiene. Verne propagiert in seinem Roman zwei urbane Metaphern: die Idealstadt, d.h. die Stadt französischen Zuschnitts im Sinne der Hygiene und der Moral, und die durch die Deutschen und durch eine unmenschliche Rüstungsindustrie geschaffene Industriestadt.

Im Roman wird die Geschichte einer großen Erbschaft erzählt, die die Begum ihren beiden Nachkommen hinterläßt. Beide sind Wissenschaftler und nehmen am Internationalen Kongreß für Hygiene teil. Beide, der Franzose Doktor Sarrasin und der deutsche Professor Schultze, beschließen, ihre Theorien zu konkretisieren und in Amerika ihre Idealstädte zu bauen, so wie es bereits viele europäische Utopisten getan hatten. Sarrasin baut die Stadt des Wohlstands, France-Ville, Schultze ihr Gegenstück, Stahlstadt, mit der die Stadt des Wohlstands zerstört werden soll.

Stahlstadt, in Oregon gegründet wie ihre Gegenstadt, ist selbst ein Klotz aus Stahl, der seine Wurzeln in der Tiefe der Erde hat, um von dort das Eisenerz zu gewinnen. Im Zentrum der Stadt und einzig zum Vergnügen des Herrn Schultze liegt ein riesengroßer, üppiger tropischer Garten (das irdische Paradies inmitten der Hölle). Hier wird eine enorme Kanone gebaut, deren Geschosse France-Ville zerstören sollen (so wie die Krupp-Kanonen, die 1867 auf der Weltaustellung in Paris gezeigt worden waren, wenige Jahre später auf die französische Hauptstadt gerichtet werden). France-Ville dagegen ist die positive, die ideale Stadt, in der alles der Hygiene dient: Einfamilienhäuser wechseln sich ab mit öffentlichen Gärten, in den Häusern gibt es fließendes Wasser, beste Beleuchtungen, Kanalisation, keine Teppiche und Tapeten, die ein sicherer Hort für Insekten und Schädlinge sind, die Küche im zweiten oder obersten Stock des Hauses, um die Nachbarschaft vor lästigen Gerüchen zu schützen.

Diese Abbildung zeigt das Titelblatt des Romans von William Morris (1834-1896) *News from Nowhere*, der 1891 in London veröffentlicht wurde, aber bereits zuvor in Fortsetzungen in der Zeitschrift der Socialist League, »The Commonwealth« abgedruckt worden war. Die »Kunde von Nirgendwo« stellt eine (utopische) Stadt der Zukunft vor, als Alternative zu den Riesenstädten der Gegenwart: Es handelt sich um die Rückkehr zum mittelalterlichen Dorf, mit seinen begrenzten Ausmaßen und all seinem Reiz.

Morris' Sozialismus ist nicht wissenschaftlich begründet, er basiert vielmehr auf einer phantastischen Hypothese: Für Morris ist die Maschine, die das Gleichgewicht zwischen dem produzierenden Menschen und dem Produkt gestört hat, ein unheilbringendes Instrument des Kapitalismus; der Sozialismus dagegen (so wie er ihn versteht) wird die Mechanisierung der Arbeit beenden und das verlorene Gleichgewicht wiederherstellen. Die Gebrauchsgegenstände werden wieder in handwerklichen Produktionsverfahren hergestellt, die große Stadt wird durch kleine Gemeinschaften ersetzt. Das ist das Modell seiner Idealstadt, in der die Beziehungen zwischen den wenigen dort lebenden Menschen wieder harmonisch ablaufen. Die Zukunft des William Morris ist nostalgisch, in der Vergangenheit verwurzelt. 1861 gründet er die Fabrik Morris, Marshall, Faulkner & Co., an der Künstler wie Burne-Jones, Rossetti, Webb und Brown beteiligt sind und die nach seinen Prinzipien Gebrauchs- und Ziergegenstände produziert.

Die in *News from Nowhere* formulierte Polemik gegen die Industriestadt ist radikal: Von London soll man nur den alten Stadtkern bewahren, alle Peripherien der Industriestädte sollen aufgelöst werden. Das Land könnte somit durch zahlreiche kleine Ortschaften besiedelt werden, die wie Klonungen von Oxford, Rouen, Venedig und Beauvais aussehen und die wahre Naturschutzgebiete beherbergen (»... wir lieben diese Flecken wilder Natur, wir können sie uns erlauben und wir besitzen sie«). Die Synthese dieser von Willliam Morris propagierten Idealstadt ist in der Vignette auf dem Titelblatt seines Romans wiedergegeben: kleine, nach Urväter-Art errichtete Häuser bilden ein kleines Dorf inmitten von Wäldern und Wiesen.

William Morris, *Kunde von Nirgendwo*, mit einem Vorwort von Wilhelm Liebknecht, Reutlingen 1980; ders., *Wie wir leben und wir wir leben könnten. Vier Essays*, hrsg. von Hans-Christian Kirsch, Köln 1983; Hans-Christian Kirsch, *William Morris – ein Mann gegen die Zeit*, Köln 1983.

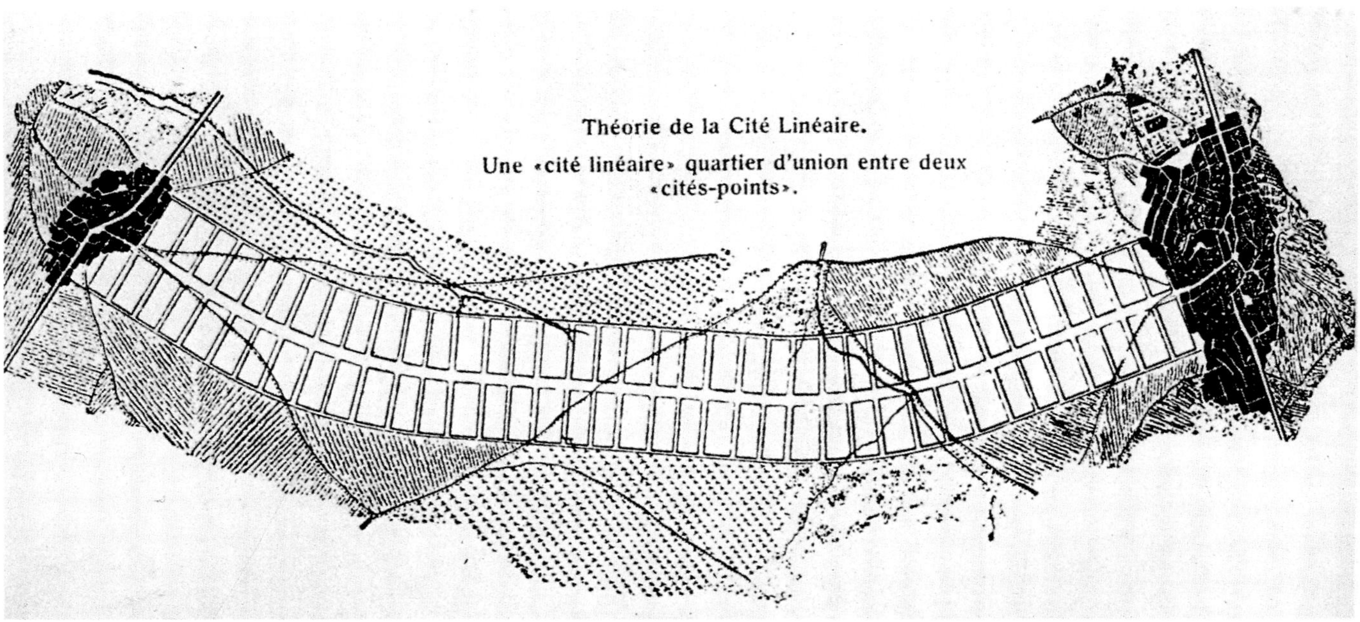

Am 6. März 1882 veröffentlicht der spanische Architekt Arturo Soria y Mata (1844-1920) in der Zeitung »El Progreso« sein erstes Konzept einer »Ciudad Lineal«. Es ist ein komplizierter Entwurf, gedacht als Gegenstück zu den konzentrisch wachsenden Städten und als Möglichkeit, ein ausgeglicheneres Verhältnis zwischen Stadt und Land herzustellen. Fortschrittsgläubig, ein liberaler Verfechter von Demokratie und konstitutioneller Ordnung und Antisozialist, propagiert Soria y Mata seine lineare Stadt als die Idealstadt.

Der Kerngedanke seines Plans ist dem folgenden Absatz zu entnehmen: »... eine einzige Straße mit einer Breite von fünfhundert Metern und so lang wie nötig: Das wird die Stadt der Zukunft sein, deren äußerste Punkte Cádiz oder St. Petersburg sein könnten, Peking oder Brüssel. In die Mitte dieses Streifens verlegen wir Züge und Straßenbahnen, Leitungen für Wasser, Gas und Elektrizität, Speicherbecken, Gärten und, in regelmäßigen Abständen, die Gebäude für die jeweiligen kommunalen Angelegenheiten.« Dies ist sicher eine etwas naive, doch auch sehr frühe Erkenntnis von der Bedeutung, die Transportmittel und Mobilität für die modernen Städte in Zukunft haben sollten (man bedenke, daß neben den städtischen Verkehrsmitteln und den Eisenbahnnetzen die erste Untergrundbahn in London 1863 und die erste Linie in New York 1867 eröffnet wurden). Soria y Mata propagierte leidenschaftlich seine Idealstadt und gründete 1894 die Aktiengesellschaft »Compañía Madrilena de Urbanización«. Das von ihm selbst herausgegebene Presseorgan der Gesellschaft »La Ciudad Lineal« war die erste Zeitschrift, die sich ausschließlich mit der urbanen Problematik befaßte. Von seinem Projekt für Madrid (achtundvierzig Kilometer lineare Stadt, in Hufeisenform um die Hauptstadt gelegt, die noch nicht eine halbe Million Einwohner zählte wie zu Ende des 19. Jh.) wurden nur fünf Kilometer verwirklicht. Das Konzept von der linearen Stadt wird zum Muster für eine andere Idealstadt: für die funktionelle sowjetische Stadt Miljutín.

Arturo Soria y Mata, *La città lineare*, Mailand 1968.

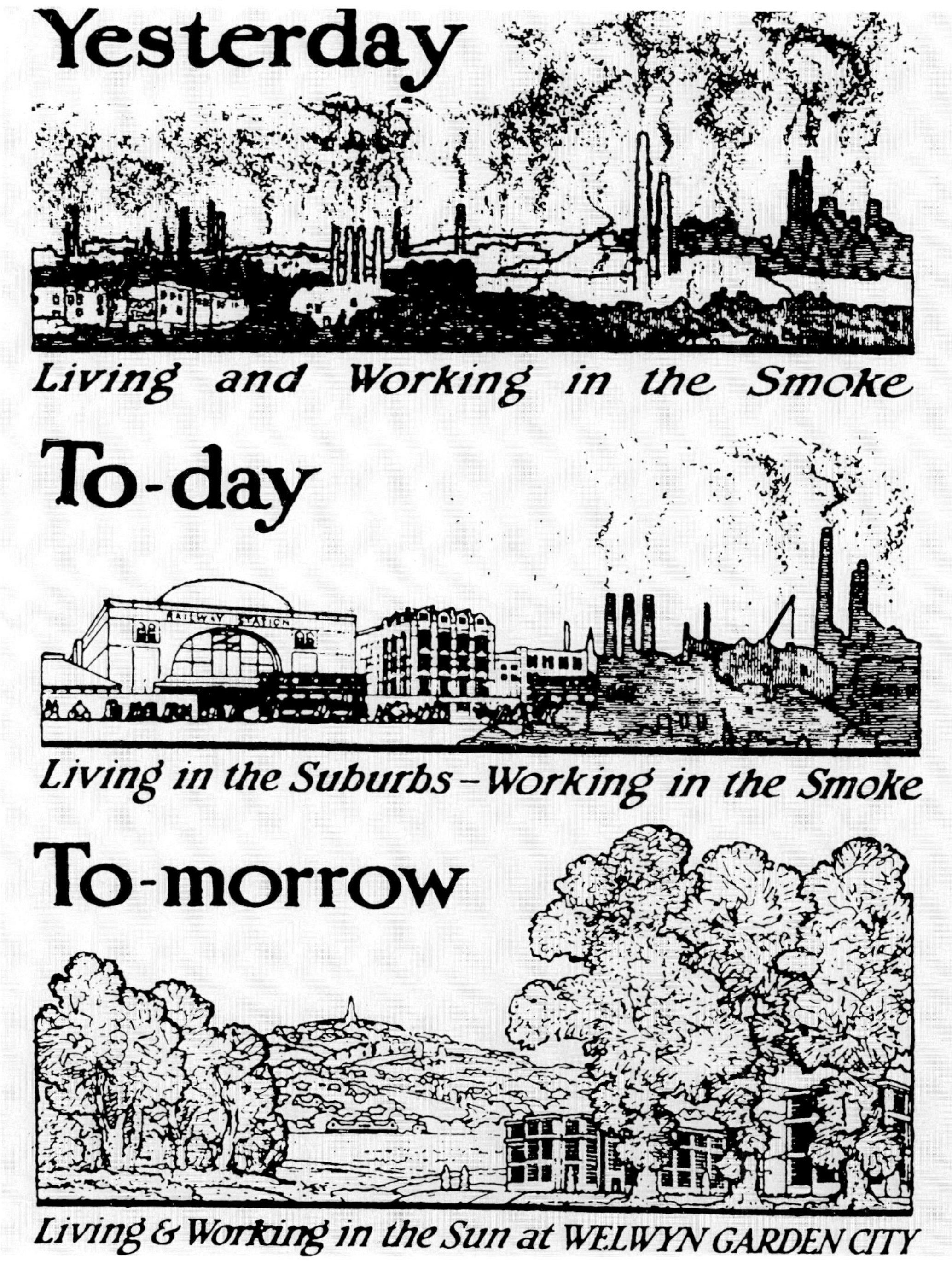

Diese drei vielsagenden Vignetten sind eine Art Propaganda für die englische Gartenstadtbewegung. Sie erschienen 1920 in Zeitungen und Zeitschriften und sollten die Initiative von Welwyn Garden City (1920) bekannt machen, der zweiten Stadt nach Letchworth (1903), die von dieser Bewegung gegründet wurde. Dabei handelt es sich nur um zwei kleine, außerhalb der Stadt gelegene Siedlungen für wenige Tausend Bewohner, in den Peripherien der großen englischen Städte jedoch wohnten Millionen von Menschen in Einfamilienhäusern mit Gärten.

Die eigentlichen Gartenstädte und somit die eigentlichen englischen Idealstädte zu Beginn des 20. Jh. waren die endlosen Peripherien der Industriestädte. Die Einfamilienhäuser mit den Gärten, die guten Verbindungen zum Arbeitsplatz und zum Stadtzentrum mit immer effizienteren Massenverkehrsmitteln ließen die Einwohner dieser Randgebiete glauben, daß sie in einer idealen Stadt wohnten.
Der englische Journalist Ebenezer Howard stellte 1898 mit einer Werbeschrift seine Idee von der Garden City vor. Im Unterschied zur Bewegung des Park Movement (von der Howard sich anregen ließ, ohne sie je anzuerkennen) und zum City Beautiful Movement wurde die Idee der Gartenstadt in Büchern und Zeitschriften stark propagiert. Der Grund liegt sicher nicht nur in der hier gebotenen Alternative zu den gleichförmigen Wohnstädten der Peripherien, sondern wohl auch darin, daß die Gartenstadt eine Architektur erlaubte, die – weit von der Präfabrikation und Standardisierung der modernen Bauweise entfernt – noch Raum für individuelle und rationelle Gestaltung ließ.
Die Gartenstadtbewegung im England des frühen 20. Jh. vertritt in der Geschichte der Ideen den Aspekt des englischen Pragmatismus, die Überzeugung vom Machbaren und von den Tatsachen, die sich deutlich von anderen phantastischen und futuristischen Modellen abhebt.

Ebenezer Howard, *Tomorrow: a Peaceful Path to Social Reform*, London 1898; ders., *Gartenstädte in Sicht*, Jena 1907; Georges Benoît-Lévy, *La Cité-Jardin*, Paris 1904; Douglas Macfadyn, *Sir Ebenezer Howard and the Town Planning Movement*, Manchester 1933.

1893 wird die Chicago World's Fair eröffnet. Im Unterschied zu den anderen Weltausstellungen, die oft nur rhetorisch und exhibitionistisch vom Fortschrittsgedanken geprägt waren, bietet diese Ausstellung den amerikanischen Architekten und Städtebauern ein Forum, das ihnen erlaubt, den Vereinigten Staaten und der Weltöffentlichkeit ihre Experimente für eine Idealstadt der Zukunft vorzustellen. Die europäische Kultur, erstarrt in der Enge ihrer eklektischen und historisierenden Auseinandersetzungen, nimmt die Bedeutung und Modernität dieses Ereignisses nicht wahr.

Die Väter des Ereignisses, das sich architektonisch als echtes reales Modell einer Idealstadt präsentiert, sind der Chicagoer Architekt Daniel Hudson Burnham (Urheber des ausgezeichneten Bebauungsplans von Chicago aus dem Jahr 1909) und Frederick Law Olmsted (Anreger und Gründer der Bewegungen Park Movement und Park and Boulevard Movement). Diesen beiden ist außerdem die Errichtung des Central Park in New York und die Anlage großartiger Gärten und Parks zu verdanken. Burnham war ein Schüler Sullivans, dieser lehrte an der Architekturschule von Chicago, in der die innovativen Bautypologien für vielgeschossige Wohnhäuser entworfen wurden, Vorläufer der modernen Architektur. Die Chicago World's Fair bietet jedoch auch die Möglichkeit zur selbstkritischen Auseinandersetzung mit eben dieser modernen Architektur. Die Aufmerksamkeit richtet sich nicht mehr auf die – zugegeben innovativen – Bautypologien, sondern auf die Stadt als Ganzes. Burnham propagiert das Experiment der Postmoderne, um aus der Geschichte der klassischen Architektur das für die Errichtung neuer Städte Nützliche und Notwendige aufzugreifen. Er bittet Olmsted um dessen aktive Mitarbeit, damit die neue Stadt auch mit Parks und Gärten ausgestattet werde. Bei dieser Gelegenheit gründen beide die Bewegung City Beautiful Movement, die von den Historikern der modernen Architektur verkannt wird als rein stilistische Wiederaufnahme der Architektur der Vergangenheit.

Versch. Verf., *The American Renaissance, 1876-1917*, New York 1979.

Diese vier, in ihrer Form sehr ähnlichen Abbildungen stellen folgendes dar (von oben nach unten und von links nach rechts): eine pflanzliche Substanz unter dem Mikroskop, zwei von Joseph Hermann Stübben 1910 ausgearbeitete Stadtentwicklungspläne und einen Plan von Paul Wolf aus demselben Jahr.

In den Jahren, die der Gründung des Deutschen Reichs (1871) folgten, verzeichneten die Städte, und vor allem Berlin, ein ungeheures Wachstum. In Berlin stieg die Bevölkerungszahl von ein wenig mehr als einer halben Million im Jahr 1850 auf 1,8 Millionen im Jahr 1900. Diese Entwicklung bedurfte natürlich der Kontrolle; das war möglich, denn in Deutschland setzte die Industrialisierung erst spät ein im Vergleich zu England, wo man diese Entwicklung nicht vorhergesehen hatte und somit auch nicht steuern konnte. Die neue Wissenschaft des Städtebaus in Deutschland zielte darauf ab, das Phänomen des urbanen Wachstums wie eine Art biologischen Wachstums zu behandeln. Diese Einstellung (heute unerläßlich, um die Probleme der Megastädte der Dritten Welt zu verstehen) war den Ingenieuren und Architekten fremd, die das urbane Wachstum nur als räumliche Erweiterung ihrer traditionellen Tätigkeiten betrachteten. So entstanden zusammen mit den neuen Städten auch zahlreiche neue Probleme; die Idealstadt der deutschen Wissenschaftler des ausgehenden 19. Jh., die Stadt des biologischen Wachstums, blieb eine futuristische Wunschvorstellung.

Joseph Hermann Stübben, *Der Städtebau. Handbuch der Architektur*, Darmstadt 1890.

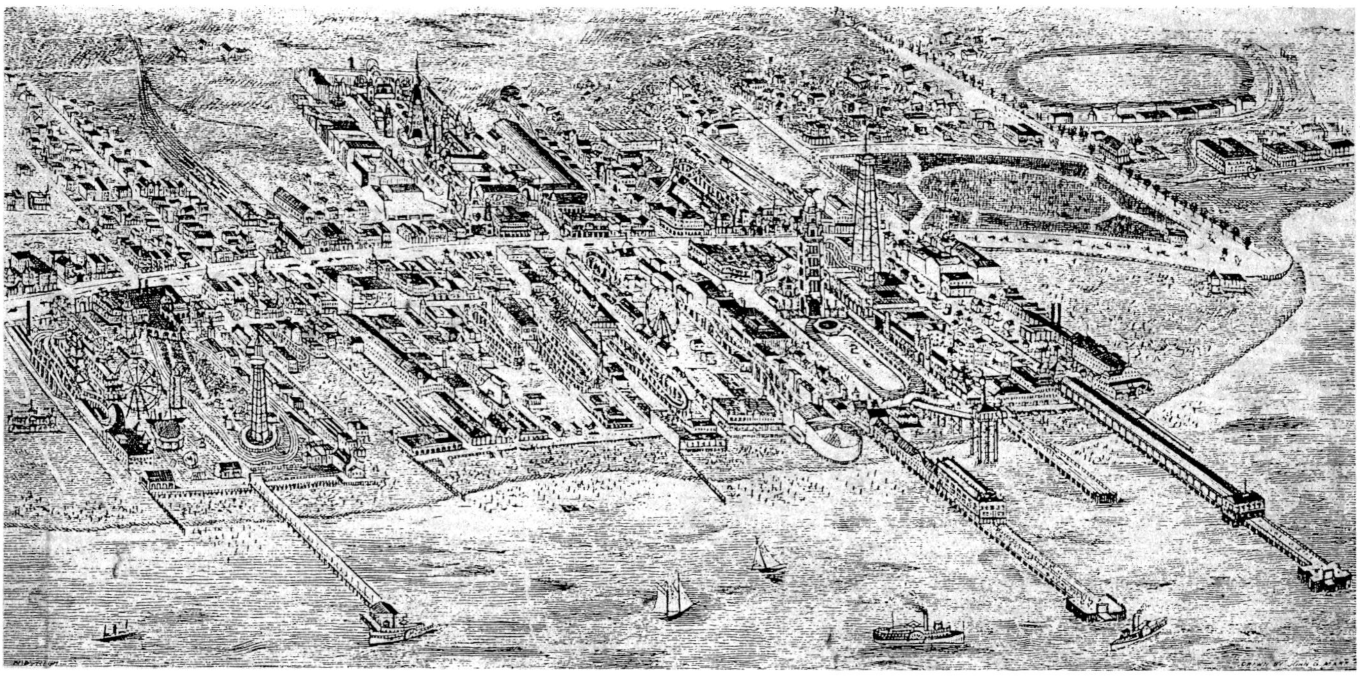

Wenn die Überlegenheit der Vereinigten Staaten hinsichtlich Produktion, Konsum und Wohlstand der übrigen Welt erst seit dem Ersten Weltkrieg deutlich war, so hatte sie jeder, der die USA mit Europa verglich, bereits zu Beginn des 20. Jh. feststellen können. Im Land der unbegrenzten Möglichkeiten war alles größer, Qantität wurde dort zur Qualität. In der zweiten Hälfte des 19. Jh. hatten die Engländer in Brighton große Piers am Meer angelegt. In Coney Island wurden diese Piers zum System für die Freizeitstadt ausgebaut.

Coney Island, die Halbinsel an der Südwestspitze von Long Island, ist der Badestrand der Riesenstadt New York. Mit der Untergrundbahn kann man jeden Teil der Metropole und ihrer Vororte rasch ereichen. Die Notwendigkeit, Möglichkeiten der Freizeitgestaltungs zu schaffen, läßt eine ganze Industrie entstehen. Der Badestrand mit seinen Vergnügungseinrichtungen und die Piers (die mit Restaurants und Bars, Theatern und Music-Halls ausgestattet sind) ziehen die Massen an wie es in Europa erst fünfzig Jahre später geschehen wird. Diese Erscheinung verbreitet sich in den USA von der Atlantik- bis zur Pazifikküste, ideale Freizeitstädte entstehen, von der virtuellen Freizeitstadt Coney Island bis zur realen Stadt Atlantic City (ehe neue Städte dieser Art in Florida und Kalifornien geradezu aus dem Boden schießen). Ein immer stärkeres Bevölkerungswachstum (in New York von 1,9 Millionen im Jahr 1880 auf 5,6 Millionen 1920) geht einher mit einem steigenden Pro-Kopf-Einkommen, die Mittelklasse der Bevölkerung, traditionell konsumfreudig und freizeitorientiert, wird zahlenmäßig immer bedeutsamer. Die amerikanische Gesellschaft zu Beginn des 20. Jh. trägt das Gesicht, das die europäische Gesellschaft erst fünfzig Jahre später erhalten wird.

Edo McCullough, *Good old Coney Island, a sentimental Journey into the Past; the most rambunctious, scandalous, rapscallion, splendiferous, pugnacious, spectacular, illustrious, prodigious, frolicsome Island on Earth*, New York 1957; John F. Kasson, *Amusing the Million: Coney Island at the Turn of the Century*, New York 1978.

Der Journalist Ebenezer Howard (1850-1928) kommt in Chicago direkt oder indirekt in Berührung mit den Bewegungen des Park Movement und City Beautiful Movement. Nach England zurückgekehrt, frequentiert er die Kreise eines gemäßigten Sozialismus (George Bernard Shaw, das Ehepaar Webb) und erarbeitet eine englische Form der großen amerikanischen Projekte. 1898 veröffentlicht er *Tomorrow. A Peaceful Path to Social Reform*, die erste Fassung des später unter dem Titel *Garden Cities of Tomorrow* (dt. Ausgabe 1907) so überaus erfolgreichen Buches.

Die Howardsche Idee der Gartenstadt basiert auf den Diskussionen über Bauformen (Einfamilienhaus mit kleinem Garten) und auf der Ablehnung der negativen Begleiterscheinungen der Industrieansiedlungen (die Gartenstadt als antiurbaner Vorschlag). 1899 gründet Howard, beseelt vom Genossenschaftsgedanken und in einem Anflug von Geschäftstüchtigkeit, die Garden City Association und 1903 die First Garden City Co. Ltd. Seinen unternehmerischen und Immobilien-Tätigkeiten bleibt der Erfolg jedoch versagt. Unsere Abbildung zeigt das Projekt einer »gemeinsamen freien Fläche für die Bewohner von Hampstead Garden Suburb« (1905), nach einem Entwurf des englischen Architekten und Städtebauers Raymond Unwin (1863-1940), der auch die erste Howardsche Gartenstadt, Letchworth, 56 Kilometer von London entfernt entworfen hatte.

Unwin lehnt die Bezeichnung »garden city« ab und prägt den Begriff »garden suburb«; damit will er erreichen, daß jede Vorstadt, jede Peripherie mit organischem oder geplantem ständigem Wachstum, ein Garten werden soll. Dies ist im wesentlichen eine Ablehnung der antiurbanen Utopie Howards zugunsten einer realistischen suburbanen Strategie (mit der impliziten Möglichkeit der Umwandlung in eine Idealstadt). Das Ideale ist die Idee einer Stadtlandschaft, in der sich Architektur und Pflanzenwelt ergänzen und Räume und Entfernungen sich harmonisch in das Leben des Menschen einfügen.

Robert Unwin, Barry Parker, *The Art of Building a Home*, London 1901; ders., *Cottage Plans and Common Sense*, London 1902; ders., *Town Planning in Practice*, London 1904; Frank Jackson, *Sir Raymond Unwin. Architect, Planner and Visionary*, London 1985.

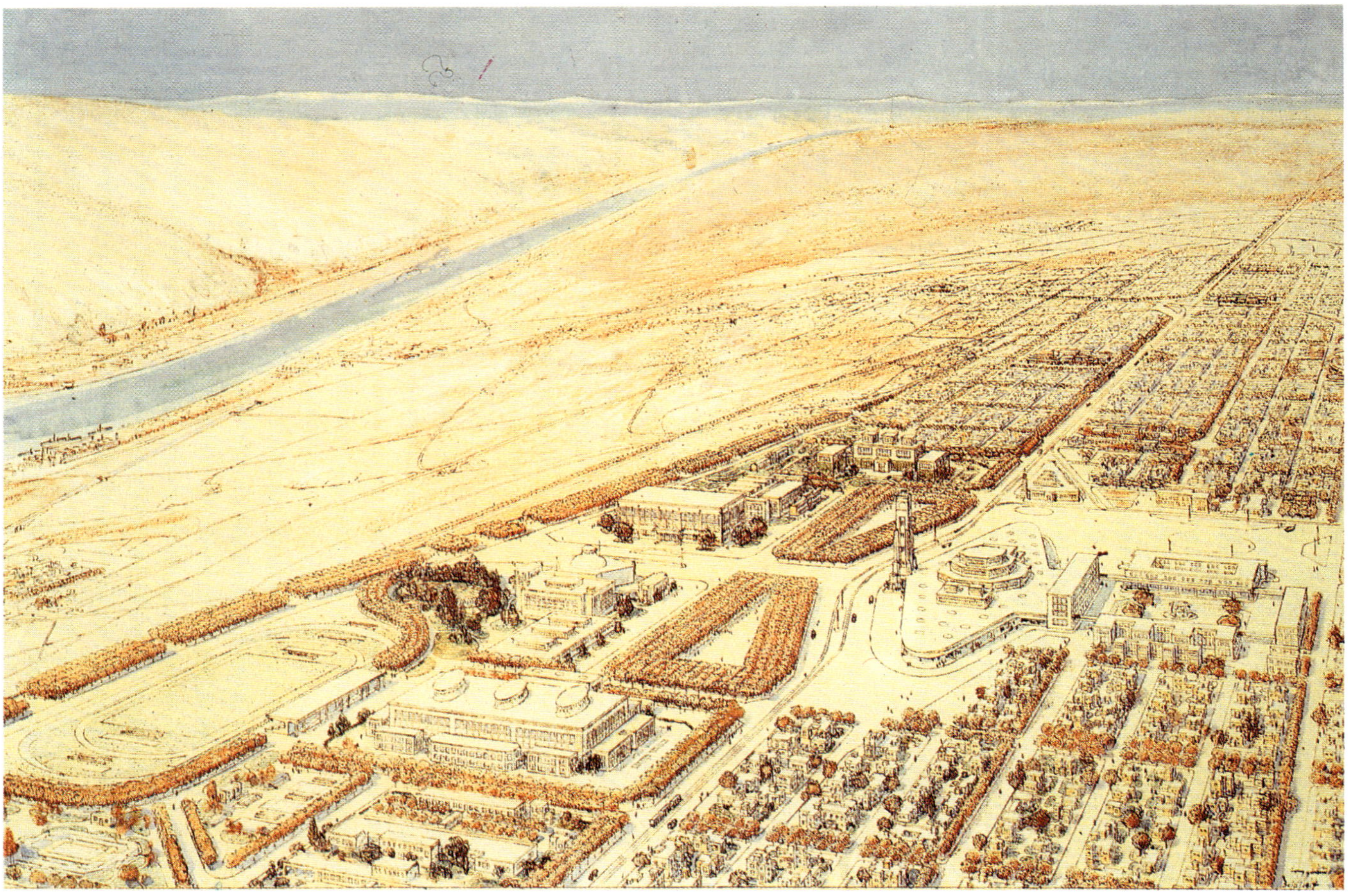

Während in der angelsächsischen Welt zahlreiche antiurbane Theorien gegen die negativen Begleiterscheinungen der Industriestadt aufgestellt werden, erarbeitet der französische Architekt Tony Garnier (1869-1948) in Rom sein Projekt einer imaginären Stadt, der »Cité industrielle«. 1901 entstanden und 1904 veröffentlicht, erkennt dieser Entwurf zum ersten Mal in der europäischen Geschichte in der humanen und rationell geplanten Industriestadt die echte Idealstadt des Zeitalters der Mechanisierung.

Nach dem Erfolg, den Garnier mit seinem Entwurf 1904 erzielt hatte, kehrte er in seine Heimatstadt Lyon zurück, von wo er 1899, nach Verleihung des Premier Grand Prix de Rome, nach Rom aufgebrochen war, um an der Académie de France in der Villa Medici zu studieren. In Lyon schließt er sich dem republikanischen Bürgermeister Edouard Herriot an, es entsteht eine Freundschaft, aus der in den folgenden Jahrzehnten einige der bedeutsamsten Werke der modernen Architektur hervorgehen sollen, die sich direkt an den Traum Garniers von der zeitgenössischen Industriestadt als idealer Stadt anlehnen. Sein Konzept basiert auf der Überzeugung, daß eine geplante und kontrollierte Industriestadt (mit nicht mehr als 35 000 Einwohnern) die verhängnisvollen Begleiterscheinungen der Peripherien der großen Städte und der kleinen, wild gewachsenen Industriesiedlungen vermeiden könnte, wenn jedes Projekt die bessere Lebensqualität der Bewohner zum vordringlichen Ziel habe. Die keineswegs utopistische, vielmehr äußerst realistische Grundlage dieses Gedankens zeigt sich in den einzelnen Entwürfen (von Industriebauten bis zu Wohnhäusern), in deren rationeller und funktioneller Logik keine Verschwendung zu finden ist. Die Kosten für die Errichtung der Gebäude sollen so niedrig wie möglich gehalten werden, man denkt dabei an einen neuen Baustoff, den Eisenbeton, das Material der Zukunft. Mit seinem theoretischen Werk und seinen Bauten gilt Garnier als einer der Wegbereiter der modernen Architektur.

Tony Garnier, *Une Cité Industrielle. Étude pour la construction des villes*, Paris 1917; Georges Duby (Hrsg.), *Histoire de la France urbaine*, Bd. IV: *La ville de l'âge industriel*, Paris 1983.

Der italienische Architekt Antonio Sant'Elia (1888-1916) wird als Vater der futuristischen Stadt betrachtet, der idealen Stadt für alle diejenigen, die zu Beginn dieses Jahrhunderts an eine nahe, wundervolle Zukunft der Wissenschaft und der Technik glaubten. Geformt durch das streitbare Klima des Jugendstils bzw. Art nouveau, hat er Spuren dieser künstlerischen Spannung auch in seine provokantesten Werke eingebracht, wie dem abgebildeten.

Sant'Elia stellt seine Entwürfe 1914 auf einer Mailänder Ausstellung vor. Bei dieser Gelegenheit sieht Filippo Tomaseo Marinetti seine Bilder. Der Dichter und Literat Marinetti gilt als der Begründer der ersten künstlerischen Avantgarde, des Futurismus (1909). Er will, auf der Grundlage dieser Zeichnungen und Bilder, ein futuristisches Programm für die Architektur entwerfen. So erhalten die Zeichnungen neue Titel wie: *Flughafen und Bahnhof, mit Schwebebahn und Aufzügen, auf drei Straßenebenen, Fußgängerstraße mit Aufzügen, Galerie, gedeckte Passage, auf drei Straßenebenen (Straßenbahnlinie, Autostraße, Metall-Laufsteg), Lampen und Telegraphenmaste ohne Drähte.* Sant'Elia betrachtet seine Architekturen als unvergängliche Werke, Ausdruck der neuen Moderne, der Dichter und Literat Marinetti dagegen erklärt: »Das wesentliche Merkmal der futuristischen Architektur liegt in ihrer Vergänglichkeit und Hinfälligkeit. Wir werden länger leben als unsere Häuser. Jede Generation wird sich ihre Städte neu bauen müssen. Diese ständige Erneuerung des architektonischen Umfeldes wird zum Sieg des Futurismus führen.« Das urbane Modell Filippo Tomaseo Marinettis, entstanden aus poetischem und utopischem Geist, ist der eindeutige Entwurf einer Idealstadt.

Luciano Caramel, Alberto Longatti, *Antonio Sant'Elia. L'opera completa*, Mailand 1987.

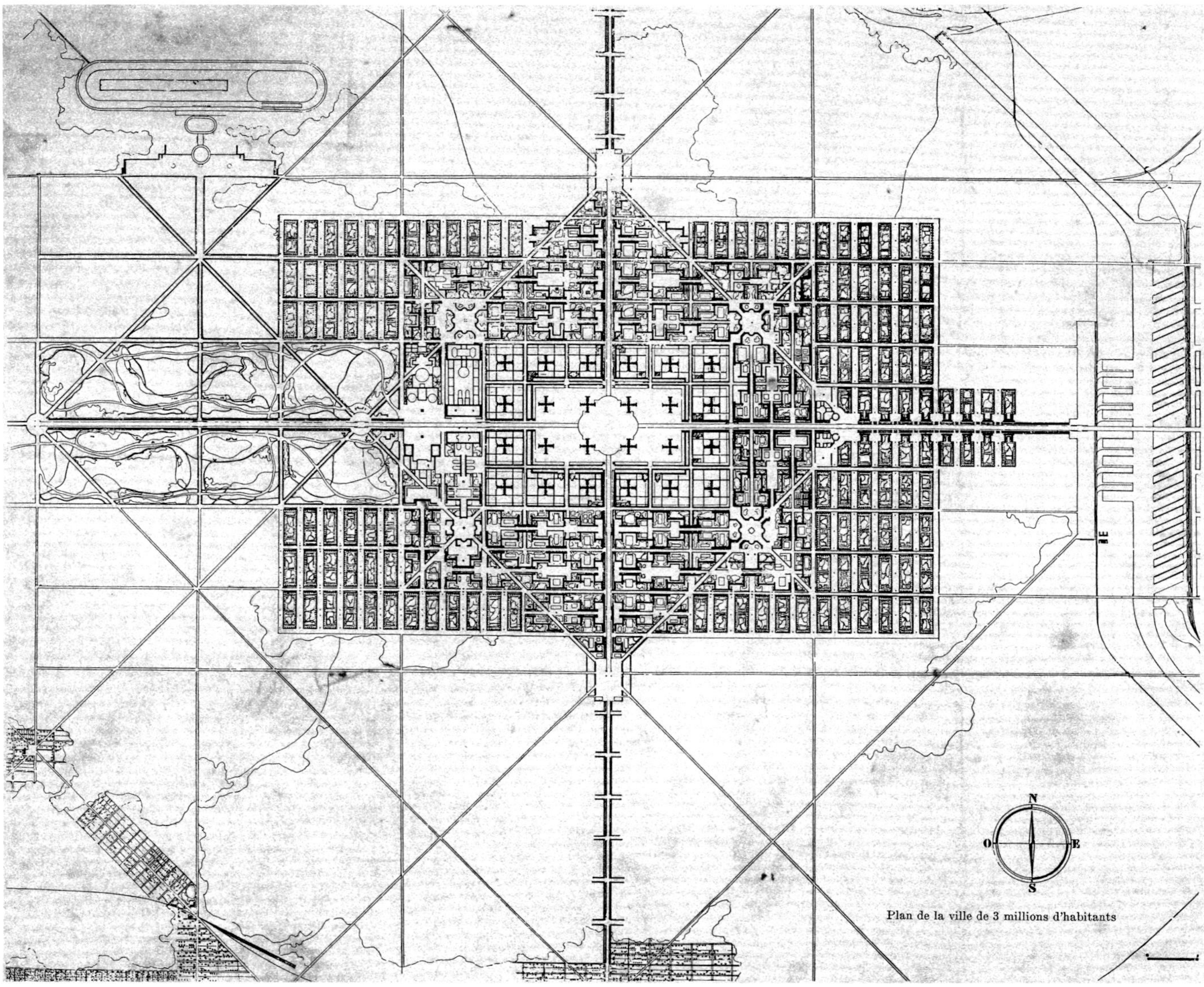

1922 sagt Marcel Temporal, Direktor der Abteilung für Urbanistik des »Salon d'Automne« von Paris, zu Charles-Edouard Jeanneret, genannt Le Corbusier: »Urbane Kunst, das ist das Geschäft, das schmiedeeiserne Aushängeschild, die Haustüre, der Brunnen auf der Straße. Machen Sie uns also einen schönen Brunnen oder etwas Ähnliches!« Le Corbusier antwortet auf diese Bitte mit seinem Projekt für eine Stadt von drei Millionen Einwohnern: *Une ville contemporaine*.

Es ist der erste utopische Entwurf, den die moderne Architektur durch ihren aggressivsten Vertreter vorlegte. Nur achtzehn Jahre sind vergangen und ein großer Krieg beendet, seit Tony Garnier das Modell einer Industriestadt für 35 000 Einwohner präsentierte. Der große Erkenntnissprung liegt nicht nur in der Multiplizierung der Bewohnerzahl: In Garniers utopischem Vorschlag war ein starkes realistisches Element enthalten, die harmonische, menschengerechte Antwort auf die in ganz Europa verspürte Notwendigkeit von Industrieansiedlungen und Arbeiterwohnungen. Le Corbusiers Vorschlag ist vor allem als Provokation gedacht, seine Stadt ist abstrakt, sie ist die Vorwegnahme der »Maschine Stadt«, der dank ihrer impliziten Perfektion unendlich wiederholbaren Stadt. Der in diesem Bild enthaltene Terror Orwellscher Art, der die Umwandlung der Menschen in Mechanismen zu verlangen scheint, wird in Le Corbusiers eigene Mitteilungen am Rande des Entwurfs einbezogen. In den ersten Darstellungen überragten Wolkenkratzer ein Meer von Asphalt und Autos, die späteren Ansichten sind eingerahmt von Pariser Boulevard-Szenen, mit kleinen Tischen und Thonetstühlen unter dem dichten Blätterdach hoher Bäume, fast als ob er beweisen wollte, daß die »Maschine Stadt« auch eine Gartenstadt sein kann.

Le Corbusier, Pierre Jeanneret, *Œuvres complètes*, 8 Bde. Hrsg. W. Boesiger, O. Stonorow, Max Bill u.a., Zürich 1953.

Der Architekt Robert Mallet-Stevens (1886-1945), von der Geschichtsschreibung etwas voreilig in der Pseudokategorie des Art déco angesiedelt, bringt nicht Tradition und Mode, Aktualität und Geschmack in Einklang, sondern propagiert das Leben als Labor für ständiges Experimetieren, frei von aller stilistischen Enge, die von den Verfechtern des Funktionalismus des International style vertreten wird. Mallet-Stevens betrachtet seine Arbeiten als ausdehnbar von der urbanen auf alle häuslichen Ebenen.

Erst in den letzten Jahrzehnten, nach Beendigung der Prohibition auch in der Geschichtsschreibung, wird Robert Mallet-Stevens als der gesamtheitliche Künstler betrachtet, der in seinem Kunstwollen alles zeichnerisch erfaßt, die Welt erschafft, und das mit größter Bescheidenheit und unter strengster Beachtung seiner Fähigkeiten. Mallet-Stevens entwirft Schmuck und Gebrauchsgegenstände, Kleidung und Accessoires, Möbel und Innenarchitektur, Gärten und Stadtdekor. Zu seinen bedeutendsten urbanen Architekturwerken gehört die Ansammlung und Aneinanderreihung vieler unterschiedlicher Häuser (1927), die zusammen die heutige Rue Mallet-Stevens in Paris bilden, das echte Modell einer idealen Stadt für das Bürgertum seiner Zeit. Hier macht der Künstler auf originelle Art Gebrauch vom Neoplastizismus (holländischen Ursprungs), der eine der von der europäischen Avantgarde erprobten Möglichkeiten zur Erneuerung der Architektur darstellt. Von seiner Idealstadt sind noch andere Spuren erhalten, zum Beispiel in der vergänglichen Filmarchitektur. Die hier abgebildeten Bauten schuf Mallet-Stevens 1924 für den Film *L'Inhumaine* von Marcel L'Herbier; die Interieurs stammten dagegen von Fernand Léger und der Garten von Claude Autant-Lara.

Versch. Verf., *Robert Mallet-Stevens architecte*, Brüssel 1980; Versch. Verf., *Robert Mallet-Stevens, architecture, mobilier, décoration*, Paris 1986.

Daß ein Dichter beim Anblick einer Stadt sich deren Zukunft besser vorstellen kann als ein Architekt oder ein Städtebauer es vermag, ist nicht verwunderlich. Dies zeigt sich auch in dem Bild von Giorgio de Chirico aus dem Jahr 1916: *Metaphysisches Interieur mit großer Werkstätte.* Die Werkstätte ist eine realistische Wiedergabe einer großen Industrieanlage, die im Tal des Po zur Trockenlegung der Felder errichtet wurde.

Das Bild im Bild, die gerahmte Darstellung der großen Werkstätte, steht mitten in einem Raum, der mit all den Arbeitsinstrumenten aussieht wie ein Labor zur Errichtung einer komplexen Gegenwart. Zentraler Mittelpunkt dieser Gegenwart ist, ebenso wie im Bild, die industrielle Welt, dargestellt eben durch die Fabrik. Das Bild hat nichts von jener Dramatik, mit der Dichter und Architekten, Städtebauer und Maler ihre Stadtfeindlichkeit zur Schau stellten. Es ist eine treue Wiedergabe der Tatsachen und des Zustands der Kunst in der zeitgenössischen Stadt, angesichts der von der klassischen und der marxistischen Wirtschaftslehre als unausweichlich propagierten Zukunft.

Das offene Fenster in der rechten oberen Ecke des Raums jedoch zeigt eine Zukunft, die sich von der als unausweichlich bezeichneten unterscheidet. Der Blick des Betrachters fällt auf eine ungewohnte und unerwartete Landschaft: Klassische Gebäude scheinen ihre qualitätvolle Existenz der negativen Qantität der realen Stadt entgegenzustellen. Dieser Blick auf eine andere als den meisten vorstellbare Zukunft läßt die Idee der postindustriellen Stadt aufkommen, in der die negativen Erscheinungen überwunden werden zugunsten einer möglichen, zukünftigen idealen Stadt.

Michel de Klerk (1884-1923) plant in den Jahren 1913-1921 in Amsterdam, Eigen Haard, einen großen Wohnkomplex. Der Autor und seine Freunde und Kollegen, mit denen er die Amsterdamer Schule gründet, betrachten diese »Wohnbauten für die arbeitende Klasse« als Gelegenheit, um eine mögliche und universelle Idealstadt zu erproben. Dies geschieht in den Jahren, die der (kulturellen) Machtergreifung des architektonischen Rationalismus in weiten Teilen Europas vorausgehen.

Das urbane Konzept dieser Architekur ist komplex und einzigartig. Jede typologische Wiederholung wird abgelehnt, angestrebt wird die Vielfalt der urbanen Szenerie, die Wahrung der alten, pittoresken Traditionen in der urbanen Landschaft, der moderne Gebrauch von einfachen, traditionellen Materialien (Ziegelsteine in verschiedenen Formen und Farben, Tür- und Fensterrahmen aus weiß lackiertem Holz, gegliederte Dächer). Ein solches Konzept verlangt Kreativität im Entwurf des Gesamten und der Details.
Um 1910 bilden einige junge holländische Architekten einen Künstlerkreis um die Zeitschrift »Wendingen«. Sie sind Schüler des großen Architekten und Städtebauers der holländischen Moderne Hendrik Petrus Berlage. Sie entwerfen zahlreiche Wohnkomplexe in klarer, sachlicher Bauweise – ihre ideale Stadt, gemäß ihren Plänen einer modernen, urbanen Expansion. Diese spannungsgeladene künstlerische Zusammenarbeit dauert jedoch nicht sehr lange. Bereits 1917 gruppiert Theo van Doesburg um seine Zeitschrift »De Stijl« ebenfalls junge Künstler und Architekten, die die Bewegung des Neoplastizismus ins Leben rufen. Diese Bewegung steht in scharfem Gegensatz zur Amsterdamer Schule und propagiert eine andere Form der modernen Architektur. Zu dieser Gruppe gehört auch der junge Architekt Jacobus Johannes Pieter Oud, der 1918 Stadtbaumeister von Rotterdam wird und zu den Begründern der neuen modernen Architektur in Europa, des späteren International style, gehört.

Sigfried Giedion, *Space, Time and Architecture*, Cambridge (Mass.) 1914; Hans-Ludwig C. Jaffé, *De Stijl 1917-1931: the Dutch contribution to Modern Art*, Amsterdam/London 1956.

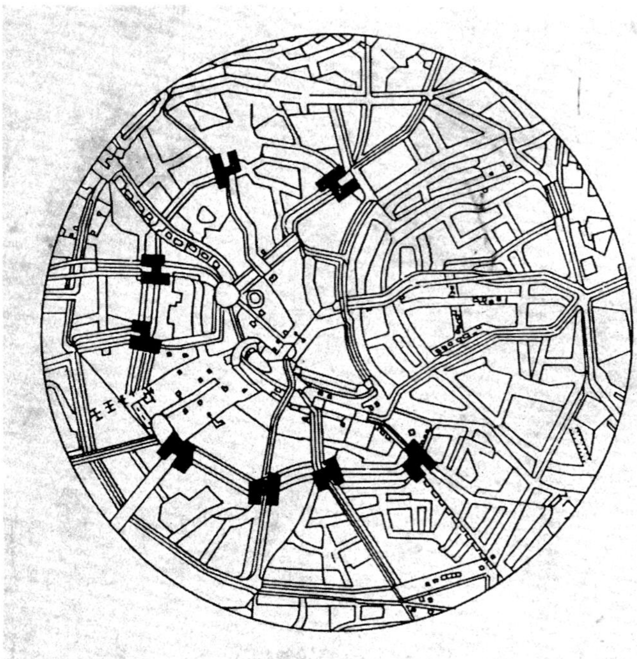

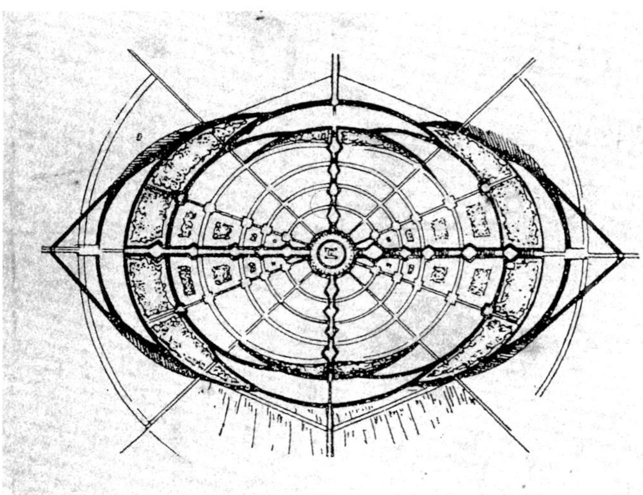

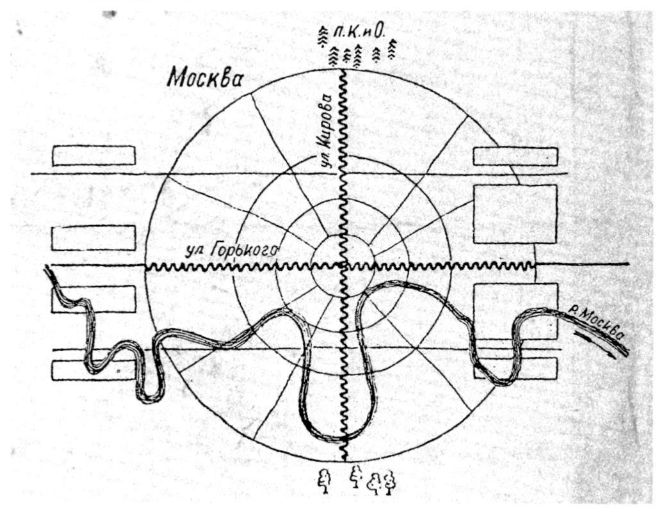

El [Eliezer] Lissitzkij (1890-1941) war einer der größten Künstler innerhalb der experimentierfreudigen Avantgarde der sozialistischen Revolution. Als Architekt, Maler und Graphiker beschäftigte er sich mit umfassenden künstlerischen Aufgaben, verteidigte die Idee der Revolution und vertrat zugleich die Erneuerung der Künste als Wegbereiter und Impuls für ein neues Leben und eine neue Gesellschaft, so wie es sich alle sowjetischen Künstler in jenen Jahren vorstellten.

Bei den Arbeiten des sowjetischen Künstlers werden Materialien sichtbar, die eine spezifische Vorstellung von der idealen Stadt zum Ausdruck bringen. Unsere Abbildung zeigt seinen Entwurf für ein Bürohochhaus in Moskau, den sogenannten Wolkenbügel (1923). Im Lageplan sind bereits die acht vorgesehen Standorte eingezeichnet (Stalin wird nach dem Zweiten Weltkrieg bei der Errichtung seiner klassizistisch-stalinistischen Wolkenkratzer auf die von El Lissitzkij gewählten Standorte zurückgreifen). Von der großen Auseinandersetzung in der UdSSR über die Stadt der Zukunft (darunter auch die poetische Utopie eines Iwan Iljitsch Leonidow), die jedoch hauptsächlich zwischen den Konstruktivisten und ihren Gegenspielern stattfand, werden hier zwei Beispiele gezeigt aus den Jahren, in denen die Experimente einer künstlerischen und architektonischen Avantgarde bereits der sozialistischen »populären« Kunst nach den Geboten Stalins und der sowjetischen Nomenklatura weichen mußten.
Links unten eine Rekonstruktion der Sonnenstadt des Tommaso Campanella durch V. A. Skwarikow aus dem Jahr 1935, sie beweist die Kontinuität des Interesses für die Utopie in der UdSSR.
Rechts ein Plan für die Entwicklung Moskaus in zwei Richtungen, der von Wladimir Semenow stammt, ebenfalls aus dem Jahr 1934 (beide Entwürfe wurden 1935 in der Zeitschrift »Akademia Architektury« vorgestellt).

El Lissitzkij, *1929, Rußland: Architektur für eine Weltrevolution*, Wien 1930; Sophie Lissitzkij-Küppers (Hrsg.), *El Lissitzkij. Maler, Architekt, Typograph, Erinnerungen, Briefe, Schriften*, Dresden 1967.

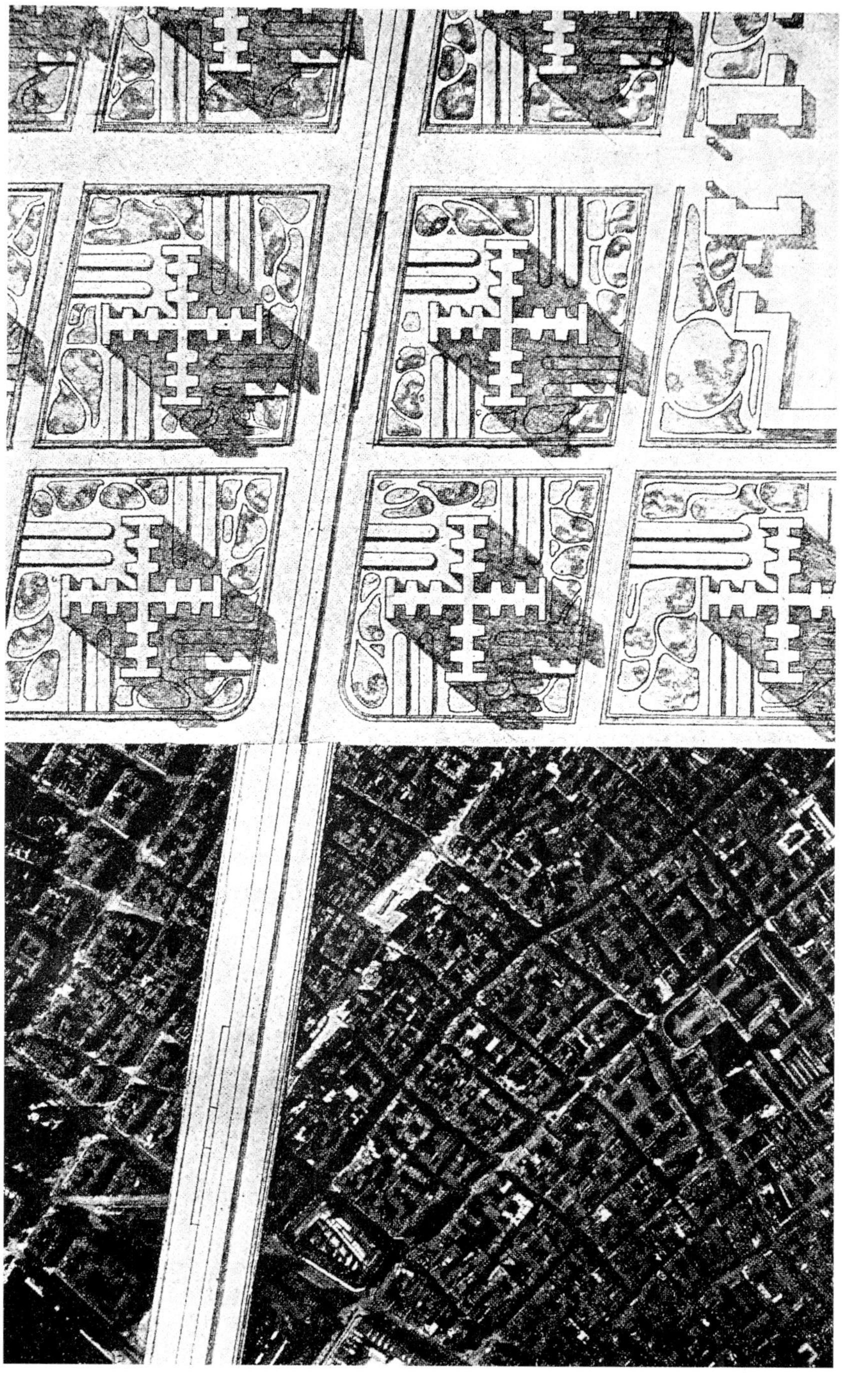

1922 präsentiert Le Corbusier auf dem Pariser Salon d'Automne sein Projekt für eine »zeitgenössische Stadt mit drei Millionen Einwohnern«, ohne sich dabei auf einen spezifischen Standort zu berufen. Im selben Jahr beginnt er seine Studien, um die Prinzipien dieser rationellen Stadt für Paris anwendbar zu machen, nicht zur Vergrößerung von Paris, sondern zur Neuschaffung.

In jenen Jahren vor der großen Wirtschaftskrise wurde die Idee eines allgemeinen und neuen wirtschaftlichen und sozialen Wachstums der industrialisierten Welt noch weitgehend akzeptiert. Diese Idee beinhaltete auch die Vorstellung, daß urbane Entwicklungen neu geplant werden müßten, wie in der zweiten Hälfte des 19. Jh., als die Verstädterung und die Konzentration riesiger Arbeitermassen am Rande der großen Städte die ersten rationellen Pläne für eine urbane Expansion notwendig gemacht hatten.
1925 legt Le Corbusier seinen Plan Voisin vor: ein konkreter Vorschlag zum Abbruch und Wiederaufbau eines zentralen Teils der Hauptstadt (von dem der Autor meint, daß er auch auf andere Stadtteile von Paris und andere Städte in der ganzen Welt anwendbar sei). In der Halle des »Esprit Nouveau« (die Zeitschrift, die er zusammen mit den Malern Amedée Ozenfant und Paul Dermée leitet) auf der Exposition Internationale des Arts Décoratifs et Industriels stellt Le Corbusier erneut sein Projekt einer Stadt mit drei Millionen Einwohnern vor, zusammen mit dem neuen Konzept zur Umgestaltung von Paris.
Hier ist eine der wichtigsten Abbildungen dieser Ausstellung wiedergegeben: die Montage eines Ausschnitts aus dem Pariser Stadtgebiet mit der Darstellung seiner möglichen Veränderung. Die alte Stadt ist vollkommen ausgelöscht, auch wenn Le Corbusier bei der Erläuterung seines Plan erklärt, daß er »tous les édifices anciens« erhalten will, d. h. wahrscheinlich nur die wichtigsten Bauwerke. Das Bild dieser Zukunftsstadt, in der alle Bedürfnisse der Menschen aufs genaueste durchdacht und geregelt sind, scheint in den folgenden Jahren für viele Randgebiete großer Städte richtungsweisend geworden zu sein.

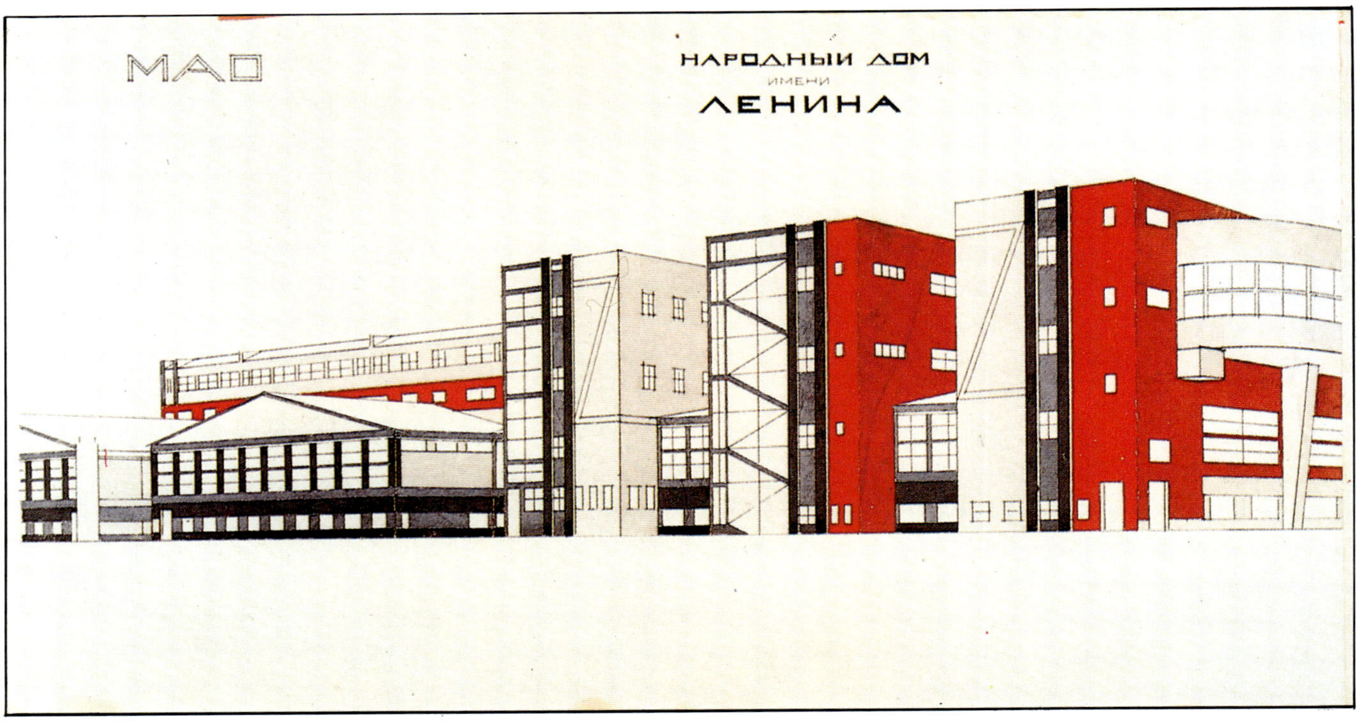

Diese Ansicht zeigt den Entwurf, den der Architekt Alexandrowi Golosow (1883-1945) 1924 beim Wettbewerb für das »Haus des Volkes Lenin« in Iwanowo-Wosnessensk vorstellte. Die Zeichnung kann wie viele andere Architekturentwürfe jener Zeit als Musterbeispiel dienen für die Idee der neuen, der idealen Stadt, wie sie von den Konstruktivisten voller Optimismus im Hinblick auf eine neue soziale und wirtschaftliche Realität erarbeitet wurde.

In ihrer künstlerischen Bereitschaft, ihrem Kunstwollen, schienen sie jedes Hindernis überwinden zu können, denn ihre Revolution gab ihnen die Gewißheit einer sozialen und ästhetischen Erneuerung. Solche enormen modernen Architekturen schienen dank ihrer neuen Poetik geeignet, entscheidend auf den Umwandlungsprozeß der Gesellschaft und des Landes einzuwirken. Viele architektonische Projekte, graphische Darstellungen und virtuelle Inszenierungen boten in jenen Jahren ähnliche Bilder. Ehe man Überlegungen anstellt über die Auseinandersetzungen zwischen den verschiedenen Strömungen der Architektur-Avantgarde, sollte man ihren größten gemeinsamen Nenner in der UdSSR betrachten: den Willen, der modernen Architektur eine Hauptrolle im revolutionären Prozeß zu geben. Golosow, der 1928 den berühmten Club Zujew in Moskau erbaute, trat wie viele andere Architekten – auch weil er keine andere Wahl hatte – für eine Rückkehr zur Tradition und zum Klassizismus ein, die in der Stalin-Ära der dreißiger Jahre den Künstlern auferlegt wurde.

Anatole Kopp, *Ville et Révolution, architecture et urbanisme soviétique des années vingt*, Paris 1967; Anatole Senkevitch Jr., *Soviet Architecture 1917-1962*, Charlottesville 1974; Selim Khan-Magomedov, *Vhutemas, Moscou 1920-1930*, Paris 1990.

Diese Ansicht von Ludwig Hilberseimer (1885-1967) stellt eine ideale vertikale Großstadt dar (1924), ein beispielhaftes Modell für die Möglichkeiten neuer zukunftsträchtiger Formen, die der neuen Poetik innewohnten. Der Architekt, Städtebauer und Theoretiker Hilberseimer gilt als einer der wichtigsten Vertreter der rationalen Planungsmethode und des International style in den zwanziger und dreißiger Jahren.

Hilberseimer arbeitet neben Walter Gropius am Bauhaus. Er vertritt das rationalistische Prinzip für eine humanere Stadt, angefangen beim Existenzminimum der einfachen Wohnungen, für die er den oben gezeigten Entwurf verfaßt. Es ist keine technische Darstellung (in Form einer Zentralperspektive) theoretischer Betrachtungen und ihrer konsequenten Anwendungen. Hier wird eine Stadtlandschaft gezeigt, die sich dem Betrachter als ein für jede Stadt und jede Gesellschaft praktikables, optimales Szenarium zeigt, in dem das Leben zweifellos besser sein wird als in den Randgebieten der Großstädte.
Hier propagiert die kartesianische Regel den abwechselnden Einfluß von Sonne und Luft, von genügend Raum, um eine Stadt-Klaustrophobie zu verhindern, und die offensichtliche Bedeutung der Stadthygiene. Zählt man alle positiven Aspekte zusammen, so kann man diesen Entwurf sicher als Modell einer idealen Stadt bezeichnen (vielleicht auch deshalb, weil echte Alternativen fehlten). Daß diese kartesianische Perfektion nicht zwangsläufig Glück produziert, wird deutlich beim Anblick der Randgebiete vieler Großstädte, die diese wenig kostspielige Bauweise des International style wohl etwas übereilt anwendeten.

Ludwig Hilberseimer, *Entfaltung einer Planungsidee*, Berlin 1963.

1926 präsentiert der deutsche Regisseur Fritz Lang einen Film, der bereits im Titel den Kontrast zwischen idealer und infernalischer Stadt enthält: *Metropolis* ist ein Paradigma für alle ersehnten oder verneinten Filmstädte. Vielen frühen Filmarchitekten, wie später auch den Trickfilmzeichnern und den Schöpfern der Comic strips, geht es darum, eine Konzeption für die Stadt der Zukunft zu erarbeiten, die geeignet ist, diese Stadt auch als solche für alle begreifbar zu machen.

Oft handelt es sich gar nicht darum, eine Stadt der Zukunft zu entwerfen, sondern man muß es vielmehr verstehen, Bilder zu schaffen, mit denen man die Vorstellungskraft der Zuschauer nähren kann. Diese Bilder, die meist tief im kollektiven Unterbewußtsein verwurzelt sind, entwickeln oft ein eigenes Leben und eigene Symbolik und tragen zum Fortgang der Geschichte der Ideen bei. In Fritz Langs Film konnte die naive Aufarbeitung sozialer Themen (mit Liebe erreicht man die Harmonie zwischen dem Herrn – hier dem Herrn der Stadt – und den Arbeitern, hier den Sklaven) all diejenigen, die sich politisch damit befaßten, nicht zufriedenstellen. Aber es ist vielleicht sinnvoll, die vom Regisseur und seinen Mitarbeitern für die Filmarchitektur verwendete, vielfältige Symbolik zu betrachten. Die große Stadt entwickelt sich auf verschiedenen Ebenen. Auf der zweiten – unterirdischen – Ebene leben die Arbeiter, unter ihnen kennen und benützen einige die antiken Katakomben. Auf der ersten Ebene wird die Metapher der »Maschine Stadt« gezeigt, denn hier befindet sich die Großindustrie, die die Stadt mit Energie und allem anderen versorgt. Zu ebener Erde ist die Stadt der führenden Klasse und des Bürgertums angesiedelt, die den von den entrechteten Arbeitern erwirtschafteten Mehrwert konsumieren. Im oberen Teil der Stadt liegt das Führungszentrum der Industriestadt mit dem Büro des diktatorischen Unternehmers. Auf höchster Ebene befindet sich die Residenz des Herrschers, ein großer tropischer Garten, in dem exotische Tiere leben, ein wahres irdisches Paradies, geschaffen für die Mußestunden des Sohnes des Diktators und seiner Freunde.

Donald Albrecht, *Designing Dreams. Modern Architecture in the Movies*, London 1987.

Dieses Modell einer »Utopischen Architektur« ist Teil einer Arbeit von Kasimir Malewitsch (1878-1935) aus den Jahren 1926 bis 1931. Malewitsch war einer der großen russischen Maler des frühen 20. Jh. und prägte mit seiner Tätigkeit die Kunst der UdSSR. 1912 ist er im Umkreis der russischen Dichter des Formalismus und Futurismus zu finden (darunter Majakowski), 1914 stellt er auf dem *Salon des Indépendents* seine ersten kubistisch-futuristischen Werke vor. 1915 begründet er in Petrograd den Suprematismus.

Die Phantasie und Vorstellungskraft des Künstlers idealisierend, hatte Malewitsch erklärt: »Die Welt ist nicht objektiv und es gibt keine Ziele, die man erreichen kann. Die nicht objektive Welt ist ein Ziel. Die praktische Realität der Dinge ist nicht real.« Sein didaktisches Programm für die Kunstinstitute in Moskau und Leningrad, zu dem die »Utopischen Architekturen« gehören, beeinflußte direkt und indirekt die Bewegung des holländischen Neoplastizismus und das Bauhaus, aber auch die pragmatische Poetik der neuen Wolkenkratzer in Manhattan und somit die gesamte moderne Architektur.
Malewitsch beweist, daß die Beziehung zwischen Malerei und Architektur bei der Suche nach einer Ästhetik zur Abhängigkeit der Architektur von der Malerei führen kann. In seinem Falle ist, wie aus der obigen Abbildung deutlich wird, die Beziehung zur kommenden Architektur eine direkte. Die theoretische Arbeit des Malers im Bereich der Plastik gibt dieser eine spezifisch architektonische Dimension, wie bereits die Titel seiner Arbeiten zeigen.
Die neue, die ideale Stadt scheint ihre typologische Komponente gefunden zu haben, unter der Voraussetzung, daß die figurative, abstrakte Suche nach der Ästhetik sich konkret auf die Experimente für eine poetische, architektonische Zukunft auswirkt.

Cazimir Malevitch, *Ecrits présentés par Andrei B. Nakov*, Paris 1975.

Das sozialdemokratische Deutschland ist in der Zeit nach dem Ersten Weltkrieg ein großes Versuchslabor für die ideale Stadt, in dem man auf Vernunft und Gleichberechtigung basierende Lösungen für die großen sozialen Kontraste sucht, Kontraste, die vor allem auf das Problem der Arbeiterwohnungen infolge der Industrialisierung zurückzuführen sind. Die Zentren dieser Suche waren das von Walter Gropius geleitete Bauhaus und zwei deutsche Städte: Frankfurt und Stuttgart.

In Frankfurt wird der Begriff des Existenzminimums in Bezug auf ein Minimum an Wohnraum zur Sicherung einer menschenwürdigen Existenz geprägt und in den Siedlungen praktisch erprobt. Die Diskussion über dieses Thema ergreift ganz Europa. In Stuttgart wird 1927 eine große, von Mies van der Rohe koordinierte Ausstellung eröffnet, die eine moderne Stadt propagiert, die Stadt der Zukunft, ideal unter dem Aspekt der Lösung der sozialen Probleme und gleichzeitig unter dem Aspekt der Bestätigung der neuen archtiektonischen Poetik.
Der Künstler Reinhold Nägele malt die neue rationalistische Stadt, den Weißenhof von Stuttgart, der endlich (funktionelle und rationale) Ordnung in die Welt bringen soll. Das Bild Nägeles demonstriert, daß diese Ordnung eine ideologische und scheinbare Ordnung ist, während die Realität eine neue Form des Chaos ist. Als Metapher für die Zukunft der Moderne weist das Bild Nägeles darauf hin, daß in den folgenden fünfzig Jahren jede Großstadtperipherie, nach den Prinzipien jener virtuellen programmierten Ordnung errichtet, Ausdruck des Chaos und der Unregierbarkeit sein wird, so wie der Maler mit seinem Bild es poetisch und wissenschaftlich vorausgeahnt hatte.

Karin Kirsch, *Die Weissenhof-Siedlung*, Stuttgart 1987.

Im Roten Wien der Sozialdemokraten nach dem Ersten Weltkrieg wird in den realen Modellen großer kommunaler Wohnanlagen eine Art Idealstadt für die einkommensschwachen Bevölkerungsschichten und die arbeitenden Klassen geschaffen. Über die bauliche Typologie dieser Anlagen wird viel diskutiert, etwa welches Konzept sich am besten für die sozialistische Umwandlung einer realen Stadt eignet.

Dem Modell von Siedlungen mit geringer Bevölkerungsdichte, in den Wäldern um Wien errichtet, setzt das Rote Wien die Höfe entgegen: große Wohnblöcke um einen Innenhof erbaut, in der Tradition deutscher und österreichischer Städte.
Der nach einem Entwurf des österreichischen Architekten Karl Ehn 1927 erbaute Karl-Marx-Hof nimmt 1500 Familien mit insgesamt rund 5000 Menschen auf. Diese kleine, reale Arbeiterstadt ist nicht als Ghetto zu betrachten, sondern vielmehr als Bollwerk gegen die sie umgebende bürgerliche Stadt. Aus diesen Wohnvierteln könnte durch systematische Erweiterung die ideale Stadt des österreichischen Sozialismus entstehen. Mit dieser gigantischen Architektur, einer wahren roten Zitadelle, mehr aus programmatischen denn aus provokatorischen Überlegungen heraus mitten im Herzen der alten bürgerlichen Stadt errichtet, wollte die politische Avantgarde der Arbeiterklasse ein Zeichen setzen: daß ihr symbolischer Wert sehr wohl in der Lage ist, direkt auf die Realität einzuwirken.
Im Februar 1934 wurde in einer antisozialistischen Reaktion (Dolfuss) der neuen autoritären Stadtverwaltung die Wohnanlage mit Granatwerfern beschossen, sie widerstand jedoch wie eine echte Festung allen Angriffen, auch den ideellen.

Helmut Weihsmann, *Das Rote Wien. Sozialdemokratische Architektur und Kommunalpolitik 1919–1934*, Wien 1985.

Dem Holländer Rem Koolhaas und seinem Werk *Delirious New York. A retroactive manifesto for Manhattan*, 1978 in London und New York veröffentlicht, verdanken wir eine kritische Aufarbeitung des Phänomens der Wolkenkratzer. Diese waren nicht als Antwort auf typologische Notwendigkeiten gedacht (wie gegen Ende des 19. Jh. die neuen Bürohochhäuser in Chicago), und ebensowenig entstanden sie aus einer aggressiven Bauspekulation, denn die gleiche Masse konnte durch die Errichtung von großen Häuserblocks in herkömmlicher Höhe erreicht werden.

Das Phänomen der Wolkenkratzer wurde von dem jungen Kritiker als »Manhattanismus« bezeichnet, eine Art kollektiver Rausch, der alle erfaßt hatte, Unternehmer und Architekten, private und kommunale Führungskräfte, während jener Roaring Twenties, ehe diese mit der großen Wirtschaftskrise von 1929 endeten.

Zum großen Teil wurden die Hochhäuser, die in den Jahren 1930-1960 das Bild Manhattans formten, bereits in den zwanziger Jahren geplant und entworfen. Das Ziel war, höher zu sein als alle anderen und die Grenzen zu überschreiten, um die Männlichkeit und Aggressivität einer Gesellschaft zu zeigen, die von der Unbegrenztheit ihrer eigenen Entwicklung überzeugt war. Neue Formen und ungewöhnliche Baustoffe wie rostfreier Stahl führten zum Entstehen einer innovativen, originellen urbanen Architektur.

Es war eine Orgie des futuristischen Optimismus, für den die Architektur (besonders in der Form der Wolkenkratzer) eine spezifische Kommunikationsform darstellte. Das abgebildete Foto stammt von einem Kostümfest (Skyline of New York), an dem die berühmtesten Architekten in der Verkleidung der von ihnen geschaffenen Hochhäuser teilnahmen. Das große Fest fand im Januar 1931 statt, so als wollte man das Ende der Depression beschließen, und in der Gewißheit, daß die Zukunft sich bald als phantastische Vergangenheit präsentieren würde.

In den Jahren 1929 und 1930 legt Le Corbusier große Stadt- und Quartierpläne vor, die sich durch besondere Radikalität auszeichnen. Für den Schweizer Architekten ist die Problematik der Stadt im wesentlichen immer noch durch die Architektur zu lösen. 1943, während des Zweiten Weltkriegs, publiziert Le Corbusier seine erste Schrift, in der er sich mit der bereits konsolidierten europäischen Urbanistik auseinandersetzt.

Es handelt sich um die in Paris veröffentlichte *Charte d'Athènes, Urbanisme de CIAM*. Die »Internationalen Kongresse für Moderne Architektur« (Congrès Internationaux pour l'Architecture Moderne = CIAM) beginnen ihre Tätigkeit 1928 und stellen ein Forum dar, das die tatsächlichen Lebensverhältnisse in den Städten untersucht und ausführlich erörtert. Der vierte Kongreß wird 1933 in Athen abgehalten, hier entsteht die Charta von Athen mit Thesen zum Städtebau, in denen der chaotische Zustand formuliert und mit allgemeinen Forderungen zur Erneuerung konfrontiert wird. Bereits 1929 hatte Le Corbusier Urbanisierungsstudien für einige Städte Südamerikas veröffentlicht (in unserer Abbildung São Paulo rechts unten, Montevideo links unten, Rio de Janeiro, Buenos Aires). 1930 entsteht das erste Projekt für Algier (in unserer Abbildung oben). Zu den Leitgedanken des Schweizer Architekten gehört es, ganze Städte oder Stadtviertel durch wenige große Einheiten, sogenannte Makro-Architekturen, zu ersetzen, die zu wichtigen Bestandteilen der zukünftigen Städte werden, ja, diese Städte in mögliche Idealstädte verwandeln sollen.

Seine Idee entbehrt nicht der Poetik, er selbst spricht auch von der »Poesie des Bauens« und versucht diese Poesie in künstlerischen und symbolischen Zielsetzungen zu verwirklichen. Der Gedanke, die Problematik der Städte durch radikale Vereinfachung lösen zu wollen, bleibt jedoch nicht bestimmend für das Werk des großen Schweizer Architekten.

Die Theorie des sozialistischen Realismus – Kunst muß realistisch in der Form und sozialistisch im Inhalt sein – war die Grundlage einer tiefgreifenden Veränderung, die mit der Machtergreifung der stalinistischen Ideologie das kulturelle Leben der UdSSR prägte, die Kunst hatte ihre Daseinsberechtigung nur als Spiegel der sozialistischen Realität. Bald war nichts mehr erlaubt im Bereich der Künste und der Architektur, was nicht Ausdruck des täglichen Lebens war.

Alle theoretischen und praktischen Auseinandersetzungen, der Enthusiasmus und die Generosität der frühen avantgardistischen Strömungen wurden hinweggefegt. Kreativität konnte sich nur ausdrücken, wenn sie in der nationalen Geschichte und Tradition fest verankert war, d.h. also in der Architektur des an der Macht befindlichen Bürgertums des 19. Jh. Das Bild der idealen Stadt der stalinistischen UdSSR zeigt sich in seiner ganzen Eloquenz, wenn man nur ein einziges Bauprojekt betrachtet, z.B. den Entwurf aus dem Jahr 1933 für den Palast der Sowjets in Moskau, der von den Architekten Wladimir Alexewitsch Schuko (1878-1939) und Wladimir Georgewitsch Gelfreikh (1886-1967) stammt. Die Kommunikationsfähigkeit solcher Bilder, im Gegensatz zur Fragilität der modernistischen Entwürfe, besteht darin, daß sie in der Vorstellungswelt des Volkes den Traum von Größe und Reichtum erfüllen, wie rhetorisch oder höfisch der Stil auch immer sein mochte. Das intellektuelle Produkt konnte auf diese Art und Weise auch vom Volk verstanden und konsumiert werden. Das war etwa der Fall bei den berühmten Moskauer U-Bahn-Stationen, bei den Salons der Arbeiter und des Volkes, ungeheuren Konstruktionen, die zum surrealen Ausdruck funktioneller Bedürfnisse wurden. In der gesamten ehemaligen UdSSR und vielen ehemals sozialistischen Ländern gibt es Beispiele für diese Monumentalarchitektur. Der besondere Kitsch dieses Prunkstils enthält trotz alledem in vielen Fällen einen gewissen architektonischen und urbanen Reiz.

Anatole Kopp, *Architecture de la période stalinienne*, Grenoble 1978; Boris Groys, *Gesamtkunstwerk Stalin. Die gespaltene Kultur in der Sowjetunion*, München/Wien 1988; Igor Golomstock, *Totalitarian Art in the Soviet Union, the Third Reich, Fascist Italy and the People's Republic of China*, London 1990; Alexej Tarkhanov, Sergei Kavtaradze, *Stalinist Architecture*, London 1992.

Wie in allen angelsächsischen Ländern ist auch in den Vereinigten Staaten das Einfamilienhaus das meistverbreitete und beliebteste Wohnmodell. Auf dieser Tatsache beruht das von dem großen amerikanischen Architekten Frank Lloyd Wright (1867-1959) entworfene Projekt für Broadacre City Usonia. Es entstand in den Jahren 1931-1935, als Wright auch in seinen theoretischen Schriften die strukturelle Beziehung zwischen Architektur und Demokratie betonte.

Für den Vater der organischen Architektur und des fließenden Raums ist die Idealstadt der Zukunft diejenige, in der sich jeder sein eigenes Haus bauen kann, wie er will. Broadacre City war dafür gedacht. Eine große Fläche wird in kleine Parzellen für Einfamilienhäuser unterteilt, mit einem Netz von Arbeitsstätten (innovative Farmen und kleine Industrien) versehen und mit öffentlichen und privaten Verkehrsmitteln verbunden: »... für jeden erreichbar mit dem eigenen Auto oder Flugzeug, dem Hubschrauber oder jedem anderen öffentlichen Verkehrsmittel ... im Umkreis von zehn bis höchstens vierzig Minuten Entfernung vom Wohnhaus.« Hochhäuser in einer solchen Umgebung? »Sie sollen nicht ausgeschlossen sein. Nein, aber sie sollten in besonderen grünen Zonen auf dem Land isoliert sein.« Die neue Stadt besteht aus einer Vielfalt an Häusern mit individuellem Aussehen, die zusammen die Stadt der kreativen Gesellschaft bilden: die lebendige Stadt. Wright befürwortet die individuelle Freiheit auf der prinzipiellen Grundlage der Qualität, die erreichbar ist für alle, auch für die Armen, und die in starkem Gegensatz steht zu der falschen, von Bauindustrie und Bauspekulation angebotenen Freiheit.

Sein Vorschlag, komplex und anspruchsvoll, poetisch und sozial, stellt keine utopische Flucht in Träume dar, sondern bietet jedem amerikanischen Bürger die unmittelbare Möglichkeit, Stadtperipherien in Idealstädte zu verwandeln.

Frank Lloyd Wright, *Architecture and Modern Life*, New York/London 1939; ders., *The Living City*, New York 1958 (Ergänzung der früheren Ausgaben *The Disappearing City*, 1932, korrigiert 1941 in *When Democracy Builds*, Chicago 1945).

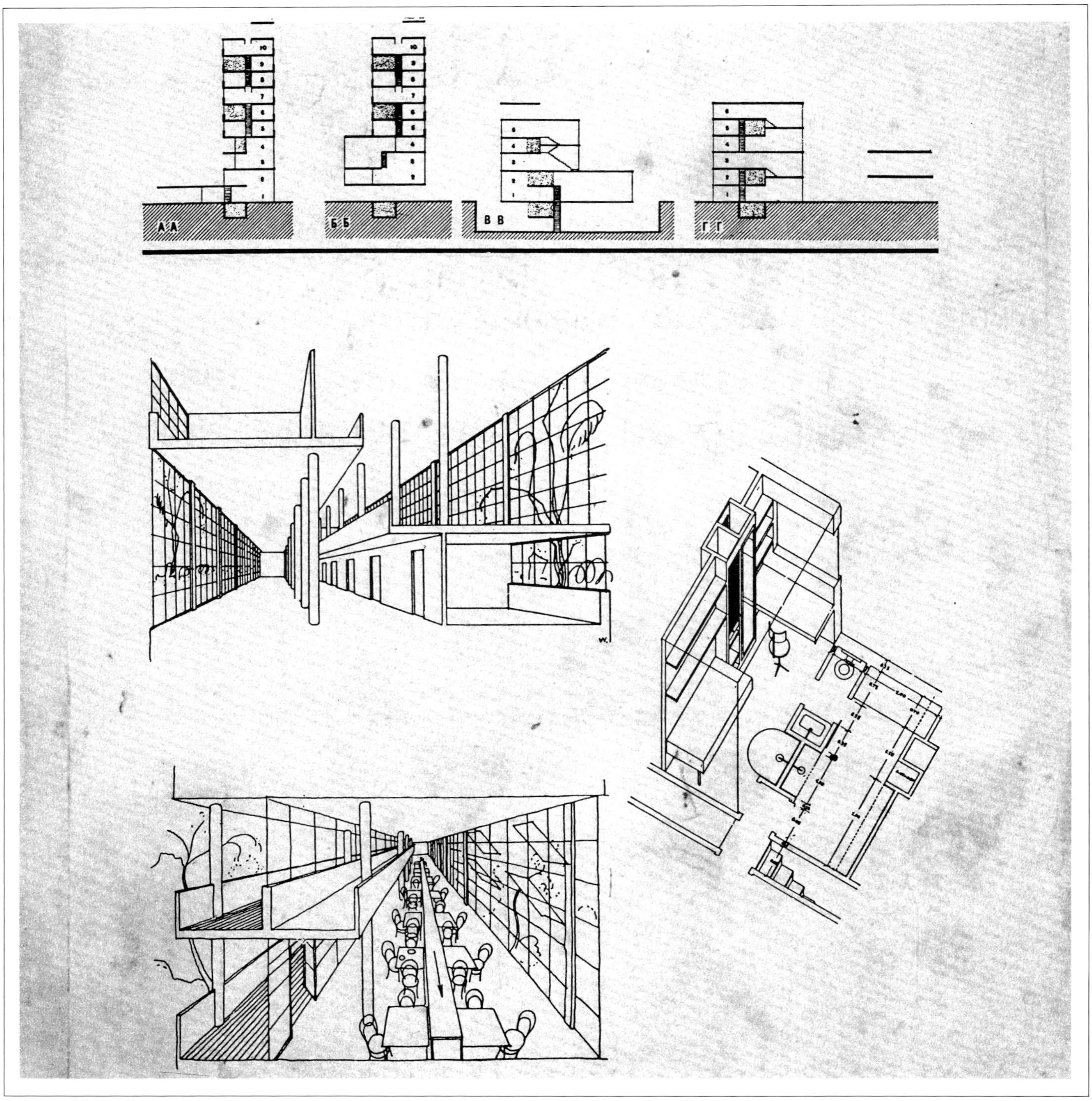

Diese Abbildungen sind Teil des 1929 von den Architekten Michail Osipowitsch Barsch (1904-1976) und Wjatscheslaw Wladirimow entworfenen Projekts für das Gemeinschaftshaus, eine zentrale, soziale Bautypologie in der Diskussion um die sowjetische Architektur. An dieser Diskussion beteiligten sich die bekanntesten sowjetischen Architekten, von Moisei Ginzburg bis zu den Brüdern Wesnin. Architektur und Städtebau waren jedoch nur die Instrumente, um das große Projekt der idealen Stadt zu verwirklichen.

1929 sprechen die Parteiorgane der UdSSR von der Notwendigkeit, den Wohnraum in Moskau zu verdoppeln, damit eine Wohnfläche von sechs Quadratmeter pro Einwohner entsteht. Lösungen wie die oben abgebildeten, die einen minimalen individuellen Schlafraum für jeden Bewohner und gemeinsame Räume zum Kochen, Essen und Wohnen vorsahen, schienen ideal. Es existierte aber noch ein weiteres Projekt unter der Leitung des Soziologen Yuri Larine, in dem der zentrale Gedanke die Änderung der Lebensweise war. Der Kollektivismus wurde nicht als Antwort auf eine vorübergehende Notwendigkeit betrachtet, sondern als letztes Ziel. *Die Stadt und die Lebensweise* lautete der Titel des ersten Buches, das Larine 1928 in Moskau herausbrachte, das zweite erschien im folgenden Jahr unter dem Titel *Der Aufbau des Sozialismus und die Kollektivierung der Lebensweise.* Darin fordert Yuri Larine »Priorität für die Lebensweise«. Der Autor wurde zur führenden Figur einer umfassenden politisch-soziologischen Bewegung, die ähnlich aggressiv war wie die avantgardistischen Strömungen zu Beginn des 20. Jh. Das Problem der idealen Stadt löste sich für Larin und seine Kollegen in der logischen Schlußfolgerung: das Leben verändern, um die Stadt zu verändern.

Anatole Kopp, *Changer la vie, changer la ville*, Paris 1975.

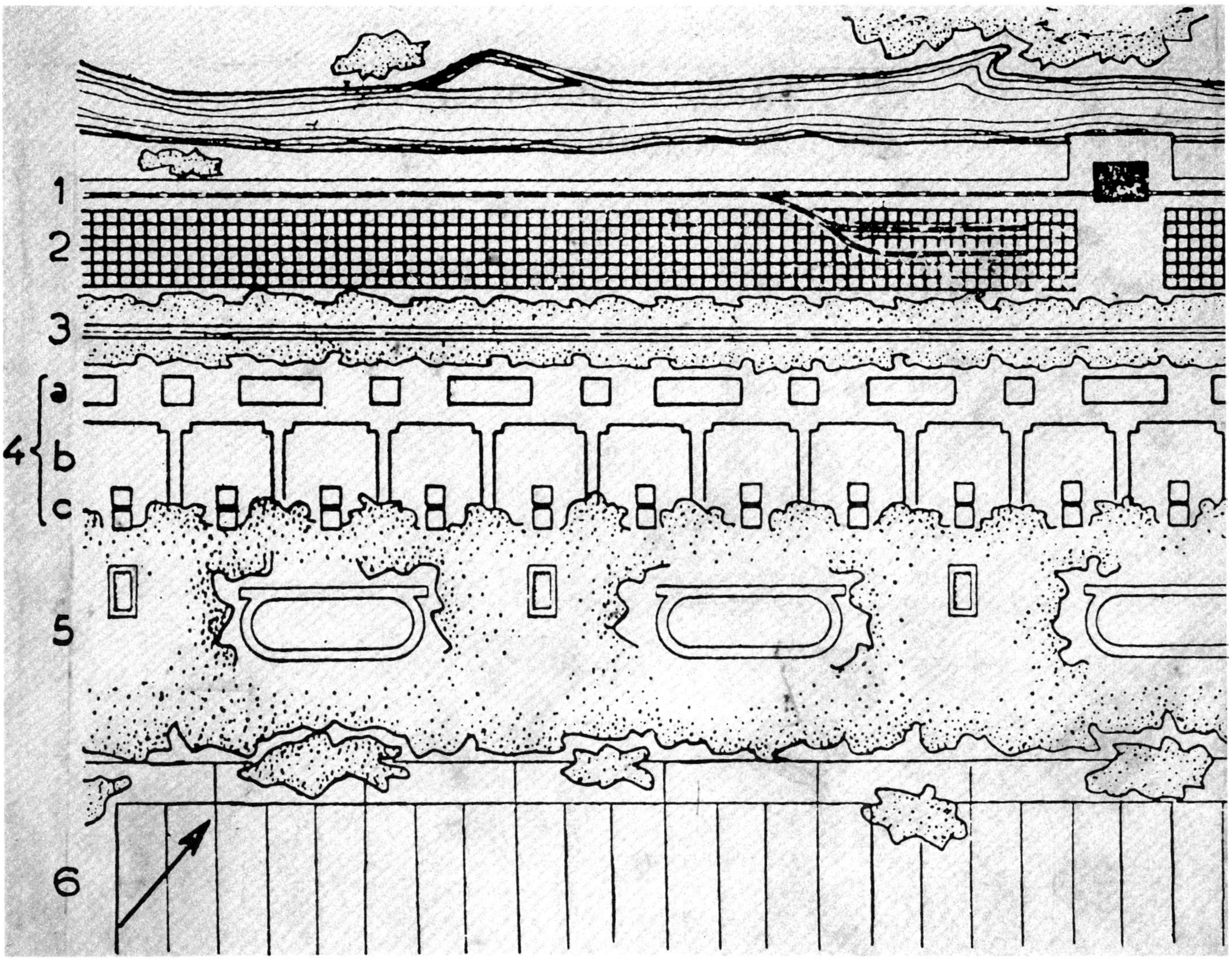

Während der gesamten zwanziger Jahre bewegt sich in der Sowjetunion die Diskussion über die Idealstadt – die nur die von der Revolution errichtete Stadt sein konnte – zwischen verschiedenen Polen: zwischen der in der Kultur der russischen Avantgarde verwurzelten Utopie und einem pragmatischen Realismus, der sich jeden Tag aufs neue in der dramatischen Konfrontation von Bedürfnissen und Mitteln zeigt. Aber auch zwischen den Gedanken von einer Rekonstruktion der existierenden Stadt und einer Neugründung, für die die Ressourcen jedoch niemals ausreichten.

Nicolaj Alexandrowitsch Miljutin (1899-1942), Architekt und Städtebauer, Politiker und Wirtschaftswissenschaftler, befaßte sich hauptsächlich mit der Errichtung neuer sozialistischer Städte in der UdSSR (Thema und Titel seiner 1930 veröffentlichten Gesammelten Schriften). Miljutin schreibt: »Die Umstrukturierung der Wirtschaft nach sozialistischen Prinzipien bringt unweigerlich die Umstrukturierung der Kultur und des täglichen Lebens mit sich.« Seine persönliche Aufgabe sieht er darin, das für diese Wirtschaft und diese Gesellschaft optimale Stadtgefüge zu suchen; er findet es in der linearen Industriestadt, die er als Idealstadt betrachtet. Die lineare Industriestadt wird als Lösung für die Errichtung vieler neuer Städte betrachtet (Wolgograd 1928 und 1930, Magnitogorsk 1928), aber nur zum Teil angewendet. Unsere Abbildung zeigt die zentrale Bedeutung der Eisenbahn (1) als grundlegende Achse für die Verwaltung des Gebiets und zur Versorgung der Industriezonen (2). Dann gibt es Grünflächen als Filter zwischen Industrie- und Wohngebieten und außerdem die großen Parks mit den Sporteinrichtungen am Rande der landwirtschaftlichen Gebiete. Die Utopie des Entwurfs liegt in der Erprobung der Grundprinzipien von Funktionalismus und Rationalismus, deren Anziehungskraft Miljutin nicht erliegt, da er ihr Interpret ist.

Nicolaj Aleksandrovich Miljutin, *Socgorod, problema stroitel'stva socialisticeskich gorodov*, Moskau/Leningrad 1930.

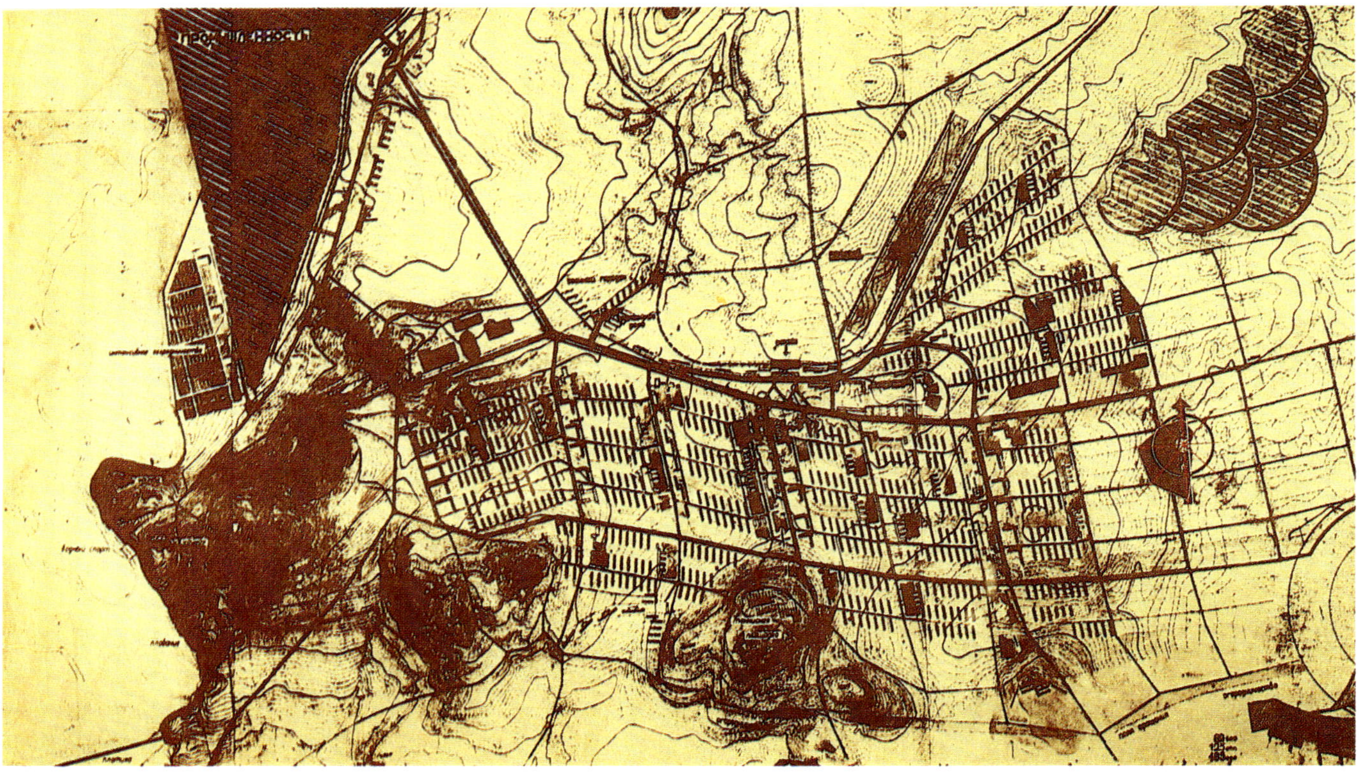

Mart Stam (1889-1986), Architekt und Städtebauer aus Holland, gehört zu den kosmopolitischen Intellektuellen, die den sozialen Problemen der Industriewelt aufgeschlossen gegenüberstehen. In den zwanziger Jahren sammelt sich diese Gruppe im sozialdemokratischen Deutschland um das Bauhaus, die Architekturschule, in der Rationalismus und Funktionalismus begründet wurden. Viele dieser Intellektuellen verlassen Deutschland nach 1930, um in das Land des real existierenden Sozialismus zu gehen, die UdSSR.

Von Deutschland in die UdSSR gehen auch der Architekt Ernst May und seine Brigade von ca. zwanzig Mitarbeitern, sowie der Architekt Hannes Meyer mit seinen Mitarbeitern. Hier, in der idealen Gesellschaft des im Aufbau befindlichen Sozialismus würde man endlich die ideale Stadt bauen können, was die Lügen und die Falschheit der Sozialdemokratie offensichtlich verhinderten. Die Naivität und der Phantasiereichtum dieser großartigen europäischen Architekten werden auf das bitterste enttäuscht: Nicht von Häusern, sondern von Behältern für ein zwangsweises Zusammenwohnen ist in der UdSSR des Kriegskommunismus und der NEP die Rede, von der Errichtung des Sozialismus in einem Land, in dem eine unüberwindbare Kluft besteht zwischen der Menge der Bedürfnisse und den vorhandenen Ressourcen. Nachdem Mart Stam die UdSSR 1934 für immer verlassen hat, lehnt er alle Aufträge zur Errichtung neuer Städte ab, da er nicht mehr an den sozialistischen Gedanken glaubt, der ihn zur Emigration bewogen hatte. Diese Ereignisse machen deutlich, in welchem Maße die gesamte europäische Kultur an der Idee der sozialistischen Stadt beteiligt war, ehe Stalin das Land vor ähnlichen Kontakten verschloß. Die abgebildete Skizze von Mart Stam aus den Jahren 1930-1933 ist eine der vorbereitenden Studien für die Errichtung der neuen Sowjetstadt Magnitogorsk.

Claude Schnaidt, *Hannes Meyer*, Zürich 1965; Hannes Meyer, *Bauten, Projekte, Schriften*, Niederteufen 1970.

Das größte je entworfene und bis in die kleinsten Details ausgearbeitete Projekt architektonisch-urbanistischer Art ist dem Größenwahn eines Adolf Hitler und seines Baumeisters Albert Speer zu verdanken. Es ist der hier abgebildete Entwurf (1937-1943) für den zentralen Teil von Groß-Berlin, der Hauptstadt des »Tausendjährigen Reichs« – falls die kriegerischen Ereignisse dies zulassen würden – und somit der Hauptstadt des von der deutschen Wehrmacht und der nationalsozialistischen Ideologie beherrschten Europa.

Der Entwurf ist in seinen Ausmaßen (38,5 km Länge und 7 km Breite) für die Pläne Hitlers – die Weltbeherrschung – ideal. Die urbanen Funktionen der zukünftigen Hauptstadt waren bereits zu Beginn des 20. Jh. festgelegt worden, als Berlin mit zweieinhalb Millionen Einwohnern nach London und Paris zur drittgrößten Stadt Europas aufstieg. Albert Speer, der sich nicht nur vom simplen Klassizismus Adolf Hitlers inspirieren ließ, begnügt sich nicht mit einem rein kontemplativen Rückblick auf die Geschichte der Architektur, sondern propagiert ein neues Verhältnis zu ihr: die Wiederaufnahme des Produktionsprozesses der klassischen Architektur. Die Besonderheit dieses Projekts besteht darin, daß die Methode der Städteplanung, die gemäß den Prinzipien des Rationalismus im strukturierten Stadtgefüge und in der funktionellen Aufteilung der Stadtgebiete lag, hier überwunden werden und als Ziel auch für die architektonische Planung von Details eingesetzt werden sollte. 1924 schreibt Hitler: »In den deutschen Städten und in der deutschen Landschaft fügen sich die neuen Bauten aneinander, bis sie ein immer vollkommeneres Gesamtbild ergeben. Dieses Bild ist der Spiegel unserer starken und selbstbewußten Zeit: die Zeit, in der wir leben und die wir mit unserem Willen gestalten.«
Diese Führerworte stellt Albert Speer der Beschreibung seines Projektes voran.

Hildegard Brenner, *Die Kunstpolitik des Nationalsozialismus*, Hamburg 1963; Lars Olof Larsson, *Albert Speer. Le plan de Berlin 1937-1943*, Brüssel 1983; Albert Speer, *Erinnerungen*, Berlin 1989; ders., *Die intelligente Stadt*, Stuttgart 1992.

1947 wird in Marseille der Grundstein zur »Unité d'Habitation de Grandeur Conforme« gelegt, eine Großanlage, die 1600 Bewohner aufnehmen soll und 1952 fertiggestellt wird. Le Corbusier hatte sich schon seit 1922, als er den Entwurf einer Drei-Millionen-Stadt vorlegte, mit Großprojekten zu Wohnzwecken befaßt. In den ersten Nachkriegsjahren entsteht aus den frühen Konzepten eine eigene kollektive »Wohnmaschine« (*machine à habiter*).

Das Großwohnhaus sollte nach Le Corbusier die geeignete Typologie sein, um die ungeheuren Wohnprobleme in den Nachkriegsjahren zu lösen. In seinen urbanistischen Entwürfen für Saint-Dié, La Rochelle-Pallice und Marseille als System konzipiert, wurde dieses Großwohnhaus im Marseiller Stadtteil Madrague errichtet, weitere folgen in den fünfziger Jahren in Frankreich und in Berlin.
Damit fand das System, das eigentlich in ganz Europa in den vom Krieg verwüsteten Städten zum neuen Wohnmodell werden sollte, eine nur sehr begrenzte Verbreitung. Die in diesen Entwürfen enthaltene Idee der Stadt steht in krassem Gegensatz zum traditionellen Begriff des historischen Stadtgefüges und zum Konzept der modernen Satelliten-Wohnstädte, die zentripetal als Träger von Innovation und Modernität die alten Städte umgeben. Die zweigeschossigen Maisonette-Wohnungen (um die notwendige natürliche Belüftung durch die Fußgängerbereiche innerhalb der Gebäude zu garantieren) waren obligatorisch für 1600 Bewohner vorgesehen. Die einfache, aber geschickte und poetische Anordnung der Wohneinheiten, mit den waldähnlich bepflanzten Grünflächen dazwischen, ergab eine Stadt, die dem der Allgemeinheit vorgesetzten Bild der idealen Stadt entsprach.

In der Deutschen Demokratischen Republik wird im Herzen der alten Hauptstadt Berlin in den fünfziger Jahren die erste Straße des Sozialismus entlang der später vollständig zerstörten Achse der Großen Frankfurter Straße errichtet. Die neue Straße, ein Monument und Dokument der Architektur und Urbanistik des real existierenden Sozialismus in Europa, konnte nur Stalinallee genannt werden. 1961, während der Chruschtschow-Ära, wurde sie in Karl-Marx-Allee umbenannt.

Diese Straße ist vielleicht eines der interessantesten urbanistischen Werke aller europäischen Volksrepubliken. Zahlreiche Architekten des neuen sozialistischen Regimes waren an ihrer Realisierung beteiligt, einige von ihnen wie z.B. der Theoretiker und charismatische Architekt Hermann Henselmann formulierten eine umfassende Selbstkritik gegenüber dem rationalistischen Credo zugunsten eines überzeugten, leidenschaftlichen und kreativen Wechsels zum sozialistischen Realismus in der Architektur. Berlin wurde zum Experimentierfeld für den sozialistischen Realismus, an den hier erzielten Ergebnissen orientierten sich vor allem auch die sowjetischen Architekten. Die Abbildungen auf dieser Seite sind einer 1952 veröffentlichten Sammlung entnommen: *Die Stalinallee, die erste sozialistische Straße der Hauptstadt Deutschlands Berlin.* Von der eigenständigen, kreativen Neuinterpretation stalinistischer Kulturvorschriften blieben nur wenige von einem falschen Verständnis der modernen Architektur in den Jahren der Chruschtschow-Ära geschaffene Gebäude, die sich an den schlimmsten Internationale style anlehnen. Unter die Regierungszeit Chruschtschows fällt die Errichtung eines anderen architektonischen und urbanistischen Monuments in Ostberlin: der Bau der Mauer.

1955 läßt Walt Disney einen uralten Traum Wahrheit werden. In Kalifornien wird Disneyland eröffnet, die neue virtuelle Stadt, die der Freizeit gewidmet ist und nach einem kollektiven nordamerikanischen Wunschbild geformt wurde. Dieser monumentale Kitsch wird zum Riesenerfolg, betrachtet man den neuen, auch kulturellen Massenkonsum von Museen und Ausstellungen. Nach über einem Dritteljahrhundert beträgt die Zahl der Disneyland-Besucher in Kalifornien 15 Millionen pro Jahr.

Einer Gruppe von Intellektuellen der Brüsseler »Archives d'Architecture Moderne« verdanken wir die Interpretation dieser Vergnügungsstadt, die jeden bis dahin existierenden Vergnügungspark grundlegend verändert hat, auch als urbanes Modell, als konkretes Experiment zur Errichtung einer idealen Stadt. Bei ihren Studien über Parkplätze oder Tiefgaragen, Fußgängerstraßen und traditionelle städtische Verkehrsmittel, über Modelle mikro-urbanistischer Bauformen zur neuen praktischen Anwendung berufen sich Walt Disney und seine Mitarbeiter auf einen einzigen historischen Bezugspunkt: die Stadt des ausgehenden 19. und des beginnenden 20. Jh. Während Disneyland sein Dasein als – im Zuge des zunehmenden Tourismus von 40 000 Besuchern pro Tag erlebte und konsumierte – Eintagsstadt fristet, finden einige Europäer in der Wiederaufnahme von Stadtteilen vergangener Epochen Anregungen für die Stadt der Zukunft. Die Geschichte der wachsenden Bedeutung, die alle Städte mit Modellcharakter für zeitweiliges Wohnen (für Touristen) erlangen, ist alt und kompliziert und geht von Puteoli bis Bath, um nur einige in diesem Buch genannte Beispiele anzuführen. Die große Kommunikationsfähigkeit solcher Modelle liegt in ihrer touristischen Anziehungskraft. Die ersten kulturell-antropologischen Studien über das Erscheinen von Disneyland-ähnlichen Freizeitmodellen an den Peripherien der großen Städte sind ein Beweis dafür.

Disneyland. The First Quarter Century, Disneyland 1979.

Nach dem großen Erfolg von Disneyland beschließt die Walt Disney Co., eine zweite Vergnügungsstadt mit einem weiter gefächerten Angebot in Florida zu bauen, die 1971 eröffnet wird. In einer Art Kolonialismus entstehen zudem in Japan und Europa weitere Disneyland-Städte. Durch die Integration des EPCOT-Zentrums (Experimental Prototype Community of Tomorrow) und die Disney MGM-Studios (1989) wird Disneyworld gewissermaßen zu einer aktualisierten Replik von Disneyland.

Während das EPCOT-Zentrum ein Vergnügungspark innerhalb der Vergnügungsstadt ist, der von den Forschungszentren großer amerikanischer Unternehmen (auch der NASA) mit spektakulären kulturellen und technischen Innovationen versorgt wird, präsentieren sich die Disney MGM-Studios als ein dem Film und der Filmkunst gewidmetes Museum.
Die großen Stadtkulissen, in unserer Abbildung im Detail sichtbar, formen sich zu einer virtuellen Stadt, in der man sich konkret und realistisch bewegen kann. Jede hier vorgestellte Filmarchitektur – z. B. die Häuserfassaden, die allein für die filmische Fiktion erbaut wurden – lebt im kollektiven Gedächtnis des amerikanischen Volkes. Sie erinnert an einen Film und damit an eine als real empfundene Stadtszene. Die Ansammlung verschiedener Bauwerke läßt eine Stadtlandschaft entstehen ohne Ort- (also utopisch) und Zeitbestimmung; ihre Stärke liegt im eklektischen Synkretismus, denn sie vereint Stile und Erinnerungen. Diese virtuelle Stadt ist für die Geschichte der Stadtidee mehr als nur ein Vergnügungsinstrument, auch weil es die Würde eines Museums neuer Art erwirbt und alle Mittel der modernen kulturellen Kommunikation nutzt.

Walt Disney's EPCOT, New York 1982; Steve Birnbaum, *Walt Disney World, the Official Guide 1991.*

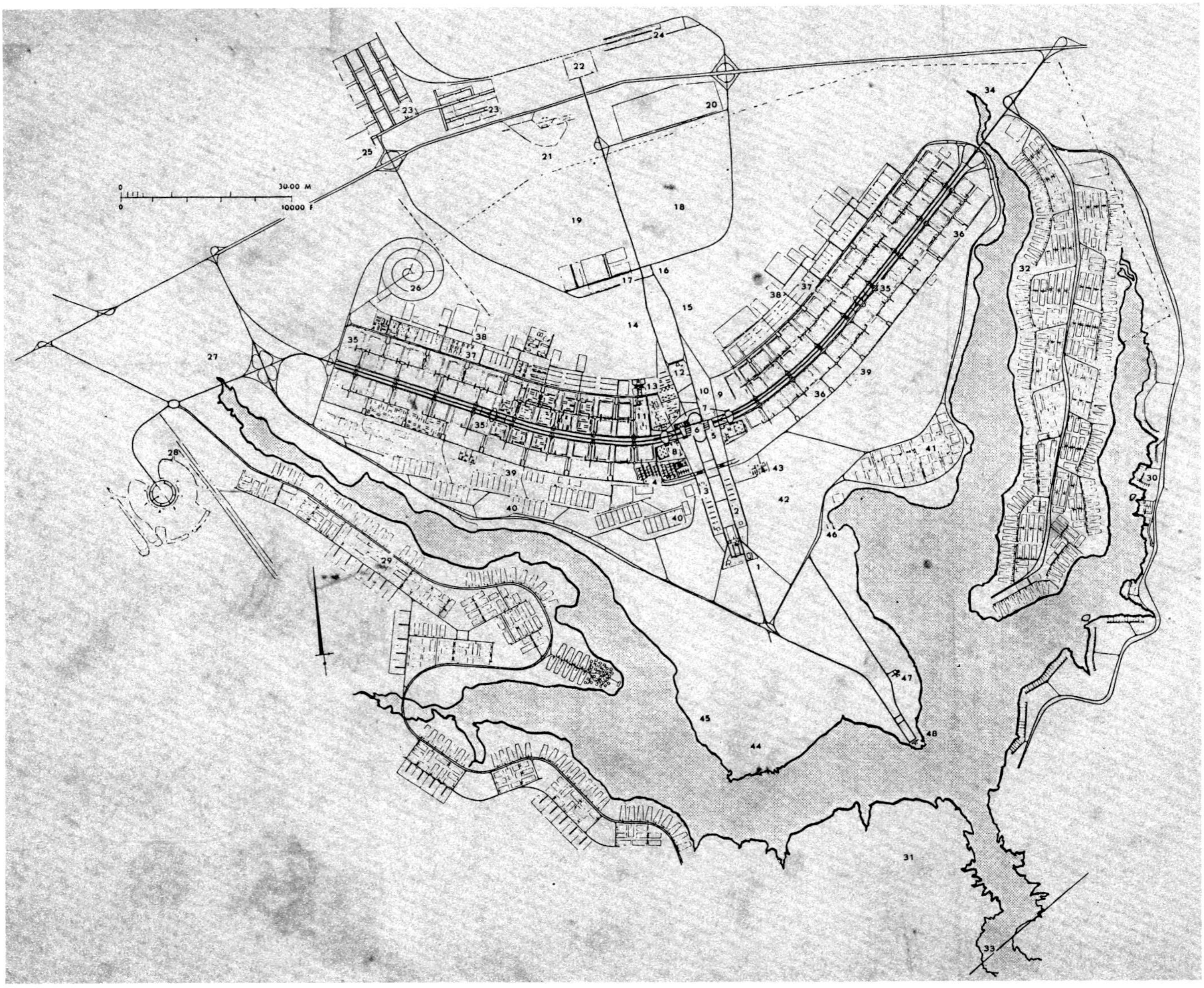

Wie ein riesenhafter Vogel, der über den Urwäldern schwebt, so erstreckt sich die neue Hauptstadt Brasiliens über das Land. Mit ihr setzte die Regierung Brasiliens ein Zeichen dafür, daß sie entschlossen war, unerschlossenes Gebiet zu besiedeln, so wie es in den zahlreichen Phasen der Eroberung des amerikanischen Westens geschehen war. Die Absicht der brasilianischen Führungsschicht war es, dem Küstenstreifen für immer seine zentrale wirtschaftliche Bedeutung zu nehmen bzw. sie zu schwächen und die Möglichkeiten des Binnenlandes zu verstärken.

Bereits gegen Ende des 18. Jh. entsteht in den Auseinandersetzungen mit dem portugiesischen Kolonialismus die Idee zur Gründung einer neuen Hauptstadt im Landesinnern (bald einigte man sich auch auf den Namen der Stadt: Brasilia). In den verschiedenen Bauphasen (1891, 1934, 1937 und 1946) wird die Bautätigkeit nur wegen Mangel an Mitteln unterbrochen. 1957 bezeichnet Präsident Kubitschek die zukünftige Hauptstadt als wichtigen politischen, demographischen und sozialen Faktor zur Einigung der gesamten Nation. Der Städtebauer Lucio Costa gewinnt den 1957 ausgeschriebenen Wettbewerb. Zur Jury gehört Oscar Niemeyer, der für die Realisierung der Regierungsgebäude zuständig sein wird. Beide werden zu den Vätern dieser Symbolstadt, die zweifellos eine Idealstadt ist. Der Bau der Stadt, für die eine Einwohnerzahl von maximal einer halben Million vorgesehen ist, wird von den Vertretern der modernen Architektur enthusiastisch begrüßt. Der Plan sieht eine die Stadt von Osten nach Westen durchquerende Monumentalachse vor, die in den »Platz der drei Gewalten« mündet, und bereitet die Stadt auf ein kontrolliertes Wachstum vor. Aber die Arbeiter bewohnen bereits die »bidonvilles« am Rande der im Bau befindlichen Hauptstadt, ihre ungeheure Menge schafft eine neue, nicht vorhergesehene Realität und stürzt den ursprünglichen Plan vollständig um. 1960, im Jahr der Einweihung, zählt Brasilia offiziell 140 000 Bewohner, die jedoch 1990 auf 2,35 Millionen angewachsen sind (bis zum Jahr 2000 rechnet man mit 3,66 Millionen).

David Epstein, *Brasilia. Plan and Reality,* Berkeley 1973.

Der Erfinder und Ingenieur, Organisator, Manager und Unternehmer Richard Buckminster Fuller (1895-1983) hat im Laufe seiner langjährigen Tätigkeiten – zu denen die Einführung von Fertighausteilen gehört, aber auch die Lehrtätigkeit als Professor für Poesie in Harvard – städtebauliche Lösungen entworfen, die wie seine geodätische Kuppel große philosophische Gedanken und technisches Innovationsvermögen enthalten.

Aus Tetraedern und Oktaedern zusammengesetzte, selbsttragende Konstruktionen aus Holz, Aluminium, Stahl, Eisenbeton, Glas und Plexiglas bilden Kuppeln von gigantischen Dimensionen. Nach verschiedenen Experimenten mit verschienden Baustoffen entwirft Fuller 1961 eine Kuppel mit einem Durchmesser von zwei Meilen, um damit einen großen Teil von Manhattan zu überdecken, wie unsere Abbildung zeigt. Nach seinen Berechnungen wären für die Verwirklichung der Kuppel nur drei Monate Arbeitszeit nötig gewesen, dank der Montage der einzelnen, fünf Tonnen schweren und per Hubschrauber herbeigeschafften Bauteile. Fuller rechtfertigt den aufwendigen Entwurf mit den Einsparungen hinsichtlich der regelmäßigen und aufwendigen Erhaltungsmaßnahmen, die für eine moderne Stadt notwendig sind. Aber diese einfachen wirtschaftlichen Prinzipien reichten für eine Realisierung des Projekts nicht aus, sondern führten nur zu kleineren Experimenten.

Dreißig Jahre später scheint das provokante Projekt Fullers seine Verwirklichung gefunden zu haben, wenn auch in anderen Dimensionen und zur Befriedigung andersartiger Bedürfnisse. Die voll klimatisierten Shopping Centers der neuen Generation, vielfach Mittelpunkte des sozialen Lebens, bedecken in den Vereinigten Staaten und in Kanada bereits eine Fläche von mehr als einer halben Million Quadratmeter. Ganze Stadtviertel in Osaka und Tokio verfügen über gedeckte und klimatisierte Straßen. Einige Städte der ehemaligen UdSSR, besonders wissenschaftliche Forschungszentren und Raumfahrtstädte, liegen ebenfalls unter einer klimatisierten Kuppel.

Richard Buckminster Fuller, *Nine Chains to the Moon*, New York 1963; Robert Snyder, *Buckminster Fuller: An Autobiographical Monologue Scenario*, New York 1980; Roberto Grimaldi, *R. Buckminister 1895-1983*, Rom 1990.

Die abgebildete Titelseite der US-Zeitschrift »Plans Guide« von 1975 ist nur ein Beispiel für eine kontinuierliche Entwicklung, die ihre Wurzeln im 19. Jh. hat und die sich bis in die fernste Zukunft des Landes behaupten wird. Zum amerikanischen Way of life gehört das auf einem kleinen Grundstück stehende Einfamilienhaus. Alle städtischen Randgebiete sind von einem unendlichen Geflecht aus amerikanischen Einfamilienhäusern überzogen.

Diese Tradition hat ihre Wurzeln in der amerikanischen Industrie und deren Fähigkeit, Einfamilienhäuser aus einzelnen hölzernen Bestandteilen in kürzester Zeit zusammenzusetzen, wie die Geschichte des Landes es zu Beginn des 19. Jh. gezeigt hatte (balloon-frame).
Unter dem Gesichtspunkt des Marktes und der unbegrenzten Produktion (die möglich war dank der ungeheuren Waldbestände Nordamerikas) ergeben sich zwei Szenarien: die Errichtung von einheitlich gestalteten Peripherien (z. B Levittown) oder die Möglichkeit für den einzelnen Bürger, sich aus einem Katalog von Fertigteilen sein Wunschhaus zusammenzusetzen. Der Katalog, dessen Titelseite hier abgebildet ist, bietet Vorschläge zur Errichtung von Einfamilienhäusern verschiedenster Art, Größe, Höhe, die von kleinen Unternehmen leicht montiert und aufgestellt werden können. Diese Art, aus einzelnen, für den jeweiligen Bewohner idealen Häusern eine ideale Stadt zu bauen, basiert auf zwei Überlegungen und Gegebenheiten. Erstens die Stadtlandschaft: Wenn man in einer Demokratie lebt und jeder wählen kann, wen er will, weshalb sollte er dann nicht auch allein – ohne Eingriffe durch einen Architekten oder eine Behörde – entscheiden können, in welchem Haus er wohnen will, und damit seinen persönlichen Beitrag zur Gestaltung seiner Stadtlandschaft leisten. Zweitens die Hersteller von Fertighäusern: Sie nutzen Vorurteile und Unkenntnis ihrer Kunden zu ihrem eigenen kommerziellen Erfolg aus. So schlägt der Katalog auch verschiedene Stile vor: *english tudor, french, traditional, georgian, colonial, tudor, early New England, dutch-style, contemporary.*

Robert Venturi, Steven Izenour, Denise Scott Brown, *Signs of Life: Symbols in the American City*, Washington, D.C. 1976.

Das amerikanische Projekt-Team SITE (heute bestehend aus Alison Sky, Michelle Stona seit 1970, Joshua Weinstein seit 1987, James Wines) propagiert im Rahmen architektonischer Studien poetische Aggressivität auf figurativer und architektonischer Ebene. Das abgebildete – utopische – Projekt aus dem Jahr 1981, »High-Rise of Homes«, eröffnet die Möglichkeit von Einfamilienhäusern nach individuellen Vorstellungen, mitten in einer Großstadt errichtet.

Diese poetisch-irreale Provokation will beunruhigen, begrifflich, soziologisch und literarisch, jedoch mit den Mitteln der Architektur und des Städtebaus: Sie will die kollektive Idee der Stadt in Frage stellen. Anders als die übereilten Experimente der Postmoderne und der alle Grenzen sprengenden Pop-Architektur zielen die Vorschläge von SITE bereits seit Entstehen in den sechziger Jahren auf eine andere, vor allem kulturelle Dimension. Ihr Supermarkt von Huston, 1975 für den Konzern Best Products Co. in der Logik der Ruinen-Ästhetik gebaut, so als wollte er jeden Augenblick einstürzen, oder der Parkplatz Ghost Parking Lot von Hamden aus dem Jahr 1978, auf dem die Autos zum Teil wie im Asphalt versunken aussehen, erscheinen in der realen, amerikanischen Stadtlandschaft wie eine Metapher für die Vergänglichkeit der Konsumgesellschaft und ihrer Denkmäler Auto und Supermarkt. Beim 1979 gebauten Supermarkt von Hialeah in Florida mit seinen riesenhaften Treibhaus-Wänden, in denen Bäume und große Pflanzen wuchern, wurde mitten in eine städtische Struktur eine Pflanzenlandschaft eingefügt, als Metapher für ein in jeder Stadt mögliches Grünsystem. Unsere Abbildung zeigt einen utopischen, weil rein symbolischen Entwurf, der darauf abzielt, down town – im kommerziellen und unpersönlichen Zentrum der amerikanischen Metropolen – individuelle Urbanität anzusiedeln: eine Art Synergie der Individuen, ein Chor von Einzelstimmen, ähnlich der *Anthology of the Spoon River* von Edgar Lee Masters.

Robert Venturi, Denise Scott Brown, Steven Izenour, *Learning form Las Vegas*, Cambridge (Mass.) 1972; Charles Jencks, *The Language of Post-Modern-Architecture*, London 1977; Biennale von Venedig, *La presenza del passato*, Venedig 1980; *SITE*, New York 1989.

1960 stellt der japanische Architekt Kenzo Tange ein globales Konzept für die beiden zusammengewachsenen Städte Tokyo-Yokohama vor, das eine Lösung für sämtliche Probleme der Gegenwart und Zukunft enthält. Das Projekt sieht eine organisch geplante neue Wohnstadt in der Bucht von Tokyo vor; die Stadt paßt sich ihrem Umfeld an, ohne es zu verändern oder zu zerstören.

Der bisherige sprunghafte Anstieg der Bevölkerungszahl in den Stadtregionen von Tokyo und Yokohama seit 1880 auf ca. 15 Millionen Einwohner, im kreisförmigen Wachstum um das historische Zentrum, endete im Chaos der nicht mehr übersehbaren Flächenstadt. Man rechnet mit einem Wachstum um weitere 5 Millionen in zwanzig Jahren. Das neue Konzept stützt sich auf statistische, futurologische und soziologische Untersuchungen.
Im Unterschied zu den utopisch-urbanistischen Entwürfen Le Corbusiers aus den zwanziger Jahren, präsentiert als Universalmodelle für jede Stadt der Zukunft, basiert der Plan von Kenzo Tange auf der Methode der Vernunft, angewendet auf den spezifischen Fall der japanischen Hauptstadt und ihrer wahrscheinlichen Zukunft. Die Methode mag eine allgemeine sein, nicht aber das gesamte Projekt mit seinem Geflecht von Infrastrukturen, Technologien und urbanen Morphologien.
Die poetisch-utopische Stärke dieses Entwurfs liegt gerade in seiner Geschlossenheit, in seiner kompromißlosen Rationalität, in der Erarbeitung einer globalen Antwort auf jedes denkbare Bedürfnis der Zukunft. Kenzo Tange versteht sein Projekt als Herausforderung an die moderne Industriegesellschaft, durch Planung eine umfassende Ordnung für Leben und Umwelt zu schaffen.

Kenzo Tange (Planungsgruppe), *Planning for Tokyo 1960,* in: »Japan Architect«, April 1961.

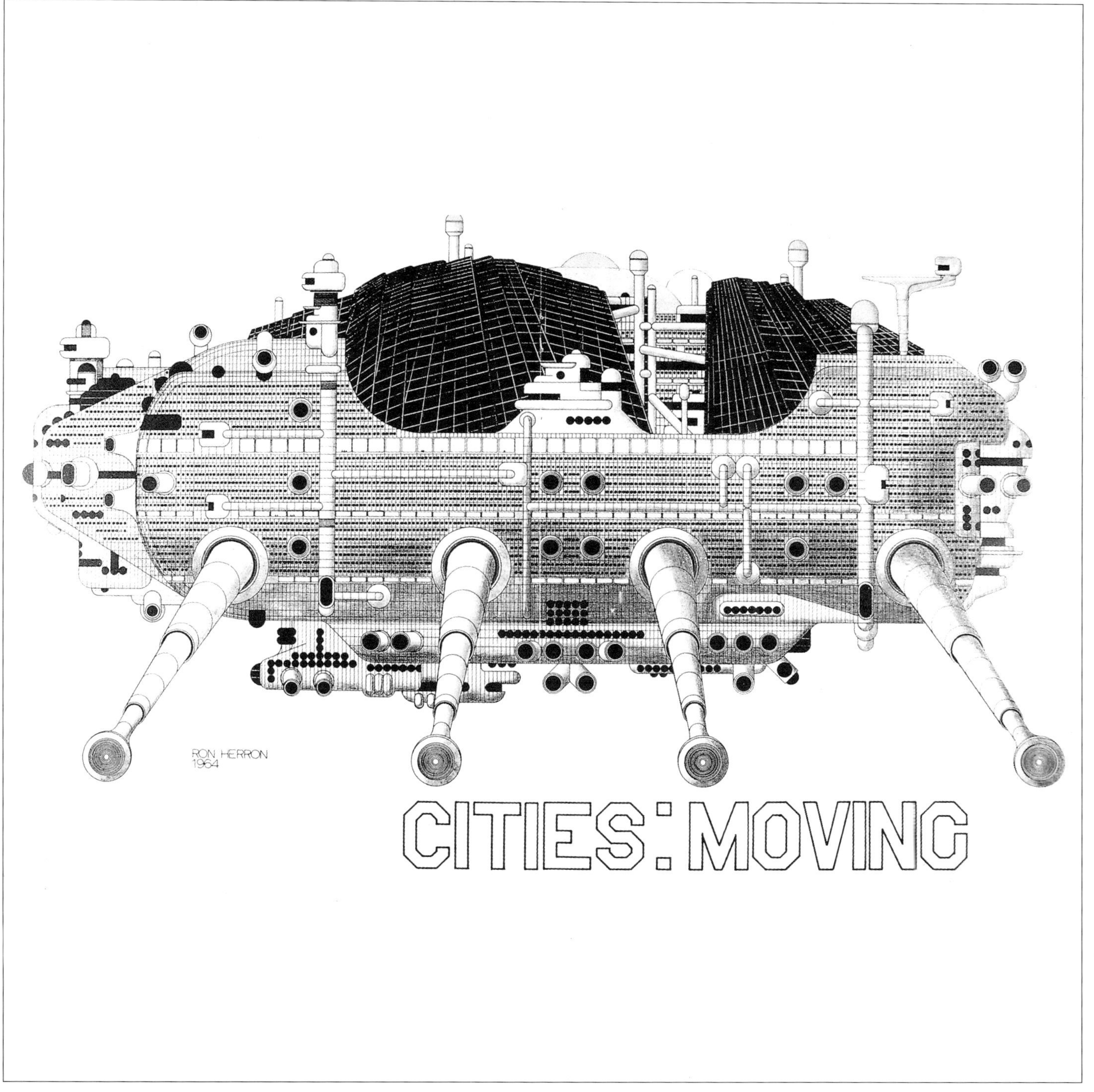

Das englische Planungsteam Archigram Group arbeitet seit Beginn der sechziger Jahre unter dem Zeichen der Neo-Avantgarde, eine im Vergleich zum starren International style sehr heterogene Strömung. Die Arbeit umfaßt Studien zu einer irrealen (und utopischen) Synergie zwischen futuristischen Technologien, urbaner Morphologie und neuer Architektur. Eingeschlossen sind dabei gleichzeitig, konkret auf Innovationsbedarf und urbane Gegebenheiten bezogen, Studien über Bautypologie, Architektur, Technologie und Design.

Repräsentation und Kommunikation – so hießen die Gebote, die sich die Archigram Group mit ihren provozierenden Projekten stellte. Die Gruppe bediente sich auch der Ausdrucksmöglichkeiten der Cartoons und gehört mit ihren durch Ironie gekennzeichneten Tätigkeiten in den Kulturkreis der Beatles. Unsere Abbildung aus dem Jahr 1964 ist das Werk eines der wichtigsten Mitglieder der Gruppe, Ron Herron. »Walking City« und »Instant City« (1962-1965), sowie »Plug-In City« von Peter Cook (1964), dem Herz der Gruppe, stellen den herkömmlichen Entwürfen ihre »innovativen oder mobilen urbanen Zentren« gegenüber, die nach wirtschaftlichen und soziologischen Gesichtspunkten frei im Raum und in der Zeit aufstellbar sind. Phänomene dieser Art gab es bereits in der Vergangenheit, als mit den Theatern, den Geschichtenerzählern und Gauklern, den wandernden Schaubuden und Vergnügungsparks Elemente einer vergänglichen, beweglichen Stadt in die Dörfer und Städte einzogen. »Walking City« basiert auf der Feststellung, daß das Verhältnis zwischen urbaner Zentralität und Peripherie immer gegensätzlicher wurde, d.h., daß der Stadteffekt immer mehr im Zentrum der Metropolen zu finden ist und immer weniger in den Randgebieten. Hier kommt nun die große bewegliche Maschine zum Einsatz, mit der man den Effekt »Stadt« vorübergehend in die verschiedensten Orte transportiern kann, wo sich vielleicht in einer nicht allzu fernen Zukunft echte Städte entwickeln können.

Peter Cook (Hrsg.), *Archigram*, London 1972; Heinrich Klotz, *Moderne und Postmoderne. Architektur der Gegenwart, 1960-1980*, Wiesbaden 1984.

Aldo Rossi (geb. 1931) gehört zu den bekanntesten Architekten der Welt. Seine Zeichnungen stellen seit den sechziger Jahren eine organische Beziehung her zwischen poetischer Kreativität und Architekturgeschichte in der kritischen Zeit des International style, der zur kosmopolitischen und negativen Sprache geworden war und auf totalitäre Art die Errichtung der realen Städte betrieb. Diese neuen Eigenschaften werden zu Richtlinien und Bezugspunkten für die analoge Stadt, die Stadt der Geschichte und der Architektur.

Als Andrea Palladio mit seinem Traktat (1570) eine scheinbar vereinfachte Version der Renaissance-Architektur vorstellte, verbreiteten sich diese neue Kultur und ihre Bilder vielleicht gerade dank dieser Interpretation sehr rasch in der ganzen Welt. So verbindet die poetische Eloquenz in jeder Zeichnung von Aldo Rossi (hier ein Entwurf für Gallaratese von 1969) Geschichte und Kunstwollen miteinander; sie wird zur neuen Kommunikationsform, zum Ausdruck der Notwendigkeit einer neuen Architektur, deren Bedeutung in der urbanen Erneuerung liegt und nicht im einheitlichen urbanistischen Programm. Die zahlreichen in allen Städten der Welt verwirklichten Bauten von Aldo Rossi sind ein Beweis dafür. Jeder einzelne Bau, wo immer er sich auch befindet, besitzt eine erzieherische Aussage und verlangt, daß Qualität vor Quantität gehe. In den theoretischen Schriften und in den architektonischen Arbeiten Aldo Rossis ist die Stadt immer Hauptfigur. Ihre Geschichte ist das Gefüge, aus dem eine bessere Zukunft erstehen kann. Die Architektur steht immer im Dienst der Stadt, sie verändert die Stadt nur im Rahmen und Umfang ihrer eigenen Besonderheit.

Vorbei sind die Zeiten, in denen man noch von perfekten Modellen idealer Städte träumte. Die ideale Stadt ist heute diejenige, die in ihrer geschichtlichen und täglichen Gegenwart qualitätvolle Elemente aufweisen kann, Modelle und Musterbeispiele für eine andere Zukunft.

Aldo Rossi, *L'architettura della città*, Padua 1966; ders., *A Scientific Autobiography*, Harvard 1981; Carlo Olmo (Hrsg.) *Aldo Rossi. Disegni di Architettura, 1967-1985*, Katalog der Ausstellung, Mailand 1986; Alberto Ferlenga, *Aldo Rossi. Architetture 1959-1987*, Mailand 1988; Morris Adjmi (Hrsg.), *Aldo Rossi. Bauten und Projekte 1981-1991*, Zürich 1991.

Der spanische Architekt Ricardo Bofill ist einer der heftigsten Kritiker der modernen Architektur, ohne zum engen Kreis der Postmoderne zu gehören. Sein Bezug zur Architekturgeschichte ist eher programmatisch als ideologisch, für ihn ist sie ein notwendiges und nützliches Mittel, mit dem man die während der Periode des rationalen Funktionalismus errichteten Stadtperipherien verändern kann. Die Abbildung zeigt einen Ausschnitt aus einem in den Jahren 1979-1985 in Montpellier-Antigone errichteten Gebäudekomplex.

Zwischen den späten siebziger und frühen achtziger Jahren plant und verwirklicht Bofill eine Reihe großer Bauvorhaben: in Marne-la-Vallée, Cergy-Pontoise, Saint-Quentin-en-Yvelines. Die »Banlieues«, die Pariser Vororte und Ghettos für die niederen Bevölkerungsschichten, verdanken ihren Charakter dem krampfhaften Streben nach Modernität, das jede städtische Peripherie in einen Ort ohne jegliche Qualität verwandelt hat.
In der zeitgenössischen, objektiv postindustriellen Stadt hat sich die Frage der Arbeiterwohnungen von den Vorstellungen des 19. und 20. Jh. gelöst, in den europäischen Städten der fortgeschrittenen industrialisierten Welt ist die neue Peripherie ein Bestandteil der eigentlichen Stadt geworden. Das scheint auch die Überzeugung von Ricardo Bofill zu sein. Eine neue Architektur ist das Instrument für die Bildung zukünftiger Stadtlandschaften, die zum Hintergrund der wirtschaftlichen und sozialen Aktivitäten ihrer Bewohner werden und die weitaus komplexer und vollständiger sind als die vor Jahrzehnten errichteten und vom Reduktionismus geprägten Arbeiterwohnstädte. Vom mikro-urbanistischen, morphologischen, typologischen und architektonischen Standpunkt aus stützt sich Bofill auf die Geschichte, auch wenn er die modernsten und fortschrittlichsten Techniken des Städtebaus anwendet. Seine großen Bauwerke schließen Epochen einer fernen Vergangenheit ein, vor allem der französische Klassizismus ist deutlich vertreten. In vielen französischen Städten, die vom modernistischen und rationalen Funktionalismus der letzten Jahrzehnte gekennzeichnet sind, wirken seine Projekte wie surreale Monumente, an die Vergangenheit der Städte erinnernd und gleichzeitig ihre Zukunft vorwegnehmend.

Ricardo Bofill, *Projets français 1978-1981. La Cité: histoire et technologie*, Ausstellungskatalog, Paris 1981; Ricardo Bofill (Taller de Arquitectura), *Buildings and Projects, 1960-1985*, New York 1987.

Der englische Architekt Quinlan Terry drückt das Kunstwollen von Prinz Charles wohl am deutlichsten aus. Der englische Thronfolger ist ein hartnäckiger Gegner der modernen Architektur und vertritt entschieden die aktive Rückkehr zu den Werten des 18. und 19. Jh. Seine Idealstadt ist die Stadt um 1850. Für Quinlan Terry ist sie noch älter, sie reicht bis ins georgianische, das Goldene Zeitalter zurück, das wiedererstehen soll.

Die Arbeiten von Quinlan Terry, angefangen von kleinen Park-Pavillons bis zu großen städtebaulichen Komplexen (z. B. der hier in einer Gesamtansicht wiedergegebene Richmond Riverside), scheinen ihre Grundlagen in der englischen Architektur des 18. Jh. zu haben. Mit großem poetischem und kreativem Können verwendet Terry Typologien und Ausdrucksweisen, Morphologien und Materialien, so als ob die Zeit vor 200 Jahren stehengeblieben wäre; er beweist damit jedoch vor allem die Modernität der damaligen Qualität, die durch die darauffolgende Architektur der Quantität verdrängt wurde. Dieses besondere Classic Revival hat jedoch keinen Bezug und keinerlei Analogie zum historisierenden Eklektizismus des 19. Jh. Sein Bezug zur georgianischen Ära ist apodiktisch, denn in jener Epoche erhielt die englische Stadt jeder Art und jeder Qualität ihre spezifische Form, und die Instrumente jener Zeit erlauben auch alle typologischen und kreativen Ausdrucksformen, wenn der Architekt, der sie anwendet, ein Künstler ist (wie Terry bereits bewiesen hat). In der modernen englischen Stadt sind die Bauten Terrys wie die Kondensatoren zukünftiger Erscheinungen zu betrachten, im Gegensatz zu den jüngsten Werken des International style, die, auch wenn sie neuesten Datums sind, doch der Vergangenheit entstammen.

Clive Aslet, *Quinlan Terry. The Revival of Architecture*, London 1986; HRH The Prince of Wales, *Die Zukunft unserer Städte*, München 1990.

Der französische Künstler François Spoerry (geb. 1912) besuchte mehrere Kunstschulen und befaßte sich eingehend mit Architektur. Als unorthodox gegenüber den Geboten der modernen Architektur kann die Anlage von Port-Grimaud an der Côte d'Azur in Südfrankreich gelten. Der Erfolg, den er mit dieser kleinen Venedig-Imitation erzielte, öffnete ihm die Türen in aller Welt, sodaß er vor allem touristische Projekte verwirklicht. 1984 begann er mit dem Bau von Port-Liberté in New Jersey.

Die erste kritische Beurteilung von Port-Grimaud ist den belgischen Experten der »Archives d'Architecture Moderne« zu verdanken. Die Anlage schöpft ihre Glaubwürdigkeit als Stadtlandschaft aus der Geschichte der europäischen Städte und gilt als Gegenstück zu den vielen modernistischen Strandbebauungen am Mittelmeer.
Spoerrys Absicht war, mit Hilfe der Geschichte die im kollektiven Unterbewußtsein verankerten Morphologien wiederzuentdecken, und dieses Ziel verfolgte er auch bei seinen verschiedenen Bauprojekten und bei der Realisierung der Touristenstädte am Meer. Zumal in seinen ersten Arbeiten läßt er einen gewissen Hang zu nostalgischem Kitsch erkennen.

Mit dem für Jersey City am Hudson River, gegenüber der Freiheitsstatue, vorgesehen Baukomplex für über 2000 Wohnungen entwirft Spoerry eine Stadtlandschaft, die typisch ist für das Amerika des 18. Jh. und für die Staaten Neu Englands, eine Stadtlandschaft, die für den Autor in sprachlicher und materieller Hinsicht Modellcharakter hat. Für Spoerry muß die urbane Erneuerung auf einer wiedergefundenen Architektur begründet sein, einer Architektur, die verführen kann.

François Spoerry, *L'architecture douce, de Port-Grimaud à Port-Liberté*, Paris 1989.

Léon Krier, dessen Projekt für Atlantis hier in einer von Carl Laubin gemalten Idealstadt (*Cérémonie d'ouverture*, 1987), abgebildet ist, gehört zu den Experten der Brüsseler »Archives d'Architecture Moderne«. Seit 1974 führen diese in der Zeitschrift »AAM« und in zahlreichen anderen Veröffentlichungen eine heftige Polemik gegen die Bewegung der Moderne in der Architektur und vertreten entschlossen die Rückkehr zur Tradition des Klassizismus des 18. Jh.

Die Krise, in der die in den zwanziger und dreißiger Jahren so gefeierte kosmopolitische architektonische Moderne steckt, zeigt sich seit über zwanzig Jahren in einer immer deutlicher werdenden Rückbesinnung auf die Geschichte. Das Team der »Archives« hat einen neuen Nürnberger Prozeß angeregt, um die gesamte Bewegung der modernen Architektur anzuklagen und für die unersetzlichen Schäden verantwortlich zu machen, die den historischen Städten Europas zugefügt wurden. Es sei vollkommen sinnlos, neue Formen zu erfinden, es genüge, nach den Formen der Vergangenheit zu suchen und sie wiederzuverwenden, da sie ja ihren Wert bewiesen haben und ihre Fähigkeit, Städte zu bilden.

Die radikale Ablehnung der modernen Architektur durch die Vertreter der AAM gipfelt in dem utopischen Gedanken, die gesamte moderne Gesellschaft mit ihren technologischen, konsumistischen und produktivistischen Werten zu verwerfen. Auf die Erkenntnisse dieser Forschergruppe ist auch die Veröffentlichung einer Reihe von Büchern zurückzuführen, die sich mit Albert Speer, dem Architekten Hitlers, befassen. Aufgrund seiner sich an der klassischen Architektur orientierenden Arbeiten wird dieser – ungeachtet seiner Kriegsverbrechen – als grandioser Baumeister gefeiert. Das in zahlreichen historischen Studien und Bewertungen, in Programmen und Projekten beurkundete Gesamtanliegen der Gruppe der »Archives« besteht darin, die europäische Stadt wiederzuerrichten, indem man zur Vergangenheit zurückkehrt und somit Realitäten und Ideologien eines halben Jahrhunderts auslöscht.

André Barey, *Propos sur la Reconstruction de la Ville Européenne, Declaratin de Bruxelles*, Brüssel 1980; Léon Krier, Maurice Culot, *Contre-projets*, Brüssel 1980; Léon Krier, *Drawings 1967-1980*, Brüssel 1980; ders., *Atlantis*, Brüssel 1988.

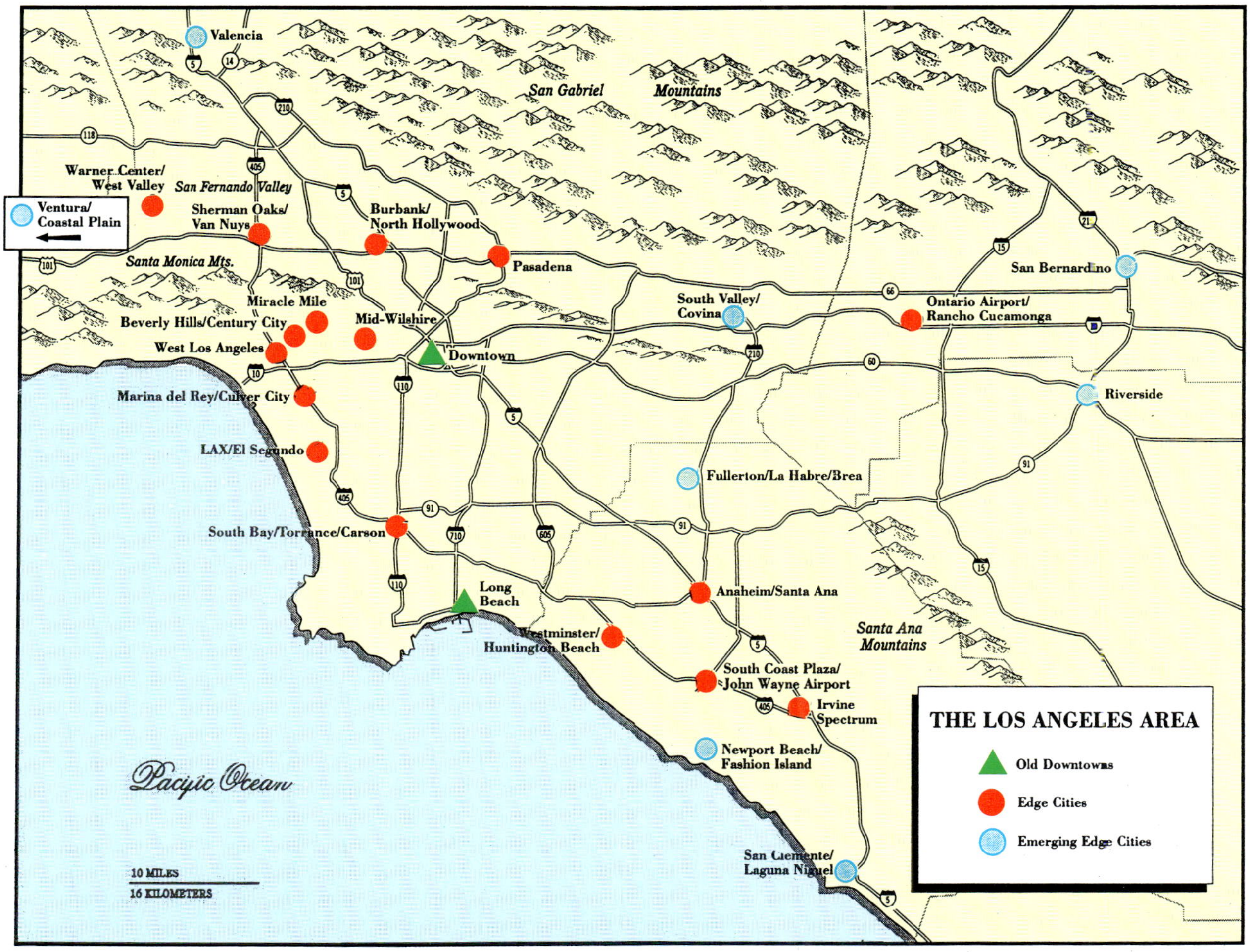

Das ungeheure Wachstum der Städte in den modernen Industrieländern stellt eine vielleicht irreversible Krise für ihre historischen Zentren dar (in den USA »down town«). Diese Zentren waren entstanden, als die Städte noch geringere Dimensionen aufwiesen, heute sind sie vom drohenden Verfall gekennzeichnet. Eine Lösung für dieses Problem könnten neue Städte sein, in gewisser Hinsicht Idealstädte, die am Rande der Großstädte und innerhalb ihrer Ballungszentren entstehen.

Das System der europäischen Städte (mit Ausnahme der Metropolen des Industriezeitalters wie London, Paris und Moskau) besteht vor allem aus der Verflechtung mehrerer, durch moderne und effiziente Transportwege verbundener Stadtteile.
Die riesigen, unendlichen amerikanischen Städte dagegen wuchern in ihrem unaufhaltsamen Wachstum rund um ihre historische downtown, die ihrer ursprünglichen Funktion immer weniger gewachsen ist und immer deutlicher die Zeichen des Niedergangs trägt. Amerikanische Experten sehen eine mögliche Lösung dieses Problems in den Edge Cities, die wie ein Netz kleiner urbaner Siedlungen die wuchernden Megastädte überziehen und zusammenhalten sollen. Solche Edge Cities können auch durch die eleganten und luxuriösen Wohngebiete besonders wohlhabender Bevölkerungsschichten – im Sinne des *marketing oriented* – gebildet werden. Sie enthalten neue Arbeitsplätze, in den großen Shopping Centers der neuen Generation (den sogenannten Malls) werden Güter und Dienstleistungen angeboten, es entstehen somit neue soziale Mittelpunkte, die pragmatisch über das ganze Gebiet verstreut sind (in der Regel an den Kreuzungen großer Autobahnen).

Joel Garreau, *Edge City. Life on the New Frontier*, New York 1991; Michael Sorkin (Hrsg.), *Variations on a Theme Park. The New American City and the End of Public Space*, New York 1992.

Dieses Bild von einer Ansiedlung am Rande einer Großstadt der Dritten Welt wurde in Santo Domingo aufgenommen, in einer Stadt also, deren Einwohnerzahl von 1 Million im Jahr 1975 auf 2,2 Millionen im Jahr 1990 angestiegen ist und die im Jahr 2000, wenn mehr als ein Drittel der Bevölkerung der Dominikanischen Republik in der Hauptstadt leben wird, über 3 Millionen Einwohner zählen wird. Die Abbildung ist ein Beispiel für alle Megastädte der Dritten Welt, die direkt aus der europäischen Kultur entstanden sind oder von ihr herrühren.

Die Erdbevölkerung wird von 4 Milliarden im Jahr 1975 auf 6 im Jahr 2000 und auf mehr als 8 Milliarden im Jahr 2025 ansteigen. Das stärkste Wachstum wird man in den Entwicklungsländern verzeichnen und hier vor allem in den Städten. Die städtische Bevölkerung der Entwicklungsländer belief sich 1970 insgesamt auf 0,67 Milliarden (ebensoviel wie in den Industriestaaten); heute beträgt sie bereits 1,4 (gegenüber 0,87 in den reichen Ländern), im Jahr 2025 werden es mehr als 4 Milliarden sein (wenn die Städte in den Industrienationen dagegen insgesamt 1 Milliarde Menschen zählen). Man nimmt an, daß zwischen 1970 und 2000 z. B. die Einwohnerzahl in Mexico City und São Paulo von 8 auf 24 Millionen ansteigen wird, in Groß-Bombay und Djakarta von 4 auf 15, in Teheran und Delhi von 3 auf 13, in Dacca und Lagos von 2 auf 12 Millionen. In unserer jüngsten Vergangenheit waren die großen Städte Ausdruck für die Macht einer Nation und der Gesellschaft, die diese Städte hervorgebracht hatte, heute sind sie vor allem ein Beweis für ihre Armut. In den unzähligen, meist illegal errichteten Randsiedlungen dokumentiert sich der ungelöste Nord-Süd-Konflikt.

Der Bevölkerungsanstieg führt zu einer immer stärkeren Abwanderung in die Städte, da die Landwirtschaft eine ausreichende Lebensgrundlage nicht mehr garantieren kann. Daraus ergeben sich zwei mögliche Entwicklungen: Es können ungeheure Epidemien auftreten, die ganze Stadtbevölkerungen dezimieren (vor allem aufgrund mangelnder Hygiene, wie die neuesten Fälle von Cholera beweisen), oder die Bevölkerungen jener Randsiedlungen nutzen die Situation, um innerhalb dieser Siedlungen neue urbane Zentren zu schaffen – die mögliche universelle Idealstadt. Die europäische Idee der Stadt und insbesondere der idealen Stadt kann nicht länger aus den geographischen Gegebenheiten der Industrieländer mit ihrem Null-Wachstum entwickelt werden, sie muß vielmehr kraft ihrer Tradition und ihrer Möglichkeiten, jedoch ohne imperialistische Motive, eine Lösung der durch die neue Weltordnung entstandenen Probleme anstreben.

United Nations, Department of International Economic and Social Affairs, *Perspektiven der weltweiten Urbanisierung, Bevölkerungsstudien*, New York 1989.

Bibliographie

Der Text jeder Tafel enthält genaue bibliographische Angaben über das jeweils behandelte Thema; meist sind noch zusätzliche Hinweise als Fußnote angegeben. Dabei handelt es sich im allgemeinen um einfache Hinweise, die sich vorwiegend auf Sekundärliteratur beziehen. Um die betreffende Bibliographie zu vervollständigen, kann man sich an die Kartei der Library of Congress wenden oder von dort über Computer und Modem, Telefon oder Satellit Auskunft erhalten. Beim Avery Index der Columbia University in New York sind alle Architekturzeitschriften vom Beginn ihres Erscheinens an geführt; Einsicht ist möglich in Mikrofilme oder on-line über Telefon- oder Satellitenverbindung. In der nachstehenden Bibliographie sind alle für das Thema der Idealstadt bedeutsamen Werke chronologisch aufgeführt.

Albrecht Erich Brinckmann, *Stadtbaukunst*, Berlin-Potsdam 1920.

Lewis Mumford, *The Story of Utopias*, New York 1922.

Max Weber, *Gesammelte Aufsätze zur Religionssoziologie*, Tübingen 1922.

Max Weber, *Wirtschaft und Gesellschaft*, Tübingen 1922.

Julius Schlosser Magnino, *Die Kunstliteratur*, Wien 1924.

Pierre Lavedan, *Histoire de l'urbanisme, Antiquité-Moyen Age*, Bd. I, Paris 1926, *Renaissance et temps modernes*, Bd. II, Paris 1941, *Epoque contemporaine*, Bd. III, Paris 1952.

Pitrim A. Sorokin, *Contemporary Sociological Theories*, New York 1928.

Annales d'histoire économique et sociale, jetzt: *Annales, Economies, Sociétes, Civilisations*, seit 1929.

Karl Mannheim, *Ideologie und Utopie*, Bonn 1929.

Marcel Poëte, *Introduction à l'urbanisme. L'évolution des villes, la leçon de l'antiquité*, Paris 1929.

Arthur O. Lovejoy, *The Great Chain of Being. A Study of the History of an Idea*. Harvard 1936.

Norbert Elias, *Über den Prozeß der Zivilisation*, 2 Bde., Darmstadt 1936-1937.

Journal of the Warburg and Courtauld Institute, seit 1937.

Lewis Mumford, *The Culture of Cities*, New York 1938.

Erwin Panofsky, *Studies in Iconology*, New York 1939.

Lean Seznec, *La survivance des dieux antiques. Essai sur le rôle de la tradition mythologique dans l'humanisme et dans l'art de la renaissance*, London 1939.

Louis Hautecoeur, *Histoire de l'architecture classique en France*, 7 Bde., Paris 1943-1957.

Edgard de Bruyne, *Etudes d'esthétique médievale*, 3 Bde., Brügge 1946.

Edgard de Bruyn, *L'esthétique du moyen âge*, Löwen 1947.

James Hall, *Dictionary of Subjects and Symbols in Art*, London 1947.

Vernon Parrington, *American Dreams. A Study of American Utopias*, Providence 1947.

Hans Sedlmayer, *Verlust der Mitte*, Salzburg 1948.

Arthur O. Lovejoy, *Essays in the History of Ideas*, Baltimore 1948.

Rudolf Wittkower, *Architectural Principles in the Age of Humanism*, London 1949.

Marie Louise Berneri, *Journey through Utopia*, Boston 1950.

Raymond Ruyer, *L'Utopie et les Utopies*, Paris 1950.

Mark Holloway, *Heavens on Earth*, London 1951.

Arthur Leslie Morgan, *The English Utopia*, London 1952.

Glenn R. Negley, Max J. Patrick (Hrsg.), *The Quest for Utopia. An Antology of Imaginary Societies*, New York 1952.

Louis Hautecoeur, *Mystique et architecture. Symbolisme du cercle et de la coupole*, Paris 1954.

Eugenio Garin, *Medioevo e Rinascimento*, Bari 1954.

Pierre Lavedan, *Représentation des villes*, Paris 1954.

Richard Gerber, *Utopian Fantasy*, London 1955.

Sidney Toy, *A History of Fortification*, London 1955.

Luigi Firpo, *Lo stato ideale della Controriforma*, Bari 1957.

Georg Münter, *Idealstädte. Ihre Geschichte vom 15. – 17. Jahrhundert*, Berlin 1957.

Thomas Paulsson, *Ny Stad*, Stockholm 1958.

Jean Pépin, *Mythe et allégorie: Les origines grecques et les contestations judéo-chrétiennes*, Paris 1958.

Helen Rosenau, *The Ideal City in its Architectural Evolution*, Bristol 1959.

Eugenio Battisti, *Rinascimento e Barocco*, Turin 1960.

Wolf Schneider, *Überall ist Babylon: Die Stadt als Schicksal des Menschen von Ur bis Utopia*, Düsseldorf 1960.

Eugenio Battisti, *L'antirinascimento*, Mailand 1962.

René Guénon, *Symboles fondamentaux de la science sacrée*, Paris 1962.

Mario Morini, *Atlante di storia dell'urbanistica*, Mailand 1963.

Versch. Verf., *Les utopies à la Renaissance. Internationales Colloquium April 1961*, Brüssel/Paris 1963.

Thomas A. Reiner, *The Place of the Ideal Community in Urban Planning*, Philadelphia 1963.

Herman Bauer, *Kunst und Utopie. Studien über das Kunst- und Staatsdenken der Renaissance*, Berlin 1965.

Françoise Choay, *L'urbanisme. Utopies et réalités*, Paris 1965.

John W. Reps, *The Making of Urban America. A History of City Planning in the United States*, Princeton, 1965.

Michel Foucault, *Les mots et les choses*, Paris 1966.

Frank E. Manuel (Hrsg.), *Utopias and utopian thought*, Cambridge (Mass.) *1966*.

Pitrim A. Sorokin, *Sociological Theories of Today*, New York/London/Tokyo 1966.

Charles Rihs, *Les philosophes utopistes. Le mythe de la cité communitaire au XVIIIe siècle*, Genf 1970.

Paolo Sica, *L'immagine della città di Sparta e Las Vegas*, Bari 1970.

Reinhard Bentmann/Michael Müller, *Die Villa als Herrschaftsarchitektur*, Frankfurt a. M. 1970.

Jurgis Baltrusaitis, *Le Moyen Age fantastique. Antiquités et exotismes dans l'art gothique*, Paris 1972.

Gérard de Champeaux, Sébastien Sterckx, *Introduction au monde du symbole*, St. Léger Vauban 1972.

Wolfgang Biesterfeld, *Die literarische Utopie*, Stuttgart 1974.

Rita Ciro, Pietro Favari (Hrsg.), *Utopia Rivisitata. Almanacco Bompiani 1974*, Mailand 1974.

Michel Foucault, *Die Ordnung der Dinge*, Frankfurt a. M. 1974.

Giorgio Simoncini, *Città e società nel Rinascimento*, 2 Bde., Turin 1974.

Giorgio Muratore, *La città rinascimentale. Tipi e modelli attraverso i trattati*, Mailand 1975.

Gianni Carlo Sciolla (Hrsg.), *La città ideale nel Rinascimento*, Turin 1975.

Nikolaus Himmelmann, *Utopische Vergangenheit. Archäologie und moderne Kultur*, Berlin 1976.

Joseph Rykwert, *The Ideal of a Town*, Princeton 1976.

Francois Châtelet (Hrsg.), *Histoire des idéologies*, 2 Bde., Paris 1977.

Paolo Sica, *Storia dell'urbanistica. L'Ottocento*, 2 Bde., Bari 1977.

Tzetan Todorov, *Théorie du symbole*, Paris 1977.

Colin McEvedy, Richard Jones, *Atlas of World Population History*, London 1978.

Giancarlo Garfagnini, *Cosmologie medioevali*, Turin 1978

Paolo Sica, *Storia dell'urbanistica. Il Novecento*, Bari 1978.

Versch. Verf., *Le discours utopique, Colloque de Cerisy*, Paris 1978.

Michael Winter, *Compendium utopiarum. Typologie und Bibliographie literarischer Utopien*, Stuttgart 1978.

Fernand Braudel, *Civilisation matérielle, économie et capitalisme (XVe-XVIIIe siècle)*, 3 Bde., Paris 1979.
Ernst H. Gombrich, *Ideal and Idols. Essays on Values in History and in Art*, Oxford 1979.
Enrico Guidoni, Angela Marino, *Storia dell'urbanistica. Il Seicento*, Bari 1979.
Frank E. Manuel, Fritzie P. Manuel, *Utopian thought in the Western World*, Cambridge (Mass.) 1979.
John W. Reps, *Cities of the American West. A history of Frontier Urban Planning*, Princeton 1979.
Françoise Choay, *La règle et le modèle. Sur la théorie de l'architecture et de l'urbanisme*, Paris 1980.
Alberto Manguel, Gianni Guadalpi, *The Dictionary of Imaginary Places*, Toronto 1980.
Miguel Abensour, *Les formes de l'utopie socialiste-communiste*, Paris 1981.
Michel Foucault, *Archäologie des Wissens*, Frankfurt a. M. 1981.
Vittorio Franchetti Pardo, *Storia dell'urbanistica. Dal Trecento al Quattrocento*, Bari 1982.
Enrico Guidoni, Angela Marino, *Storia dell'urbanistica. Il Cinquecento*, Bari 1982.
Rosario Pavia, *L'idea di città. XV-XVIII secolo*, Mailand 1982.
Versch. Verf., *Stadt und Utopie. Modelle idealer Gemeinschaften*, Berlin 1982.
Chiara Frugoni, *Una lontana città. Sentimenti e immagini nel medioevo*, Turin 1983.
Raynaldo Perugini, *La Memoria Creativa. Architettura ed Arte tra Rinascimento e Illuminismo*, Rom 1984.
Hanno-Walter Kruft, *Geschichte der Architekturtheorie von der Antike bis zur Gegenwart*, München 1985.
Donatella Mazzoleni (Hrsg.), *La città e l'immaginario*, Rom 1985.
Thomas G. Pavel, *Fictional Worlds*, Cambridge (Mass.), 1986.
Joseph Cambell, *The Inner Reaches of Outer Space. Metapher as Myth and as Religion*, New York 1986.
Arnhelm Neusüss, *Utopie. Begriff und Phänomen des Utopischen*, Frankfurt a. M./New York 1986.
Roberto Fregna, *Le città di utopia*, Bologna 1987.
René Guénon, *Die Symbolik des Kreuzes*, Andechs 1987
Paul Bairoch, Jean Batou, Pierre Chèvre, *La population des villes européennes. Banque de données et analyse sommaire des résultats, 1800-1850*, Genf 1988.
Enrico Guidoni, *Storia dell'urbanistica. Il Duecento*, Bari 1989.
Hanno-Walter Kruft, *Städte in Utopia. Die Idealstadt vom 15. bis zum 18. Jahrhundert zwischen Staatsutopie und Wirklichkeit*, München 1989.
George Orwell, *Neunzehnhundertvierundachtzig*, Hamburg/Berlin 1989.
William H. Tishler (Hrsg.), *American Landscape Architecture: Designers and places*, Baltimore 1989.
James Ackermann, *The villa. From an Ideology of Country Houses*, Princeton 1990.
Luigi Firpo, *L'Utopismo del Rinascimento e l'età nuova*, Alpignano 1990.
Arnold Hauser, *Sozialgeschichte der Kunst und Literatur*, 2 Bde., München 1990.
Rudolf Wittkower, *Grundlagen der Architektur im Zeitalter des Humanismus*, München 1990.
Fernand Braudel, *Die Dynamik des Kapitalismus*, Stuttgart 1991.
Ernst H. Gombrich, *Die Krise der Kulturgeschichte. Gedanken zum Wertproblem in den Geisteswissenschaften*, München 1991.
Carl G. Jung, *Der Mensch und seine Symbole*, Frankfurt a. M. 1991.
Histoire des Mœurs, Bd. I, *Les coordonnées de l'homme et la culture matérielle*, Paris 1990, Bd. II, *Modes et modèles*, Paris 1991, Bd. III, *Thèmes et systèmes culturels*, Paris 1991.
Enrico Guidoni, *Storia dell'urbanistica. Il Medioevo, secoli VI-XII*, Bari 1991.
Umberto Eco, *Kunst und Schönheit im Mittelalter*, München 1991.
Joseph Cambell, *Die Mitte ist überall. Die Sprache von Mythos, Religion und Kunst*, München 1992.
Francesco Finotto, *La città chiusa. Storia delle teorie urbanistiche dal Medioevo al Settecento*, Venedig 1992.
Erwin Panofski, *Aufsätze zu Grundfragen der Kunstwissenschaft*, Berlin 1992.

Personen-, Orts- und Sachregister